柴德赓来往书信集

柴念东　编注

商务印书馆
创于1897 The Commercial Press

2018年·北京

图书在版编目（CIP）数据

柴德赓来往书信集 / 柴念东编注. — 北京：商务印书馆，2018
ISBN 978-7-100-15777-3

I. ①柴… II. ①柴… III. ①柴德赓（1908－1970）－书信集 IV. ①K825.81

中国版本图书馆CIP数据核字（2018）第017552号

柴德赓来往书信集
柴念东　编注

商　务　印　书　馆　出　版
（北京王府井大街36号　邮政编码 100710）
商　务　印　书　馆　发　行
三河市尚艺印装有限公司印刷
ISBN 978－7－100－15777－3

2018年6月第1版　　开本 710×1000　1/16
2018年6月第1次印刷　　印张 33 1/2　插页 8

定价：92.00元

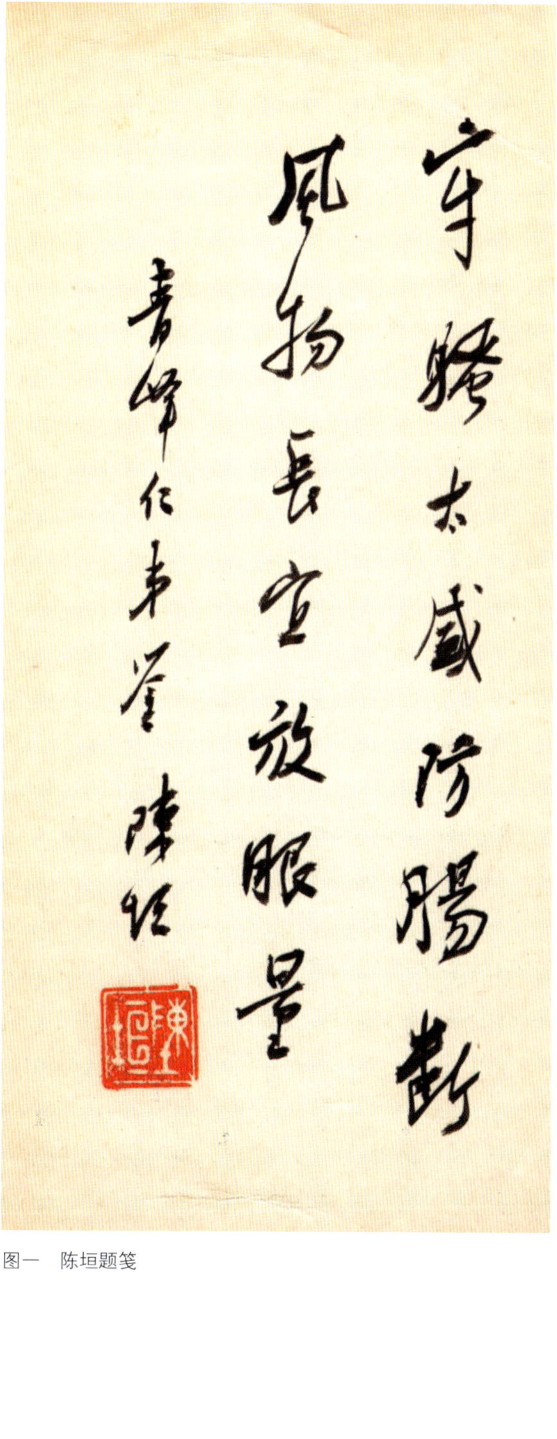

图一　陈垣题笺

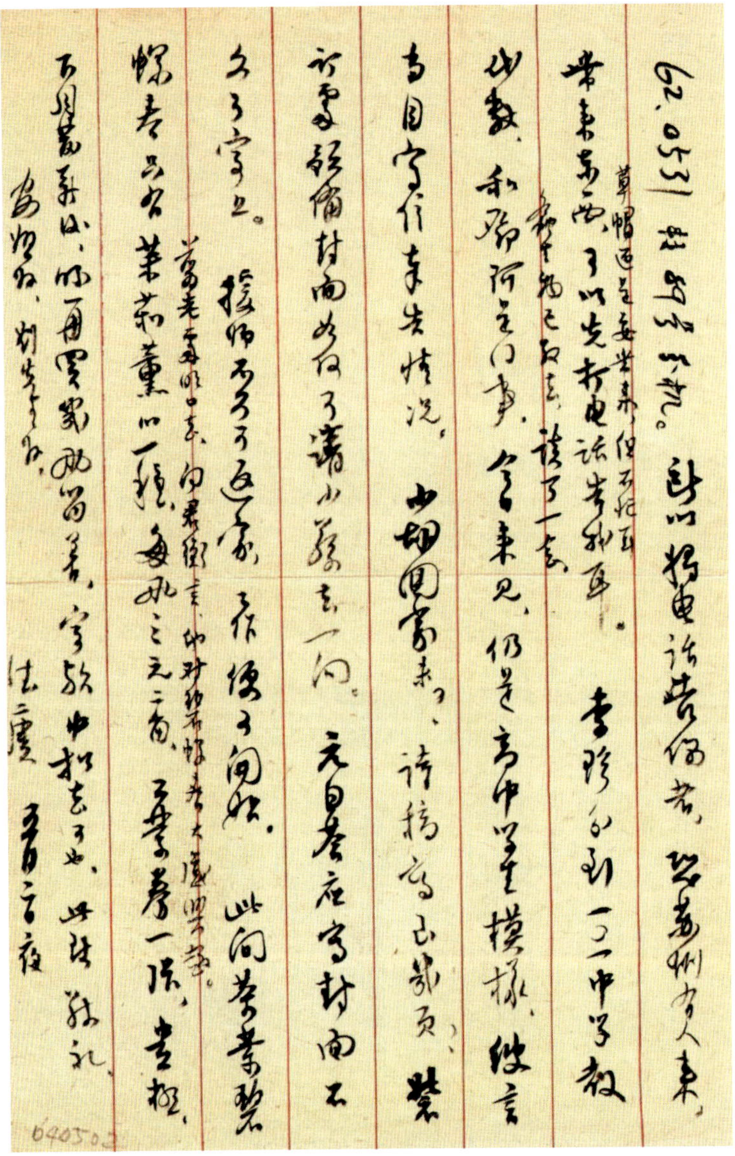

图二　柴德赓家书

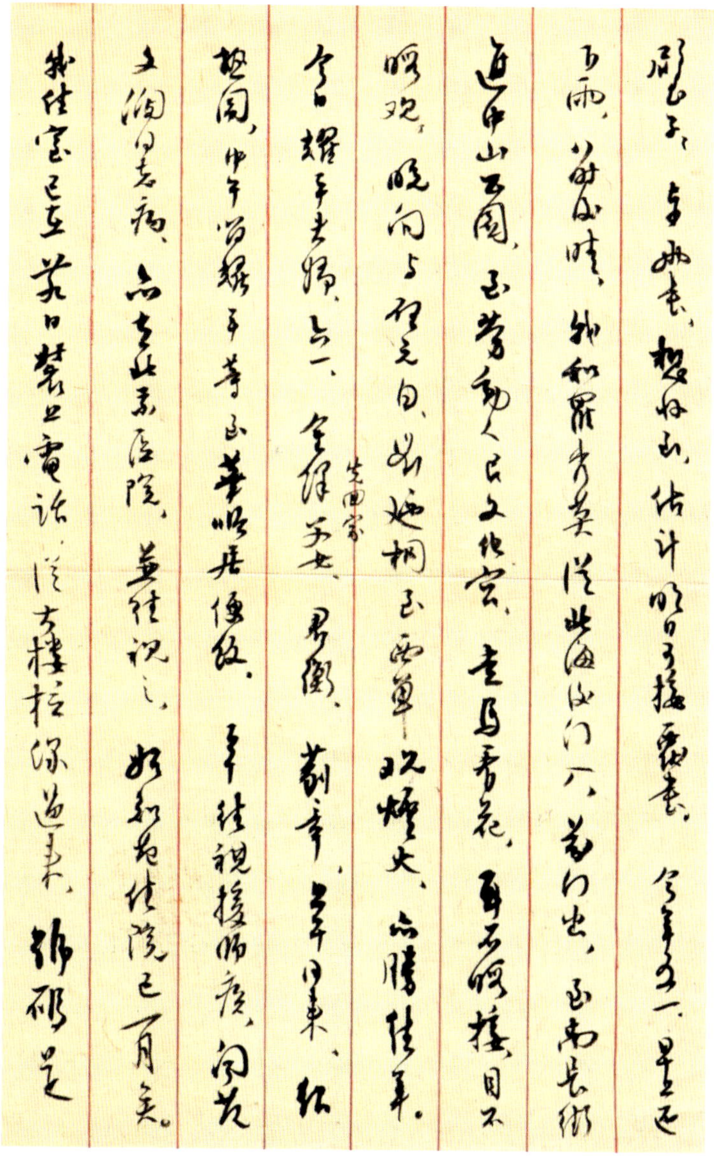

图三 柴德赓家书

業在三樓，每層都大了，但並不合用。這次提升的教
師名單，想您已在師大教學上看見，葛畢如升上來
了，吳（趙）則這次系中未再提，故未討論。
汪堃仁、胡志彬已批准入党。校內尚未公佈，大約下期
師大教學就要登上了。我聽何況、胡筆白，及您房
中上房住的朱都已申請，現尚未批准。
趙平前日到校長家坐了一會，他因去這的看病，故
有空來了。聽說小妹和二弟等都很好，想他們常有信去。
師母去蘇州後，生活是否已習慣，家中開伙否？生活
罗軺等方便否？上課情況如何，想甚順利也。
吳吾曼寒假已結婚，未通知系裡，我聽□□任
告我，我才知道。附上寄來信一封轉去。我正寫在這
裡，校長來電，說給您道賀！此致
敬礼！師母安好！
廼龢 二月十□日

图四　刘乃和致柴德赓书

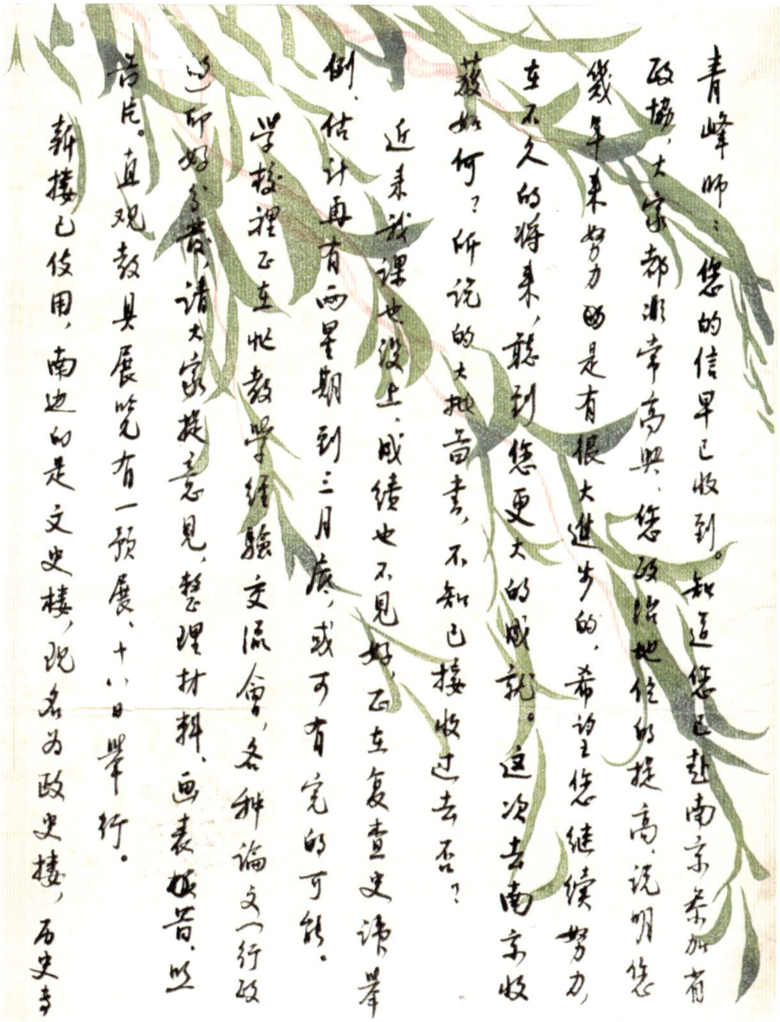

青峰师：您的信早已收到。知道您已赴南京参加有政协，大家都非常高兴，您政治地位的提高，说明您几年来努力的是有很大进步的，希望您继续努力，在不久的将来，听到您更大的成就。这次去南京收获如何？所说的大批字画，不知已接收过去否？

近来我课也没上，成绩也不见好，正在复查史讳举例，估计再有两星期到三月底，或可有完的可能。

学校里正在忙教学经验交流会，各种论文，行政也印好多份，请大家提意见，整理材料，画表格等，以备展。直观教具展览有一预展，十八日举行。

新楼已使用，南边的是文史楼，北名为政史楼，历史系

图五　刘乃和致柴德赓书

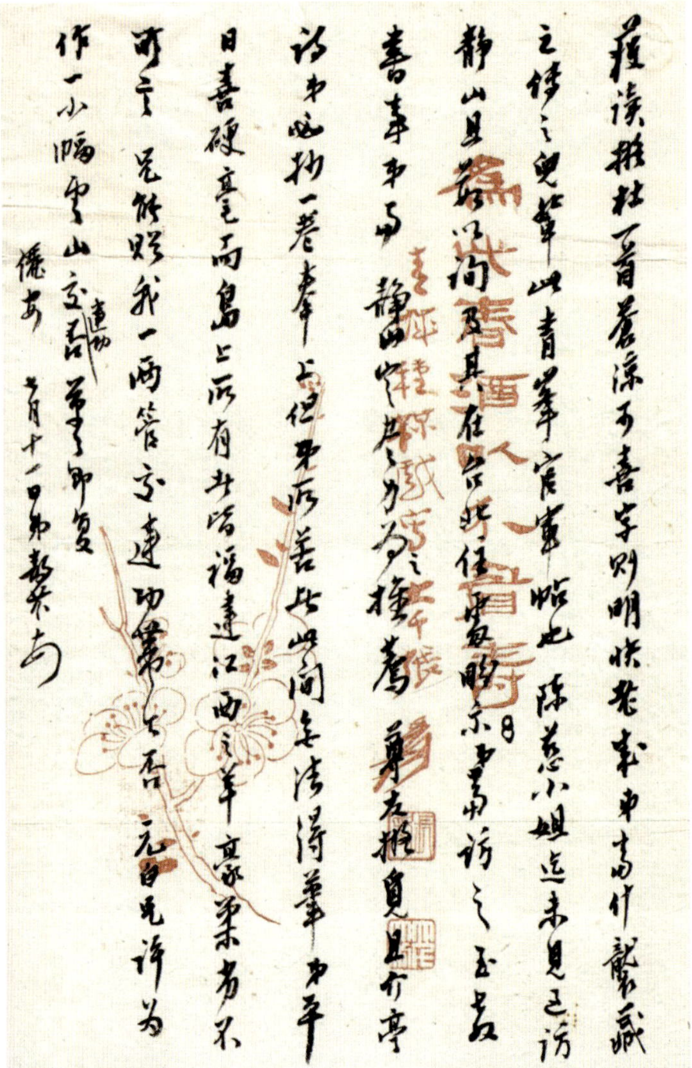

图六　台静农信札

编辑说明

《柴德赓来往书信集》（以下简称《书信集》）共收录155人（单位）的478通书信、诗札，跨度从1930年代至1970年代。其中历经国事丧乱，光复后的短暂喘息，中华人民共和国成立后的变动，建设年代新的气象和“文化大革命”前的暴风骤雨。

柴德赓先生注重师友交往，以书信代面谈；按他自己的话“工作累了写写信，是放松、休息”，所以他对于来信必复，从“不欠信债”。凡工作有所变化或发表新的文章、诗作，定要奉寄师友交流，这样写信和记日记一样几乎成了他的日课。按照“柴德赓日记”及“往来书信”提及的通信数量远远不止这些，初步统计实寄信函约400通。他通信的范围大致有几个朋友圈：（一）中学和大学同学；（二）师长，特别是他一生追随的陈援庵校长，多有书信往来；（三）辅仁大学、白沙国立女子师范学院、北京师范大学的同事；（四）到苏州工作后建立起来的新的朋友、师生关系。

《书信集》是按照柴德赓先生与每个人的交往分列，按照汉语拼音默认顺序排列；为了查询方便，附录增加按年代日期的年代索引。对于每位通信者，尽可能列出简历及与他的关系；信函中提及的名字、代称尽量标注出来。标注的原则是每一位通信者名下分别标注，以免阅读时前后反复翻阅。对一些读者不易查阅核实的人物关系，做一些编注。为使读者可以看到书信的原貌，选择其中66通发布于“青峰草堂”网站上，可扫二维码浏览原貌，这也是目前书信类书籍中一个尝试。在编辑过程中选择70幅历史照片、图片，这些照片都是他自己收藏的（以避免照片所有权问题），这样可丰富《书信集》的内容。对信函中的疑似错漏字和省略字，于后加［楷书注解］便于读者了解原状，而通常的借用字则予以统一。

柴德赓先生作为历史学家十分注重收集文献，深谙“往来书信”是历史文献的一部分，即使在兵荒马乱、颠沛流离的年代也妥善保存，未曾弃置。“文化大革命”开始时，这些信件被“柴德赓专案组”抄走，直到1979年平反昭雪前退还与家属，至此又经历了近三十余年的搁置。整理出版《书信集》是向读者提供珍贵的历史文献资料，也是完成那一代学者的夙愿。

通过这本《书信集》的编辑出版，我们更希望看到散落在其他收藏者中的柴德赓先生的书信出现，这样在编辑《柴德赓全集》时内容会更加丰富。

苏州大学柴念东

2016年10月10日

目 录

北京市文物工作队

北京市文物工作队寄来铁可墓志拓片

（一）1964年6月23日来函

青峰先生[①]：

我队为整理解放后出土的唐、辽、金、元墓志及旧存墓志拓片，拟先刊印《北京墓志》第一辑。现已撰成《墓志考释》初稿三十二篇，拟请费神审阅修改，至为感荷！附上唐、辽、元志拓片一份并附考释稿四份。敬希检收。余由侯堮同志面达。此致

敬礼！

北京市文物工作队（章） 六四、六、廿三

① 编注：此函共两份，内容一样，另一抬头为“陈垣先生”。

毕腾青[①]

（一）1955年11月26日来函

德赓学长吾兄：

午间在电话中，知仍未忘安定中学同窗数载。本渴极欲访，适因事纠缠。现您处距此匪远，行当造候。我家住湖州西门外小溪口镇，在苏住在校里，已有六年。原籍与尚传道（希贤）邻近。希贤一则作吏，误入歧途，消息久不明矣。我校位在市中心区——范庄前，电话一三四七，如您得暇，可用电话约我。匆匆，致

教安

学弟毕腾青宜春手启　廿六日下午六时

① 毕腾青，柴德赓于杭州安定中学时同学，时在苏州五爱中学任教。

卞孝萱[1]

（一）1955年6月28日来函

青峰先生：

日昨晤教，至以为快。英国政府刊布《中国革命》蓝皮书[2]，如可以采用，请抄录付印。这样，原书可以保存，将来萱拟捐献给政府有关部门，保存史料。《弘一传》等已觅出，有便即送上。此致

敬礼！

后学孝萱上　六月廿八日

（二）1955年12月1日[3]来函

德老：

在京数次请教，获益甚深，到苏后想甚忙，故未敢琐渎。近想已一切安定就绪，特修书问候并有一事商益。公所纂《辛亥革命》资料，尚有余裕，搁置未免可惜，如能整理付印（作为小册子在沪出版），有助学人参考，亦有助于公之研究费。故拟在您领弟子合作，即您出资料，由萱编注、接洽出版事宜，共同署名，平均分润。不知同意否？前借蓝皮书、两日记二种资料，想亦已用毕，便中

---

① 卞孝萱（1924—2009），江苏扬州人。古典文献学家。

② 刊载于《辛亥革命》资料第8册。

③ 日期依据“柴德赓日记”为1955年。“柴德赓日记”尚在整理中，即将刊布。

乞邮还为幸。《辛亥革命》丛刊出版后并乞惠赐一份[1]，至为感谢。专此
敬礼！

后学孝萱上　十二月一日

盼复数行，地址见信封。

① 编注：据 1957 年《辛亥革命》出版后的寄书名单有卞孝萱名。

曹鸿翥[①]

（一）1964年1月16日来函

德赓同志：

承您和嫂夫人惠临视疾，至感。近经华东医院透视诊断胆无石块，也未发炎，但转氨酶和碱性磷酸增高，究何原因迄未查出，仍在继续检查中，知念，先以奉慰。

月初友人转示您在省政协大会上对《思亲记》的发言抄件，结合阶级斗争谈了几点体会。谈得很深刻，佩服佩服。

承嘱瑞妹写字，练习日少，笔力不够苍劲，兹勉写一小幅，向贤伉俪方家求教，好在均为会的同志，献丑，姑以存念。

范、周、程[②]诸老和其他同志晤乞致候。公暇来沪请事先函告，以迎。

此致

敬礼！

弟鸿翥　1964.1.16

上海书法篆刻研究会元旦起在朵云轩举行书法展览，十四日已结束，作品近百幅，弟与瑞妹各有一幅展出，均不甚好。书法会以后还拟选择一部分作品巡回展览，苏州书画家正商何日展出，有机会还想到苏拜读一下。

---

① 曹鸿翥（1901—1972），别名仙苏，福建长乐人。时任民进中央委员。

② 范烟桥、周瘦鹃、程小青。

柴邦衡[①]

左起：柴君衡、陈璧子、柴德赓、柴邦衡，1962 年

（一）1957 年 8 月 18 日来函（家书）

亲爱的爸爸妈妈：您们好！

来信已收到，请勿念。14 日考试，考得不够理想，只得了个 4 分，这次考试事关重大，因只考一门，不及格便留级，题目较难，3 人不通过，得 5 分的极少。我因在家复习时只注意本学期的内容，以前学过的就没有复习，结果就在这一部分上出了问题，在解题过程中要用到以前学过的内容。分数虽然没有什么要紧的，不过也算多得了一次教训。

12 日曾到宋[②]家，七月份宋伯母因母病危（现在死了）赶回杭州，曾在上海停留一个时期，李大哥[③]曾几次想陪宋伯母到苏州，但接连两个星期都大雨，行动

① 柴邦衡，1937 年生于北京，柴德赓次子。1955 年考入清华大学汽车工程系，吉林工业大学（现为吉林大学）教授。第七、八届全国政协委员。

② 宋君复，时任北京体育学院副院长。

③ 李家朴。

不便，就没去。八月初宋伯伯也到了上海，因急于赶回北京，又怕在苏州下车后买不到卧铺，就乘6次直回北京了。

15日进城找到了小毛[①]，和他谈过，要他讲话不要随随便便，多加注意，高三这一年社会工作还是要做好，在政治上不能放松。我又和他一同到爷爷[②]家，刘先生[③]不在。爷爷很关心您，问了我好多，他很高兴，前些日子很为您担心。随后一同去看老杨，他不在家。

中午我们一同到舅舅[④]家吃午饭，舅舅说爸爸写得很好。哥哥[⑤]也来了，我们一同去看小六一，下午我们都去看地拉那对联一队的足球赛。晚上我住在哥哥处，因太累了，几天一直没有很好的休息。16日开学，但我没有课，便在城里看了一场宽银幕电影，到祁[⑥]家去玩了一会儿，祁伯伯已决定不出国了，本学期开了课。师大也开学了。

昨天我们已经开始上课，这学期我们是二部，改为下午上课，这学期开始学习专业课，但课程总数及总时数比一二年级时少了一些，自由时间更多了。

张子高老伯伯处已代您致谢，张伯伯下周要搬到新的教授数[楼]去了。

棉毛衫如果有，还希望给我买一件95公分的（我可以把90公分的给哥哥）。棉毛裤如果有也希望买两条寄来。现在北京天气较凉，正是穿它的时候。

每月寄卅元给我，我省一点用还能有点结余，凑起来零碎添点东西。只是毛衣还需家中帮助添置，最好下月能寄款来，等打起来就到十二月了。祝
您们工作顺利！

儿邦衡　8.18.晚

---

① 柴君衡，柴邦衡之弟。
② 编注：称陈垣校长为爷爷。
③ 刘乃和。
④ 陈伯君，陈璧子长兄。
⑤ 柴祖衡，柴邦衡之兄。
⑥ 祁开智。

柴君衡[1]

左起：柴君衡、柴德赓、陈璧子、柴令文、柴邦衡，1960 年

（一）1958 年 9 月 16 日来函（家书）

爸爸、妈妈：您们好。

现在一切已经就续，我们的专业已经分定了，还是物理学专业。我们系有一半的新生被分到原子核物理专业，他们已经搬出北大到科学院去了。我也很想学原子核物理专业的，但是现在既然分配我到物理学专业学习，我就安心在这里面，我也很喜欢物理学专业的，原来我就是报考的这个专业，它里面还分

① 柴君衡（1940—1989），柴德赓三子，生于北京。1964 年毕业于北京大学物理系。毕业后于华北水电学院任教，后调国家科委工作。

许多的专门化，像理论物理、半导体物理、无线电电子物理等等专门化。也都是尖端的学科。

我们也分班了，我被分在第八班。我们班共四十人，其中有五个是党员，有一半是出身于工农的家庭的，我可以像［向］他们学许多东西。我们一屋子共有四人，本来住六个人一屋的应该住四个人，但是我们屋里还少一个人。其他三个人都出身于工农，我们的支部书记是工农速成中学来的，做过七八年印刷工人的党员，我想以后应该争取他们的帮助。对了，我们的支书还是从苏州的速成中学来的，他是无锡人。现在我们还没有开始正式上课，现在正在进行着关于党的教育方针的大辩论，因为老同学都搞过了像红专辩论、教育改革、反右整风这些运动，我们要补上这一课。党委号召我们大胆鸣放，把自己的错误思想、言论都放出来，大辩论以后澄清这些问题。我把自己的思想全都拿出来了，向党交心，我感觉确实应该把我的一切交给党，把过去不敢说的见不得人的丑恶思想都拿出来了，如关于上大学的目的，为了出名得利，可以不做普通的劳动者，上北大是因为北大的名声，什么东方的最高学府，远东的莫斯科大学，想在科学上有所成就，有一番作为，等等。向党交心，我交代是比较好的，受到了支部的表扬，但我觉得还很不够，更重要的是今后如何能纠正纠正自己的错误思想，沿着又红又专的道路前进，我相信放下包袱的话，会前进的更快。

我们开学正式上一般的课程恐怕要在“十一”以后了。

我们的伙食是完全食堂制，分特菜（3角、1角5分）、甲菜（1角、5分）、乙等（8分、4分）、丙等（6分、3分）、丁等（4分、2分），一般的我吃甲乙丙菜中一种，每天大约要用5角钱，这样吃的就不坏了。

我已经参加了足球队，我想好好练一二年，在北大可以踢五年。过些时候再写吧。再见。

祝好！

君衡　58.9.16.

柴令文[①]

柴令文在北师大绿园，1957 年

（一）1957 年 11 月 12 日来函（家书）

爸爸、妈妈您们好：

今天接到妈妈的信，看来妈妈的信是在没接到我的信之前发出的。我们野外实习工作已全部结束，实习总结报告也交了，我的辅导老师要求的可严格了，因而花费的时间较多，不过收获却很大。

14 日起，我们开始教育实习，我被分在廿四中教高二（二）班，谌亚达先生是我的指导教师，整个经济地理教研组中就只这么一个教授，您们看我够美的吧！正因为这样，我更应该加倍努力好好的向老教授学习。

① 柴令文，1936 年生于北京，柴德赓之女。时为北京师范大学地理系学生。

今天是星期六晚上，同学们都去看电影了，我一个人坐在屋中写教案。我的第一堂课是23号上，第二堂是26号，第三堂11.7日上，所以接到您寄钱来的信，要到26号上完课再回了。我们住在铁狮子胡同人大，可是我要常回学校找谌先生，天天有人到廿四中去，所以信仍可寄到学校，钱寄到新街口外邮局好了，师大邮局太难取了。

我们这次实习共五周，完了以后，用一周的时间搞社会主义思想教育课大辩论。北京各高等学校学生都是每星期用11小时的时间学习，把整改、反右派及社会主义思想教育工作经常化起来。这样很好，本来思想改造是要用一定的时间的，这次教育实习，我们还要领导学生讨论这些问题，所以自己应当首先学习。

师院停课学习，这样可以更好的集中精力来学习了。大字报多，意见多，这是可以理解的，但是内容性质与前次绝不相同，不能和“大鸣大放”阶段比较。经过学习以后，大家社会主义思想提高了，对一些不合理的现象认识更清楚，对□□人民更加负责任，因而对于改进工作之建设性意见还是很多的。

这次参观工厂，看了工厂的大字报，真感觉到工人阶级与我们之不同看问题之方法，区别很大。北京各高等学校组织教职员工到工厂去参观，看工人的大字报具［据］说是收效很大，很多人参加了经常性的体力劳动。

爸爸在这次学习中仍然应当好好的检查自己的右倾思想，社会主义这一关过得怎样，这关系到一个人今后的生活方向。希望爸爸能主动的来过好这一关。爸爸和妈妈应当彼此多多帮助，您们可觉得平时你们之间很平静的谈问题的时候很少吗？真的这样很不好，您们实在应该在思想上、政治上彼此多关心，您们说对吗？

小弟和小毛谈过了，看来小毛还是有所进步了，可是我还没很好的和他谈过。他们的毛衣钱您寄给我好了，这个星期天，他们来就可以和他们商量，他们俩的钱寄到我这也可以，凡［反］正下个星期天小弟要进城，小毛的可托祁章云带去，我也可送去。

启伯伯[①]为右派，学校的课已经停了他的了，现在情况如何，不知。

徐宗英处我过两天会给她寄信的，徐慧芳的信我也没回呢。我欠下了不少的债，真没时间来还。

小东[②]要的玻璃纸给寄上。

祝好！

女令文　11.12.

---

① 启功。

② 柴念东。

陈邦华[①]

（一）1948年[②]来函

璧子、德赓：

许久未得你们的消息了。这是由于疏懒呢还是因为大家都忙于生活，我不知道。但我却好像时常在写信给您们，不是在纸上，而是在心里。因为世界上再没有比北平这个地方及从前曾在那里一起玩过、生活过的朋友使我更怀念的了。这种怀念由于与最近突然找到的朋友——家楣[③]的晤谈而更炽热起来。

突然接到一封信，而称呼却是"子珍"二字。这两个字唤醒了我心底的多少回忆！你们可以想得到吗？

生活是依旧，好像现在一切都是为着下一代了，三个孩子都长大一点了，他们把我们绊住了，只求苟安，但是生活费飞涨，失业的威胁一天比一天严重。这样下去也真不敢多想呢！

家楣还是那个样子。他使我想起若耐，但是若耐到哪里去了呢？家楣也只能从忆测来断定，也是死了，被炸死了？

朱振云在台南，你们知道她的地址吗？通信没有？我曾和她通了一次信，但是却将她的地址遗失了，如知道，告诉我。

至珍怎样？听说她丈夫在上海，而她却杳无消息。

你们过得怎样？北平生活费相当高，是不是两人都做事？一切望详告。

---

① 陈邦华，陈璧子于杭州一中读书时之同学。

② 日期不详，依内容为1948年上半年。

③ 徐家楣。

和璧子十年未见了，真可恨竟错过了见面的机会，有照片吗？孩子们的也要寄张给我好吗？我也去照一张寄给你们。

来沪将近一年了，每天在物价高涨的威胁下为生活而挣扎着，细细想来真无意思。不是眷着孩子，真想到乡下去种种田，养养鸡，和乡民为侣要比都市生活写意得多。

拉杂写来，盼来信，不多谈。祝

好！

邦华　二十七日

陈璧子[①]

柴德赓、陈璧子摄于苏州，1962 年

（一）1955 年 10 月 27 日来函（家书）

赓：

昨日晚上回家接到 24 日信，从字上就可以看出您的匆忙。但我很高兴，组织上能给您这样一个任务[②]，那是非常器重您的，也说明对您是很信任的。今后更该努力钻研学术，好好教育学生，对吗？

前天我去看了校长，校长他问您有信没有？有什么学术研究计划？我告诉他您在整理“辛亥革命”资料，他说每年要做一篇一万字的文章。据说这个意见是他在教您们书的时候就经常说的。

科学院也叫校长自己订一个研究计划，他很苦恼。他说：书是天天在看，

① 陈璧子（1910—1986），原名陈绍和，湖南湘潭人。早年在湖南参加革命，1931 年与柴德赓结婚，育有三子一女。终生从事中学教育工作。

② 编注：柴德赓到苏州后，接待民主德国史学家到访（陈垣校长来函曾提及）。

没有过什么计划，如何做，还要想想。因此，他想到了您，要您准备着手自己订出研究计划来。

这星期他们都要回来，又该忙乱一阵了，素子①出院后，我不一定每星期去一趟，或者隔星期去一趟，有空就去看看她。现在我们找了一把锁，四个钥匙，除我和小毛②各一把外，耀平③、小妹④都有，他们回来很方便。

我这几天太忙，从上学期起就睡不好觉，昨晚比较好些。匆匆，祝好！

璧子　10.27.

邮票小毛要您留着。

听小妹说，元白⑤他们都没见到您的信，可怪！

（二）1955年12月7日来函（家书）

赓：

今天接到5日的信，知道您又忙着招待外宾，也许这一工作，是会常有的。最近我们听了传达周总理的时事报告，就提到了我们常做国际间统一战线的工作，壮大和平民主阵营，孤立敌人。正因为我们的力量强大，可以保卫世界和平，在国际威望越来越高，交往也就多了。苏州风景是全世界闻名的，到祖国来的外宾，当然想游览一番，做这个工作，正如同您说的要处处小心谨慎，不能有一点差错的，这是代表国家的任务啊！

您怎么还没有做棉制服，天气已经冷了，受得住吗？10号发下钱后，趁星期日到街上去买一套，做丝绵袄也可以。不过您的呢制服不大，放一个棉袄进去不行的，买一套现成的棉制服，穿一二冬再说吧。小弟⑥、小毛的棉大衣都是

---

① 陈素子，陈璧子之妹。

② 柴君衡，柴德赓三子，乳名小毛。

③ 柴祖衡，柴德赓长子，乳名耀平。

④ 柴令文，柴德赓之女，乳名小妹。

⑤ 启功，字元白（元伯）。

⑥ 柴邦衡，柴德赓次子，乳名小弟。

买的现成的。这次您得到的补发数，可能够您做一套棉制服了。

1月7日，姑娘二十整岁，她说要写信问您准备什么礼物送给她，做爸爸的应该准备的。请素姨[①]、舅舅[②]他们吃鸡素烧，已准备好猪油，就等着您这一份礼品。小妹直说，她只能在家过这一个生日了，应该热闹热闹。

俞文杰生孩子了吗？她母亲到她那里去了，我听俞琴英先生说，要赶回北京过年的。如果您不回来，行李袋、黑的手提箱可以请这位老人家带回，打行李票好了，我们自己到东单站去取，免得麻烦老人家。

北京市发动捐献农村一本书运动，我买了四本书，还不到一元，孩子们每个捐两本，合起来花了二元多。

这个月我已要开始付房钱了，可能的话，我准备付二个月。

近来晚上睡觉情况怎样，好些吗？匆匆祝好！

璧子　12月7日晚11时

（三）1955年12月25日来函（家书）

赓：

星期四把信发出后，我又很懊悔，觉得不应该写这些事情告诉您，使得您不能安心工作。请您放心，我虽然有些不痛快，但一直是很好的坚持工作，正因为这种情况，更督促我早日来苏州。我想，在我们的生活中，要求得孩子的安慰，只能看他们的“天性”了。我们自己的生活还是得靠自己的。因此，我更常常想起您，在学校工作一忙倒不觉得怎样，一到家里，遇到不痛快的事，然冷静的夜晚，这种感觉更深些，我想您也有同感的。

调职公文已调〔到〕局，局里已打电话给学校了，局里的意见寒假时可以走，但继任的人须学校自己解决，学校还没有和我正式谈，这是杨仁知道的消息，我

---

① 陈素子，陈璧子之妹。

② 陈伯君，陈璧子长兄。

已经告诉王亚澜（人事干部），江苏师院女附中代课先生已成问题，他们常问我能不能去？我也提出了意见，觉得老要人家代课不合适。学校是否可以考虑寒假让我走。今天我和杨仁、任毅一起去素子家（邦衡、令文未回来，君衡去祁[1]家了）。杨仁告诉我这次教育局要学校把班主任分为三等，优、中、劣，写出人的名字。我校38班排在优等的只五人，而我是第一名。我猜沈先生的话，一定是根据他们排列名单后，觉得我还是不走好。但这个意思很难实现，因为中央对调干的工作上有个规定——服从主要的人（任毅兄说的）。这样看来，我寒假来苏，已经是不成问题的事了。上次我要您打听一下，苏州各中学什么时候放假，下期什么时候开学，我什么时候来苏州，可以根据这些作参考，您没有告诉我，您说，我什么时候来？

箱子的事。我是要给令文、君衡买，不然他们的衣服没有地方放。给令文准备一个好一点的，君衡就是个籐箱子，先凑合再说。您的箱子能带京也好，我可以放衣服带去，到那里再说。不过，托人携带麻烦，就不必了。行李包的锁只要没有丢，不带来也成，用绳子圈起来也可以。

七、八、九月薪补给您了吗？苏州是不是没有物资差额补贴？

汤家庆同志来取东西，约我元旦去她家玩，任毅兄约我和素子二号去玩，一号孩子们不回家，二号要回来的。我想中午去学校吃饭，下午就回来。

上星期五，大伙儿听了我一堂课，总的说来情况还好，当然缺点还是很多的。

您想送小妹什么东西，我替您去买吧，下次信告诉我。祝
您好！

璧子　12月25日晚10时40分

（四）1962年8月23日往函（家书）

［璧子］：

昨写一信，临行关门加锁，反将信留在房中。闻耀平前天已发一信，令文

---

① 祁开智。

昨亦发一信，反正可告消息止此，故不亟亟也。昨日见令文后，诣祁开智夫妇，中午与耀平至同和居小吃，耀平请我，儿子工作以来，请我吃饭，此是第一回。

二时后到刘宅[①]，见到刘老太爷及乃崇[②]夫妇。

三时半视伯兄[③]夫妇，见到，伯兄精神好，要给我粮票，因大张不好分，反正是九月的，以后再去时拿，如我够了，不拿也得。令文已给我25斤通用票，又有北京票二斤，不成问题。昨已付令文十元买物，明晚去送行，当场再给十元。

今日不出门，看书休息，耀平傍晚将至。等搬家后再函告。约这几天搬北大。

我行李依然在车站，茶叶喝完，亦不好受也。匆此，

致礼！

德赓顿首　八月廿三下午

（五）1962年9月1日往函（家书）

璧子如晤：

君衡昨晚来，略悉家中近事，至以为慰。小弟昨日动身，明日可上船。闻台风只在广东登陆，想不致妨及行期也。闻家中请一保姆，住在一起，如此甚好。袁医生[④]时来相视，如此关心，真可感也。

今日发兆隆[⑤]兄一函，谢其时常协助。

日来正在写宋元史教科书中宗教一节[⑥]，老师闻之，也很高兴，他廿多年前在《河北新道教考》中提过要人在宋元史讲义中添此一节，始终无人注意，此

① 刘乃和家，西四能仁胡同36号。

② 刘乃崇。

③ 陈伯君。

④ 袁家琦。

⑤ 钱兆隆。

⑥ 编注：后载于《中国史纲要》第三册。

次补足此节，倍有意义。

住处问题，因北大那边有人要搬出，据说要搬一个组，故一待再待。近因工作关系，又无茶喝，昨日由办公室至车站取来行李，暂时住此间，改日再搬。此间环境清静，各自工作，不相干扰。饮食方面，每日一元二角（此惟教授一级），公家贴四角；其余的人，每日八毛，公家贴四毛，系分食制。每天多少有点荤，粮食自己控制，一半白面，一半粗粮，我每天照此计划吃，窝头亦不难吃，早餐棒子面粥，可喝，只是花样少些，当逐步适应。人惟无大志，才斤斤注意饮食，吾于此不难克服，但恐每月廿七斤不够。闻北大专家招待所伙食不及此间，馒头太小，此则到时再议耳。

程小青先生一家廿九日来（他儿归，三日返苏，拟托带回象牙章一枚），颐和园同游半日。他们两位此见，为我照了三张相，两张是穿西装照的。昨天去刘启戈家，他也为我照了一张，又二人合照一张，俟到手再寄上。

曾去香山三次，还要去一次，老师约下星期一二下山。郑毅生①先生来过，我也去过，他约我后天（星期一）晚上同吴于廑（武汉大学历史主任，吴八号返武大）去吃烤鸭。

今天下午君衡来，拟同骑车同去宋先生②家。开荣兄③事定局否？念念。梦白兄④长女考上学校，大喜大喜。

通讯处按信封写，不误；即搬，亦可负责转。匆匆

祝好！

小东⑤何日上课，要听老师话，做好学生。

庚顿首　九月一日

---

① 郑天挺，字毅生。

② 宋君复。

③ 刘开荣。

④ 张梦白。

⑤ 柴念东，柴德赓长孙，乳名小东。时就读于苏州沧浪实验小学。

（六）1962年9月9日往函（家书）

璧子：

昨发一函后，君衡即送信来，第一次接家书也，我昨晚说曾发三信到家，细查日记，只有两次，连昨日才有三次。昨晚未入城，亦无人来，不知家中如何光景，闻刘[①]有北调信，此事院中亦甚为难矣；有消息，盼随时告知。小胡[②]信昨自翦[③]家取来，一边交稿，一边又有一些新任务要做。张蓉初[④]同志上周在图书馆门首跌了一交，眼镜粉碎，右眼上下眼皮均嵌进些玻璃片，幸眼珠无恙，昨特往看，本来昨天可以拆线，现为稳当起见，停两三天再拆，此事真不幸中之大幸，已毫无问题，闻尚未告梦白兄，便中说及可也。

今天一早，小毛来了，我和他一起去耀平家，他把车存在颐和园，我们九时同坐汽车、电车，到了那里，足足两个钟头，小六一[⑤]考学校未取，耀平将景莹[⑥]所记录考试时对答情况、老师满意表示等，至学校交涉，答应明天再听结果。在他们那里吃了饼。

四时小毛回北大，我去新侨饭店，应民进中央请社会主义学院学习的同志（王慎楼也在学习），我作陪（前天请我和郑天挺，没有找到我），饭后汽车把我送到了家。

现有一事，请你马上办一下。杨东莼同志为要做一篇《苏报》主人陈范的传（书桌背后的书箱内第二格有一本《太一遗书》，有光纸本，不厚。也是东莼所要看的，能找出请一并寄来），遍找他的文集不着，我有一本《蜕翁诗词刊存》在搬进里屋的书架上，可能在第三架，是旧平装本，里面还有他的照片呢。已写上书脊，比普通

---

① 刘开荣。
② 胡振民。
③ 翦伯赞。
④ 编注：杨人楩的夫人，张梦白之妹。
⑤ 柴立，柴德赓之孙，乳名六一。
⑥ 谭景莹，柴祖衡之妻。

的本子略高些，找出后即用书刊挂号（信挂号太贵，勿上当）寄来（寄党校），杨是个性急人，等此书很急。

明日上午，许大龄、邓广铭兄来商量讲座，时间已定两周一次，每次三小时，内容要商量也。匆匆，

祝好！

赓　九月九日晚

（七）1962年9月14日往函（家书）

璧子：

昨天收到直接寄来的一信，女工散去，找机会再请，此事不足虑。我所忧的倒是你的身体，今夏太累，现在不知何故，王医生又不来了？令文有信来，也给耀平、金铎[①]有信。耀平今天早上来电话，说已经给你写回信了。

刘院长从前说他不在乎名利，其然，岂其然乎？张舜徽那本《校读法》[②]，便中寄来。

邓珂所赠照片，摄于1961年

我九日晚作一书，想已收到。东莼同志要的书，此时或已寄出。

这几天连进城两次，一次（十一日）看老师，将华东师大记录稿[③]请他指正。老师请我、刘老太爷、乃和去北京饭店吃饭，这是普通餐厅，东西不贵。十二日傍晚，又进城了，是刘启戈请翦老夫妇和我吃“曲园”，先去看了伯兄，席上知道那天是刘太太生日。饭后和翦老一起出城，至中官村分手。补告你一个消息，王慎楼在

① 王金铎，柴德赓女婿。

② 指张舜徽著《中国古代史籍校读法》。

③ 1962年初，柴德赓在华东师大作《陈垣先生的学识》报告。2006年，由陈智超教授编辑收入《励耘书屋问学记》（修订版）。

社会主义学院学习，大女今年毕业，未分配，儿子海成没考上大学，分配到工厂去，见到他好高啊！

昨天下午到北大讲第一次，讲到第三节有点累。翦老要我去过节，小毛来了，正好经过邓珂[①]家，顺路一看，邓珂问我认不认得从宜冬（她从贵州回来〔地质毕业〕，她和邓珂配对，个子差不多，真是姻缘天生），我恍然大悟，那就是他的新夫人，我们见着了，她生个女儿还差几天满月呢！很亲热，一定要留吃饭，我把小毛留给他们了。小毛近来读书很用功，我怕他太累。

晚上八时多，到颐和园一看，年青人多得很，没看到小毛他们，也许走不在一块儿。九点就回来了，这里几乎是空城计了。

这几天除了进城几个钟头，都在改文稿。刚才到门口买邮票，发现天气热得很，在屋子里不觉得。这几天不想进城了，今天可能要赶一部选本来审阅。

你们昨晚怎么过的？我很想多知道些零零碎碎的事。秦[②]、小胡先已发信，梦白、徐、李[③]今天发信。我是写稿累了便写信，写信到底随便些，但临封信时还得看一遍，因为你不在身边，错了就不易发现了。

图章拟请程小青先生带回，上次他儿子走时本想送去，路太远，作罢。匆匆祝好！

赓　十四日

小东要好好念书，不要招奶奶生气！

（八）1962年9月18日往函（家书）

璧子：

十四日发一书，谅收到。五天了无信，颇有想念之意。发薪时除上次五十九元外，不知扣了多少。金铎款交来了，有十六元利息，前些日子他给了

① 邓珂，邓之诚之子。

② 秦和鸣。

③ 徐嗣山、李明中。

我二十元，我先给小毛五元，这次仍给他三十元。女工事如何解决？万一任师母托人来说，再三表示诚意，亦未尝不可考虑，总在你衡量轻重可也。

刚才接到电话，要我今天搬北大，我答应明天搬过去，一则金铎刚才先来电话，他和他父亲上午来看我（我电话中说我去，他们说不要，他们已准备出发了），二则老师下午四时约我到他家去商量一个临时任务，为《红旗》写一文。我的东西也要收拾一下。明天上午一定搬过去，以后写信改北京大学外籍专家招待所（告小胡、老钱等）。明天我再发一信，告你住房号码，这就一劳永逸了。北大招待所伙食不如党校，其余条件都好，这点我有精神准备。

中华金灿然同志等昨晚在仿膳（在漪澜堂这边）请我吃了一餐。星期日下午进城见到胡华一家，尚钺一家，尚请吃文化俱乐部，他们都问你好。那天刘太太[①]还开玩笑说，你太太来了，翦太太接风，我饯行。

《民国通俗演义》商量好了，年底付排，明年上半年决定出。他们要我搞这搞那，一概不敢答应，我要集中精力把自己那部书[②]写好，出版。

今天忙着要把章实斋那篇文章完稿。匆匆书此，即颂

近佳！

德赓　九月十八日晨

［夹附一笺］

杨家四姐[③]，六〇年脑出血，几死，现稍好，左手麻木，似无问题，老伯好，蔡大姐仍健，气色也好。

北京附近种茭白已成熟，这几天我们伙食堂也吃到，今天才知是本地出产，真不错。

听说小贵子今年也毕业天津大学，细想他是和小弟同年的啊！

景莹母子去素子那里，还留她们吃饭哩！景莹给我一块灯塔牌蓝花洗衣皂，据说是五七年在上海买回留到现在的。你这儿媳可真会留东西。

---

① 指刘启戈太太。

② 指《历史名著介绍》。

③ 杨哲娴。

陈璧子

我这几天要拟一个《历史名著介绍》目录和翦老研究，明确要求，即可动笔。两篇文章都在补充改正中。小胡要的文，不久可写出。又及。

赓又笔

夜间有蚊子，常半夜起来扑灭，睡眠差了。

粮可少寄，这月十五斤够了。再寄不妨，烟够吃，耀平要那一份，有便按月带或寄。

（九）1962年9月19日往函（家书）

璧子：

昨日发一书，告将搬家，今天上午，我已搬到北大来了，住专家招待所二十二号，昨天搬来住二十号。

昨天金铎和他父亲来看我，一定要到颐和园去吃午餐，大约花了六元多。老亲家头发比我白，年纪比我还小两岁，人很实在。舅舅那里东西他会即送去的。

这样我的住处算安定下来了。今天中午在此吃饭也还可以，不如高级党校那边传说之甚。这里距离邓广铭先生最近，我在南向三楼，开窗可以瞭望，楼前一池，杨柳参天，读书写文，是好环境。

小毛来了，给我买茶杯去了，这边热水有锅炉，随时可去冲。有五屉柜，衣服有放处。

请转告徐主任（我写了两次信给他了）、小胡，请转告各位先生，如给我写信，请寄这里，你寄的书，今天早晨收到了。江苏人民出版社也来了。

刘①不走也好，特别对你来说，有她在一块多方便啊！緐生②在那里？祝好！

赓顿首　九月十九

① 指刘开荣。

② 刘緐生。

（一〇）1962年9月25日往函（家书）

璧子：

到北大后发一信，廿日发郑楠一信（有人自贵州来谈起）。廿一日寄嗣山兄函，并论文稿。[①]此地环境一切较党校好，只是吃饭稍差，可以克服。廿三傍晚高级党校以车来接郑天挺、邓广铭和我三人，到了四川饭店，原来史学界著名人物都到了，共两桌。范老[②]也见到了，身体已复原（另寄一请柬，可知同席是些什么人了）。我在高级党校约有三四讲，时间尚未具体，闻要插入通史中讲。吃了饭，就更不能不讲了。这些天工作紧张起来了，有一部《后汉书选》简直要重搞[③]，北大编的《中国通史纲要》第二册校样来了，我和郑公准备十天内看完，提出修改意见。

江苏人民出版社来信了，要挤时间搞。北京中华《民国通俗演义》决定十二月交书，明年第一季度即出。好在我整天工作，效力较大。民进这些天有郊区、工厂参观，全国政协主办，我都不去。今天因援师昨住医院，只是腹内不适，发烧，我不放心，要进城去看看。九月三十日拟一叙，未定。

这里可以报旅费，已为学校省了一百元左右，还有自行车运费未报，款是否要寄回，我拟写信告王处长商量一下。

匆匆书此，即将出门付邮也，祝

好！

赓顿首　廿五日

---

① 指《章实斋与汪容甫》一文，载于《江苏师院学报》1962年第5期。

② 范文澜。

③ 束世澂主编，柴德赓审：《后汉书选》，中华书局1966年版。

（一一）1962年9月26日往函（家书）

璧子：

昨天下午发一信，晚上回来，君衡把你的寄给他的信留在我这里了。今早他又来，正好我一起接了你和周国伟、吕果、令文、小弟、陈晶晶的信。都是从高级党校转来的，可谓丰收了。

黄伯母①晚年也真可怜，什么时候死的都不知道，反过来说，这样死去，到［倒］也没有痛苦。金二哥②死了，回想初来北京时他对我的帮助，忽忽三十四年，思之凄然，我想写封信给二嫂和长洪。

小妹已寄来全国粮票廿五斤半，你又寄十斤，下月完全够了，可以到十一月初寄。这个月因朋友请吃饭多不要粮票，我又从小毛、景莹（她给我四斤面票）那里拿点，现在身边可维持到月底呢。［粮食］关系不要转来。这里烟供应两条，每个月党校发一次，到这里又发一次。我说还有，他们说你留着，这样我把钱积压起来了。烟我可留着，苏州的烟，你考虑一下，不一定要十二包，你可告诉他们这里有点补助，我看依然收八包好了。隔一个月给点耀平，因为系中分配也为难的，这个完全你考虑，反正我不写信谈这些事。

这一年中，我的规划，按期把《历史名著介绍》写成，明年暑假出版，如需要提前写。翦老对［此］期望很大。此外《民国通俗演义》年底交稿，他们不久总要有点报酬，在北大两周一次讲座，不会白教，我还准备发表一些文章，此一年内刻苦一点，一定把老黄③的款还清，不仅如此，还应该留点钱搞基本建设，仍不要着急！我现在担心，我走后你也会感到寂寞的，有些事无人商量，希望你安心休养，课听不了就算了。

---

① 黄炳然母亲。

② 金世未，柴德赓初到北平读书时房东。

③ 指黄炳然，柴德赓临浦小学同学，时任苏州医学院教授。1961年曾借柴300元。

小东是个聪明的孩子，要把他的学习兴趣引起来，恐怕得要多教他认认字，或者别的。不要怕孩子的能力超过班上水平。

老师前天发烧，38.8，昨天已退到36多，再住两三天就出院了。昨天我去时，乃和、郭先生①、仲益②、小郭、师大的总务长，还有浦安修（彭总的爱人）都去看他了，我只好先走。到程小青先生那里去看了一下，把象牙图章③请他带回。他大约十月十日前回苏，那时，也许还带点别的。

我明天有课，上次讲课反映还好，只是第一次讲，那天天气比较热，第三节我有点累了。今天天气凉极了，我在室内都穿上呢制服（毛衣景莹星期天送来）。

生日的事，耀平说过，好些天未见他，看来星期天景莹来了就可了解。手头钱紧，省点钱算了。这里伙食比较单调，每顿三四毛，有时五毛多，早晨只化[花]七八分，我买果酱就馒头。晚上还买点面包、点心，睡觉一般不超过一点。

报账事我从高级党校的老住客告我，可以在教育部报。只是他们日期有一定，不到时候不能报，直到我快搬到北大时，大家去报账（各校经费都紧，都愿意部里出），我也报去了，他们扣的较紧，我就没有把自行车的条子报去，我准备写信告王处长，问他是否可以留在这里下个月扣。这样来回可省两块钱，也省麻烦，自行车条，能报则在师院报，不能则自己花算了。也想单写一信给杨院长。

系中除小胡一信外，无来信。

夹衣据陈晶晶来信说，南京那边无便人时，直接寄北京，还不太要紧，昨天一条忘寄来，附上，匆匆，祝

好！

赓上　9.26

① 郭预衡。

② 陈仲益，陈垣第二子。

③ 刘乃中为镌刻象牙图章一对。

手表先用金铎的，现用君衡的，一人生活，非掌握时间不可，基本建设这也是一项。

（一二）1962年9月30日往函（家书）

璧子：

廿七日上午发一信，午间就接你的来信。今天小毛来，又接你一信。你近来文娱活动多起来了，这是好消息。我从星期二进城看老师后，五天未进城，这里客厅有电视，有时去坐一下而已。这些天每天看两三万字稿子。

今天书信大丰收，吴书记①给我一信，讲毕业生分配情况，很详细。刘荣芳、小胡的信都告我一些教学上的近况，很好。过几天给她们写回信，先替我谢谢她们。

梦白兄、崔曙庭、江苏人民出版社信，今天也到了。

北京中华给我送来白报纸、毛边纸稿纸各五百张，是为写《历史名著介绍》用的。上海中华给我寄二十元，扣了上次买书的十二元一角，还剩七元九角，明天叫小毛去取出，我们可以吃一顿饭。大概他们觉得那篇序文讲的比较专门了，不一定放在前言上。

廿七日晚上，杨人楩兄嫂请我和毅生先生去吃螃蟹，此种口福，我更想不到，你更想不到了，原来是程潜的秘书，即东莼同志的儿子从程潜那里弄来的，尽是团脐，今年我总算尝到螃蟹味了。

昨天晚上（廿八日），在党校所有两边编书同志齐集聚餐，我出钱一角八分，这样当然菜不会太好，酒据说很好（白兰地），我不敢喝。教育部周副部长、中宣部的同志都来了，热闹了一阵。那里演《风雪大别山》，我已在南京看过了，和翦老、郑公一车回北大了，恰好小毛和三个同学来了，谈了一会。

今晚（廿九日），北大作主人招待住在这里的编书同志，我们一人出一元，菜

① 吴甦。

比昨天好，是在招待所外国专家用餐的食堂吃的。翦、魏[①]两校长来了。教育部胡沙司长（专管教材编写的）也来了。北大有一位新来的副校长是做过外交官的，他代表北大讲话，我和他坐在一起，还聊了一些，他和我同年，月日晚于我。不想散座后，大家走到门口快要分手，他突然身子往后一仰，倒下去了，头碰到地很响的一声，大家一惊讶，原来他已不省人事了。赶快七忙八乱把他送上汽车，送去医院。据他自己讲，在苏联时心肌梗塞过两次。今天低压一百二十，不敢多喝酒，可也喝了两杯"凤酒"，事后向达先生来看我，说起凤酒亦品名"西凤酒"，就是陕西凤县（双石铺一带，我们入川时路过的[②]）的酒，是以那里的酒、笋、柳著名的，酒和汾酒同一类的，可能是两杯酒作怪了。翦、魏等人也匆忙乘车赶到医院去了，至十二时我还没有听到消息，不知急救过来没有。我为此事心里很久不能平静。给吴甦书记写了一信，连同报销的事都谈了。十二时半睡，到四时半上毛房后，怎么也睡不着，五点钟我就起来写这封信了。

昨天下午民进中央送来东六台的观礼券，大红色的，估计是在东边的高台，北大通知有汽车接送。今晚严景耀、雷洁琼夫妇请我过节，正好是我的生日，我已经说好带小毛一道去。他们另请了胡梦玉夫妇。可能晚上往刘乃和家，如遇老师出院了，就往老师家。

星期四乃和来听讲了，她说很满意。

景莹廿八日傍晚来的，东西都拿去了，毛衣还要两三天才好，三号约好他们出城，本来想去他们家聚聚，油、菜都有困难，我决定干脆他们出城来我这里，再去西颐餐厅吃一顿午饭就算了。如果他们要尽孝心，那是他们的事情。准备找金铎，我们不能铺张，只能穷凑。耀平近来很忙，今年国庆规模较大，要游行队伍注意防止破坏。可能紧张一些，大约三号他就无事了。

顾公硕兄来一信，说那天《李香君》演员很不平衡，不能满意，连范老[③]以

---

① 魏建功，字天行。

② 编注：1944年夏，柴德赓一家从西安经剑阁入川至白沙。

③ 范烟桥。

程小青为柴德赓所拍照片，1962 年

功臣自居的也中途退席了，真是那样糟吗？可能公硕眼光高些。

钱家、李家的东西，小毛说，景莹也说都送到了。

我去过余[1]家，老夫妇晚间一灯相对，冷落得可怜，燕荪[2]家的葡萄真甜，如程小青同志临走前还有的话，我一定给你带去，嫂要，他一定高兴奉送的。

今天下午拟和小毛一同去看哥哥（伯兄）。

吴宏中来信，送我们一张照片，寄给你收下吧！

我自己初来时和程小青一起照的一张，自己单身一张，都是他小儿子（留生）照的，底片已拿来，添印去了，照得还好，头发不知怎么弄的，先各寄一张。

小东跟奶奶，是幸福的，他想我吗？他听话吗？为什么不给我写信？

天已亮了，不写了，祝你节日快乐，问
刘先生好！袁医生好！

德赓　卅日晨

居心龙也来信，稍停再复，刘荣芳同志和他们联系似乎少了。王世华信写得很好，有志气，你先给我鼓励她。王丽英[3]怎么不给我写信，这也是一种锻炼哪！

（一三）1962 年 10 月 6 日往函（家书）

璧子如晤：

二日发两书。晚至耀平家，又发一函，想均收到。

援师病至三日始稍稳定，体温下降（高烧至四十一度，卅日晚）。三十日至三日

① 余逊，字让之。
② 周祖谟，字燕孙（燕荪）。
③ 编注：王丽英，农民家庭，陈璧子于江苏师院附中任教之学生。1963 年考入山东大学外语系。1970 年柴德赓去世后，骨灰瘗于王家自留地至 1979 年。

连续去医院四天，每次约在病房留半小时至一小时。四日耀平携六一来，这天未进城。因招金铎、君衡同至西颐餐厅午餐，仅花十元，菜尚可口。

三日上午余大妹[①]、袁小舟来，谈了许多旧人旧事。昨天下午我又进城了，援师温度三十七度二，略高，但精神极疲乏。恰好高级党校的教务长和黄让来了，我却未见着。六时半返寓，见君衡留一条，正好他来我处，知他和黄见面了，东西留下了。黄住西郊友谊宾馆，据此地四站路，已电话联系，他十三日可能南行，准备去看他，想托他带回东西。杨院长来信，要我做诗[②]，院办公室也来信了，昨晚做了五首，今天补一首，明天可以寄出，一定赶到。请先致意。

我十三日上午要去高级党校作一报告，六一班级（四年毕业的）。这几天真有点忙乱了。

北京中华寄来一份《历史名著介绍》的约稿合同，拟和翦老商量后签字。

江苏人民出版社的序文[③]，下星期要寄出。

好在援师病已稳定，我可少进城了。今晚拟复杨院长一信外，其余的信要稍晚才复。请晤荣芳、小胡、居心龙、梦白等致意，嗣山兄一信亦收到。此间天气忽冷忽热，幸无病痛，放心！晨起，因要赶九时以前投到邮筒，匆匆作书，不尽。即颂，

近好！

德赓　六号晨

我的大书柜最好弄个锁把他锁住，有些东西，可以放进去，如何？

纪庸先生要一部《顾亭林诗注》（他托我向北大借），书我书架上有两部，分散的六本，有书根的，是我自己的，可以借他，另一部有条子的是援师的，不借。（记得此本有校补，恐他也需要）

惠芳[④]住我家，招呼小东，太好了！

---

① 余淑宜，余嘉锡长女。

② 为校庆10周年写诗，后收入《百年青峰》。

③ 《蔡东藩及其〈中国历代演义〉》一文。

④ 徐慧芳。

刘开荣先生要北来的消息，九三方面还在传呢！又及。

（一四）1962年10月13日往函（家书）

璧子：

刚发一书，便得七日手书，此数日，《通史纲要》中册校阅完毕，在翦家昨天开了一会，大体解决。前天北大有课，乃和仍来听课。今天高级党校第一讲，从八点半讲起，中间休息二十分钟，直讲到十一时五十五分钟下课（君衡天天见到），看来反映良好（听讲的除六一班一百八十人外，还有五九班、六〇班的，和党校干部约四百人左右），在那里吃了午饭，才以汽车送我回寓。

接小胡来信，有纪庸先生的，刘桂老[①]的，还有骆经富的，也许是你交给他寄的，看了很高兴。今天下午要去看老师（好多了，针不打了，饮食也逐渐正常了），动身前先给你一信。

螽生调北京太高兴了，他给小毛一片。可是至昨晚还未见螽生来。

小弟从东北给我带来果酱两瓶，正好这几天伙食差，果子酱就馒头吃，解决问题。他还带给他哥四包烟呢。

君衡前些天同时发给刘开荣先生和你的信，我手头邮票只有八分，先贴在刘信上，到城里后买邮票再发，可能晚一天到。他说已在信上写好章[②]家里去了一次，我也没看他的信。以后写信也就忘提了。这事他事先或上或下，左右为难，我说去是可以去的，不要去铁板钉钉，还有一层，带你上天安门看烟火，不能去。不要沾这种光。后来知道并未去天安门。孩子确实是很用功，但他经不起刺激，我时时为他指出独立思考，加强理智的重要，看来也还明白。他们班上可确是有人为了恋爱而功课减退，有的甚至留级，他昨天考试成绩很好，自己也高兴。你先放心吧！

---

① 刘桂东。

② 章伯钧。

我工作不轻，这几天要把“蔡东藩序文”写出，之后要集中写《历史名著提要》，此书中华要我签合同，和翦老商量结果，合同还是由教材编委会签，我无意见，这样由编委会正式当高等学校教材处理倒好，我想从十一月起，一月写六万字，明年三月初稿写成！再修改一下，就可以印了。

购货券有余，我在北京，很感到有添制［置］夹制服必要，旧的那一身上身可用，下身破了，补也不行的（今天正好穿呢制服），有时候有些场面没有衣服也不好，先别忙，打听一下，有什么可以作夹心材料没有，我说的是毛料，要多少钱，钱再想法筹，先作准备。

这个月如只扣一百三十元旅费（不好报就算了），那倒还好，只是下个月扣一百十五元，又要寄来，你没钱生活了，到时再看，必要时先不寄，我另外筹。今年我们要勤紧着过，明年就好了。莫着急！

中文系讲义俟打听后奉告。

伯兄为旧事纠缠不休，真是自苦。

黄让要二十［日］过才返苏州，葡萄又要久等了。程小青先生也许最近走。

别纸致纪庸兄，盼即交。印单行本事准备否？此致

敬礼！

德赓顿首　十三日午后一时半

（一五）1962年10月16日往函（家书）

璧子：

十三日发一函是复前函的，今天又接一函，同时接和鸣同志一函，王德孟同志寄粮票一函（王函转你看）。

昨天下午黄让同志来了，正好程小青先生来，鑫生也来。我因黄让定于提前于今天上午走，给耀平他们打电话，也联系不上，想十五号上午入城，鑫生来了，我给他五元，请他代买。他当时就说，第二天第一次发薪，这次水果由他买了，我不答应，果然他昨天把钱退给小毛了，小毛正在劳动，自前晚至

罗秀英全家福，1965 年

今未见。后来我想，他已买了就算了，他说信中已写明了，因此我不再写信了。接此信时，可能已经吃到了。程小青走时，我还要带一点给你们。

我不要什么了。今天花了三六张工业券买一个脸盆（二元三角六）洗脚用。你来反正也要用的，我星期六买了个痰盂，和家里新买的一样，三元二角，晚上不要出屋了。粮票下个月不要寄了，是不要，要领出一部分全国粮票，你考虑好了。扣款去了十一元旅费，只要一百十九元好了。已复刘书记、吴书记各一函，吴函中附致杨院长一纸。

这个星期日，罗秀英①、术士元来了，士元为我安装床开关。我请他们两个去西颐餐厅，吃了一个回锅肉，一个肉末榨菜炒粉丝，一个肉片豆腐汤，共四元六角八分，粮票一斤六两，很满意。回家正好金铎从清华来，正好拿我那份饭票给他吃。小毛进城到耀平那里去了，五时前回，正见到螽生。

蓟章② 晚上从她满姨那里来，转了一转，她们去逛了香山，看了红叶。她和螽生一起进城了。

老师好多了，我星期六亦去看他，本星期四又得去看。袁医生太好了，我要写信谢谢他。

赓　十六日下午

（一六）1962 年 10 月 27 日往函（家书）

璧子：

潘承湘同志廿四日晚上就把蟹油送来了。廿五日晚正好螽生来了，小毛去

① 编注：罗秀英，农民家庭，陈璧子于江苏师院附中任教之学生，1960 年考入北京邮电学院。柴德赓去世后，罗父在自家设灵堂悼念，时柴德赓未平反。

② 周蓟章，陈璧子外甥媳。

食堂拿了主食，我和这里厨子商量了，买了他们的二角钱白菜，他就替我加点蟹油，煮了一大盆，真好吃。

昨天我去刘启戈家，分给他一碗，刘太太高兴的了不得，马上中午烧油菜吃。她说要吃三四顿才行，足见此物（为人重视了）。后来到了伯兄那里，给了他差不多满满一碗，当然会高兴极了。药也给他了，正好接上。伯兄早就约好廿八日（明天）到动物园附近的新疆餐厅去吃一顿。恰好淑班[①]来了，听说住余家，刚才叫小毛看去了。伯兄明日上午九时到我这里，可能同时要请淑班。

下周星期六上午又要去高级党校讲学了，这个星期一方面写东西，一方面要备备课。

炒米粉我吃过一次，加点黄豆粉，很香。咸蛋小毛拿去两个，那天他到金铎家去，两个人分吃了。今晚耀平要来，我和小毛商量用请螽生那个办法，如法炮制一回。

我近来左手有点像你右手似的，上举是有些酸，我每天早上起来上举下垂搞他几十次，活动活动。活动时仿佛左臂上有点“各落、各落”的声音，问问袁医生如何，但我相信我不会和你的情况一样，我底子比你强。

老师今天下午出院了，这是好消息。近一周我进城三次，两次为了乃和那篇论标点廿四史的文章（《人民日报》要的），由乃和自己具名。老师从医院里几次打电话，问我给她看得仔细不仔细。我听说老师嫌医院中菜不好吃，就把虾松全都给他送去了。（我和小毛初到的那一晚吃了一馒头，分尝了虾松的味道，真不错，谢谢我们的保姆。）我想你能做点东西送给老师吃，是多么难得的事，我们少吃点没什么。

院中校庆尚无信息来，甚念。范崇鑫说你气色比从前好，是吗？

我有时候半夜也醒，看来渐有老境了。

---

① 余淑班，余嘉锡二女。

丽英[1]来一信，还未复，她怎么总有消极情绪呢？你好好劝劝她。匆匆，

祝

安好！

德赓　10月27日下午三时

（一七）1962年10月30日往函（家书）

璧子：

寄来山东请柬挂号信，收到。今天杨院长来函，示我院庆时所写诗两首，顺便把山东给我的信及通知附去。今天还复了居心龙、王世华的信。

此次孔子讨论会，我因工作初上轨道，不想去，推荐刘桂东先生去，要学校和山东商量派刘去，替我的名额，他们决定后会以电报告我的。如学校认为还应该我去，再去也不迟。

上星期六耀平来了，我们又吃了一顿，剩下的交耀平带回去了。毛衣事，我曾经生过气，后来一想算了，等到廿一号还未打好，我就取回来交蓟章给我打去了，这几天可能完成。毛衣所以未告诉你，怕你听了也生气，我现在穿耀平的一件旧毛衣，短了些。我又怕耀平为难，景莹这个人不贴心，这回我可领教了，但你写信千万不提。

下月四号耀平请我去他那里吃饭，约蓟章去他那里交卷。好在北京不太冷，放心。炒米粉冲过两次，觉得粗，昨晚照你的意见“干吃”，好得多。

廿八日伯兄来了，我们一起去看了淑班，他请我吃饭（没请别人）。饭后我去看老师，回来已是晚八时半了，老人家很好，但乃和她们更小心了。那天宗素一家都去了，只我在那里吃饭。

《丛书综录》不要寄，我要的是师院《图书目录》两册，正在给刘荣芳信讲明了。匆此，

祝好！

德赓　卅日

如姊[2]好！

---

① 王丽英。

② 陈如子，陈璧子之姊。

（一八）1962年11月4日往函（家书）

璧子：

今日接一日来书，我三十日发一书，想此时亦已接到。今天早上接院中电报，决定派刘桂东先生去济南开会，这样很好。我此时亦发一信至济南，告诉廉高之同志了。我此次决定不去济南，因工作正开始，一去就要耽误两三周，何况这几天工作正忙呢！昨天讲完高级党校第二讲，这学期任务完了。下学期高级班另有任务，明年再说了。

老师生日，拟邀元白、重一[①]等一起叙一叙，已和乃和谈过了。

小弟昨天又给我带来了两罐苹果酱。

你闻郭老事，此间前些日子亦盛传，翦老前些天到郭老那里去，郭老自己还说笑话，对他夫人于立群说，我们重新来一次结婚，谣言就息了，这当然只是笑话而已。这种笑话还有，像有人传说邱钟惠怎么怎么，都是这一例。

毛衣今天蓟章送来了，恰好耀平和小六一、君衡来了。耀平带来一只熏鸡，中午大家在我这里吃的。近日景莹因要参加听课考试，本来约好今天去他们那里的，改在十八号了。

秦调出去，事在必行，他还没有上任，就许愿心，调陈晶晶去，我看这种想法也不一定正确。他这几年在师院像养猪，和〇〇[②]往来，大家有个看法，我和你以前也谈到过的，此次不知给何名义。行前你去看看，不必请客，反正我不在，也不会怪你的。有一点得留神，他对领导有些对立情绪，咱们心里要放明白，不要纠缠于其中。此事我新近有所了解，知道他在师院的情况，以后面谈。

瞿局长回我一信，关于陈珮事有所说明，寄你一看。

---

① 张重一。

② 此处原为："〇〇"。

这两天我有点伤风，可能前天洗澡着凉的，今天就不出去了。谢谢刘先生给我介绍的医生，我目前多锻炼锻炼行了，有机会进城找医生。小毛搬住 43 斋 507 号了。（通讯：北大 0258 理论班）

陈珮给许春在一信，问他可不可以和陈晶晶对调，我想劝他不要性急，以后有机会再说。这封信要他们带到城内去发，匆匆写了几句，不能一一。

祝

好！

赓　十一月四日

螽生昨来电话，到小汤山劳动去了。

（一九）1962 年 11 月 13 日往函（家书）

璧子如晤：

八号寄一书，想达。你八号的来信，前天收到。蔡时[①]先生一函亦由系中转来，我今天给他回信了。他来信谈了许多问题，我不好措一辞，只好谈谈我对做学问的看法和这里的生活。原信寄给收存。

刚才包裹寄到，小毛去取了，要晚上来。昨天是小毛专业考试，考得好，这孩子读书很用功，很要强，我总是怕他营养不够，这方面我会照顾他的。

衣料一事，照目前看，须要从缓，明年上半年买也来得及。从颜色讲，还是藏青色的好，此时没有，以后再说，你把工业票处理好了。黄丽华信已复，调工作事，亦当初等瞿局长复书后再说，得复书后，知此时忽提此事，一定无济，不如明年暑假前谈为好，我让丽华自己写一信给瞿，但我也留有余地，让她考虑从个人工作出发呢，还是从提高业余文化教育出发？她给信后，也许还要找你。这类事，以后我还是尽量少管为好，你看如何？

① 董蔡时。

淑班来了，见过两次，从大妹那里，知季英[1]现在很不得意，她也是这次问小胖[2]才知道的，好像长期在农场工作，一切事情，别人一问，他都承认，又有什么法子呢！这些事，你千万不要操心，我会去看她的。听说余大嫂并不十分欢迎。

定《文汇报》很好，那我下月就订一份《光明报》(这两月未订报)，寒假初步决定你来京，这里伙食不很好，但你来了，不一定天天在这里吃。我如回去，一大批人跟了去，对我工作有影响，对你也不舒畅，不如你来的好。

如姊在家，小东不来行不行？这是我瞎想的。

我的手现在有进步，伤风根本不影响工作，放心。

刘桂东先生自济南来一信，很高兴，可能到曲阜去参观孔庙哩。昨天老师阳历生日。前天我打个电话，知道又发烧了。

那天下午我看完范文澜同志，就到金铎家里吃的晚饭，他们只添了个炒鸡蛋，晚饭后又特地为我炸了花生。金铎的母亲一般还顾大体，也亲切，问君衡怎么老不来？我说他知道您好久没在家，他又忙，才没来，知道您回来后，他一定要来。

八时，我到陈宅，发烧三十八度二(是腋下量的)，刘等又紧张起来，直到十时半，我才动身。昨天中午，我和张、启去了，因老师坚决不赞成我们去买菜，我们没有买。发烧又好了些，只三十七度四，但不稳定，中午我和张重一、乃和二人到同和居吃饭，我和张二人作东，乃和在同和居吃完饭以后大哭，才[直]到三时半，我们才出来。她给你写的信说了些什么？大约不外是学校不管，家里人不管等，主要是老师的病究竟是肝脏、胆囊炎，都无把握，她对北京医院也不满意，看来问题复杂起来了。你写给她的信，主要是说她对老师的帮助很大，她在，我们就放心等等好了。

赓　十三下午

---

① 陈绍杰，陈璧子之弟。

② 余淑班。

（二〇）1962年11月17日往函（家书）

璧子如晤：

十三日发一信，想已收到。此数日来，准备写《十七史商榷》、《廿二史考异》、《廿二史札记》三书提要，是我那书[①]中的一部分，兴趣很好，工作也有头绪。伤风已好了。说也奇怪，天气总不冷，一边生火，一边有太阳进来，我不能不开窗户了。

老师又住医院了，老是发烧，总不是办法。我十四号去看他，还好。昨天和乃和通电话，情况又有发展，呕吐，不想吃东西，不知何故，现在当然还不至于立刻严重，可是老人多病，其情可忧，你去问一下炳然兄。老人有胆结石会发生什么情况？此其一；肝肿大和胆有关系否？此其二。呕吐与胆有关系否？我这些天，时时想，如果有像炳然这样的医师在此，那多方便，可以研究。北京医院虽好，值班医师年轻的多，不熟就不好深谈了。

乃和近来脾气很大，当然着急也是事实。我这几天想的也是很多，首先，觉得做学问应该趁精力好的时候，等到老了，力不从心。我身体还好，可是成绩刚在开始，因此不敢不努力。有时觉得头发比以前更白了些，也难免对工作有急躁情绪，老师的学术地位那是没有话说的了，希望他多养几年，我们能多学几年，但这谁又能保证呢！

经济情况，我也拮据，但这个究竟是目前偶然现象，明年此时绝不如此，我也念着你，咱们几十年来，还没有离开过半年呢！因此关于你来不来北京，作了许多考虑。刚才小毛来，说给你写信了，可能我和他谈的都写了。那么你考虑一下。我本来想来了你可散散心，对身体有好处，不过此时来了，经济不充裕，也不痛快。近因援师身体越来越不好，我倒想你提前来一次，不一定住多长，家事暂托如姊照管一下。东西不要多买，钱不够找王处长谈一下，支

① 指《历史名著介绍》一书。

一百多块钱总没问题。我恐怕万一有变，你将来也要成为遗憾的。

你不要为这等事睡不着，事情来了，想法解决，困难问题多，多考虑一些好了，不要为此等事纠缠。

我这个月初在乃和那里拿三十元，现已光了，没有法子，昨晚打个电话给蓟章（她从前说过她有存款，要的时候可以去拿，因此上次五十元未还她，月初我想不要再去麻烦她，就从乃和那里拿了，现在想，找两个人不如找一个人，蓟章还是比较诚意的）。她约好明天上午来看我，我没有说数字，（这次预备和她谈好，等到我的书出来还她）这样，又算解决了。可能你寄的五十元不久到，除了君衡外，可能的话，乃和的三十元要先还她。

我的关节酸痛未发展，还是每天练上举，有效果。

许大龄夫妇上周送了一罐（苹果酱罐，玻璃的）猪肉，千辞不得，他真好，我却不友。昨晚景莹、君衡在此吃了，肉太肥，我也吃不了，味道还好。

翦家前天晚上留我吃饭（我不愿到朋友家去吃饭，是粮食问题，米面百分之三十。二是菜也不易，白菜当然不成问题，荤食还是紧，饭馆可有的是，但要多化［花］钱，谁也要考虑考虑），翦老身体好。匆匆作书，即颂

近安！

赓顿首　十一月十七午

给徐主任一封信好久了，关于买书事，何以竟无下文。

（二一）1962年11月19日往函（家书）

璧子如晤：

星期六发一函，你要明天才能收到。情况又有了发展了。老师的病，前天医生说是“上肠胃梗阻”，已把胃中积食全部抽空了，昨天照了相，结果未宣布。我昨天和医生谈了谈，他们说，不是肿瘤的可能性很小，老年人良性瘤的可能性也小，如此说来，这就难办了。到今天已有五天不吃了，都是靠打葡萄糖维持的。老师不许我们去看他，自己可能还不知道如此严重，只说不能吃东

西，那会死了。

今天上午我在家校江苏人民出版社“序文”[1]清样，昨午寄到，今天长途电话来问，马上去寄。四时翦老和我一同去医院，我那时还不能去看老师，天天去，他要急的。但我不去，如何过得。你能否即来，根据情况决定吧。我又怕你累不得，伤心不得，万一不幸，我年假想要回苏一次，休息一下。我心烦虑乱，不能一一写了，此祝

近好！

德赓顿首　十九午

（二二）1963年2月20日往函（家书）

璧子：

星期六发第二函，此刻想已收到。我星期日接您第一函，知家中情况，甚慰。星期日上午，君衡去金铎家。午后三时，罗秀英来，悉其已借同学五元，即以此款与之，别予以另［零］票一元，作车费，谅她自有信奉告。三时半李瑚携其儿来。四时赵习携其女来。星期一下午去看老师，遇张遵俭兄来京开会，于医院相见。五时到杨老伯[2]家，以松子糖一盒相赠，老伯见我去甚喜，二弟亦在家，晚饭后归，途经房东家[3]一转，这家人真想我呢。今日电询乃和，知老师已出院回家了，此是好消息，特即奉闻。

乃和说，老师很爱吃油焖笋，北京难得，要看［我］问你苏州有没有，这件事得去打听一下，如有，买几罐来，叫士元带来好了。

周国伟来信，招生委员会不让他考，就只好算了。

这月耀平给我十二斤，金铎给我十斤，伯兄又给我十斤，皆北京粮票，我已用它买了十斤饭票，老林问了一句怎么是北京市的，我说是孩子们给我的，

① 《蔡东藩及其〈中国历代演义〉》一书。

② 杨季子，名敞。

③ 编注：北京西城松树街15号。

他就不说话了，看来还是以交全国粮票为妥。下月恐怕要去领二十斤给我，这里我还想适当去调换一下全国粮票。

你晚上睡觉有影响，近来如何？中午多睡一会吧。

小毛星期日晚饭后来，汪丽琴请他吃晚饭。知道他中午和耀平在金铎家中吃的饭，谈些什么，因秀英未走，我也没有问。小妹寄给你的信，他看见了，说已给你写信了。余不一，祝

好！

赓　二月二十日

邓珂也考清史研究所，题目不好做，不知戴松林如何？

（二三）1963年3月2日往函（家书）

璧子：

接来书后，知小东又病，甚念。昨晚士元来，我正因《中国历史小丛书》编委会在四川饭店开会吃晚饭，饭后，又至兴化寺街，归来亦未见有人带东西来。今日上午始见背包等，东西弄来不少，今天下午我正好要和小毛去宋家，就送一包糖，一罐瓜子，一些虾（这次东西都留给自己享受了），两瓶味之素也算四色水礼了。

范崇鑫来信，范烟桥同志病，胃溃疡，住二人民医院。谢[①]、范都去南京了，有便时去探望一下范老的病，带我致意，忙不过来也就算了，我已写信给陈涓隐了。

总之告你，上次来信后，我请金铎给我送信至伯兄处，约他夫妇星期一在恩成居吃晚饭，蓟章凑着也要请，就算合请了。耀平夫妇也到，金铎因有事未来，吃了十五元，临走还叫了十个五仁包子，哥哥拿四个，吃的很好，他很高兴，说你记得很真，实际生日是星期一，也许他倒先写信回去了。

---

① 谢孝思。

这一周，星期三入城学习，晚上听了周总理报告的传达，讲国内外形势，国际的，《红旗》文章发表了要挂一挂再说，国内要进行“五反”，反贪污盗窃，反投机倒把，反铺张浪费，反分散会议，反官僚主义。要提倡晚婚，节制生育，多要求男的做手术。学生和部队要限制结婚，小毛他们也听团市委谈这个问题了。

去年增粮四百亿斤，下放城市人口一千八百万，还有一百多万要下放，情形大好。

今天民进要开座谈会，我就请假了。

士元留给我一条说二小孩都发烧，怎么小家伙也发烧了，很不放心，你真够累的了！

杨院长有信来，告诉我刘书记病况。

这两天写东西比较顺利。

明天星期天耀平要来，陈晶晶要来（她前天到北京，在历史博物馆考古研究所整天工作，整理大汶口出土材料，明天来，口福不错，多少我要请吃苏州来的菜），是否还有别人来，此时不知，可能秀英来。

送老师一瓶油焖笋，耀平可以带回去的。燕荪刚才来过，说给苏州写一封信（正月初），我记得未收到。送了他一包糖，我想也必要的。今后不要买糖了，稻香村、桂香村都有苏州糖果了。祝

好！

赓　二日

（二四）1963年3月6日往函（家书）

璧子：

士元来，接食物，已发一函。星期日晚士元来，始见来书，原来瓜子是给刘姑娘的。这回我可没有猜对。现在决定将虾松分一半给老师和她，聊以补过，去信时勿提起。

星期日热闹极了，十时许，陈晶晶来了，接着小毛来了，我们除了买固定一份菜外，吃了两条鱼，吃了点虾。下午耀平、鑫生、罗秀英和她的同学周祥英（常州人）来了，她们两人一进门就找我有衣服洗没有，一看已经洗出来了，大为失望，原来陈晶晶发现我有衣服换下，先给我洗了。你看这些孩子们对我多好呀！晚上大家凑在一起把你带来的菜大致吃光了（只剩下四块熏鱼），同时在勺园饭庄买了三个菜，共四元多点，大家吃得很高兴，想不到你寄来的菜有这么些人分享。

那天宋太太高兴极了，只说"你真记得"，我倒不会贪功，从实说是你记住，我倒不清楚。他们杀了一只鸡煮面吃，小毛吃得不少。

老师回家后，好得很，那天（星期五晚），拿了一小碟鸭肫，说我七十六年前把这个东西放在口袋里分给同学吃的，我和乃和笑不可仰。你看他兴致多好啊！

我现在工作更趋紧张，有些要定稿，如《后汉书》本月内全部交出，自己的书也要缺门补齐，我想六月底也要交出去，努力争取。教材编委会对各组都催促。翦老那部《通史》已出第二本，第一本也在赶，不过他本月十五日要去广西，约两周始回，这是他们那里约的。

景莹的妈妈有病已久，现已从医院返家，因此小六一上星期未能来。

高级党校来人接洽。要讲《通鉴》，我无权决定，由他们去交涉，大约要讲三讲。我把旧稿清出，改定。交他们先印（一万两千字），郑先生要我把稿先给《历史教学》印，还未定。

大文章出来了，民进本约星期六加一次座谈会，我未去，今天下午他们来接，我去参加学习，顺便把缪老师[①]老师的东西送去。

小孩病如何？念念。粮票不要寄了，晶晶从我这里换了六斤去，她正需要北京粮票，我现在手中有卅五斤全国粮票，还有十斤北京的。余再述。

祝

① 缪金源，字渊如。时魏建功正撰写缪渊如先生传记。

好！

赓顿首　三月六日

（二五）1963年4月10日往函（家书）

璧子：

今晚接八日来信，知你近日睡眠较好，绂弟[①]留苏州三四日，苏州近日天气转冷等情。

杨院长处已经寄去册子[②]，和你的同时寄的。五号又寄徐嗣山一份。杨院长有信来，附寄一阅。凡我转寄回家的信件，希望另收在一处，以后我还会转寄一些信的。

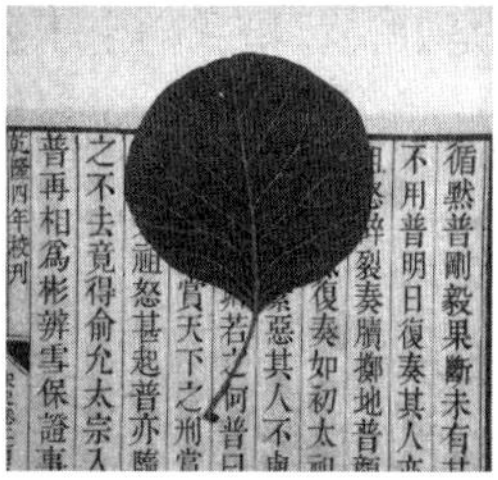

1930年代游八大处时所撷，夹于《宋史》中

七日这里天晴，但是阴沉，又有风，蓟章是城里上车的，小毛和鑫生和我是中关村上车的。那天民进开了三辆大客车，到了八大处，山下洋房甚多，我简直一无印象了。二处新修了一座十三层塔，预备安放广济寺那份佛牙的，塔刚修成，已经有游人在上面涂写某人“到此一游”了，一种坏习惯要改掉看来真不容易！三、四、五等处都是旧庙，无甚留恋处，六处是龙王堂，房子稍大，好像哪一本《人民画报》介绍北京教师修养情况时登过几张照片的。七、八处和一处我就没有去，爬山吃力是一事，天冷风寒又是一事。小毛说：从来游逛，无此交通工具和茶水招待，但亦从来没有逛的没有意思像八大处的。但他毕竟第一次去，我则温三十年前旧梦，可惜梦也寻不着了。归途参观了亚非学生疗养院，那里可真阔！

四时鑫生和蓟章回城里，我和小毛北大下车，顺便去看许孝慰，不在。看赵习，刚生了一个儿子，才十五天。鑫生给了我十五元，说是妈妈叫他还我

① 陈绍闻，陈璧子之弟，时任复旦大学教授。

② 柴德赓1963年在中央高级党校教学课程“资治通鉴介绍”，整理后于1982年由求实出版社出版。

的，我只好收下（他还我时，蓟章在旁，她说这个月正好做了一件大衣，化［花］了六十八元，这十五元，她先拿去用了，下月给我）。你和刘先生说一下，如手头可以腾挪，先给她也好。

昨晚高级党校以汽车来接（郑[1]、邓[2]、翦夫妇同去），到那里看了一场俞振飞、言慧珠的《齐双会》，演的真好，现在可以算是最好的戏了。

六号晚上的《霓虹灯下的哨兵》，我和小毛及他的义乌同学朱君[3]同看，好是好，可惜我们坐十六排，没看的很清楚。

老师昨天回家，很好。这次我只去医院看了一次。

子高[4]先生尚未见及，秋华[5]今天下午来，我正入城学习，听说他有和刘仙洲先生一起去无锡的计划。也许他会去苏州。

您好！

德赓　四月十日夜

这个信封内有个丝网辅币，是样品，耀平给我的，将来要改用。

（二六）1963年4月17日往函（家书）

璧子：

十一日寄书想已收到。此一周来，以写论章学诚文章[6]为主，此系《光明日报》特约写稿。至今初稿已毕，二稿已及三分之一，尚须三四日始能定稿。明日要去师大讲“王鸣盛与钱大昕”，故今日下午不入城学习。

凡入城学习之日，一时半汽车便来，午饭后不敢就睡，精神往

---

① 郑天挺，字毅生。
② 邓广铭，字恭三。
③ 朱允伦。
④ 张子高。
⑤ 张秋华，张子高之女。
⑥ 《论章学诚的学术思想》，载于《光明日报·史学》1963年5月8日。

往疲乏。估计明日汽车来接，饭后也不能睡，故今日午饭后必须休息也。

上星期日无人来，午章川岛先生来约毅生、季思[①]二先生及我吃午饭。一大盆鸭子，一盆肘子，如何吃得了！午后入城看伯兄，精神甚好。嫂子又有退休不退休问题，谈笑而道，看来已无所谓了。四时后至素子家，可惜他们都出去了，门敲不应，留个字条告诉他们就走了。

晚饭在兴化寺吃的，老师身体还好，晚上听乒乓球比赛消息，很高兴。乃和倒是提过你临行所托的事情，说要找翦谈谈，此事我无法主动积极。小弟给刘一信，说看见《通鉴》小册子，他能看懂。小毛在这里也拿走一本看去了。我以前未作［着］意培养孩子学历史，现在看来，也算缺点，将来看小东如何了。

罗秀英上周五来了，他们放春假，和同学邹[②]祥英一起来的。邹亦常州农家女，很稳重，连小毛也说她稳。她们要给我洗被子，招待所的张同志把被拿去了，给我另换了一床。那天天气阴，耀平至海淀，也来我这里。晚饭我请客，耀平要投资一半，就这样办了。

王丽英来信，看来心情很好，这就看她如何考上学校了。

昨天胡华来了，他上午去军事科学院作报告，吃了午饭，坐了军事科学院的汽车，带了两个助手来我这里。谈了一会，和他一起去看翦老、邵循正。他走后，我顺路看了田余庆两夫妇和燕荪。燕荪又请我到福利楼去吃晚饭了。余老伯文集[③]出来了，老师那里有了，燕荪那里还未收到。大妹想恢复工作，不过此时正闹精简，我劝她六月初再提。

这里招待所现由对外联络科划归总务处领导了，新来了一个管理员，听说伙食可以改进，且看下文如何。

耀平的烟吃光了，这里还未发，家中的烟不知有便人来否。刚才接你特种挂号，老林上邮局取去了。中华《书目答问补正》已出，先给我寄来了二十本（是我托买的），送了我一本。我拟寄回图书馆十五本，其中有的要给历史系年轻

① 王起，字季思。

② 1963年3月6日家书写成“周”。

③ 《余嘉锡论学杂著》，中华书局1963年版，该书序言由柴德赓起稿，陈垣校长定稿。

同志，如何分配，图书馆去考虑。我会告诉他们送一本给你一看，你只看看我那篇序文[①]是什么样子还他们好了。

写至此，老林来了，原来是你寄给我卅斤粮食［票］，我现在粮食可足了，下个月一斤也不要寄了，记住！（金铎给我五斤全国、五斤北京的）你信上那么多好吃的，我这里天天早餐一个馒头就白糖，中午白菜，有时有红烧肉，晚上白菜边皮，有时有点别的，我们都馋死了，你说，我怎能不想家！我的钱多半是吃了的，但吃的真不舒服！萨其马等我再也不吃了，那是酥油做的，怪不得吃一次，胃中难过一次呢！余俟后告。即祝

近好！

庚顿首　十七日下午四时

（二七）1963年4月23日往函（家书）

璧子：

十七日发一书，忽又一周。此一周中，集中精力写《论章学诚》，今日全部完工，下午入城谒援师，五时半《光明》到陈宅来取稿，此文酝酿时间最长，费力很大，夜车都开了三四次，有时简直写不动，等到难关解决，势如破竹，有时虽半夜三更，还是心花怒放，得意疾书，自写《谢三宾考》以后，久矣无此笔墨矣。文仅九千字，可能要分两天登（在第二版），稿经几个同志看过，校样出来，还要仔细看，此文大有关系，不可不慎重也。

款已寄到，不知你够不够，小妹上月寄君衡廿五元，这月又寄卅元了，小毛衬衣破光，不知苏州有少要布票的衬衣否？听说北京有处理品，我拟去找找看。这星期天无人来，和小毛中午到勺园吃面，无意中遇到卞淑闻和他的爱人、孩子，孩子已小学四年级，好高呵！

---

① 指柴德赓1963年撰写的《记贵阳本〈书目答问〉兼论〈答问补正〉》。

陈璧子、柴念东及王端于苏州，1963年

上星期四去师大作报告，讲“王鸣盛与钱大昕”，讲了三个钟头。白先生[①]作结时捧了一阵，又请我到东来顺吃了一只烤鸭，何兹全、乃和同去。这也算不错了（当然是公家请的）。从市场以汽车送回。见到金铎了，他父亲不在家，我也没有时间去他家。

忘记告诉你一事，范文津寒假跌了一交，腿摔坏了，一直在她妹妹家养着，听说医生接了一回，没接上，重新搞，痛苦极了。我还来不及去看她。

明天起，写别的提要。曾敏之的稿子盼便中寄来。

这里天气阴沉，我还未脱棉裤，荣芳是何语言引起误会，盼她自己写信来。曹永年来一信，不知系中对他在《光明·史学》上发表文章[②]，有何议论。

匆匆致书，即将入城，不尽一一。祇颂

近安！

德赓顿首　四月廿三

高级党校一份教学计划阅后收好。

（二八）1963年4月24日往函（家书）

璧子：

昨发一函，想伯兄同时亦发一函，大致可以解决问题。书签[③]我写了几个，要伯兄挑一下，最后授权你挑，看看你的眼里如何。

段力佩在京，昨晚民进北京市委请他在政协开座谈会，发我一票，刚才素子来电话要票。我答应送她，闻民进无余票，反正我也进去了。

---

① 白寿彝。

② 曹永年，柴德赓学生，《战国历史上的“匈奴”》文，载于《光明日报·史学》1963年4月10日。

③ 为陈伯君《双蕉草庐诗词稿》题写书签。

小端端[①]卅日生日，我拟再［去］金铎家，已联系。新背心已穿上了，我叫小毛也去。

带来的《通鉴》缺少五十二册一本，正要用，请在书房找一找。

最近《光明》催我发表“论考据”，想努力一番，以晚上业余时间写成。当自己控制。匆此
祝好！

赓顿首　廿四日

（二九）1963年4月27日往函（家书）

陈垣与柴德赓于励耘书屋，1963年

璧子：

廿三日发书，想收到。同时接你来书，丽英亦有一函。昨君衡来，看到你写给他的信，他说接到信时正写好一信，已告你收到信了。他今日流鼻血，看来身体不算好，学习任务很重，我已叫他当心点。廿四日我和北大近代史组师生去档案馆，在温泉旁，新房子，背后是山，真大真好，见到老朋友单士魁，看到永崇皇帝对西藏的诏书原件、洪秀全亲自写的诏书、雍正黄海堤朱批等，美不胜收。下午游大觉寺，此地以玉兰、杏花著名，现在花事已过，只留下古庙。《光明》稿廿三日下午交出去了。和老师照了些相，乃和给我一份，寄给你两张，收好为要，这是难得的纪念品了。

昨晚耀平来，正积极找房子，有消息，未定局。

① 王端，柴德赓外孙女，乳名端端。

刚才周祖谟兄来，他和大妹带两个孩子要游杭州去，定五月初走，约定杭州回来到苏州，在杭不过三四日，在苏州最多不会出一周。何时到苏，他会通知你的，我另外写一信给杨院长，他来时可以请他为中文系讲几讲（他多少有些精神准备），机会难得，学校住宿伙食可以招待一下，游览准备交通工具。他主要可以讲古代汉语、音韵、训诂知识、校勘学等。你和杨院长接个头，和系里联系一下，等他动身，我再写信告你。

陈凡把《章实斋与汪容甫》发表在《大公报·艺林》上了，分三次登，已见两次。即祝

近好！

德赓顿首　廿七日

五一无计划，可能五二随北大历史系游潭柘寺。

（三〇）1963年4月29日往函（家书）

璧子：

前天发一信，估计你明天可以收到。这两天天气沉闷，腰酸背胀，昨天好些了，举头一望，居然见到香山，一抹如屏，又初见柳絮飞起，颇有江南之思。上午无人来，下午金铎来了，谈了谈小妹调动工作之事。我们一起去找小毛，他们正在杀臭虫，已完工，遂同入城，至森隆吃了一顿，很好，还吃到肴肉，化［花］了六元八角。他们腹中油水都少，我看都瘦了。回头一起到老师那里，看电视，十一时到北大。

今天朝［早］上，《光明》送校样[①]来了，真快，字数真不少，他们拟登在第二版，大约五一以后几天。你先不要说话，反正登出来了，吴江澄、小胡会先来报告的。恰好周燕荪兄来了，他告诉我一切准备，可又去不了。学校要他主持研究生答辩，时间提前，看来又要另定计划了，不过我已告杨院长，你得在

① 《试论章学诚的学术思想》一文。

［再］通知一下。留此后约也好。

燕荪给我校稿，连文字标点都细细琢磨，我更放心了。还要请邓、翦诸公看看。

此文费力很大，《光明》重视，我自然也高兴，这对我也是鼓舞。在这里有朋友商榷，真是乐趣。不久，夏承焘兄要来北大讲学，我们又可一起谈文说诗了。北大今后每年约外边教授，看来是成为一种制度了。

北大五一至五五放假，我仍不出；潭柘寺还无具体消息。你们五一如何过？念念。这里青蛙叫，和江苏师院东边河畔听到一样。祝

好！

赓顿首　29日

金铎买了中锅一、奶锅二、香皂二，我也买了饭盒一，不要票只是又带不成了。

（三一）1963年5月3日往函（家书）

璧子：

卅日晚收到来信。我廿九日发一函，计程此时亦应到苏州。前天五一，我上午到中山公园参加联欢去了，民进发来的票，还可以带眷属，临时我无人可带，到房东家里，正好大孩子们出去了，还留四个比较小的女孩，我就带了他们。年生、孚生两人的爱人怕我弄不了，她们的姊妹二人也去了。公园可真热闹，就是嘈杂一些，太庙戏台一路都是，十二时出太庙东门，我就请她们吃了便饭，花了七元多，我想这也难得，孩子们平常叫柴爷爷，很亲热，这次带她们出来，该记得一辈子呢。

下午至兴化寺，陈容带夫人小孩来了。晚至天安门观烟火，也有两［张］五台的票，是教育部给的。这样就痛快地参加五一了。

文章的事，说也可笑，我请邓恭三帮我看看文字，他一眼就看中了，他说“史学”这一期正无稿，你这是《光明》编辑部直接约稿，他们要登二版，我想

和他们交涉一下，请把这篇文章支援“史学”吧。我当然不好说，只能说那是报馆的事情。昨天我见到他，他说《光明》已经同意他的要求，拟在五月八号“史学”上一起发表[①]约九千字。乃和听了不高兴，她是说二版是特约地位，重要的多，老师说：一次登出就好。我倒不在乎，只要我能继续写，还怕没有地方发表吗？

我近来外务极力推开，不再接受新任务，近来写东西好像到了一个新的阶段，快些了，也成熟些了。我自己的书要赶快写。你放心好了，等《光明》的文章发表了，可能又有人来找我，搞这个那个的，都封门了。

小毛昨天进城看小学孙老师和中学老师，到舅舅家去了，此时尚未见到。他是长袖衬衫破光了，希望有一件，短的也缺，还是我给他那一件好些，现亦快破了。烟这里多收工业券，中华1.7[元]一包，连翦老都买不起了，耀平上月从我这里分去八包，我现开始少抽了，一包如中华要一元九角，只廿四支，我一天抽三支，价钱和抽半包普通的一样。茶叶，一张券一两，乃和、金铎、耀平支援我。不过家中如有碧螺春，留下点在那，不必寄来。

现鸡蛋每斤一元三角，我早上吃三个鸡蛋，小弟带来白糖真好，伙食仍不佳，有时不如勺园便宜，反正这一年多少钱都是吃下去了。上海人民的钱我会寄去的，范崇鑫那里也由我安排。

听说夏承焘先生不日到这里讲学，这里请老朋友多确是一乐，那天乃和还谈及工作如何解决问题，此事尚无头绪，我意以水到渠成为好。

耀平房子问题很费力。未解决。

张泽云这么年青就结婚了，太早了！

严君方事不写信为妙，有些背后议论只当不听见。反正注意他们说什么就行了，“小不忍，则乱大谋”，不要操切从事，你看如何？

子高先生卅日来过我这里，从无锡回来不久，今天我去他那里。

---

① 《论章学诚的学术思想》，载于《光明日报·史学》1963年5月8日。

匆匆致急，祝
安好！

德赓　五月三日

（三二）1963年5月9日往函（家书）

王丽英高中毕业照，1963年

璧子：

两信均收到，燕荪来又不来，真可惜！杨院长给我一书，说并不失望，希望他以后能来，我已经对燕荪说了，他也考虑此问题。

你能去无锡一下很好，子高先生说好极了。我去过张家，还看了半天好墨呢。[①]

我近来身体还好，只是晚上睡不好，有时怎么也睡不着，甚至中午也睡不着，这真是奇事，我正想办法，一定要克服它。晚上睡不好，白天就精神不够，如何得了。

文章登出来了，老师特别高兴，要我请客呢，我电话中答复乃和，这都是老师教导、督促、鼓舞之力。你今天才能看到报，《光明》答应送我五份，我可以寄一份给你，收到后即寄。

《江海》要考虑给他们稿子，《书目答问补正》至今未发行，这里的人都等急了，我们校里倒是先有了，谁想到中华装订这么慢呢。周国伟，我给他留一部好了。余老伯[②]论著也是先有样书，至今未发行。燕荪还没有收到呢。

丽英来信［附照片］，总是写西郊北京大学，可是也收到了，请告她，下次多写“北京”两个字。

耀平携六一星期二来过，今天电话中知寄来包裹已经收到了。

① 张子高先生为著名藏墨家。
② 余嘉锡。

星期六和金铎去政协礼堂听荣高棠同志讲廿七届乒乓球队比赛，讲得有趣极了。最妙是团体赛，我们出徐寅生，欧洲人因为徐上午胜了两局，认为他一定不上场，日本人也看定是庄、张、李，谁知我们居然出徐，得两分，这是出兵。更重要是出队，主要是第二个出场的，张打二、四、七（按最多九场计算），次是一、五、九（庄），又次是三、六、八（徐），日本三本、木村怕张，狄村不怕张，怕徐、庄，等到两边出场次序一发表，他们就输了一半了。我们估计他们完全正确，他们估计全错，当然五比一的结果是意外的。一般讲五比三、四可能性大。讲了三个多钟头，又放演了一场乒乓电影，最难得的，在会场上张月明的爱人庞景仁，他在人民大学，月明一度精神分裂，现已好了，仍在女十二中管理图书资料，住在铁狮子胡同。散会后和金铎去同和居，吃了“三不粘”。

上星期日去师大，在金铎家里吃晚饭，和金铎去看罗秀英，她去清华锻炼体操去了。

昨寄你《语法》一本，葛信益送我的。祝

好！

赓　九日午

（三三）1963年5月10日往函（家书）

璧子：

昨天寄一信，同时寄吴江澄同志书目一份，请催他快些注好意见寄我。

兹寄上《光明·史学》一份，此次报馆送我三份，我都留起来了，乃和着人又给我买了三份，未取来。我自己订报，我想你只能借别人的，我应该寄给你一份，有空时请读一读，看有什么问题否？

这里天气转暖了，昨天下午起我穿脱空夹制服了。明天晚五时半，翦老、邓恭三请我们几人（郑、吴荣曾、陈直老先生）到颐和园听鹂馆吃饭。下午准备早些去，游一游颐和园。

昨天五点，张文淳、龚书铎、刘家和三人来看我了，在这里勺园吃了饭才回去的。匆匆书此，即致

敬礼！

德赓顿首　十日

（三四）1963年5月19日往函（家书）

璧子：

得自无锡返苏州书[①]，知此行甚乐，为七八年来所未有。自今以后，我当多和你一起出游，即从此始矣。

你对文章的评论甚恰当，杨院长亦来信谈及，他提“言之有物”四字，甚有见地。《光明日报》来人给我反映情况，他们远从上海，近从人大、河北师院、北京师院及有关方面了解，也是好评，他们更有把握，还想让我写一个别的题目，我因任务重，自己这一向睡眠不好，影响精神，不敢答应马上写。他们说先送有关资料来，让我考虑。

睡眠不好确是苦事，有时午睡也睡不着，前天我进城到兴化寺街，晚上大雨，就住在陈宅南屋了。乃和给我“安乐神”吃，那天吃了一片，前半夜还是睡不好，昨晚吃了两片，总算好点。据说这种药无副作用，我已托乃和买点。郭护士给我量血压，可能因睡眠不好，也高了一些。但我有充分信心，可以克服。不过这一段工作不敢过多着力了。你千万不要着急。

这一年关系一生很重要，但身体更重要。我决不去拼，一个人的学问，看来要到一定的时候才成熟，因为寿命对一个学者来讲是很重要的事情。我想你还可以帮我在学问上做点工作，到不一定去做那些行政工作了，你说是吗？

星期四伯兄来了，我给他写一条诗给民进，有一张多的，给你寄上。那天

① 编注：1963年春，张子高、刘仙洲到无锡，陈璧子特赴无锡探望老友。1956年初，柴德赓与陈璧子曾游览无锡。

我请他在勺园吃饭，郑先生作陪，午间我去上最后一课，他在这里休息，没去章川岛家。

上星期三到张月明家去了，她母亲、爱人、孩子（大的女儿，进初一了，小的儿子）她买了糖果（我吃了饭才去的），很热情。昨天还说要来看我，我在电话中告她们有事，才没来。

四年级学生[1]来了一信，要我写纪念册，还没想到写什么呢。

王世华比较浮躁，为什么这样重的处理，可能有别的原因。告诉小胡，他是办公室的人，千万不要发表个人意见，尤其不要在学生中散布老梅如何如何。

黄馆长[2]、吴江澄有信来。

你寄的五十元够了，下月初听我的信，不要去借款了。可能陈凡多少要给我一点稿费，文章他们已转载了。匆此祝

好！

德赓

《书目答问补正》的款我已付了，黄馆长说收齐了要给你，你收了吧。学校用的几部最好一起报账，如一起送来也就算了。

（三五）1963年5月24日往函（家书）

璧子：

十六、十九日信均到。二十日发一书，并寄为伯兄写字，想你收到。图书馆款你收了就是，这里中华方面我已付出了。稿费到，共一百一十二元八角。除要寄廿二元到上海人民出版社，十七元给范崇鑫，其余正好补足亏空。这些时候来访的人多了，我吃人家也太多了，有时我也请请，钱就多化［花］了。学校的款子最近拟大部分将书买就寄出。

---

① 江苏师范学院历史系史四乙班、团支委合影。

② 黄旭朗。

老乔的事[①]做得太急促了些，这也要看如何做思想工作。不过像他这样，留在高校无前途，还是干其他事好。这次精简，关于不称职的人下放也是原则之一。这些话，不宜和小胡等谈。徐主任始终无信给我，杨、吴书记倒给我信，通通声气，徐一字都无。我最近写信问他系里要不要添几个得力教师，也还无信来。他们根本将我忘了，这样也好，我责任更轻些（千万不漏）。

刘荣芳有信来，情绪不佳，总有些自卑感。我也不好信上谈。你不管此事，反正你不知道。

瞿局长在南京党校学习，苏州教育局人事处复我一信："关于你女儿令文要求调苏工作事，经研究，因我市中学教师人员编制已超不缺。故暂难照顾、安排。关于调动手续由安徽省人事部门与我省民政厅人事局研究联系。特此函复。"教育局人事监察科。

我将抄寄令文，金铎明天会来，上次听说宿县已答应对调，问题在北京市安排，不过教地理有困难，看来努力一下，可以调成的，你也可写信告令文，叫他不要躁急。

我近一周来睡眠不好，近日更坏，有时彻夜不合眼，白天午觉也难入寐，不知何故。有几天又好些，安乐神吃一片不顶事，多了我又不想吃。下周要到北京医院，去检查一下，不过我总相信这是暂时现象，像我这样一个站着都会睡觉的人，怎么会一下子就长期睡不成呢？刚才午觉便好，睡了一个多小时，精神就好些了。工作拟放松一些。必不得已，延长时间也无所谓。

北京冷热不一，这两天又冷了。前些天暴躁，我疑惑是气候热、被子厚的缘故，不能睡，看来也不是。

这里办公室以前少数可以照顾一些烟，家里带一点就行了，现在起一切不照顾了。办公室希望家中转烟的关系来（由学校名义发转移证），由这里发。只要转烟，别的不要，下月起，可写教育部高校教材办公室，写给我转去好了。迟恐六月份领［不］出来了，要即办。

① 指乔传习调出江苏师范学院。

匆匆只能写到这里，三点钟有一个学习会，即在招待所开。祝好！

德赓顿首　五月廿四

薏静[1]是不是快生了？

丽英每次写信总写“西郊北京大学”应该上有“北京”二字。

（三六）1963年5月25日往函（家书）

璧子：

昨发一函，谅收到。

兹寄上游八大处照片两张，近始得之，分给令文、邦衡、君衡各一份。

昨接徐主任函，老乔事亦谈及。

今日星期六，昨晚睡稍好，今午又睡一小时，刚才金铎来放车，匆匆一谈即去（在北大开运动会）。

昨日下午耀平夫妇带六一来。

余不一一，即颂

近安！

德赓　廿五下午

游八大处照，1963年

（三七）1963年5月29日往函（家书）

璧子：

昨函发后，始接来书。伯兄车票我给他办好了，一日廿一次车硬席下铺，今天送去，你二日下午去接他们好了。覃谷兰[2]可能二号左右过苏州下车望你，

① 戴薏静。

② 覃英，字谷兰。

确息伯兄到可知。我二日动身，三日到济南，到山东师范学院，大约住二天，即赴曲阜，那里约好汽车到兖州来接。七日可到南京，参加政协会。

衣服、粮票托程小青同志带去好了。我星期四下午到北大历史系讲学，星期五下午到北京师范学院（此次修订计划，他们努力很大）讲学，题目与北大同，时间很紧。郑毅生先生尚未见到，总要和他见一面才好。连日又热，精神困倦（连续四天因有人请吃午饭，未睡午觉）。今天在招待所休息了半天。匆此，祝

好！

德赓　5月29日

［夹附一笺］

昨日写好信，傍晚至伯兄家，见到拔中[1]夫妇及小孩，我倒想起还是第一次见到新妇和小孩呢，该送点什么，他们还有三五天走，总得解决。我写了四笺，伯兄选了一张（有○号），当然依他。你看究竟哪一张好，告我，测验一下你的眼光。十时归来，接廿六信。小端生日我记得，已有安排。王美文我问一下，就知道了。

亚非□事，我联系好了。陈佩下文如何？你和袁医生等看的电影[2]我还未看。

赓　廿九上午九时

（三八）1963年5月30日往函（家书）

璧子：

廿九日寄出书签一函，谅到。昨天王美文来了，她说师大也未填表，要等分配方案下来再填，这个姑娘比罗秀英瘦些，又倒很热忱。昨天小端生日，我去了，政协听胡愈之先生讲“四清”，到七时才散，匆匆买了一包高级糖（这孩

① 陈庆中，陈伯君三子。

② 编注：电影《大李小李和老李》，袁饰医生。

子真喜欢吃糖）。这孩子昨天和我亲近些了，要我抱了。小毛未到，可能来电话，我出去了，未接到。今天我和师大工会去潭柘寺，明天小六一生日，想带小六一去吃晚饭。

今天写信主要告诉你《通鉴》五十二册找到了，在书底下，压住了，你又该批评我马大哈了。但发现了马上得通知你，不然会找死去。匆匆
问好！

德赓顿首　五月卅日

（三九）1963年6月1日往函（家书）

璧子：

昨日接到挂号信，转移烟的关系，已交去。至北京医院检查的介绍信亦已送来，自费回院报销，星期一去看。近日睡眠较前又似好了些，无整夜不合眼情况。但醒时仍多，即睡着也是梦多。这几日和年青同志打乒乓球，体力劳动多一些，可能也是好些的原因之一。

柴君衡于北海九龙壁，1963年

写到这里，人民文学出版社的王士著同志来了，他是杨院长的朋友，特来找我写字的。

今天下午三时，全国政协请乔冠华同志作关于四国访问的报告。我本想早些进城，此时已过十时半了。我想应该先写好信，带出去寄，你可早一天收到。

小毛放大了一张照片，不知给你寄去了没有，我这里有一张，先给寄给你吧。虞德懋来信要古代汉语课本。

明天星期天，还不知有人来否，周国伟的书收到否？范崇鑫的钱已经寄去了，弄清也好。月初不必寄钱来。祝
好！

德赓　六、一

又：问王丽英，枫枫好！

小东过了“六一”，应该更听话才好。

（四〇）1963年6月10日来函（家书）

左起：陈如子，陈伯君、陈璧子、陈绍闻，1963年

赓：

昨天接到司晓南同志给你的信，知你尚未到京［宁］，我们却奇怪，你怎么在山东呆这么久呢。别人来问我你在哪里，我说不知道，人家开玩笑地说，柴主任失踪了，多可笑。

今天接到曲阜、南京各一信，时间差两天，但同时收到，也许是你没有想到的。济南一信早收到了，绂弟也在这里。

哥哥二号到苏州，我和小胡一起去接的，幸亏小胡同去，他带的东西他拿不动，我也拿不动。三号绂弟来此，四号起我们一块玩，去了拙政园、玄妙观，绂弟又陪哥哥去网师园、怡园、沧浪亭，我又陪他去周家[①]，公园，这些天只游这几个地方。到医院看过眼睛，是内障，不能医好，只能保护它不再发展，正服中药，点眼药。

你说三号谷兰过苏州要下车，我赶到车站去接，从软席卧车看完，硬席卧车，不仅没见她下车来，来车厢也不见人，不知何故？可能是因雨未下，还是行期有了变更，尚未去信询问。

今天接金铎一信，七号写的，令文尚未出院，说是户口很不好报，已写明原因申请，不知如何？

你离京后，其他人无来信，不知耀平夫妇给小妹孩子送点东西没有？小毛来信说（卅一号写的）和你长谈了，目前暂不谈，专心读书，暑假来家时再说，不

① 周瘦鹃家。

知你和他怎么说的。

哥哥来正赶上枇杷上市，我们天天吃枇杷，二三斤一天，你回来时可没有了。我找钱兆隆先生在工会借一百元分六七月还，寄小弟拾元（他连吃饭的钱也没有了），你廿元，剩下花得差不多了。可能接上发薪。

《光明》报上尚未登出你的文章，我早说该寄《文汇》，最近我看到《人民日报》上发表郭老把毛主席词讲错的一文，怪好玩的。“和尚”那一篇[①]怎样？最近不能交稿吧？老师对你此文意见如何？

在北大、北京师院报告，反映［应］如何？乃和有什么意见呢？

周国伟今天来了，说没有接到你的信，可能是你忘了写了。

赵亦民有信来，特寄写你，我已回信给她，告诉她们在宁开会，会去找她，我欢迎她来玩。

借蔡家的饭提盒，米口袋没有让哥哥带回来，不知你带到南京没有？你知道我只说向蔡家借半月，一拖这么久，多不好。祝
好！

璧子　十日

肠胃不好，可能吃多吃杂，少吃些吧。

（四一）1963年6月17日往函（家书）

璧子：

粮票收到了，七月足够了，不用再寄。令文来，我和她谈了关于处好婆媳之间关系。这次恰好金铎的妈妈去山东了。孩子性情倔强，不懂事，做父母的总未免操心。

爷爷对她真好，特地叫刘先生陪她夫妇去大同吃饭。昨天晚上张子高先生一家，约我们在福利楼吃饭，我从城里听报告赶回来，张太太也去了。饭后到

① 指柴德赓《明末苏州灵岩山爱国和尚弘储》一文。

秋华家中一坐。我和君衡送令文上公共汽车，她今天廿一次车返宿县了。

她来时，因留着上次报销的廿元钱，我答应回去的路费十五元，由金铎先垫出。昨晚想想她在路上也要化［花］些钱，另外给她五元，她原有二元，主动给了小毛了。

我叫她放假后先去苏州，不要多住，便把孩子接来，到北京后能放托儿所好，若奶奶愿带，也没什么不好。

星期六下午，因民进久已约过，要为中学历史老师讲一次，不能再推迟了，我就去讲了。题目是当前"中学历史教学中的问题"和"历史研究中应注意的几件事"。王副主席①、北京市委顾均正同志都出席，吴研因同志主持会议，讲了三个多钟头，当时反映便好。我好久不用这样的气力了，但想到来北京，东也讲，西也讲，对民进不尽此义务，说不过去。好在只此一次，不算累。那天会中请吃西餐的，以车送我至师大，罗秀英、耀平带六一也都在那儿，谈了一会，我坐公共汽车回来。

蠡生昨天来过，不久要去安徽调查，拟先到无锡望母，不来苏州，有些东西，反正黄炳然兄要来，可以带走。

这三天来有些可喜现象，想睡觉了，总觉得困，可能长期睡少了，现在要恢复了。拟日内再至北京医院检查一下。

令文和金铎商量，把收音机给我搬来了，今天正想听广播"答复苏联书信"②，等他母亲回京，即送去。

景莹怀孕，闹着要去医院打下来，我只问问有什么危险，别的也管不了。

因要赶着寄出，匆匆写此，即颂，

近好！

德赓顿首　六月十七日

听小妹说，舅母退休？

---

① 王绍鏊。

② 指《评苏共中央公开信》。

琵琶［枇杷］吃到未？杨梅也快上市了吧！

（四二）1963年6月19日往函（家书）

璧子：

范文澜夫妇，赠柴德赓留念

昨发一书，今晨至北京医院，低血压仍一〇二，医生言初期血压高，吃药休息，可以矫正，但药力不是立刻发生作用，时间稍久，便可见效。归后，阅十五日来书，同时接范烟桥同志函，知汪老[①]于十三日逝世，与此老相处八年，论学谈心，颇称知好，闻其以恶疾终，至为痛悼。目前范崇鑫兄来函，谓汪老病中时念及我，祈得归后一叙，今成长往，可为陨涕。汪老前年借去《民报》四厚册，未知还来否，便中与范崇鑫同志提及一下，人琴之痛，不忍索取，正恐其家中不知，以为是汪老杂书，一批发交旧书店，则殊为可惜耳。

烟的转移证寄到后即交教材办公室，前数日忽然退回，据云：办公室考虑参加教材人数较多，多数人关系未转来，且编教材已两年，今将逐步结束，忽然改变办法，亦可不必，经与上级研究，暂按以前办法，酌量予以照顾，转移证不收了。反正我是按办公室原规定办事的，今将转移证奉上，请即交还周义彬同志，本月尚可领烟。

炳然兄尚未到京，阅来书收拾行李一节，亦为大笑不止。

君衡近正考试，已考三门，最后一门本星期六考试，前三门考得还好。

令文来此后，给我捧来收音机，每天可听新闻、戏剧，生活就有了改进了。

吴甦书记来信，希望我将没有做完工作携回学校作，可以控制别的工作。他的建议，我觉得很好，前几天和翦老谈及工作，他还说此地伙食太差（近日无

① 汪东，字旭初。

米饭，天天是馒头，菜亦无改进），拿回苏州去完成，也是一个办法。但我现在尚未决定，既然比较可以睡，我要工作了，不过略为控制而已。等我考虑好了再说。

《中国史纲要》（中册）出来以后，外交部审阅很久，直到最近中央决定发行，历史书中国［际］问题是不少的，有一天和范老谈了半天，他也认为有困难呢！不知我们那里买到没有。

刘荣芳两次来信，很好，还未复她。王世华亦未复，欠信债太多，如文债等，见面先为致歉意。

徐主任、吴书记来信都告我下学期历史系不招生，不知系里公开宣布没有。如尚未宣布，你不要先说，减少任务，对我也有好处。

小胡信写得更好了，还未复他。

“廿三条”出来后，这星期民进中常委学两次，很重要。

匆匆写此，字写得比较规矩，因昨天新买小字笔也。此颂

近好！

赓　六月十九日

另附医药费报销五元，钱你收下好了，转账麻烦。

（四三）1963年6月23日往函（家书）

璧子：

款已收到。我寄医药费报销单及烟转移证，谅已收到。

汪老逝世，闻之痛悼。我在苏州八年，和汪老相处极好，论理他是老师一辈，可是他把我当作朋友，也能谈知心话，因此，他的一旦溘逝，对我来说，是衷心悲痛的事，你去参加祭礼，很好。

范老来信，对您去医院看他，也表示十分感谢。我不在苏州，你确是替我做了不少工作。

黄炳然兄无消息。曾叫君衡去找士元未找着，给他留条子，至今无音讯，莫非他老先生坐海船回苏州不成。

这几天睡眠较前稳定，因此“安乐神”也不吃，只吃降压灵，头有时痛，不敢努力工作。可能我的血压前几年已高了，我不注意，发现了总比不知道好。今后工作如何拟再过一阵再定。吴书记信过几天复。

右起：祁开智、鹿笃花及祁章云，1963 年于北师大小红楼

刘启戈的舅老爷陈大松（五十八岁）在翦老那里十三年，今年科学院要他退休，尚未办妥手续，今天早才知道，突因心肌梗塞在医院死了，医院初时当胃病治。翦老这几天情绪不好，我想过几天和他细谈，再作决定。

今天我命小毛去伯兄、爷爷家，中午在祁家，要帮小彰①准备考大学。景莹入医院坠胎，听说星期四在铁路医院动手术，经过良好。

秀英来了，昨天接她父亲、秀雄的信，责备她恋爱，她哭了一阵，实在无那么严重。那个教师给她写信，我告她不要回信，她已照办了。同学中可能也有人想和她好，我叫她不要太热情对人，要冷静，也许上次她给你的信，根本未讲清楚，引起误会，千万转告她的父母，不是那么回事，如有此等事，我在这里，不帮助她也说不过去。她对家里的人帮助她认清这些问题，认为是关心她，好在她没有对不起家里，经我分析后，她已平静了。没有什么事，不久她会给家里写信的。

端午快到了，昨天小毛去买了几个粽子来，稻香村的，可不好，你们吃了琵琶［枇杷］、杨梅没有？匆匆致书，即祝
近好！

德赓顿首　廿二

昨写信未寄，今晨君衡来，知昨见到舅舅、爷爷等。汪丽琴又请他吃晚饭。

① 祁章云，祁开智之子，后考入北京大学。

晚上金铎来了。今天下午至全国政协听艾世〔思〕齐讲“关于修正主义”，北大有专车送。拟去看老师。

庚又及　廿三

（四四）1963年7月6日往函（家书）

璧子：

日前发一信，告以决定返苏，想已收到。这两天和办公室接头，与翦老商量，意见一致，定十四日乘廿一次车动身，已由办公室买票去了。东西一起带回，下学期即留苏州，把工作搞完。郑先生亦数日内走。现在要做的事情是还书，整理行装，笔墨债只是写扇面、单条等。论文一概不赶了。八号星期一是乃和的老太太周年之忌，我拟带小毛和他们一起去福田公墓祭扫。

伯兄处昨去过，精神尚好，嫂子还是办了退休，作为工作十年，得百分之六十。

星期二、三再到北京医院去一次。

小毛廿三日去长春。

庄福铭前天自包头开会，来京留他吃了晚饭，他想邀小毛去呼伦贝尔，我没同意。

要买东西，单子看到，还有何事来信。匆匆，即致

敬礼！

德赓顿首　七月六日

（四五）1963年7月7日往函（家书）

璧子：

今晨发一信，告行期，但仍须看票是否照开列日期买到，款不用寄，到苏州再说。

我所有东西带回，不再来京编书，（什么理由你都不用对人说），理由是这样，翦老的意见，这里伙食差，反正不是集体，只要苏州能保证时间，比在京搞方便。又北大住的这里各组除俄文外，都拟八月结束，下半年这里住的老教师，只劳先生一人了，搬到高级党校住，也不便。

我的意思编书在苏州，反正下半年连休息带编写书也够了，

至于以后定期来北京讲学那是明年上半年的事，那时你可一起来。

另外，还有一个机会，见面再谈。

乃和那里我也只说说而已。我和翦谈过，最近拟和吴市长[①]一谈，实际他倒是管事的。老师根本不管事，说实在他们也不理会他，我怕你有着急，怎么我带行李回来了呢，因此又写一信，这些事，我考虑得很周到。

这一年收获很大，人当然累了些，要休息。无锡我不会去的，我怕蚊子，挂蚊帐也受不了。浆糊等东西，我会去买的。

乃和的母亲忌日是八号，现改明天了，我也要去，因为老师都去（据说安葬后）去过几次了，我礼［理］该去一下。

小妹十一［日］到，可以宽松几日，反正小弟、小毛要月底才到，已给小毛十五元买廿三［日］的票去东北，他已告小弟了。

六一明日考学校，日前景莹住娘家休养，耀平的房子尚未弄妥，正和房管所交涉呢。

另外告你一件新闻，可我不到苏州，你不许说出去。（附中蒋校长的儿子去年北大外语系［五年级］调赴西藏服务时，到二郎山坚决不走，做了逃兵，北大挂牌开除团籍了，还不知行政如何处理呢？）

相见在即，无事我可不写信了，这半年我歪七竖八的，信可写的不少了，启上。祝

好！

庚顿首　七月七日

---

① 吴晗。

（四六）1964 年 5 月 2 日往函（家书）[1]

璧子：

奉两书，想收到，估计明日可接复书。今年五一，早上还下雨，八时后晴，我和罗秀英从北海后门入，前门出，至南长街进中山公园，至劳动人民文化宫。走马观花，耳不暇接，目不暇观，晚间与启元白、刘乃桐之西单观烟火，亦胜往年。

今日耀平夫妇、六一、金铎父女（先回家）、君衡、蓟章上午同来，很热闹，中午留耀平等华顺居便饭。下午视援师，瘦，闻范文澜同志病，亦在北京医院。并往视之，始知住院已一月矣。

我住室廿九日已装上电话，从大楼拉线过来，号码是 62-0531 转 89 号分机。[2] 所以将电话告诉你者，恐苏州有人来，带来东西，可以先打电话告我耳。草帽还是要带来，但不忙耳。龠生病已散去，谈了一会。

李珍分到一〇一中学教代数，和邓珂是同事，今日来见，仍是高中生模样，彼言当自写信奉告情况。

小胡回来未？诗稿写至几页？装订处预备封面如何，可请小蔡去一问。

元白答应写封面，不久可寄上。

援师不久可返家，工作便可开始。

翦老处明日去，闻君衡言，他对碧螺春大感兴趣。

此间茶叶碧螺春只有茉莉薰的一种，每两三元二角，工业券一张，贵极。

下月发薪后，盼再买几两留着，寄款中扣去可也。此致

敬礼！

德赓　五月二日夜

安姐好，刘先生好。此地洗澡只能和学生一起挤，我不去，到华宾园去洗。肠胃有些不好，我也试验研究，如何适应。

---

① 见本书彩页图二、图三。

② 编注：时陈垣校长寓所分机号为 61 号。

（四七）1964年5月19日往函（家书）

璧子：

近日来未作家书，恐劳远念矣，前晚接你手书，知近况安善，甚慰。吾近日仍服药，早起、睡后口干甚，恐有内热，拟看一次中医，我精神不紧张。病血压十日早起量过，高140，低100，约一月后再去医院。惟甚觉体乏，夜睡服安眠药则较好，否则睡而不熟，梦多而杂，与前年暑假相似，故此数日，工作仍未动手，怕用心思，影响睡眠也。学校中要的表格，小结亦尚未写。然亦不能久等矣。日前范来信，告我严庆禄以心肌梗死，病一日死去，当时一震动，后亦安然。

上星期日伯兄来，见面甚难过，西西[①]入安定医院矣，春节期间吵闹不堪，摔打东西，两个老人如何看得住她。现在入了医院，家中安静了，但农大不肯负担医药费，此事农大理亏，现[仍]然是学校学生，未休学退学，当然要负责的。伯兄拟到教育部一谈，未知结果如何。来信言及廿六日事，我当照办，或□约景超夫妇[②]一叙，我做东可也。

今天买了公园年票，以后当多去公园。小弟到长后，来一信，言运动搞法，可能有改变，他们那里做法，以“廿三条”衡量，有许多地方不能认为符合政策。北大、师大运动都到系里，看来稳步前进，从前党外人紧张一时，“廿三条”公布后，工人掌握政策，安定多了。

老师仍在医院，不久可出院。

款收到，今后按你计划办理，四月清账。我们早有此决心就好了，今亦非晚。你好吗？

赓顿首　十九日

---

① 陈庆茜，陈伯君之女，乳名西西。

② 吴景超、龚业雅。

（四八）1964年5月20日来函（家书）

赓：

端午日写的信想已收到，十六号发薪时款即寄出，我想最迟星期天可以接到了，这样，你们可以宽裕些，愉快地度过假日。是吗？

书房决定本月廿八日搬，到下个月大家忙着学期结束工作，请来帮忙呢，也许连小蔡、小胡都很忙了。我打算把书集中放在睡觉的这一间，床搬到外屋来，外屋的壁柜加锁，里面的东西搬出来晒晒，整理一下，看看蟑螂咬得什么样了，这个工作周国伟先生会来帮助我做的。

另外还有一件事，就是我们走后，这楼上空无一人了，刘虽在家，她不会像我照顾她的家一样来照顾我们，因此，我想找一个合适的人住到三楼上。二楼全部锁起，三楼有人住就好多了，正好系里小胡同住的小曹，因吴奈夫要与小胡同住，他得搬走，我想与校产科谈谈让他住在三楼，房舍仍归我们负责，你看如何？搬书房事你应该写封信给王处长（立奎）说明原因。

前天我写了一封信给耀平，小东户口之事是北京公安局的问题，还是谭景莹的思想问题，照理说来，小东户口不应有问题：一、父母都在京，我们现在要留京工作，留苏州怎么办。二、他原本是北京户口，五七年因小寄养托儿所迁来苏州。如姐退休后上海还让报户口，北京虽扣得紧，也不能不根据实际情况吧。你说呢？

崔先生信转上，请你回一信。

李国宪先生那里去信没有？地址是重庆北碚西南农学院。匆匆，祝

好！

璧子　廿

（四九）1964年5月22日往函（家书）

璧子：

昨晚接来书，知廿八日决定先搬书房，甚善甚善。将来三楼楼上有人住，自是好事，但需要注意一点，楼上堆的东西多了，引火之物不少，抽烟扔自来火、烟头，千万要作为第一等重要问题注意。此外无他忧也。我的意思，除楼上有人住外，如有疾风暴雨、屋漏地湿等事，亦当有人开门检视，我想钥匙最好交给邵科长①，此人可靠，交往亦不算薄，峰峰②还会提醒他，托他人不如托邵，请你考虑。

耀平说，你给他写一信，谈到小东的问题，以为可能是景莹不愿，如果景莹真有此意，也瞒不过我！其实局中手续是麻烦的，批准要经过一定手续，耀平把你给他的信也交给领导上了，表示非解决不可。经与耀平商定，你们动身时，根本把他的户口转了来，此事一定快会解决的。

真可惜，郑楠来北京开团中央会议，事先我不甚清楚，发现了就追踪，原来她听了报告（邓）就回贵州，现在会未开完，贵州另外来一代表替她。

这两天这里天天三十五六度，房间里还凉快，一出门热得不得了。

昨天上午邓英来了（去伯兄家）。

吴白匋、金世禾来了。下午去看江苏排演《耕耘记》，还去过张君秋家，君秋的妈妈对世禾真好，关心他的婚姻问题，对他以前那个爱人死了，一直觉得可惜。老太太六十九岁了，孙子七人，孙女六人，你看不是热闹的要乱死了吗！（你知道吗，《社长的女儿》有问题，周总理指出来了，现在不演了。）

近几天用力稍多，头有些胀，赶紧休息了，也许是天气热的缘故。睡眠还好。今天想补足一点觉，一点钟睡，到四时才起，今天新换凉席枕头了。

---

① 邵静波。

② 邵一枫。

昨天接蕙芳一信。

君衡原说廿二日返校，此时尚无电话，也许今天晚上回校。

书放在里房好，外屋风凉点，你还得住上个把月呢。

长洪说六月初戏演完，可以到苏州一趟，你看要带什么吗？如苏州有人来，有些东西也可以先带一些来，你说如何？

黄旭朗同志给我信，叫到师大校一书，恰好我也给他一信。真巧。

赓　廿二下午五时

（五〇）1964年6月3日往函（家书）

璧子：

昨天收到寄来特挂，粮票如数收到。这里能否买米，我还不清楚，问一下再说，下月千万不要寄了。

吴泽先生来信，我去的那两封信都未收到，真怪，还是季谷[①]先生告他的。李国宪来了，没有见着，真可惜（文件都收到，国宪留条的诗稿未到）。

我星期日和师大去潭柘寺、戒台寺，离城一百八十里，七时半出发，五时归，戒台寺在山上，汽车要盘山而上，很像我们在秦岭上，如蚁入磨一样。潭柘寺两山坳中，寺都老且大，潭柘有一银杏树，八百多年了，叫帝王树，两边一颗略小，其实也是够大的了，叫娘娘树。婆罗树多得很，树木茂密，可以消暑，在山门口买樱桃吃，别有风味。可惜我回到寓所，知道徐绪典兄来访未遇，他又当晚返山东去了，他去年到苏州，扑空，今来又扑空，真对他不起。（条子附上，他和高福曾一起来的。）

小东入队了，是我家的好消息，我和他爸爸听了都高兴（耀平报告真的上去了），叫继续努力。

我卅一日晚间去看小六一、伯兄，都为送樱桃给他们吃，正好拔中夫妇第

---

① 李季谷，原名宗武。

二天走，我和素子见面时，她说哥哥的孩子来了，干脆咱们每人给五元，让他们自己买东西，我也同意，她先去，因此如法炮制，这都是为着伯老兄高兴一笑。（伯兄五十元本月先别还，行不行？）小孩瘦得很。

小胡、刘桂东先生信收到，将迟复。

卅日我到金铎家去了，吃完晚饭才回来，给小端买了高级糖，这孩子长得真像她娘少时，喜吃糖倒像外公，自我来了，那天第一次让我抱她到门口。

前天发杨院长一函，我以为吴书记还未回院呢。

前些天一直看《旧五代史》稿，因为乃和他们后面基本功未做好，从前天起，商量一下，我先搞《新五代史》，等她搞好了后边我再重搞。

今天我去中华书局看郑毅生先生等，也看到章太炎师母[①]常说的章门弟子王仲荦。匆匆书此。即祝

安好！

德赓顿首　六月三日

（五一）1964年6月8日往函（家书）

璧子：

致小胡信中提及两事，想已收到。今晨接五日来信。王德昭同志去川前来谈过，因他要去南京、上海，我不知道他是否一定到苏州，今见来信才知道已经到过苏州。化学系师生[②]对我很好，你请请他也好。王美文有一个星期日来过，快毕业了，大约月内就要公布地区了。

星期五我和民进中央去过一次顺义县，去程是一新路，柏油马路直通飞机场，两旁树木成荫，过了机场再有二十分钟就到顺义了。卢龙山脉遮了西方半壁，清葱可观。

---

① 汤国梨

② 编注：柴德赓时在北京参加新、旧《五代史》点校，住北京东官房65号北师大化学系宿舍。

星期六晚耀平（六一亦来）和金铎来了。昨天，刘鑫生来，取走布票，小毛来了，刘送了他一个照相本，又代他妈妈们送了一支英雄牌钢笔，他们母子为何如此客气，我亦不解。邹祥英也来了，这是第二次来。中午四人去华顺居吃了一元七角。秀英参加表演去了，没有来。小毛说六月廿日左右方案下来了，要自己先填，同时研究生考试结果也发表了。他说方案下来，先来我这里研究再回校填。小东户口事，耀平说报告前些日子到他们处长那里了，处长说，你这个报告叫我们为难极了，不来行不行？他当然说事实摆在这儿，不来不行。处长就不好说什么了。不过还未批下来，我让他去催。

师大方面乃和已提过你来住房问题，叫他们从速考虑。我想你总是等小东放学，整理整理东西，七月廿日总可以动身了。书房等动身前搬，报只订一份，一个月。对，余信后告。此祝

近好！

德赓　六月八日

我看宿县不要去了，天热，累得很。反正小妹暑假能见到的。你看如何？

（五二）1964年6月11日往函（家书）

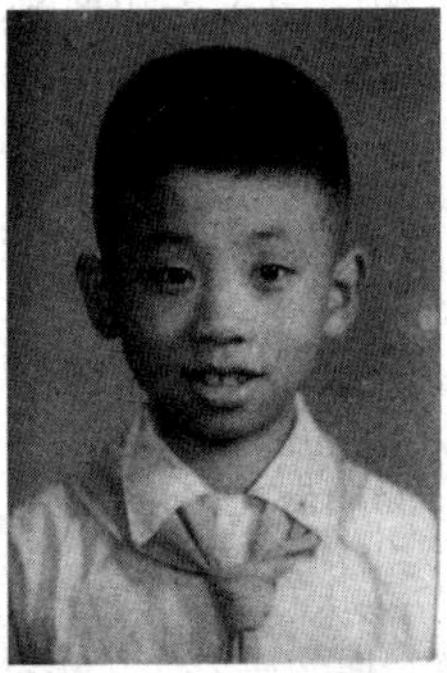

柴念东于苏州沧浪实小入少先队，1964年

璧子：

昨晚接信和照片，小东这有点大人气了，老师［指陈老校长］夸他，要继续向好的方向前进。袁医生新夫妇照片真选了个好地方，咱们多年不那［到］“三潭印月”了。

今天上午陈乃乾、白寿彝二先生来访，无暇写信。中午袁小舟、于淑宜来了，匆匆一谈，我就出去吃饭了。下午三时民进学习，直到六时散会，现在我在西四邮局写信，因为今天发了，端午你可收到信。

昨晚去看伯兄他让我端午去吃夜饭，恰好那天下午民进在政协有个报告，听完报告，去他家。

“诗稿”大功即成，可贺。绂弟、伯兄二处钱稍缓在［再］退，如果你现在一退，手头太紧了，如何？

我现正写“考据”一文，又答应师大学报，《王鸣盛与钱大昕》本月25日交稿，白天一般我还是搞《五代史》。

你这个月至少要寄我五十元，如真不行，少点也行。

乃和和师大总务处商量房子，据说北校有困难，新校好办，老师和乃和又不愿意我住远了，我倒提出，像现在住的地方再拨一两间房子也就行了。他们听此话很高兴，认为可以解决问题。我的想法，一则我非正式调任，东西不带来，住师大一新房，怎么办？二则此地上街、溜公园都方便，我觉得合适，但这问题尚未最后肯定。

杨院长来一信，最近我拟写一信去，说明要你来这里。

小毛事我已写信和许师谦同志约期见面，想托他和物理系总支谈明，最近就办，因为小毛他们那个专业的总支，我不认得，许这个人可靠，党内地位又高，好说话。

小妹来信，说你会去宿县，我知你去不成的。王德昭同志未回。这里有枇杷，我不买，也嫌它不好。

你们端午请客否？我这里也许小毛、耀平来，听说景莹这几天也要回来了。匆匆书此，即祝

节喜！

德赓　六月十一日，晚七时

（五三）1964年6月20日往函（家书）

璧子：

十七日发书谅到，此数日正写《王鸣盛与钱大昕》，约定廿五日交稿，此稿交后，当恢复《五代史》工作。小毛下乡割麦，廿二日回来。长洪来过了，住在张君秋家。他来了，后面的会演戏，也许可以看到几场。

江苏欧阳部长带队共来了六十一人，苏州只来了盖叫天的小儿子，都住在远东饭店，昨天晚上杨大钧去看吴白匋，三人到中山公园一走，白匋告我，陈副总理的报告，江苏省传达了，在人委、政协常委一级上。杨大钧家住定府大街五号，自己的房子，他还记得我家的鸡素烧好吃呢！

周国伟同志问我要一些书，回答如下：《东华录》(康熙朝)，我带来了，《后汉书》百衲本原只残本八册，《太平广记》短一本，很奇怪，我未拿来，《钱牧斋集》上公本，记得只有《钱牧斋尺牍》三本，我未有带来，“二十四史”原少《隋书》，《旧五代史》带来了，《新五代史》是带的另一套五洲同文本。

钱收到了，你另寄我八十元，你怎么办呢？思之殊觉不安。

自上周星期六至本星期四，连着四个下午到政协礼堂听“四清”传达报告，今天下午还要讨论，政协发了我一个门证，可以去吃饭，方便多了。匆匆，即祝好！

德赓顿首　六月廿日

（五四）1964年6月29日往函（家书）

璧子：

接连收到两封信，这一周来，我因赶文章，没有写信，文章要到明天才能交出，约一万五千字，这篇文章到现在才算有些意思了。

昨天上午邓瑛来了，吃了饭回去了，我给了她两元，大概她正需要呢。下午三时起，抄改文稿，晚上连演《柯山红日》的戏票也送给乃崇和他父亲了。回来写文，直到今天上午十时，一口气抄写了八千。当然中间休息一下，到院子凉快凉快。此文因师大学报等着排，我就先为他写，写完要休息一下，搞《五代史》。

天气很热，洗澡要到学生洗澡房，我不习惯，每天抹了又擦，擦了又抹，也算洗了。

你怪耀平，有些冤枉，他也可着急呐！今天十时王文瑞同志来了，我可和他谈小东转师大一附小事，耀平理想是小东和六一在一起，真不行，城外师大附小总可以去的。

你前一信，叫小弟、小毛都回去，这个办法破财太多了。你二十日左右动身，能带多少带多少东西，大件挂行李，做饭的简单用具带一点，碗等略带一些。棉衣一时做不起来，到北京慢慢做，反正室内有炉子，不会太冷的。

王处长的信明后天发，书房慢一些搬也好，我这两天正等小毛的电话，只要方案一下来，他立刻进城告我，然后填表。

二嫂到苏，可惜我未见到，昨晚我给长洪打电话了，他还要在京住十天，赶着回常州，杭州那个长洪不要，据说他不喜欢离过婚的人。

二嫂要我给妙真[①]和尚写信，妙真不住山上，住在城里药草庵，山上有个净慈、明学，他二人管事，我现在给她写个条子，她去山上看看吧。

刘某为人既已看明，不要生气，我们怎么也不去找领导谈，这些事，你反正做准备，这样的街坊无法住在一块，也不必打算住在一块。但也不用脸红脖子粗，心里明白就行了。

今天下午，政协还有“四清”传达报告，我快要出发了，晚饭在政协吃了回来，今晚还要奋斗一回。图书馆寄的《两妙集》收到了，他们托我办的事也在办。请先告黄馆长。

小妹调工作事，师大也为难，我又和干部科谈过一次，叫他们设法，小妹不必三心两意，只有等待。匆匆书此，即祝

近好！

德赓顿首　廿九

（五五）1964年7月2日往函（家书）

璧子：

来信收到。刘院长处，今日发一信，王处长附一信。我今天才算把文章写

① 妙真和尚，苏州灵岩山净土道场的方丈。

成了，虽然赶得紧些。文章毕竟出来，师大马上去排，我喜得速见印出，亦写文一动力。文约一万五六千字。以后收兵了，因此文为师大写，系乃和保证，故停《五代史》二十天不要紧，不然，我心中不踏实。

这里天天三十五六度，我的房子还凉快，也出汗，中午更热不可当，不为吃饭，真不想出门一步也。

国宪处日内去信。

耀平又蹲点去了，临行是电话中我又叫他催去了，公事已到总局，等星期六他回来，再催他。

这里供应我的木器，一个写字台，一主柜，分八格，一小小圆桌，一三屉桌，两张木把沙发，四把椅子，一衣架，两书架，一床，被两条（我都做垫被），被单两条，你来时除床外，被子要一点，当然自己盖的、垫的要带，干净些。衣服全带，我的书籍等我开一书单寄上，要再弄一箱来，此事，我托王处长介［解］决（为了可报销）。溥仪《我的前半生》及近日买到的《文史资料》请先寄来。房子尚未来谈，我要问他们了，估计木器等都会管，总要你来以前安排好。

我只担心你要带来怎［这］么多东西怎么办，朱赓荪的女儿来先挂［带］一些很好。我现在可歇一两天，明后天仔细想想，再给你信。

小毛昨天来了，帮我收拾屋子，洗衣服，我昨天第一次批评他到现在这样阶级斗争尖锐的时代，自己还不下个决心，因循下去，他当时无表示。他们因下乡一周，工作延下一周，我看到他的论文底子，经老师略加修改，可以抄了，约两三天可完。宣布方案，还要几天。

昨晚想看看小端，到了那里，奶奶带她串门去了，金铎去先农坛未归，空跑了一趟。

今晚政协有现代戏，我拟去看看，前几次都未去成。

王丽英来一信，转给你看看。小晶[①]在苏州车站来一信，离开苏州去常州后

① 陈晶。

无信来。

你说周孝濂下午不能看书，他的身体现在又坏了？我近来工作的连续劲儿不如以前，我经常到院子里换换空气，很怕失眠，高血压，目前还不要紧，师大替我办来北京医院医疗证，仍要交费回苏报销。最近拟去看一下，挂上关系。

你的身体如何，来信总未说及，很为念切。

小东当中队长，真是好学生了，要夸他。

民进只范老来一信。此外美术公司一信附上，我复一书，你看如何，没问题，即寄去。

赓　七.二

（五六）1964年7月7日[①] 往函（家书）

璧子：

您好，我这几天忙坏了吧！

我把文章[②] 交出去了，心头一松，这阵稍用点力，有时小有头痛，量量血压，果然有些高，不要紧，一能睡觉，二会休息，不久当可下降，万勿大惊小怪。像我这样一个人，也算读了几十年书，真正讲到学问比较成熟，是现在，真正能为人民多做点事，也是现在，我怎么能把自己的身体不当一回事呢！上星期五第一次到浴室去洗浴中去淋浴。

昨天星期日，耀平值班，景莹和六一本来上午要来的。因六一功课未做完，没有来。一个上午只秀英和祥英来了，给我收拾屋子，洗衣服，清衣柜衣箱，换上学校送来的凉席（还有一床很好的毛巾被），总算舒适些了。午饭后，她俩马上回去了。晚上乃崇有电视大厦剧场一张云南京剧团演《黛诺》（关鹔鹴主演），我去看了。回来后，接到政协一函，原来政协星期二也演《黛诺》，给我送两张

---

① 编注：此函没有落款和日期，依内容应为1964年7月7日（星期一）。

② 《王西庄与钱竹汀》一文。

票来了。全国政协新京剧已演了四场，每次都送两张票，那一张是你的，实际连这次《黛诺》在内三场都是刘老太爷他们去看的。我另外看了《杜鹃山》是乃崇的票，《草原英雄小姐妹》（政协），今后还会有票，你来此，总有机会看好戏的。

耀平电话说他们那里基本通过了，我要他速办！多催，并要他写信告你，好像你告他，让小东先来，如此甚好，省的路上你又要照顾行李，又要照顾他。

给王处长的信，还是由你转交，有些问题可以当面一谈。刘院长的信，单独发了。陈选善司长说，李应生教务长到济南会［汇］报讨论毛主席教育方面的指示情况去了。

星期四晚我到政协听戏，遇伯兄，说拔中的媳妇忽然吐血，可能从前以为是淋巴疙瘩的原来是肺结核，我真不明白，自己是医生，连老婆是否健康也不注意，想抽空去看一看。

诗稿伯兄给我一本了。

景超、业雅都是那天去政协见面的，身体都好。

（五七）1964年7月8日往函（家书）

璧子：

星期一发一书，想已收到。昨天接到粮票和信，记得告诉过你，这里粮票用不了，这个月君衡给了我三十六斤。你来时，这些还用不完呢！我都存着吧。关于高级油，关系不要转了，先退，以后要时再说，这里另［零］买二元多一斤。乃和他们也都不吃高级油了，因为差不多。糯米和白粳很好（此次来，什么东西也不买来送人，只有乃和要瓜子，这个人对瓜子真有瘾）。这里每月每人百分之二十，但饭馆多少都可买，师大食堂也可换点，问题不大。

昨开书单，记得《辞海》在小胡处，他如用，可以不带来。卡片你自己给我包一包塞在书箱带来。邵科长的事，耀平说先找苏州市委最妥（找谢或范崇鑫）。

今天午前耀平来了，午后君衡来了，北大昨晚发表方案，教育部留十五名（北大十名），科研机关、国防科委有一些人，最远是内蒙（二人）、兰州。他为了响应号召，想填内蒙、北京声学研究所、兰州物理研究所、教育部，大概只有长沙、长春、沈阳三个是中技，他不填。八月六号发表，研究生也在那时发表。

长洪明天返常州，二嫂已到否？此颂

近好！

德赓　七月八日下午四时

（五八）1964年7月12日往函（家书）

璧子：

昨发一信，今晨秀英来，令文忽来。真想不到也。今晚与耀平夫妇、六一至小妹家，她说已买好鱼和虾了。她此行可能住廿五天，如果工作调成（宿县已接师大电报，允调并寄档案来）。我们一家又在北京相聚了。数日从无此高兴。（六一问奶奶好，他给哥哥一信，尚未写完。）

小东要转学证①，转出当然不再转回去，车票耀平说已办。他自己会写信的（明后天连户口证一起寄）。

邵一枫能否来，要看这里学校收不收，一定要通过组织手续，只要手续办好，她随时可来，反正我们在此，接她、送她上学无问题。此时来不妥，万一批不准，岂不耽误，请转告。此致

敬礼！

德赓顿首　七月十二

① 编注：柴念东从苏州转学至北京，户口随同转至北京。

（五九）1964年12月16日往函（家书）

璧子：

你走后时时念及长途辛苦，次日午耀平来，始释然。前天晚上接到宿县来信，知你昨晚动身，又惦念旅途。小东今晨做值日生，两点半到我屋里来，他以为快天亮了，我还没有睡着，赶快叫他回去再睡。近三日工作效果较好，等我七时半醒来，你已经到苏州了（买卧铺没有）。

这里你走后，小六一把窝头拿回来了，蒸着吃，我也分了一块。这个孩子，要耐心教育，耀平那一套也不行，景莹一信给六一，自己也检讨了缺点，信写得很好，我看身教比什么都重要。孙老姨工作还好，勿念（粮票不会忘记）。这几天耀平常来，有时他也买点菜来。昨晚邦衡、君衡各发一信。你工作有头绪即来信。

师大今天党内动员了一整天，昨晚乃和再三嘱我去照顾老夫子呢。匆匆，祝

好！

德赓　十二月十六日晨

诸知好前致意不另，如姊好！

（六〇）1964年12月26日往函（家书）

璧子：

昨发一书，寄二十元，想必先到。忽忆杨师母提及退休，此何意邪？或学校人浮于事，安插有困难邪？职员工作，终日办公，然意你未必习惯，况今要求更高，身体吃的下否？晤时在念中。这一切都请您自己决定，如领导再提退休，到可以问问如何退休法？真不行就算了。

昨晚罗秀英来辞行，今日赴郑州实习去了。我这四五天一直睡不好，有点

像去年暑假前光景，疑是用力过甚所致。每天朝起，口苦得厉害，昨天起不抽烟，今晨好些，还是不抽，我并不克下决心戒烟，但是戒烟已有自觉要求，也许下月不买烟了，这样既省钱，更益于身体。你早就提过此事，我没接受，这回有点自觉了。匆此，即颂

近安！

德赓　廿六四时半

此时老□已回家，耀平及孩子们未到。

（六一）1965年2月4日往函（家书）

璧子：

年前发信，想已收到。年前想来想去还是给小湘[①]寄去十元。今天是初三了，收到小弟来信，周国伟来信，略知家中近况。除夕那天景莹、令文、耀平、君衡都来了。罗秀英、祥英中午来，晚上回去联欢。王老太太中午来，金铎晚上来，也算热闹了。小端这几天正赶上出疹子，昨天我和顾蓓蒂[②]去看她，顾是小儿科，这可用上了。今天蓓蒂又去了，出得透了，一切都正常，只是令文明天走不成，改于八号走。邦衡来，正好在车上错过。我近来采取尽量休息，第二个礼拜的安眠药吃完了，第三周空着不吃，昨晚也睡着了，做梦是难免的。等十号再去医院，报销单寄上，款不要寄来了。以后的再报。

素子、伯兄昨天下午来，我正去小妹处，未见着。这里买车票不困难，（三天前买，到天津当天都可买到）去天津更易。小弟来，即住我屋中，拟去舅舅家弄一张行军床来。这个单大嫂很好，除夕下午回家，初二午回来了。景莹六号即下去。君衡（他初六下乡劳动，去过舅舅家一次）昨天到谭家和耀平一起到过陈七嫂那里，七嫂病了，躺在床上。

---

① 柴小湘，柴德赓之妹。

② 顾蓓蒂，1966年与柴邦衡结婚。

援师今晨心脏发颤，体温降低，进北京医院了，据说关系不大。乃和昨晚才回家，老人家今晨便病，真没有办法。杨家二姊[①]来了一信，叫我今晚去吃饭，程登科先生回来了。

你们那里如何，想不日有信来也。匆匆书此，祝

好！

德赓　二月四日下午

（六二）1965年2月9日往函（家书）

璧子：

此两日，叠接苏州来信，知邦衡改于昨晚北行，明晨到京。令文亦于昨晚十一时五十分前离家，十二时车开（耀平在中山公园照顾游行队伍后返家，同赴车站），姊弟相值或在兖州以南也。小弟车票原定昨晚最后决定，由张韵远一道买来。晚间连得两书，始作罢论。鼐生书今晨始到。端端已全好，顾蓓蒂五天守护，其情受感。蓓蒂一同学王姓，本约年前由济南来京，临时病中止，闻顾自言，此人你不赞成，其母因你有言，坚决反对，故吾戏言，渠不来，所谓塞翁失马，安知非福也。

君衡事，你只填章诒学，青年团员，其余在我的表中说明可也。笔记本找不到不妨，大略记得。

我近日未动笔，低血压前几天还是一百十，我不敢用脑力，明天再去医院后看如何。系中或人事处便中替我关照一下，不久寄上。

今天下午三时，各党派中委去越南大使馆，我也去。

此地太热，明天想不生火，有火实在受不了。

小弟来，拟即住我处，有一姓赵的同事先到京，等他一起走。

景莹已下乡，耀平每天至大红门外一工厂蹲点，近甚忙。春节，我很少访

---

① 杨慧娴。

友，只去过娴姊家、启戈家一次，即归，以有精力。

老师在医院，星期日我去过，已无事矣。匆匆，即祝

安好！

德赓　二月九日下午二时

（六三）1965年2月27日往函（家书）

璧子：

前天晚上接来书，前些时我精神不好，不欲提笔，以至写信少了，累你记挂，真稽。我每月费用虽然卡得紧，但还有回旋余地，绝不自苦。我准备四月份以五六十元给你们买个收音机，欲问谭景亮，几管好，有人来时给你们带上，免得你们在苏州寂寞。这个预算到四月十五日就可以办，不等苏州寄钱来才能买。此事已经决定，请勿再提意见，这是价廉物美上算事也。

第二事，寄上报销单两份，一是阜外医院的，一是宣武医院的，病不同，找医院亦不同，约五元左右，报销及款留你用。如你够用，也可存着。血压高性［幸］经阜外医院诊治有效。前天我感冒了，蓓蒂来看我，代我买药，吃了很有效（至于买羚翘解毒丸等，我自己从药房买的，我不打算报销），量血压高135低90，蓓蒂为之惊喜，但我知道，这是药力压下去的，还得治疗。平生不吃药，近来书桌上药物纸盒小瓶已满一盒，一日数次，要分头安排，真成病夫。说可怜的，我现在连穿羊皮大衣走路都开始觉得吃力了。病看来有办法，体力衰则无办法也。

第三事，伯兄因西西病，甚烦恼，经济问题，现在挂着学校，只有一次付若干，以后不付，要求她退学。伯兄给绂弟信，提出要他支援每月一二十元，绂弟很快答应了。那天他来谈，我也慷慨地自动答应他支援。前天去看他，我提出想卖了《四部丛刊》[①]，可以给他二百元，他不答应。只说你自己有用处不可以卖，为我的事，我不答应。此事暂时只好算了。真要在北京安家或有其他

① 编注：柴德赓有商务印书馆《四部丛刊》一套，存于陈伯君处。

用处再说。他又告我，为了西西事，他写了一封信给素子，要她支援，素子这次很好，前几天亲送十五元给哥哥了。其实我知道，现在只是准备，一旦学校真不管了，支援就要立刻开始。昨天伯兄生日，我请景超夫妇，蓟章有会不到，耀平赶到。真便宜，吃了八元三角六分，远没有完成我的预算数。当然，大家年纪大了，吃肉有限，可是有一件，娴姊、景超兄这辈子真正吃涮锅子，这还是第一次。初到时，她恐怕只能吃半碟，可是后来，不仅吃了一碟，而且白菜也、菠菜也、粉丝也、面条也、烧饼也，还吃得不少，说不油不饱，直夸好吃，谢谢，你说，可乐不？

第四事，你们奶奶的诗，伯兄到处找，找不到，两本诗集只记得四句，现已完整的找到三首七律，是美坚背诵出来的。还有一首她也记得，你说惊人不惊人？

兹将伯兄留给我的一份[①]寄给你和如姊一看，你们留抄一份，把稿寄还我。诗做的很好，真不愧为才女。你不是常说嫔姐是个恶婆婆，好骂人，看来真有几分才情哩。

第五事，杨院长有信来。徐嗣山、李明中有信来，转给你看看。

第六事，两个小孩上学都有进步，小六一那班，原来一年级的余老师来帮吴老师后，纪律大有进步了，六一被表扬的次数密起来了，明天要他们写信给你。

这里写［下］过薄薄一次雪了，刚好盖遍了地。这两天热起累了。这里家事，全仗单婶，此人品质好，工作勤快，特别对孩子有感情。孩子也服了她。吃东西方面，逐渐能换换口味，你放心好了吧。我做了几次白汤桂［鳜］鱼，真又嫩又美，如果不先告诉你是我做的，你一定会认真叫好，不是吹的。匆匆即问
近好！

德赓顿首　二月廿七日

如姊均此问好，不另。

---

① 编注：陈伯君所抄诗尚存。

（六四）1965年3月9日往函（家书）

璧子：

两信都收到了。小弟报纸事当办。

上次我说买个收音机事，二月寄来一〇三元余。原来打算你四月寄钱，从我这里省出来（不是太刻苦的），我估计一定可以省出钱来的。因为我晚上闷时，还可以开开收音机，听听戏和新闻，有时也有很好的文学哲学讲座，你那里没有，反正我们总得买一个收音机，迟买不如早买。告诉你，到现在为止，我还剩一百元哩！（陈凡寄我四十元，他又切了我《通鉴》一块）。这样，你就放心了吧，你不要支援我，该化［花］则化［花］，身体要紧。不知怎么，我总想到你，有些不放心，怕你累病。

杨老伯今天中午在四川饭店备下一桌席，我马上就去。

上海的大姊昨晚到京，可是杨仁他们竟不知老伯八十，也算保密了。伯兄也没告诉。安姐[①]倒从上海带一条中华烟给伯兄，从上海杨家一个什么人带来的。

我已经恢复工作一部分，写校勘笔记。一个钟头坐下来，用心搞就累了，得慢慢恢复工作。睡眠好些，仍服利血平，不吃安眠药了。

杨院长的信（不要寄回），给乃和看过了，我没说什么，她和耀平谈起过，学校正在搞运动，稍晚就要进行下一步。

前天吴白匋告诉我，去年冬南京博物院院长曾昭燏（这个人给我印象很深，请我到她家吃过饭）跳灵谷寺塔自杀了，真可惊骇。她什么也不是，就为了长期失眠，精神分裂。这个消息使我不愉快三天了。不必问人。匆匆，祝

好！

赓　九日上午

我在国泰照了一张二寸相，十五号寄给你。

---

① 黄松。

（六五）1965年3月10日往函（家书）

璧子：

昨发一书，想已收到。昨日去四川饭店（在散座，不定房间）聚会，见到公庶、大姊、二姊、四姊，她们都问起你。（刘、蔡之外，一个姓言的，一个四姊同学姓周的）

我正开始写校记[①]，做了一个多钟头现就得起来休息下。我自会当心，不敢过分用力。饮食方面，大致按你来信所说，多吃素菜，买些天源酱菜。单嫂对孩子好，一切不用我操心，你放心吧。

你寄来的照片，我嫌人太小了，看不清楚。

我想要两本《五代史纂误》和《新唐书纠谬》（八册，此书不要寄），在一个套内（像"二十四史"那种套子一样），你抽出寄给我吧。因为我这里用的一部和我自己的不一样，我想参考一下。想到就写。即颂

近好！

赓顿首　三月十日

（六六）1965年4月3日往函（家书）

璧子：

卅一日接到你就职以后信，甚慰，职员工作要上班，不知你习惯否？好在上班以后无多准备工作，想不久即能适应。与同事相处，要热情关心人，但不可过分，亦不宜多说话，不了解的人易滋误会。

吾近来不大看望朋友，固然由于忙，亦免无端是非也。上海中华收到书有信来了，小弟来信。

卅一日晚，君衡（卅日先来，在此给你一信）、诒学、耀平、金铎（小孩去王家，找

① 《新五代史》校勘笔记。

金铎来此）谈了一阵（我前一天和小毛谈得很久），后耀平又单独和诒学谈了一会，主要是要和她的家应划清关系，具体办法是搬出来。她和君衡也正在考虑此事，君衡这次和党委副书记在工地谈得很好，书记去慰问他们，晚上有人有事，有人无事，书记说谁愿意来聊聊欢迎，他就去了主要谈劳动改造思想，以后为何搞半工半读，也谈到和章的问题。因此他想等返校以前找书记要一间房子解决问题。诒学同意这样做，但我认为还不够积极，应当孩子生下来，母亲上班前，就找人去寄养，他们正考虑这个问题。

昨前两天，因接到中华送来刘节所校一份《旧唐书》校记，共一百十一条，要仔细看，提出意见，拟不久讨论，因此，这两天等于不放假，全部投入了工作，至今晨搞完。前天只张元培母子，启元白来了一下，终日无客，昨天上午祁章云、邓柯、邹祥英来一下走，下午许大龄夫妇来一下，故可以集中精力。中华对刘节工作态度和水平不满意，我从他做的校记看，真是水平低，错误多，我们自己也当提高工作水平，完成任务。（《新五代史》我已校到六十三卷，只差十一卷了，可以如期完成初稿。）

此次，人大、政协报告已公布了，听说李维汉、包尔汉也有大问题。李、包事政协已在各小组谈过。（此等周瘦老①回苏也不会讲的，心知其事可也。）阶级斗争尖锐可以想见。

今午，应周瘦老之约到民族饭店午餐，谈谈带炉子的事，他们可能不坐专车，果如此，则可以带走，且听消息。见到省统战部叶部长胥朝，谈得很好。匆匆书此，余从续告。

敬礼！

德赓　三日四时半

老师每天开会，身体好。

① 周瘦鹃。

（六七）1965年4月9日往函（家书）

璧子：

四日接来书后未见书来。我三日寄一函，是小东去寄的，他忘买邮票贴上，我连忙赶去，等到收信，邮递员说信多，一时不易拣出，把邮票带回邮局，等拣信时补上，此函未知到否，还是挨罚了？

瘦鹃先生行前，耀平可忙了一阵，才把炉子送到车站，听朱老[①]电话中说，他也托人买了两个，是托运的。周老到苏州想早见着了。

我这个月决定不买烟了。身边还有十三元，你们那里钱寄来，当然可以接上，不然，我也可以暂从别处移借一下。

五号那天，我发现心脏有了问题，曾经难受了一时，赶快找郭医生来，不久也就好了，这是信号，叫我要当心。那天是洗澡累了一些直接引起的，病源我很清楚。这些日子工作累了些，夜睡很不好，加上一号二号三号连续为"二十四史"组开会作准备，给刘节那一份校记审核材料，用力过了些所致。但因此得了警告，我会当心起来。现在，正由师大给我换六五年北京医院就诊证明。我想好好去检查一下，俟检查结果再报告院领导。那天虽然只一个短短的时间，我立刻想到许多问题。恰好耀平在此。这种病来也快，去也快，从那天晚上起，我每天吃眠尔痛，必需让它能安睡，休息了几天，以后一直无问题，我已准备一点必要的药。你放心吧，我本不想告你，但细一想，怎么能不告你呢？但你不要为我紧张，如果你听到这个消息，反而睡不好了，那我告诉你算是错了。

七号那天，去中华开了一天会，中午在那里休息，回来无事。现在规定晚上少工作，早晨早起来一些，烟不抽了，我心境很安定。今日匆匆书此，以后再谈。

赓顿首　九日下午四时半

---

① 朱正元。

刘春侠病好了没有？住家还是住院？

（六八）1965年4月13日往函（家书）

璧子：

自四日得一信后，忽将十日，未再得书。我上月三十日寄一挂号信，五日又发一书，均不知收到否？近日每晚望信，消息寂然，甚为系念。

此一周来为《人民日报》、《光明日报》写稿，即忙亦偷闲，不敢过分用力也。《人民日报》屡来催稿，《光明·史学》无稿，已停刊一次，势不能不支援。《光明日报》拟将“王鸣盛与钱大昕”原稿分改为两篇，先交王鸣盛的一篇，明日便来取。《人民日报》为重写“论《新五代史》”，三日后交去，此次时间虽迫，因系本行，不算太累。

两个孩子上周患感冒。六一先得，他们班上得者廿二人，他上医院两次。小东后得，上医院一次，两次耀平带去，一次单嫂带去，现已好了。

你近来晚上一人如何过得？

这里这些天简直无事可告，师大正开三级干部会议，乃和整天有会。

伯兄星期日来，西西仍住医院，说又胖起来了。那次伯兄要素子去医院看西西。素子给伯兄信，说医生不让她去，可不是吗，她也得过这病的。

祝

好！

赓顿首　四月十三日下午

（六九）1965年4月16日往函（家书）

璧子：

寄来的信和杨的原信收到了。这几天精神好些，拟复杨一信。

秀英走前，我给她写信，希望她来一下，我很希望她能去一次苏州，我可以托她带点东西。不想她忙到这步田地！她已来信了。

上星期五，我鼓起干劲去北大，谁知翦老就是那天住的医院，今天通了电话（是老病），拟下午去医院看他。那天杨人楩恰好也出去了，后来到魏建功兄家，他正在家，正想找我谈缪先生的小传问题。谈了一会，在他们那里吃的饺子。魏太太脸上肿的更利害了。

这里的家，一切正常。耀平大约月底可以从汽车工厂撤回来搞五一准备工作了，这一响［想］，他每天骑远路车，真够累的。

小毛来一信，附上。我们要采取多种多样的方法，启发和斗争，可惜你不在这里，许多话不能面谈。

我近来血压比较稳定，三月一日起开始工作，成绩不错，还得有节制，加小心。照了一张相给你，照的不好，反正就是这个样子。余再写，祝
好！

赓　16日

（七〇）1965年4月17日往函（家书）

璧子：

那天刚巧发信，不久就收到来信，心里就落实了。包裹已收到了，小六一可喜欢了，因为学校举行队礼，不管是队员与否，都要穿白衬衫，他争取六一入队，只说谢谢奶奶。小东也很喜欢拖鞋。只有小端未见，也许明天来。

星期四那天我去伯兄家，他和林觉辰去大觉寺了，和嫂子谈了一会，才知道伯兄贴西西大字报是有其事的。六三年九月西西总觉得他们不是亲生父母，曾写信给周总理，要做总理的女儿，当然那时已有病了，还说要脱离父女关系呢！西西此次病前和父亲的关系也不好，真难说了。

我这一周忙些，不断休息，溜公园，等星期一《光明》校样送走了，《人民》稿子拿走了，要好好休息。想想从六三年五月发表一文后，未正式发表文

章，此次能搞出来也好。

黄炳然兄那里，我拟直接寄一信去，说明廿五号后可能把款送去。我给李颢写了一条字，想已收到了。

昨天单嫂回家，耀平来值班，上午九时我要到许广平同志家（在北池子北口那一排小洋房）过组织生活，这是第二次了。

乃和前天和工作组的同志谈校长的问题谈了一天，今天上午见面，未提到，我也不便问。

从伯兄那里见到你的信，怎么，你牙齿病了这么些天？真是难为你了。可是你不告诉我。

今天下午民进有学习，行前匆匆书此，即祝

安好！

赓顿首　四月十七日

（七一）1965年4月27日往函（家书）

璧子：

数日无信，意今晚必可收信，然我不能不待矣。今日天阴且雨，甚闷。我去年廿六日晨到京，忽忽一年。此一年中，精神不算很痛快，来了一年，以后如何，乃和一未提及。那天我告诉她苏州传我要返苏，这里究竟如何打算，她说不知道，我亦不说了。我现在，只好做日和尚撞日钟了。等《新五代史》交“校记”的日子，我要提出回苏州搞，看她如何说。

这个月小弟主动问我要不要钱，我要他寄二十或三十元来，你那里留点活动费有好处，不要给我寄来。

五一秀英到苏，你们可以热闹两天了。我这里大概照旧，也许有票去北海走走。

炳然兄那里，想已去过了，我给他写信，关于他的损失的问题，带了一句，这个情是欠定了，目前想不出办法。

《光明》的校样，今天才开始改，要重写一小段，我怕用力过度，宁可慢些，最近服利血平一周多了，血压又好了些。

你近来如何，时时在念。闷了无人说话，亦一苦事，想彼此同感。匆匆，致敬！

赓　四月廿七日下午

（七二）1965年5月4日往函（家书）

璧子：

昨晚接来信，知秀英已到我家，这一节日，你也算不寂寞了。我五一上午和蓓蒂一起游北海（民进给票两张，蓓蒂自己也有一张票［党委书记给她的］是劳动人民文化宫的，我多一给老石了）。自后门入，出北京图书馆侧西门，又过金鳌玉蝀桥入北海正门，出后门归。湖中游艇，均插彩旗，鼓乐喧天，游人拥挤，天气又好，外宾甚多。下午休息，晚又至天安门看烟火。两小孩（三十日晚就到外婆家），初二［五二］才回家。耀平初二［五二］休息，君衡夫妇抱小孩来，午后去。昨天我和耀平坐蓓蒂他们学校的车，同游香山，到疗养院看赵朴初，耀平昔年于此短期读书，尚能仿佛记忆。至双清，转入碧云寺，下午又至卧佛寺、周家花园，四时半到家。我自去年来京，第一次到香山，昨天天气好，游兴甚高。

归来和蓓蒂谈他的男朋友问题，了解到很多情况，我对她说，你不过简单，任性，本质还是可以改好的。那个人对现社会格格不入，一心要继承他父亲的“高贵品质”，是和党根本对立的，你一不留神就会陷入反革命家属，危险万分。她很有触动（她前两天说，那个姓王的好像和她所见的人都不一样，有些基础，我才单刀直入和她谈）。她今天去学校给她母亲写信，告诉母亲自己思想在爱，要和王疏远。明天去找他们付校长（是党委书

柴德赓、顾蓓蒂在太庙，1965年

记，昨天我见到的，女的）去谈自己的看法。这个孩子可能今后进步会大一些。她说她母亲最相信陈老师，因陈老师说这个人家庭不好，母亲很反对她和他好，事实上他两人不仅有了感情，而那个姓王的已经以她当未来的妻子了，不然不会对她讲许多话，我现在提的不止是家庭，而是他本人是极右思想，更危险。思想是蓓蒂自己提供我，帮她分析的。希望你和她妈妈都写信鼓励她前进。

昨天得你来信，我思想也更明确了，我不是一定要来北京，我对苏州有感情，除非组织决定要我来京，我本人不要求。刘这个人私心太重，猜忌心太重，她想利用我，又怕我有了功，她不能扬名，她有矛盾。我一切都为了工作，为了老师。我要什么名？这次《人民日报》再三叫我写点东西，他们去年指定我写《五代史》的问题，我是有所过［顾］虑的，今年因为时间关系，我也是这方面顺手，我就写了，她老大不痛快，我是看得出来的。我并不是有发表欲，因《人民日报》找我写，我好坏得写，让党报挑选。什么时候发表我都不得［知］，不发表也没意见。当然我不会和她一般见识，还是照常。校记大约五月底可写出，找人誊清，六月可完。我愿回苏州搞工作，其实满可以，因她一天离开我就有些问题不好解决，我不能不在这里。其实我最后看稿有何不可？

想念日切，许多话要说，有时闷极，今天阴，匆匆书此，即颂
安康！

赓　五月四日

小毛已把制服给我，目前不要做什么衣服，布票留着吧！

（七三）1965年5月12日往函（家书）

璧子：

前晚、昨晚两次接来信。我四号发一信后，六号接到《人民日报》送来的《论新五代史》稿的校样，我脑子里满考虑文章如何校改的问题，竟八日未写信了。日子也过的太快了。

这八天来，听了巴西回来的王唯真同志在政协的报告，听了国际问题研究

所所长刘思幕的“国际两大问题——反修、反帝”的报告。

星期日感冒了，鼻子塞的很，第二天又好了，只是人没有力气。今天也是如此。这时，人大会堂在开支援多米尼加的大会，我在听实况录音，半躺半坐着休息。

《人民日报》校样答应明天还他们。

王处长来一信，他以为第一、第三两册是他丢失了，不是的，原来我就未配上，你赶快告诉他不要着急。

此地还未听说《文史参考资料》改变订购办法。上次听说总理在政协常委会批判《文史参考资料》近几期编得不好，甚至有黄色。下文就没有听到什么了。

《参考消息》我这里偶尔看到而已（不去陈宅借看），不看也无所谓，但不主动去退。

我不买烟四个月了，现在偶尔抽一支的事情还是有的，应该说基本戒了。

关于回苏州一事，刘未谈，我亦不提，她大概最近和教育部谈过了，不过未和我谈。我同意你的意见，不要伤和气，但实在我憋气。过些日子各无消息，我再写信给杨院长，我又怕学校写信，她反正要把账写到我身上的。这事以后再谈。

两个小孩近来正常，小六一这几天功课太重，做到夜深，要向学校反映一下。

北京演二十年前苏联电影，票难买，星期六晚耀平看《攻克柏林》是晚十时五十分至十时五分。

你都上台唱歌了，真新闻也。

伯兄处等钱寄到后再研究给他多少，本星期日他来过。匆匆，祝

好！

赓顿首　五月十二下午

（七四）1965年5月17日往函（家书）

璧子：你好！

星期六晚上看到你给蓓蒂的信，她准备马上写信给你。她近来受到学校表扬，领导对她上次下乡成绩肯定，也特别关心她正对男友疏远时间的心情。我也似作了一件正当的事情，感到心里舒服。

这两天又为《人民》、《光明》两篇文章校样，是二校了。今天晚上，荣孟源约我吃素餐，我叫他中午来，他又替我通校一遍，经他细看，我就更放心了。

明晨分别交《人民》、《光明》，《光明》已决定星期三见报了。《人民》还要等一等，校完了，我也轻松了。看来精力真不如前！集中用脑力，就觉得累。不过今天量血压，高136，低90，喜出望外，这是我一向服利血平没有中断的结果。

隔壁那精神病，中午、半夜有时大吵，真叫人哭笑不得。

原子弹上空爆炸成功[①]，那天我正和彭先矗一起在东四剧场看《霓虹灯下的哨兵》，得到一张《号外》，寄给你，请转送图书馆留作纪念吧。

国伟来信收到，改日再复。

估计今晚或明晨收到你的信。祝

好！

赓　五月十七日下午五时

（七五）1965年5月19日往函（家书）

璧子：

这两天为了《人民日报》和《光明日报》校稿，又进行一次检查，修改。

① 1965年5月14日，中国进行第二次核试验。

昨日上午送走。今天是《光明日报·史学》出版之期，我去到六部口买了十份《光明日报》[1]，孩子们各寄一份，你那里寄两份，一份是给周国伟的。他来信收到，先给他文章，后给他写信。这次两旧稿，都是前三年的旧搞改编的，写倒快，校的过程中倒费了些事。《人民日报》那一篇，去年杨院长在这时就来催写，我对杨院长说起，他说《人民日报》还是应该给他们写的。我一直拖下来，到了四月，实在拖不下去了才写。估计《人民日报·学术研究》不久可出。

送［关］于我的工作问题，今天乃和来，她说不久要和刘淑娟去教育部面谈。我又提起杨院长有叫我回院去做的意思，她说："别人单干的都调来北京，我们要和校长商量的，回去做不方便。"反正我催她们快和学校联系，等明天我拟详函告杨院长，照你来信所指可也。李书记[2]来一信，说本系下年仍招二十名，四年级快回校了。匆匆，

致敬！

庚　十九午

（七六）1965年5月27日往函（家书）

璧子：

此次来信，被邮差误送至大楼，幸周定莲看见交来，已晚两天。你对文章的意见，提的极好。以后写文章要多加注意。其实，这次文章中第三段集中批判他的学术思想，是主要部分，有些地方肯定他，也有必要，前天见着翦老，他对此文估价不坏，我就放心了。（他夫妇嘱代问好）

西西回家了，今天我去看她，精神还好。现在伯兄一人住书房，他们母女住南屋，上周也是星期四，我送了二十元给伯兄，说是你知道他要配牙，特意送点钱给他的，他马上收起来，好像连嫂子都不让知道似的。人到老了，就有

① 《王鸣盛和他的〈十七史商榷〉》，载于《光明日报》1965年5月19日。
② 李明中。

些古怪了。

杨院长的信发了，和你的意见差不多。我现在努力赶作校记（已经五十一卷[①]），等校记作完，不管他们下一步如何打算，我也要回苏州休息一个时期。目前未对任何人说，这一向隔壁疯子闹得很，我也要告诉杨院长，生活环境不够理想，思想有矛盾（指长期一人居此），洗澡问题，小孩好办，我还是不习惯，只好到外面洗。

小毛问题，你的看法有一定道理，但是他对劳动努力，还是好的，不可根本否定。领导相信他，我们更可以对他提要求，这一点不知你同意否？

小弟作鉴定了，基本上是好的，但我们还要鼓励他政治上当力争上游，信寄你一看。

马部长[②]的钱是我代他买字帖的钱，我自复他好了。匆此，
祝好！

赓　廿七日

刘春霞病好了没有，住家还是住院？

（七七）1965年6月3日往函（家书）

璧子：

明天端午了，不知你怎么过这个节。我们今天中午买到新鲜蚕豆，还嫩，真不容易。明天中午我到陈乃乾先生家吃粽子，晚上民进有会，约好在那里吃饭，这样一个节日混过去了。

六一那天，小六一来报告好消息，入队了。陈桂芝把他自己收藏的红领巾给他了。这孩子入队看来还是勉强的，不入队，老师怕更难教育。他昨天给你写信，困极了，未写完，等写完再寄。小东写的信先发上。

---

① 《新五代史》共七十四卷。

② 马崇儒。

这两天的消息，景莹她们的学校，可能拆散，一部分到南京，一部分到成都，详情还不知道。

最近，工作时间多了些，精神还好，血压好些天未量，预备量一下。

陈志安同志处请代致意，不知他血压高到什么程度。

吴静渊同志的病，李颢同志写信告我。更巧的是《中国历史小丛书》社新送来一份稿件，写的是苏州文管会的人，他写信时说曾请吴看过，现在吴生肺癌了，我首先还是从他那里知道的。

六月份工资寄来，七月不要寄了，等我决定后通知学校也可吧。你钱够不够用，我总是忘了问你。

袁医生夫妇好么？代致意。

赓　六月三日

明天中午，要到政协听傅其芳讲二十八界届乒乓球比赛。

星期二下午，我到文化俱乐部听了一个传达报告，是总理在人大常委［会］讲的，他分析了三尼公司[①]自从主角死以后，下台的下台，表面好像不那么了，其实他们的后继人更狡猾，更虚弱，更暴露。世界革命人民只有更加坚持革命大旗，把革命大旗举得更高，任何原则的交易是不行的。我们坚持斗争光说空话是不行的，要战斗、揭露、利用矛盾。各个击破。不要到处开弓，要团结一切可以团结的力量，集中打击主要的敌人，三尼公司就是我们要集中打击对象，其中美帝国主义是主要的主要。

接着他分析了美帝国在军事上、政治上、经济上的情况，说约翰逊能不能维持下去还可研究，他的日子实在维持不下去。那末会不会铤而走险呢？他们在越南、多米尼加搞得焦头烂额，何况核战争？从这方面看，美帝没有下决心。讹诈是真的。苏修的情况，新领导威信很低，捉襟见肘，最近成立东德友好修约，附带要东德承认西柏林是一个独立的政治单位，随时有出卖可能，乌布利

---

① 编注：1960年代毛泽东对国际上人物的称呼，即：美国总统肯尼迪、苏联第一书记尼基塔·赫鲁晓夫、印度总理尼赫鲁。

希[①]讲话也指出来。社会主义国际核子研究所，十五年来，我们花了三千万新卢布，实际我们的研究人员关于尖端的东西一点也不知道，这次我们派人去开会，准备退出。匈牙利卡达尔[②]到苏联访问，主要是苏向匈要一亿几千万卢布的账。印尼欠苏七千多万元美元，也逼着要。对越南的支持，枪是二次大战初期的武器，只百分之十五可用。越南同志太忠面子了，他们喊支持团结，共同对敌，就是这么一回事。

战争不会扩大，扩大到北越、中国？要作准备。阿尤布[③]来，我告诉他四句话，第一句中国不会放第一枪，第二句中国讲话是算数的，第三句中国是做了准备的，第四句你如轰炸，那就是战争，战争是没有界限的。阿尤布很快就传出去了。国际上有两大顾虑：一、南越顶不顶得住；二、怕南越战争引起世界大战。从现在形势看，多米尼加的问题引起拉丁美洲到处反对，世界性的反美运动形成了，他如想把战争扩大到中国，他跳不过去，南越一千四百万人口，他增兵五十万，那末七亿人口准备抵抗，他要五十万的五十倍，怎么行？他在朝鲜轰炸，成为废墟，今天不过十年，又建成美丽的朝鲜，崭新的朝鲜，越南人民说要学朝鲜，没有什么可怕。今天在人民大会堂开会，炸了又有什么了不得，炸了再建。

美帝打中国，我们决不寄希望于苏修，我们也决不把苏联拖下水，但是，美帝如果打苏联，我们一定要以无产阶级国际主义的精神，坚决与苏联人民一道打。可是美帝是要独霸世界的。他和中国打，苏联不动美帝把力量消耗在中国，苏联不是强大了吗？两霸变为一霸，独霸世界更不成了，他要考虑。

又谈到第二次亚非会议情况，可能有的国家要分化，即是有人不参加，或是有人退出，因第一次会议时，美帝不够重视，想不到二十九个国家开会，产生这么大的影响，现在他们要破坏，苏修也在捣乱，分化有可能，但是分化也

① 瓦尔特·乌布利希，时为共产国际活动家。
② 卡达尔·亚诺什，时任社会主义工人党第一书记。
③ 阿尤布，时任巴基斯坦总统。

难，革命的更革命了，这次会议，一定要举反帝大旗。这是一个很大的斗争，正在积极准备。问题是我们如何进行工作，工作不要怕麻烦。也不能把问题简单化，要认真工作。

最后谈到国内形势大好，“四清”运动显著收效。我们今天的主要任务是备战援外，主要援越南。今年任务紧张些，紧张好，可以推进生产。

我们的态度，还是毛主席说的，打也好，不打也好。你打你的，我打我的。能打就打，不能打就不打。集中优势兵力打歼灭战。

备战援外，并不影响建设。

（七八）1965年6月15日往函（家书）

璧子：

前晚接来信，今天上午程老[1]就来了。你还是给我买了半斤一级碧螺春，听程老说，苏州这种茶叶一元八角一两，我平常喝的是1.35或1.15一两的呢。谢谢任师母给我做笋豆。

程老骑自行车来，真是老当益壮。匆匆谈了一阵，许多消息还不知道。明天晚上，古巴和体院队比足球，我已买了三张票去朝外体育场，请他老夫妇一起看，听说程太太对看球颇有兴趣，你说有意思吗？

这几天景莹在此，她要管家，买菜，我就让她去办，也让她了解到底我们这里一天要花多少钱。她七月一号去集中学习，九月一号进村再搞一次“四清”。她来了后，单婶有些不高兴，一方面对孩子喜憎不一，一方面也牵涉工作问题。好在我已对她们说明了，下月中旬回苏州，一个孩子也不带，让我们清静一个暑假。

小东作文虽差些，但努力精神可嘉，每天比老师交的功课多做，老师都感动了，他自己写一信，附上。

---

① 程小青。

近正赶工作，已做到六十八卷了，能提早走，我还想提早走呢。蓓蒂也许比我晚些天走。小弟无信，即使下乡，也在暑假以后吧。孙先生[①]要的炉子，一定给买，自己也想买一个，一起托运。

师大运动正进入群众自我教育及教改，乃和她们忙极了，连隔壁疯婆都去开会，只是早上、中午、晚上她还吵个不停，大家有意见。我等到临走时拟提出问题，如果不换地方住，我没法搞工作，我根本不想再住这里。

这阵无新闻可告，只有上星期五和张重一兄到人大去看赵锡禹，吃了晚饭回来。上星期四去阜外医院，买了药（报销3.32附上），血压尚平稳，前些天又高过。因为在工作，我每天吃罗夫木（据云即降压灵），估计不会有什么问题。反正不要一个月，我可以彻底休息两个月了。匆匆致语，不尽一一，即颂近好！

赓顿首　六月十五日下午

最近拟给刘、杨院长去信。

（七九）1965年6月23日[②]往函（家书）

璧子：

接信，知蔡老兄[③]也要买炉子，昨晚已交款给耀平，由他们汽车厂的同志代办，从永定门上火车，大约十三元左右一个，买了两个，一个是陈鹤芳老兄的。等发票来再寄上，时间或快或慢，要看何时有货车，现在的办法是，有货车，即送车站，不然车站也不收。好在那里的人会办事，没问题。

我今年买了一件汗衫，不要布票，四元多。看来旧的破烂不堪了，还要买一件。夏天长裤只剩凡立丁了，我买了一条卡其布的，七元一角，布票是景莹

---

① 孙晓霞。
② 编注：未注日期，按“乙炔事件”，当为1965年6月23日书。
③ 蔡介福。

的，长袖衬衫四件，短袖的只有纺绸一件，府绸一件，看来也得买一件了。这些我自己办理了。箱子已看好，买一个帆布的，随身可带走，这边东西要收拾一下，我准备再回来时，不住这里，这一点要坚持。

昨天六点半，后窗外工厂做工完后，一桶"以确[乙炔]"没有收走，一个十二岁小孩划了一根洋火，发生爆炸，这个小孩头盖骨、脑浆四处飞溅，我们院中一小堆脑浆，一块头骨，情况之惨不用说了。这个工厂，居民早有意见，昨天发生惨案，恐怕要采[取]措施了。我嫌这里太闹，也不必准备像现在这样建家了，下半年一定不住了。走前要和乃和认真谈一会，反正我要回南方，他们有些着急，也许好办了。

小弟下放，有信来，当劝其沉着，小毛评了五好职工。

这两天热极了，流汗夹[浃]背，与江南大热一般，此地无处洗澡，真不便也。

赓

（八〇）1965年6月28日往函（家书）

璧子：

昨晚接来信。我校记已写完七十四卷。不过中间五十八、九两卷是《司天考》，有关天文历法，我不内行，中间跳了过去，现要补此两卷。这方面专家是钱克仁同志的父亲宝琮先生，我已和他见过数次。很想走前初步解决这个问题。现在想十一至十四，四天中走，等决定再通知你。师大方面刘淑娟托乃和带信来，什么时候走，他们会给预备车票。

现在的问题在乎两个小孩，我本来决定不带，现因景莹七月一号集中学习两个星期下乡（迁校问题她不在考虑之中）。只有请他们那里的万阿姨照顾，耀平晚上回去。不过他回去总在十一时后，根本见不到孩子。白天万阿姨如何管得住，恐怕会有危险。原来我想把小东放在金铎处，让六一到外婆家去，现在外婆家大舅二舅等一家人来，无法住，也没人好管他。这个问题，我有些迟疑，尽管我口里没有同意带回来，心里也来来回回，想听听你的意见。带两个？带一个？带哪一个？还是两个都不带？（孩子们十一号放假，放五十天）箱子决定买好一点的，衬衣到苏州再买。公债对［兑］可五十五元，连利息六十二元多。小妹听说十二可放假，我已寄信问她去了。哥哥那里卅五元，如腾得出来，也拟还他。

不决定还苏州，倒也算了，既然决定回家，也在计算日子，有些焦急。身体尚好，体重磅146斤，和来时差不多。未磅前我以为不定重到什么程度呢！两个炉子的收据，耀平已寄去，这次真是特别便宜。余再谈，祝

好！

赓　廿八日

（八一）1965年7月7日往函（家书）

璧子：

来信收到，炉子价格共二十五元一角正，不错。昨晚问过耀平了，关于孩子的问题，决定带他们回来。小东有一天和单奶奶谈，他最幸福是暑假到奶奶这儿来。要不然就跟单奶奶去，和小六一去自己楼上，怕弄不好。事实也是这样，暑假如不好好管管，这两个孩子更野了。他们学校九月一日开学。蓓蒂八月六七号到苏州，月底返京，正好由她带回。

目前已通知师大买十二日零时五十分的车票，如买成十三日晨到苏州，马上可以相见了。这里的东西会收拾好，耀平到时会来看看。房子问题师大会设法另找，这里目前不退六七八号。这些问题，我会全面考虑的。

今天和星期六，民进学习联组大会，今天我要去发言，谈谈人和武器关系的问题。

黄旭朗先生和任师母的东西，我会买来。这里水果只有杏子，我从未买过。

《人民日报》的文章①你一定看见了，家里定《人民日报》，我不寄了。我多买了些份，带回来拟送周国伟一份和其他人。

① 《论欧阳修的〈新五代史〉》，载于《人民日报》1965年7月2日。

今年北京热极，昨天晚上下雨，凉快多了。

我的工作已告段落，我把有关的书及校记都存到陈宅去了。[①]这也表示我对工作的负责态度。

等车票到手后，再写信告你和系里。祝

好！

赓　七月七日晨

（八二）1968年6月20日往函（家书）

璧子：

十二号午从苏州开船，半小时即到陆墓。住在一个小学，集体开伙食。十三日起劳动，主要是脱麦粒。我身体尚好，劳动尽力之所及，虽然累些，吃得下，睡得着。平生未过集体劳动生活，这次是受教育，也是受锻炼，此关一过，今后无论在生活上、思想上都会起些变化。

这里照目前安排到廿四日止。具体什么时间回来，要听最后决定，我不写信了。

这里离陆墓镇要走半个小时，所以不寄信的原因在此。

余不一一，祝大小平安！

赓　廿日

六一、小青青[②]听话吗？

小弟估计已来家里了，出院后想不致有问题。

---

① 据中华书局《书品》2012年第2期："柴德赓先生的《新五代史》标点本及校勘记转至上海，作为重新点校《新五代史》的主要参考资料之一。"

② 柴新青，柴德赓之孙，乳名青青。

陈伯君[①]

陈伯君一家及母亲、陈绍杰等合影，1939 年

（一）1957 年[②] 11 月 13 日来函（家书）

青峰、璧子两弟：

次日大函及菌油等物均十一日晨带到，部中传达室以电话通知我去取时，沈君已去，未及面谢。糖果转手当即各尝少许。晚餐又试菌油，味极鲜美，多

① 陈伯君（1895—1969），湖南湘潭人。1920 年北京大学国学门毕业，曾任浙江大学秘书，第一战区长官司令部主任秘书等职，抗战胜利后任全国经济委员会秘书，1949 年起义投诚。后任高教部马叙伦部长秘书。为陈璧子之长兄。

② 此函无年份，依照内容（安姐黄松先到苏州）应为 1957 年。

年未得，至以为快。定艺[①]的味精，亦极惬意，因此间有一个长时期未能购到也。兰油已别装二小瓶，俟星期日宏友[②]来，即令携与素子[③]。素子得十月一个《教师报》表扬，颇为高兴。宏友已作鉴定，再赶制一图，本月内或将回昆明去矣。耀平[④]已多时未来，不知谅出差否？安姐[⑤]想仍在苏，烦为转谢。耑复，再致谢忱。即祝

双吉！

伯君手启　十一月十三日

前函所以提及胡文集，以胡亲与“镇南关之役”，其言当亦有足再参论之处也。

（二）1963年11月8日来函（家书）

青峰弟：

接十月廿五日手书，得知弟近来体况较前为好，璧子去沪小住，身体亦养得还好，甚以为慰。弟在第七宿舍[⑥]别辟书室一间，前已闻君衡[⑦]道及。近赶写之论文，不知是何篇目？已近脱稿否？璧子想不日又将去沪矣。

未闻吴研老[⑧]将赴苏视察。服药丸，能托周瘦鹃先生带来，甚好。现存之药丸，上月中旬起，每日少吃几颗，可服至本月十日，脱节当不过数天也。

近三四星期来，我们为西西[⑨]之病，大伤脑筋。现已于本月四日送入病

---

① 李定艺，陈伯君夫人。

② 陈宏友，陈伯君四子。

③ 陈素子，陈伯君之妹。

④ 柴祖衡，柴德赓之子，乳名耀平。

⑤ 黄松，字渔仙。陈伯君表姐。

⑥ 陈绍闻旧居（复旦大学第七宿舍一号）。

⑦ 柴君衡，柴德赓三子，乳名小毛。

⑧ 吴研因。

⑨ 陈艺君，陈伯君之女，乳名西西。

院。其症状为头痛、头晕（据云在教室曾晕倒过几次），胃不舒服（吃得比我还少），记忆力骤衰，听课听不进去，自国庆节假期过后回校，已不能上课。她精神显得忧郁，面色苍白，手上瘦得只剩一张皮，有不如意事易发怒。现已由我代向学校申请休学一年。公费医疗问题尚在交涉中，谅可解决。

《诗稿》线装本，1964 年

关于我的诗集的名称问题，弟所论极是。绂弟[①]最近来信，除对名称问题、前录问题与弟所见相同外，又对一些诗句及所举关系人名等，从政治上考虑，提了些具体意见，均甚中肯。兹参酌弟等意见，修复如下：

一、集名问题，拟即废去《难卖集》之名，改为《双蕉草庐诗词稿》[②]（因另有笔记一种，名《双蕉草庐漫笔》，将来集合多稿，可名为《双蕉草庐集》）。兹另写“前记”一短文附上。原《难卖集·自序》一文即可不用，但请将原稿拆下寄我。因我处已别无存稿也。

二、“前录”问题，拟即改为附录。兹已于此次所写之前记中说明。

三、绂弟指出解放后初到北京此作有些无可奈何的情绪。如《重至北京口号》：“当年结怨真痴绝，那得高车驷马来。”现拟将句中“那得”二字改为“谁复”，表示时代已变之意，弟以为如何？绂弟又指出“咽来粗粝尚能堪，未学长沮转欲惭。竟日趋跄怜旧府……”此句，此首本无甚可取，可即删去。绂弟又指出“北来遂改初时服”句，原句是想用“尽弃其学而学焉”之意，下句“试究天人曾未彻”即指学习“辩证唯物主义与历史唯物主义”，此首如弟等认为

---

① 陈绍闻，陈璧子之弟。

② 陈伯君《双蕉草庐诗词稿》（线装本）一书油印本 1964 年印行，1987 年由学林出版社正式出版（竖版排印本）。

宜删，亦可。堪字韵第三首“寂寞孤灯夜不堪……”及第六首亦无甚可取，可删。堪字韵共六首，只存四、五两首，均与政治思想无关，其几叠前韵之数字仍可不改，此在他人集中亦有其例。绂弟又指出《岁尽夜独坐》此二首中“何事仍为吏”句，现拟将“仍”字改为“曾”字，表示是说解放前勉强于从政之意，弟以为如何？至绂弟谓抗战时期纪“事”诗，纯记家人及生活事过多，注亦嫌多，则系误看纪“行”为纪“事”。原诗系就个人在抗战时期奔波万里，在道途中所遭所见，作诗纪之，凡与个人之“行”无关者均不涉及。而我之“行”则大半与家人有关。小注中，就诗中所及者叙述事实，意谓就个人在道途中所遭所见，亦可窥见抗战时期社会各方面之现象，所谓窥豹一斑也。其中第七十四首略与绂弟有关，可以删去。又从洛阳退至官坡时有两诗，即“兵符钞券一身存”及“枪弹一声天地宽”，此两事我虽不畏人知，曾于补充自传中述之，但诗中颇有洋洋得意之概，此两首应删去否？请弟等代为斟酌。凡删去之诗均请将原稿裁下还我，因最后的改定之字句，已别无存稿也。

四、诗中涉及之人名问题，绂弟信中只举出徐澄宇为例，其实，有些人不但解放后政治情况不明，而且恐怕是有问题，如周天根、陈穗庭都是。黎劭西[①]先生曾劝我将其姓名改为同音之字，他举例说，如徐澄宇之徐改为许。如照此办法，则周天根可改为仇天艮，陈穗庭可改为陈惠廷。我已从黎先生之劝涂去若干人姓名。如把这些人统称为友人或某君亦可。如何办法，请代为斟酌。诗则其中有些颇有新意，能保存最好。

五、印刷字体问题，现只好用简体字，于容易发生误会之字则制繁体字。因据听闻，目前除中华一家外，其他各厂亦皆不能用整套繁体字印书也。惟原稿概系用繁体字书写，且有时用较古之字（如“纸”作“帋”，“只”作“祇”等），须于字旁添注简体。此事不知璧子能代劳否？

六、纸张问题，毛边纸自较好，但如价太贵，亦可用较厚之纸。

① 黎锦熙，字劭西。

七、题字问题，《难卖集》之名不用，则马老[①]之题签及扉页均不可用，但另有题辞一纸还是可用。又吴子昂先生题诗亦愿印入。现将两页原字寄上，不知此厂能照相制版否？如不能制版，则照抄原词各印一页亦可。原题之字语勿遗失。即颂

著祺！

小兄伯君手启　十一月八日

璧子均此不另。

（三）1963年11月30日来函（家书）

青峰弟：

接廿二日手书，内附行李提单一纸。次日即赴车站将行李提回，请勿念。小毛之毯子，可即函告其来取。前由邮局寄来之丸药，亦已收到。

璧子此次去沪，据绂弟来信，谓约将留住一个月。大约将待绮姐动身来北京后再回苏州矣。

我的诗词稿，盼吾弟即速抽出一两天时间代为整理完毕。附录之先继祖母诗残句，现思宜提作正文，其式如另纸。

绂弟又提出，和徐澄宇两行长歌“应厌海水咸，西出玉门关”一首，注中有“复旦大学同走者三十伴人”等字亦不妥。请即将“复旦大学”四字删去。又末句“徐淑于今姓颠倒”仍露出是姓徐，拟改为“徐淑秦嘉尽倾倒”，如何？

此间，今晨路旁已见薄冰，即将进入严冬矣。即颂

近安！

小兄伯君手启　十一月卅日

① 马叙伦，字彝初（夷初）。

（四）1963年12月18日来函（家书）

青峰弟：

九日手书读悉。

关于拙作“诗词稿”印刷问题，苏州铅印排版费如此昂贵，而版面又小，计三四百首诗词，亦恐达百版以上，如此，仅排版费一项即将逾七百元，再加纸张、装订等费，恐将近千元。断非我辈财力所及；而印成之成本又不成样子。因此，铅印一事即可置之勿论。

铅印既不成，不知苏州地方有较佳之石印社否？因石印究较油印即为可经久也。（曾见陈叔老①《百梅书屋诗稿》即系石印）

如石印再不成，即只好油印。接大函后，曾与一二友人研究，均以如大函所示，油印较铅印为佳。惟黎劭西先生说，油印字必须求其工整美观，若如近日学校中写讲义之字，则甚难看云云。弟可请承写者先用毛笔写一张样本送来看看，如以为可，再请其用钢板写一张印出后送来看看，如再以为可，即可交其写印。字之可否，请弟决定，因弟本人即为书家，长于鉴别也。

至于印数，我原意只印一百部。如弟以为少，则一百五十至二百尽够。印多了，多费纸张、装订等费，而存书又搁置起来，实属无谓。如已买到足够之毛边纸，可将余纸存储代用，实较存书为佳。弟以为如何？

此次费用，须我寄多少？何时寄？请即随时来信告知照寄。

今日接绂弟信，谓曾见精写油印本，用毛边纸，有框，宽留天地头，似线装书。如此甚佳，不知苏州油印亦能达到此标准否？

小毛尚未来取毛毯。耀平还在郊区进行工作，明日不能去车站接绮姐，我一人去接，毫无问题。即祝

近好

伯君手启　十二月十八日

① 陈叔通。

（五）1963年12月30日来函（家书）

青峰弟、璧子妹：

听绮姐说，璧子预定于廿六日回苏州，青峰去南京开会，定于廿九日返苏。计此信到时，你们已经回到家里过新年了。

绮姐又说，青峰把我的两本诗稿带去南京，和一位姓黄的再研究一下。这人是谁？

绂弟十九日来信，谈到关于印刷诗稿的一些问题。除已复信给绂弟外，再条达如次：

1. 印刷问题。我同意用油印。前复青峰问题函亦已说明。

2. 印费问题。我意仍只印二百部，写印费虽无大出入，但纸费、装订费各可减三分之一，总数当不过二百六七十元。据绂弟信说，此次可交足百五十元，由璧子带回。现我亦由邮局寄去五十元。尚须我寄若干，候来信通知。

3. 题签问题。请青峰或绂弟或承写人代写一题签，署名或不署名皆可（马老前题《难卖集》，系他自己高兴，并非出于我之请求）。

4. 联语问题。湖南人印诗文集每附联语，此风气由来已久，如曾、左[①]、王壬秋诸人皆然。且为专印联语集者。我所作之联语，有若干首自谓颇别具风格，故初拟附入。现亦同意不附，别作处理。

5. 师友评语问题。除邹慎离评近于批卷，无甚意义，请为删去外，其余仍愿保留，但周天根、王敬身、徐澄宇诸人均请改为同音之字。

6. 诗句中若干问题。《朝鲜义士尹奉吉歌》中“箕子”句，当时我亦知此说为朝鲜人所不承认，但以中国人就有古史传说立言，且一时亦未思索得替用者，遂仍用之。如何修改，俟青峰提出意见后斟酌。《中南海曲》中“天下汹汹为两家”句，当初亦疑不安，似有平等看待两方之意，后以毛主席解说百家争鸣，谓

① 曾国藩、左宗棠。

无产阶级为一家，资产阶级为一家，遂仍而未改。但此说须加注，否则易致误会。现拟改为“怙恶兴戎天罚加”。咏史诗看过比较多，“美人珍重惜琼瑶”句不拟修改。“堪”字韵第六首“世运乐除风听谙”，此首已函告青峰删去矣。

西西病已有好转，体重已增加四斤，惟头晕仍甚，每日下午发低热之原因亦未查明，闻尚须住二三星期始能出院。

宏友奉派到洛阳陆泽水库工程局学习，于十八日由昆明启程，计程当已到洛阳，但尚未来信。此次学习期限亦尚不知多久。离京已近，学习完成后或能回家一转亦未可知。

拔中[①]此次亦已调整工资。新年至春节回家探亲之念已打消矣。

此间气候原尚和暖，但自二十三四两日大风后，骤转严寒，最低温度已到零下十余度，最高亦只零下五六度矣。即祝

双吉

伯君手启　十二、三十

（六）1964年1月17日来函（家书）

青峰弟：

五日长函读悉。

“诗稿”别给文化企业公司承印，写仿宋字，闻之颇为疑惑不安。前闻黎劭西先生言，油印字必须写得美观大方，现在一般都写仿宋，但并非真能仿宋，只是写得方方板板，而且因恐笔锋戳破蜡纸之故，写一横不能放笔过去，而必须故作波砾，写一捺又必须使笔锋向下，最是难看。闻黎此言后，我对仿宋便无好感。弟与绂弟所见过之精写油印本，不知是否仿宋？总之，请弟先看过字样后再行定局，不可仅信别人介绍。

题签即烦大笔。

---

① 陈庆中，陈伯君三子。

评语愿仍保存。其中周癸叔[1]一评，最为推奖，可注明一九一七年与沈南雅书中语。

关于诗之内容：

（1）《尹奉吉歌》作于一九三二年，当时红军尚未长征，金日成未到延安，朝鲜革命尚无影子，此歌末段含有作者感情在内，有期望、鼓动之意，如删去，则纯为客记事矣；故不宜删。

（2）□如长句语即如注："时日寇侵占河北、豫东各地，逼黄河两阵。"（淮水不在一战区范围之内）

（3）"偶又得一官"，"官"字改"职"字最好。

（4）《记行诗》其五、六十四、六十六、七十、七十四同意删去。其十三、其十六、其四十一、其四十五、其四十八、其五十一之小注，即照弟意照删照改。

（5）《咏史》第三首"美人"系谓某次蒋向美乞援，美仅给以子弹三千万发。"回给"句系谓美扬言蒋战区已无望，除非美国人来代打云云。此皆见当时报载，似不注反较含浑。

（6）《竟日趋沧怜旧府》一首，将"未学长沮转欲惭"改为"未事耕耘转欲惭"，"竟日"句改为"公廨杖宜仍旧宇"，下句"独"字改为"退"字何如？

（7）"北来遂改初时服"句照弟意加注。《答王式儒》一首本无甚新意，"世运"句亦难改，可迳删去。

（8）《岁尽》二首中有佳句，愿仍保存。

（9）《中南海曲》"莲茎"句及末句之"独"字已于前函中请代将"嗟何有"改为"澄昏坳"，"独"字改为"不"字。

（10）《沁园春词》小序中"先生"改为"主席"。

得函后，适有其他较急之事，又函中听言有数处须作思想斗争，故迟复。

闻令文于寒假中将先去苏州再来北京，请代买保瞳眼药水二三瓶，及黑花

① 周岸登，字道援，号癸叔。

丸数两交其带来。

西西体况续有好转，胃口大进，惟面上仍苍白无血色，医生嘱再在院中调养一个时期，春节前可出院。

此间下雪两次，惟积雪皆溶化，几个“海”的水始终未结坚冰。今日已尽三九，今冬当不至太冷矣。即祝

近好！

伯君手启　一月十七日

璧子同此不另。

陈迩冬[①]

（一）1963 年为《青峰草堂师友墨缘》（以下简称《墨缘》）册页题诗《雨中看太平花记事》[②]

有约徘徊望旧宫，愁池雨扈又风从。
殿春芍药方收队，了事酴醿半敛容。
歌缓缓，意匆匆。小园无地着残红。
年时割得巫山白，雪魄犹定十二峰。

蜀道山梅入觐迟，缟衣妍煞上阳枝。
八千里外存封号，四百年来盛此时。
人缱绻，汝经持。湿云涨雾忆峨嵋。
玉澜堂畔三柯雪，和月邀灯照酒卮。

近作《鹧鸪天·雨中看太平花纪事》两首。青峰同志方家正拍。陈迩冬。

① 陈迩冬（1913—1990），号蕴庵，广西桂林人。著名诗人、古典文学评论家。

② 已载于柴念东编：《青峰草堂师友墨缘》，商务印书馆 2013 年版。

陈　凡[1]

（一）1962年10月12日来函

德赓先生：

南京一晤，快甚快甚。当时曾面达鄙忱，并请您替本报的《艺林》周刊写若干篇“如何学史”的文章，您也答应了我。那套文章，我已经归入整个编辑计划内，务请您一定帮忙。并望将您的想法告知，俾可具体准备。

教人如何读历史，我以为也是教人不忘祖国，进而热爱祖国之一法，因此，也就是反击叛国教育、灭种教育，在这个敌区中来做这件事，是有很严肃重要的意义的。但是我们在这里，很难找到有学养的人来写，终于变成了有心无力的虚愿。因此我的请求，就不是一种寻常的请求，而是呼吁支援。质诚的请，务望垂允。

现寄上最近一个时期的《艺林》一叠，请您指教。最近一期（十月七日）的《漫谈读史》，是我从张先生[2]最近新出的《中国古代史籍校读法》一书中摘出的。因为这本书未在港发售，我是看了书目，请上海中华先寄我的，就利用书还未到，先“吃”一些。由此一例，足见我们在这方面的稿源的饥渴。我们这里人手少，学养差，但环境却极为复杂，应付起来也比较困难。望您支持我们！叩首叩首。专此，敬颂

著安！

陈凡拜上　十月十二日

在京时曾为援老拍照，现附寄一张，请纳存。又及。

---

① 陈凡（1915—1997），字百庸，广东三水人。时任《大公报》（香港）副主编。

② 张舜徽。

敝址：

一、广州惠吉西路二坊二号《大公报》办事处。

二、香港轩尼诗道 342 号《大公报》馆。

此信在国境内发出。

（二）1963 年 1 月 27 日来函

德赓先生：

顷得一月廿日复教，堪慰渴想！盖自去冬寄书后，一直未得只字，非常悬念。最近“忍无可忍”（一笑！）乃去信钱仲联先生，请其代查驾驻何方，惟尚未获复也。

援老[①]之病，前曾得乃和[②]女士函告，虽云渐愈，但心实不安，欲致书问候，又恐扰援老静养，只有请刘女士代致候意。并请她代为斟酌，如需要任何药品，请不客气见告，当为速办速寄，并请她不要告诉援老，免他老人家稍存客气，反而误事。但自去信后，至今未得她复信。今谨以此事与君约，再提前议，如有药物上之需要，谨请告知，俾可寄去。此老乃为国宝，亦属乡贤，弟甚愿对其健康之恢复，能尽绵力。虔肃而言，敬慎以请，幸垂允焉。您回京见到援老时，亦望代致敬候之诚，拜恳拜恳。

您答应为本报撰文，感谢之至。只望就时间许可，能来一篇，便是一篇。我们的需要和目的，在宁见面时已略陈，我认为您也是一个亢直人，我也就不客气。此间历史地理之教本，尚有以南京为中国首都者。故在历史方面，每有斗争。苟再不教人读史，使年轻人有门径可循，吾恐其或将数典而忘宗，则对于我们甚不利也。此亦此间作战之奇劣处，您必能体会，而我们写作之人少，能文之人更少，不能不向国内请兵，此即弟去夏冒酷暑，奔千里，敝钝舌，千

---

① 陈垣。

② 刘乃和。

方百计求稿之最大原因也。

在此，我不能不向您交“底”，我只是一个新闻记者，只念过三年初中，对于学问，算是不通的。只是对于帝国主义宣传，有一股好大的热情，希望能为它做一点事。我在《大公报》亦已廿四年，青青与之，壮岁亦与之，并将终身交与新闻事业矣。由于职业关系，只有一些驳杂的常识，故由我来编《艺林》这样的刊物，是非常不称的。由于这种种缺点，而在宣传任务上，又非把这样的刊物办好不行，就只好寄望于硕学诸君的认真支持了。为了解决历史方面的稿源，我特曾将张舜徽先生的那本《史籍校读法》，零吃了几篇（因该书尚未到港，而“中华”寄了我一本）。还要从《历史教学》上转载些文章。我只有一种“本事”，就是什么都看，凡有可用者，或“先斩后奏”，或“斩而不奏”。这都可见我们的困态，我想您也不能见困不救也？

寄来的《章实斋与汪容甫》，读之既佩且喜！那位章公，是有不少迂腐的思想的，比方他谈“诗话”，便有点可笑。他骂袁随园[①]，也有骂得对的地方，因为随园确有可骂该骂者，但随园之诗，以及诗论，亦有不能抹杀者在，比方其“性灵”之说，发之于“温柔敦厚”之论盛行时，即只能说他无进步意义。不知尊见以为然否？也由于此，我以为郭沫老[②]近来只是片面地指斥随园，亦有吹毛之处，且其论诗部分，有点金成铁之病。我这样说，或者不但厚诬古人，抑而且对今人不敬，实属狂妄，但心中有此感，亦不妨就教于高明耳。

说到汪中，就文学成就言，我是佩服的，其文章掷地，真有金石声，以当时而言，其骈文尤其出色，实为医治柔靡之特健药。您捧了他，我高举双手，表示赞成！我对此公有兴趣，还有另一个原因，我在近代画家中，是力捧黄宾虹的，而此黄公在论画时，甚捧汪中、胡天游、包慎伯；有此一因，我对汪中又多了一种兴趣。此事在您听来，或觉得可异可笑。但我为追寻黄宾虹美学理论的本源，确实对汪中有兴趣，故亦不妨一提也。至于他在经学、史学方面的成就，还待日再去研究，此一方面，更望得到您的指教。援老年事已高，而您

① 袁枚。

② 郭沫若。

盛年饱学，收一个函授学生如何？您文章提到的“汪容甫遗诗”，我未获见，此书何处可得？篇幅多寡？我甚愿一读，或者过录一份。务请见告。我人很笨，但有一股傻劲，慕其人则想读其诗也。

您写的《东藩演义序》，是否即以前在上海《文汇报》发表过的一篇？此报我曾剪存。而今冒昧地请求您，这套重印的《演义》，请给我寄一套（寄广州转），因我们有小说版，蔡氏之作，亦有研究取资的必要也。书款多少？当为奉汇。

您那篇《生公说法顽石点头》，请早日寄来。单看题目就有意思，以先睹为快也。

《章实斋与汪容甫》，很想在《艺林》刊登，考虑者是太长，有一万字，而文章只有三个小题，但仍想分三期刊之。因此，有几处想先问一问：

一、第二页“因王锡侯字贯一”，“字贯[①]一”上下是否要有（）？

二、第三页“至欲不与共朝”，“共朝”是何意？是否指毕客之见毕？

三、第五页“百家争鸣”可否易以他词？

四、第七页“四库馆臣于《墨子提要》”，我当初以为《墨子提要》是一部书的名字，乃读下文，并查《四库提要》，始知是关于《墨子》一书的“提要”语，是否仿下文有关李贽《藏书》例，稍作更动，更为明白易解？同页“妇女解放”一句，“解放”一词，在《艺林》拟避免，可否改一改？

五、第八页用红笔勾住的一段，拟省去，同意否？

这些别扭之请，都是由于环境关系而提出的，想能察而谅之。现将来件附还，请于过目后再行赐下。

您说见到我的诗，是在哪里？是不是指写给援老的一首，这不成诗，只是借表其敬仰之诚。尚请正之。敬承赐和，则喜出望外矣！

匆匆奉复，即寄苏州，不尽欲言，企候复示。专此敬祝

春釐！

陈凡叩首　年初三午夜

① 柴德赓有批注：此由不知《字贯》为文字狱案之故。

（三）1963年4月15日来函

德赓先生：

美浓纸一卷，已在上月廿日前后，由广州挂号寄上，收到否？

《章实斋及汪容甫》一文寄回时，适《艺林》发了吴调公《读沧浪诗话诗札》，先后连载了四期，故搁了一搁，现尊文已发了五期，尚有一期便完，兹先寄两页，此后再寄（稿费俟全文发表后汇稟）。

《生公说法顽石点头》一文，何时可以寄下？便乞告知。

陈老近来健康有增进否？念念。弟上月底曾寄刘乃和女士一信，并附致老先生诗一纸，但说明，不宜在不适当之时间给予老人不适当的纷扰，应否转去，请刘女士代定。至今未见到刘女士信，未知有寄失否耳。近读陈老《清代[初]僧诤记》，甚快，甚佩！老先生的《中国历史要籍提要》（？）一书有无印过？甚欲得一册，不知能遂愿否？您的那篇《陈垣史学》讲稿，如果已整理出来，也望购一份。

又前函提及"蔡东藩演义"事，未知江苏方面已印出否？如有消息，亦望告知。您不在南京，我可以托南京方面的朋友去办。此书台湾全印过，不过印得极差也。

想您一定极忙？但有便时仍望来信。手此顺颂

旅安！

弟陈凡拜上　四月十五日

（四）1963年5月9日来函

青峰先生：

正欲发寄《艺林》，而阁下之诗札忽至，喜甚感甚！大作婉约有情致，书法亦风神蕴藉，至佩至佩。来日悬诸斋壁，定可迈我剑拔弩张之恶习也。想像朗

润园中，定多佳胜。朋交之乐，为人生至乐之一，视我居此货利之场，形骸肮脏，真有仙凡之别矣！

乃和女士复书及照片近已收到，陈老讲笑话，赠我高帽一顶，竟谓拙字如陆放翁，岂不令人愧死？惟此老而有此幽默之言，足证其健康快乐，则窃以为慰耳。弟向谓幽默来自从容，从容来自自信。以此衡之，则此老幽我一默，我亦为之欣喜也。我曾有一诗寄援老，想看到矣？

足下明春如来岭南，请将行期告知，当到广州一晤。

日本纸此间购买甚便，价亦贱极，可源源供应，俾供挥洒也。匆得即颂旅祺！

弟陈凡手正　五月九日

所寄书，日间亦必能到，先此多谢！实斋生平当为更正。另有有关短文，在《艺林》。再及，稿费由广州汇上。

（五）1963年12月20日来函

德赓先生：

苏州一别，又已月余，不知近来忙得怎样？身体如何？念念。

您的那篇有关顾炎武的文章，至今未见寄到，写完了没有？不要又走漏消息，给别的地方抢去了。此外，您答应写的一系列有关史学入门的文章，务请即为着手，在今年上半年，最好能给我四篇以上。我希望一个月能有一篇，但至少半年有四篇。望您考虑后给我一个回音，给我一颗定心丸，俾可在明年的组稿计划中安排进去。陈老把诸公教出来，若诸公竟不肯将胸藏宝贝公之于世，以益后学，该当何罪？一笑！

《李秀成亲供》日前已由邮挂号寄上，算是年前送给您的“处方人情”，请哂收。再一笑！至于《清史稿》，因需款较多，俟外汇稍松时，即代为购置。但问题仍不在于此，而在于它有八大册，邮寄极不方便。

最好有甚么文化性的代表团出国过港，由您们写封信说明，交他们带走，这样海关手续既容易通过，又可省免寄而不到的危险，请斟酌。

又《李秀成亲供》也可能到不了，或者他们会来要收件人写证明文件，然后能取。

这是以往曾发生过的情况，特先奉告。至于一去无踪的情况，也是发生过的。

不过您是历史学者，恐不致碰到这种情况。读者如问到，尚望示知。

附《艺林》一页，上有拙诗一首，乞指正。匆匆即祝

健康！

晚陈凡拜上　十二月廿日

问候尊夫人。

（六）1964年12月31日来函

青峰先生：

《顾亭林札》一文[①]，等您的胶片不来，已经发表在一月第一期了（后日见报），因我估计，这两张胶片可能放在苏州，而您现在在北京，恐怕很麻烦才弄得到手，所以不等了。好文［在］原札文字全在文中，不配照片也问题不大。

又要整理《五代史》，又要开会，想来一定很忙。预定中的论史文章，在明年一月间，能惠我一篇乎？

陈老及刘乃和同志近来健善否？乞代致意。匆匆即贺

新釐！

弟陈凡上　卅一日

① 柴德赓：《跋顾亭林〈致归元恭札〉墨迹》，载于《大公报·艺林》（香港）1965年1月10日。

陈桂英[1]

（一）1957年8月28日来函

青峰老师：

您的十九、廿四两封来信都收到了，《大革命写真图》及出版社寄来的精装本《辛亥革命》也都已收到，请勿念。惟所说送给系中的五部及送龚、陈、王[2]的三部至今尚未收到。

关于稿酬问题，我完全同意按劳取酬的原则，也完全尊重和服从大家的意见，至于每个人究竟付出劳动、花费多少精力，老师当然心中有数、全部掌握，所以怎样按劳付酬的问题是不难解决的。张先生[3]提出的方案您可考虑，他的意见似乎是说，他付出的劳动很多。当然所谓多少是只有在互相比较下才能看出。但是究竟谁比谁多多少，各人恐难了解全部，张先生到底付出多少劳动，我不了解，老师则完全掌握，所以您说让我去找他谈谈，我觉得很难谈，也不会有什么结果，因此我没找他去。而且，我又是他的学生，既便找他谈谈，恐怕他对我的意见也不会"认真"考虑，因为根据张先生的理论"对学生不必太认真"。

总之，对这个小问题的如何处理，我没有意见，老师掌握全部情况，究竟怎样按劳取酬还是请您考虑吧！

您校反右派斗争开展的如何？甚么时候开学？时间真快，还有两周我们又

---

① 陈桂英，1941年入教辅仁大学史学系，1945年入辅仁历史研究所。

② 龚书铎、陈正飞、王文枢。

③ 张次溪。

要上课了！

有何指示，请您随时来信吧！敬祝

安好

您的学生桂英上　八月廿八日

师母处请代问候！

陈继珉[1]

（一）1952年2月12日往函[2]

继珉兄：

五日大札敬悉，诸同学在土改工作中久经锻炼，能独立作战，闻之不胜欣慰。兄薪水由王玉珠同志按月存入人民银行，已积至一〇六万元。大约二月份未扣借款，故有此数。今以七十万寄徐州外，即以三十万寄余江。至希查收见复为幸。

校中自“三反”运动开展以来，除大力检举贪污浪费外，教师展开批评与自我批评，正如疾风暴雨、排山倒海之势。向资产阶级腐朽思想作坚决斗争。我系教师已作检讨者我和张鸿翔、陈正飞、刘乃和、杨曾威诸先生，我还要再彻底检讨，尤其是宗派主义。在此以前，我粗枝大叶，以为我系先生之间相当团结，今乃知不然。由于我作风不民主，系外工作又忙（尤其教师学习以来），对系务照应不够，先生们彼此有意见，而不肯提，小组会上展开不了批评，直至最近数日，大家破除情面，展开批评。惜兄远在江西，不能参加此次运动，帮助我分析思想，是一损失。刘、赵[3]二先生二月底可返京，本学期上课须略延数日。同学参加运动正为热烈，知情并闻。吴世仪兄前有书来，刘家和亦来一书。

我痛目四十余日，近数日始能动笔，来信不及即复，至以为憾，便希致意。匆此，即致

敬礼！

德赓上　五二年二月十二日

---

① 陈继珉，时为辅仁大学历史系教师，赴江西土改工作组组长。

② 编注：信函信息自北京华夏珍藏拍卖有限公司，内容经比对“柴德赓日记”核查，为真。

③ 刘启戈、赵光贤。

陈　晶[①]

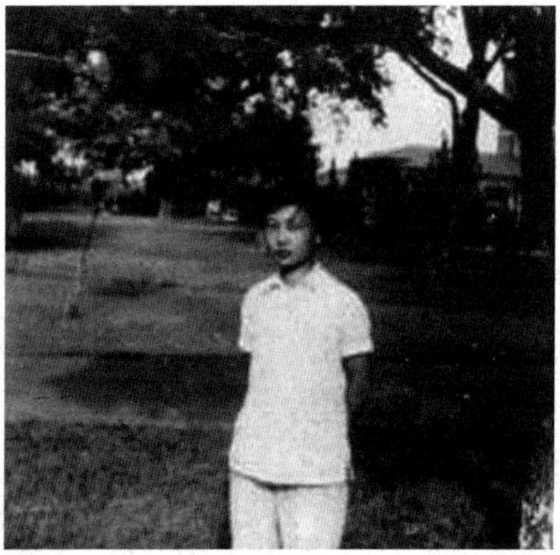

陈晶在江苏师院，1956 年

（一）1960 年 8 月 1 日来函

老师：

暮春曾会于苏城，今已仲夏，老师北上赴京开会，本来或许还能与老师在京中相会，因我处现下正在编写《大汶口古文化遗址发掘清理报告》，计划“十一”向文物出版社交稿，目前尚有很多问题需前往考古研究所解决，无奈最近身体又与我作难，今夏大不如去冬，此地医生疑我旧症，正在摄片检查，尽是噜嗦事。暂时我只上半天班，下午休息，所以馆内准备上京，我恐怕去不成

① 陈晶，原名陈晶晶，苏州人。柴德赓 1955 年到江苏师范学院后，历史系第一届的学生。

了，没有好的身体确是件苦恼事。

此番老师到京，对首都一切定有深感，民族饭店又是十大新建筑之一，历史博物馆我想老师是一定要去参观的，去岁我们在京时，共在历史博物馆参观了三个半天，正逢苏联吉谢洛夫同志亦在参观。看过我们祖国数千年的光辉灿烂历史，吉谢洛夫同志说过：这样的博物馆几乎是史无前例的。能有机会到北京，到历史博物馆参观，对我们学历史的人其意义更是无比重大。那里还有我们馆内发掘大汶口遗址文物，陈列于新石器时代末期，这遗址发掘报告正在编写。希望老师看后对有关该遗址文化性质及年代，反映社会经济等等方面，把您的看法与意见告诉我们，我想对我们报告的编写定将有帮助。

老师会期何时结束，以后希望来信告知，南返时如果您实在无时间来济南一游，那么我总希望想能与老师在车站一晤。

师母与柴姊姊不知何时动身北上，也希望她们来济南玩一玩，逛一逛大明湖、趵突泉。

母院又将是暑假了，今夏将有更多的同学走上工作岗位，参加祖国文教工作。潘明玉、朱文敏他们大概是在等待分配，分配确定后，我想潘明玉也许会给我信的。

济南前几天挺凉快，今天开始有点热，坐下写信汗水直淌。北京夏天该比苏州凉快。以后空时我再给老师写信。此致

敬礼

陈晶晶上　8.1日

（二）1962年6月12日来函

柴主任：

送走您以后，回办公室即找二日《文汇》，果然见载《名园旧忆》一文，先生成了刘慧孙先生笔下的大观园人物，有意思。是日夜来风声急，有些后悔，不该把您那件夹上衣留下。“杞人忧天”怕您衣服丢掉或者携带不便，后又着急

您着凉，好得今见您信，算放心。丢钥匙、留衣服，办了这二桩荒唐事。

您来一次，留给我不少的回忆。游大明湖，听“读书”报告，给我谈了学习业务问题，研究学问的方向。过去我读的书少、底子薄，自己常着急，这时我记住您的一句话“卅而立”，不能再让大好时光白白浪费，还要请您替我补上这一课，多多指导我这学生。

《宋史·韩世忠传》已找到，其他几本书也还可以找得。梁红玉材料不知《宋史》有无，我想空下来熟悉熟悉这断［段］材料，文章能不能做，不敢说。目前尚在忙着编《宁阳堡头遗址》材料，此报告已一拖再拖，编未成，将成话柄。因此下了决心无论如何要搞成它，任务是显得很紧。想八月份回家，不知到时有没有空。您有机会见南博曾昭燏院长时，请转告将来我要去请教一些问题。

这次您到省里，想必能确定调京工作事项，有消息望告知。

张厅长那边想必也联系过了，我想你们见面时可能会谈起我的工作问题，此事秦教务长[①]也来信与我谈了情况，恐怕一时不大好解决的，我也准备先留在这里，以后根据情况再考虑。

顺便说个有趣的事给您听。昨天下午我去纬三路宿舍，许市长[②]要我坐下谈谈，问起您对济南提些什么意见，这也算公事。公事毕谈私事，要替我找婆家，过去偶而说一二句这样的笑话，昨天谈认真了。许市长说，要家长做主，对方是他们看上的，谈的还是师院物理系某先生。当然，我还是我的主意，对这个问题准备弃权。不过从这里也确实使我更深一层体会到许市长与许娘娘对我的关切。据说为此问题，他们已做了不少的工作，本来这样的问题，可以作一笑了之，而他们这样认真负责地对待我，所以我准备与他们谈一下，谢谢他们对我的关心和爱护，以了结问题，您看这样妥不妥。

您走后，我给柴师母写了一信，告以您此次来济的一切情况，并告诉肥皂匣已丢，眼镜几乎失，不过我还要向师母负这项丢失的责任。

---

① 秦和鸣。
② 许衍梁。

有空望来信，希望您在宁能再给我写一封信。匆此

敬礼

陈晶上　6.12日

（三）1962年6月18日来函

柴主任：

今天读到您的文章[①]又读到您的来信，二所得也。可惜我读文章只懂其大概，文学、考据方面知识尤其浅薄得可怜，也要赖过去老师们没有教我，回过头来这一课一定要请您给补上了。

这里有两件事情想与您说：贵同乡、我的老前辈郑鹤声先生真是一位待人热情又真挚的老先生。上星期六他特地进城来看我，先找到省博物馆，又找来趵突泉，星期日又带了他女儿来我办公室，因我没有上班，未遇。又联想起您临走前一天晚上郑老先生还赶进城来，这种精神太感动人了。您来山东与郑先生见面真是学业上的朋友，“一见如故”。郑先生星期六来时，还带来一信，是早先几天寄去山东师院转您的信，我见信封下首是“山大历史系金寄”，因您已离开济南，信又退回山大历史系，此信现在郑先生处，准备给您转往江苏师院。郑先生一定还会给您去信的，不知您到南京后给郑先生写信了没有。我准备在下星期日无论如何一定要到山大去拜访这位老先生和他夫人，以后在学习上也还要请郑先生指教，我想今后您们也一定会作更多联系了。

整风中的一些问题，要整［甄］别，搞错了要道歉，这确乎使人感到党的伟大。您谈到刘院长[②]道歉一事，这个现实事例也确实教育着我们应该坚定不渝地相信我们的党、依靠党。回校后我估计可能在某些场合要公开道歉的，也必然要请您发发言，我想您一定也有了这样的思想准备，那时也许有些人心里会感

① 柴德赓：《关于〈杜臆〉的作者王嗣奭》，载于《光明日报》1962年6月17日。

② 刘烈人。

到不舒坦的，过去有些个人情绪放在整风运动中想扩张一下的事，这话也许是我说得放肆一些，好在我们师生间也是无所不谈的，了解的。像这些情况，我的意见：往者已矣，不重提这些事吧！因为我们应该相信这些问题组织上看得清楚，同时也还要考虑今后的团结，这些事情我也相信您能恰当处之的。

许市长与我谈的问题，早先我也考虑过了，暂时还不想涉及这个问题，应该多抓时间在学习上用些功夫，看到有些朋友在过着吱吱喳喳的小家庭生活，在学业上不可能进一步下功夫，也为之惋惜。如今还是一个人生活好，“醉翁失马”心情反而舒畅，您不是说我胖了吗？我想与心情有关系，由此看，精神能转化为物质的。

这今天身体如何了？肚里好些否？赶紧吃药，不能马虎。

敬礼

陈晶上　6.18 晚

（四）1963 年 2 月 20 日往函[1]

晶晶：

昨得来书，至为欣慰。我连日计算你早该回到济南，应有书来，固不负所盼。书中提及在苏见面虽不少，而欲言未尽，彼此有同感。四日晚本约一见，为友人所苦，强我饮酒，又谈话时间长，遂不果来，至以为怅。总期四月能北来，冀得如在济南时共聚数日，应可从容讨论耳。

郑先生[2]处返京后寄一函去，谅已见及。曾院长[3]精明强干，确是过人。

一心治学，要有一定环境，但发生兴趣，养成习惯，亦是逐步提高、自强不息所致。人生数十寒暑，倏忽便逝。此曹丕《典论·论文》（见《文选》）所以

① 此函扫描件由陈晶晶提供，原件为郑鹤声先生亲属保存。

② 郑鹤声。

③ 曾昭燏。

致叹。我辈今日抱负更大，目的更高，非为一人身名计，自当加倍努力。吾亦力自策励，颇以为未失青年气，气壮则前进也勇，功钜则致力也勤，即此便是入德之门矣。

上周郭院长〔郭沫若〕在北大论郑成功，其夫人同来，于会议室中见面，觉其精神极饱满，如此忙人，孜孜于学不倦，亦可钦也。

匆匆命意，深盼时时来书，此间堂寂，以得书为乐耳。

赓顿首　二月廿日

（五）1963 年 10 月 2 日来函

老师：

早该给您写信了。月底接到您的信，知道您身体情况在好转中，很高兴。希望您能够早一点完全恢复正常。

国庆节放三天假，一号的庆祝活动比去年盛大得多，说明今年经济已全面好转，大家都是兴高采烈。我没有参加游行，看了二场电影，到同学家去玩了。今天下午想去山大看看王丽英、周青，约她们明天来市里玩一天。前一次他〔她〕们来找我，是前一星期日。下午我送他〔她〕们回学校去。见到他〔她〕们的老师，说王丽英不像大学生，还完全和小学生似的，这说明她还是非常单纯、朴实。我倒也喜欢她这种性格，只是显得不成熟些。生活上的问题，对她来说，不会成难题的，我问她，她说："吃窝窝头有些不习惯，但是还吃得下去。"您处处关心我们这些晚辈，鼓励我们，对我们真好！交我替她买本外文字典给她。我一定去办。

不久前，我写过一封信给秦主任，谈了谈工作问题，我知道这问题困难是很多的，留在这里吧，恐怕也是不好解决，定不下来往后到底朝哪个方向发展。节前，山大刘先生（古代史教研组副组长，组长是韩连琪）和我谈，想调我去他们组工作，如果真有可能的话，那倒是好的，首先那边学习条件好，至于今后的工作，也可定下来了。不过，我估计这种可能不太大，还是请您和秦主任与苏州市联系看看，还望能得以解决。

接我小弟弟来信，他刚从农场劳动回校，他说：等柴伯伯去南京开会时，要去找您。

秦主任的身体，到底好不好，我也不时想到他是不是能恢复工作，工作起来，他是能干人，也是能上能下的人。

陈先生不在家，望您多注意休养。此致

敬礼

晶晶上　10.2 日

（六）1963 年 11 月 15 日来函

老师：

好久没有向您汇报汇报我的工作和生活情况了，情况还是与以前差不多，只是一件事使我更焦虑。眼见机关里的一些同志陆续调出去了，余下的一部分人员大多数也有安排了，只是我和另外一个从考古所下放来的南京籍同志，都未有着落。这位同志最近回家探亲，领导上很有意思，替他出个主意叫他打北京走，顺便到考古所去问问能不能争取帮助，联系南边工作。领导上的态度是这样。

我怎么办呢？前时山大历史系古代史组提过，想调我去当资料员，但是，看来可能性不大，我也不打那边的谱了。如果不是紧迫着面临机关撤销的局面，虽然，我是提出要求想调回苏州去工作，但是，觉得迟一点早一点解决都可以。如今情况不是这样，不得不使我心情上紧张不安。我很害怕组织上可能安排我去剧团工作，虽然，并没有正式谈过，而从处境情况分析，这不是没有可能。我的人事关系是属文化局管，文化局下面的下属单位除了博物馆、图书馆、书店以外，其他是剧团、影院，要在局内安排工作，无非是这些单位。另外，我从徐州调来时恰恰又是在戏校工作。据说剧团内还缺一些文化干部，我是学历史的，在组织认为也许差不多能做这项工作，在无法更妥善安排的情况下，也许会让我去充其量的。到时万一碰到这样的情况，怎么办？如果决定了要我去，我能坚决不干吗？当然不能，但是，真也没法干，与艺人相处是得有一定经验、一定政治水平的同志才能处的事，我在这方面是毫无办法的。

为了工作问题，最近我确是翻来覆去的考虑到许多问题。我决定争取回苏州工作，并不全然是由于苏州的生活条件好，想回去改善生活。只是我越来越感到只身在外，也有许多不便之处，已经身经了不愉快的事，虽然我已打定主意不再噜嗦，但是，有时也有莫名其妙的是非，我又多一层刺激，在这方面我感到还是争取和父母在一起生活好，同时，爸爸妈妈年纪老了，又多病，尽可能地要照应些。我回家工作后，将来弟弟们在外工作，也可无后顾之虑，这也是实际问题。从工作上说，学校分配我来此后，四年来一直做文物博物馆工作，工作中成绩不大，但是我对这项业务工作有感情，如果调回家乡做这种工作，我觉得一定感情更深厚，对做好工作我很有信心。而且在苏州，近水楼台，有老师们在那里，我还可以有更多学习请教的机会，对我提高和做好更会有帮助。考虑再三，我决定请求于老师，是否可以设法帮我解决这一问题。

另外，我也考虑到文物工作单位，人员编制有限，如果实在不好安排，那末是否可以在教育部门考虑。以往我想身体不好，怕不能胜利［任］其工作，而目前身体条件好多了，这工作也是可以做的，只是离开学校多年了，再回过来做这工作怕跟不上去。但是，如果安排我做，我也准备克服困难，多下功夫做，如果分配去剧团，那真是束手无策。

我给秦主任写信时也提了。是不是帮助我再想法与苏州市有关部门反映一下我的请求。老师前时身体不好，我这样打扰您，确知不该，但为了往后更好地做好工作，我就犯这一次“个人主义”的毛病了。

听王丽英说，师母身体好多了，再过些时候能恢复工作，很想念您们了，准备寒假时回去探望你们。心慌意乱，考虑得不当的地方，请老师帮助。

此致

敬礼

晶晶敬上　11.15日晚

问师母好！

（七）1964年4月16日来函

柴先生：

这封信与您写给我的一样，也是要告诉您关于我调动工作的事。常州已来调令要我去，可偏巧在节骨眼上，《大汶口报告》初稿寄科学院审查后，这几天才正式寄来意见。准备马上修改。得调令后，领导研究还是先让我去报到，同时带局里公函去请公假，要求支援。许市长嘱我一定要争取准假回来把工作做完。我亦何尝不愿善始善终，但做结束恐怕不成，我想在一两个月内争取把部分工作完成，另一部分交代清楚。

现在决定20日以后去常，如果一切顺利，我就回苏州去一两天，争取在苏州见到您。回济南过南京，还有一些任务，想在南博待三两天，月底前返济，最好凑巧，我们同车北上，不知有无可能。

自从接调令以来，不知为什么原因，情绪不高，与当时来济时，真是此一时彼一时的不同滋味。又要到一个陌生的地方去，谁知怎么开展工作。原想到常州后，离老师近一些，这可更远了，一个个矛盾，现在的矛盾不知怎样解决。

您走后，师母又将一人留在苏州，好在我这次见她身体比过去好得多了。您也将重过一年前的生活，千万要保重，余言见面详谈。此致

敬礼

学生陈晶上　4.16日

来不及给秦主任写信，请您转告他一下。

陈乐素[1]

陈乐素赠全家合影，背面有陈乐素签名，1956 年 2 月 11 日

(一) 1946 年 4 月 16 日来函

青峰仁兄撰席：

十二日曾奉上一笺，想已得达，即接九日寄下两大作[2]，不胜感佩之至。晓峰[3]、季龙[4]两兄处，即当分别送去，请勿以为念。

此行事如何？盼能早日决定。旅费有问题否？乞即示为盼。静农[5]兄在白沙否？乞代致意。肃此布陈并致谢忱。敬请

① 陈乐素（1902—1990），广东新会人。著名历史学家、教育家，陈垣先生长子。

② 柴德赓：《〈四库提要〉之正统观念》，载于白沙国立女子师范学院《学术集刊》1945 年 8 月。

③ 张其昀，字晓峰。

④ 谭其骧，字季龙。

⑤ 台静农，字伯简。

著安

乐素敬上　卅五年四月十六日

（二）1947年6月19日来函[①]

青峰兄撰席：

四月益弟[②]南来，承惠近照，至为感谢！曩者同处西南，未获晤教。竟尔迁延至今，依旧南北，惆怅何如？

此间研究所导生倪士毅君本届毕业论文为《赵宋宗室中之士大夫》，恳请评阅。敬乞惠允，不胜厚幸。

暑假中尊驾想留平，不作他行否？乐颇愿北上，未知果能如愿否也？余未一一。肃此敬请

著安

乐素敬上　卅六年六月十九日

（三）1947年9月9日来函

青峰兄撰席：

久疏奉候，想起居安胜，著述益弘，为颂为慰。

杭州暑中苦热，工作效率特低。南行逾两旬，回来后又须作开学准备，致无所成，为愧。但仍冀月中能写就五六千言耳。《中国佛教史籍概论》上下二册，久假不归，欠甚欠甚。兹由邮挂号寄上，乞查收为荷，肃此，敬请

撰安

乐素谨上　卅六年九月九日

① 已载于柴念东编：《青峰草堂往来书札》，商务印书馆2015年版。

② 陈仲益。

（四）1948年2月2日来函

青峰兄撰席：

廿四日大示敬悉。尊著三篇[①]亦已于昨日奉到拜读，至佩至谢。顷已如令，分送石君[②]、晓峰、瞿禅[③]、季龙、仲珪[④]、礼山诸公，请释念。惟越园[⑤]先生处，文虽转去，尚未获晤耳。

浙大考试将毕，假期中欲写短文，未知果能有所就否也。拙文《主客户对称与北宋户部的户口统计》日内奉与，敬乞指正为幸。嘱为《学志》撰稿，虽距六月付印之期尚百余日，不敢必能赶及交卷也。肃此，敬请
撰安

乐素谨复　卅七年二月二日

（五）1948年4月2日来函

青峰兄撰席：

即接三十日大示敬悉种切，乐卅归杭，翌日专访瞿禅、仲珪两兄，请书尊册[⑥]，当夜虽已勉应命，附名末秉。昨晨由邮快挂寄平，乞家严转交，想旬日可达也。

越园先生之请，闻命既迟，只好待诸墨墨为干，余未一一。肃此，敬请
撰安

乐素敬复　卅七年四月二日

① 柴德赓《全谢山与胡稚威》、《跋〈邵念鲁年谱〉》、《记贵阳本〈书目答问〉兼论〈答问补正〉》。三篇，载于《辅仁学志》1947年12月。

② 郑奠，字石君。

③ 夏承焘，字瞿禅。

④ 萧璋，字仲珪。

⑤ 余绍宋，字越园。

⑥ 柴德赓为征集师友墨宝，特将素册寄奉杭州友人。

（六）1948年春为《墨缘》册页题词《宋史·李焘传》[①]

张南轩尝曰：李仁父如霜松雪柏，无嗜好，无姬侍，不殖产，平生生死文字间。

青峰兄属书。卅七年春。陈乐素。

（七）1953年1月18日来函

柴德赓、陈璧子、洪美英、陈乐素

［前阙］没有历史的。

还有，我们系里对“历史教学法”这门课很感困难，同学不满意，希望您们给我们帮助，介绍经验。如果有教学大纲，有讲义，或其他参考材料，请寄给我们！

学龄前教育有关的书，如“学龄前儿童的饮食”、“幼儿园的音乐教学”、

① 已载于柴念东编：《青峰草堂师友墨缘》，商务印书馆2013年版。

“幼儿园游戏”、“创造性的游戏”等，可否捡寄。别的还有什么，盖请一查！书费即汇。又校刊亦请捡寄三两本！此致

敬礼！

乐素敬上　五三年一月十八晚

陈乃乾[①]

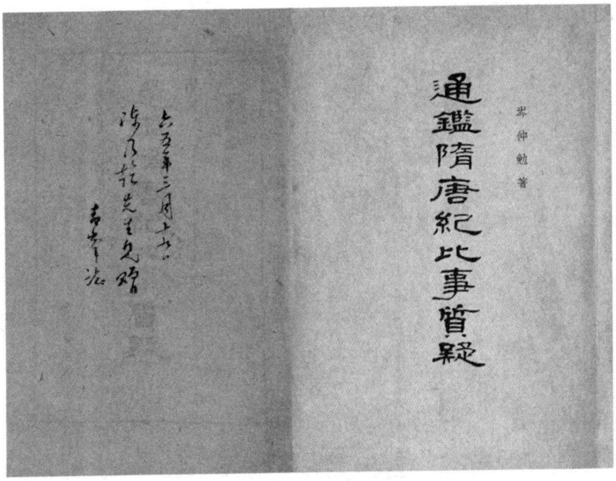

陈乃乾赠予柴德赓书籍，1965 年

（一）1963 年 6 月 25 日往函[②]

乃乾先生赐鉴：

日前奉到手示，闻有人发心整理《姜氏年表》，此大好事，闻之兴奋。体例如何，以前未加措意，惟《姜表》有极不妥者两事必当改弦而更张之。如知其人卒年而不知生年者，虽排在死年格中，其年份与前后人生年相上下，是一生一死混杂莫辨矣。窃谓既是卒年，便当与卒

① 陈乃乾（1896—1971），名乾，浙江海宁人，文献学家、出版家。

② 信函信息来自雅昌艺术网，内容经细观为真。

年相若者排在一起，新编或竟分为之编。甲编是正编，有生卒年月者入之，乙编列有生年无卒者，丙编列有卒年无生年者。乙、丙两编实际是附录，人数不多，混在一起，不如分列眉目清楚也。又《姜表》备注生卒年时，与正文矛盾，又不一一注明。如顾亭林生万历四十一年，本无问题，《姜表》备注中云，或作生四十年。究竟或说是邪非邪，并无说明，亦易引起混乱。窃谓既已引用，当具体说明来源，更当分别情况，指出或是或非，或作参考。至于中西历对照，凡涉十一月后半月以后者，西历多在下一年，若迳改为下一年，与年号又不相应，窃谓当于备注中注明某月某日生，便可解决。《姜表》错误至多，一一核对，费力颇巨，希望大力支持，幸观厥成。恭三[①]兄已晤及，《宋史全文》序言答应动笔，但望先见《全文》原本，以便立论，不知能赐一观否？昨日进城，参加小丛书[②]编委会，闻有修清史之议，兹事体大，然亦今日不可不措意者也。草草奉答，统请裁正。进城时当趋前候起居，畅聆教言。溽暑已届，惟珍卫为荷。此颂

台安

后学柴德赓拜上　六月廿五日

（二）1964年2月24日来函

青峰吾兄侍右：

接奉手教，敬悉《校雠通义》稿系图书馆学编委会之稿，闻该会自己人对此稿即不甚满意。我局收到后，照例须请专家审查，恐未必能出版。

兄阅后不妨畅所欲言，因局方对审稿者姓名一律保密，可以不必顾虑。

① 邓广铭，字恭三。

② 指《中国历史小丛书》。

前闻有约请先生来京校《五代史》之说，不知能成事实否？今年工作要配合政治，对于古籍出版量必须减少。《宋史全文》已不列入今年规划中矣。弟颇想编一本比《书目答问》更适用之目录书，在列举书名及版名中含有指导性，并附有极简单之提要，但不易着手。兄将何以教我乎？匆复，敬颂

春祺！

弟陈乃乾上　二月十四日

陈绍闻[①]

陈绍闻一家，1958 年

（一）1963 年 10 月 27 日来函（家书）

赓兄、璧姊同鉴：

日前寄上两函，当早达览。寄来录之诗稿[②]第二本已看过一遍。应该说绝大部分没有问题，其中有不少很好。有一部分是值得考虑的，如以抗战期间记事诗分量很大，而多数为记家人生活琐事，注亦太多，太喽嗦。似宜删去大部

① 陈绍闻（1912—1991），湖南湘潭人。陈璧子之弟，1942 年获中央大学法学院硕士学位，时任复旦大学经济系教授。

② 陈伯君：《双蕉草庐诗词稿》。

分，注亦可消减。

其 1. 如四十二、四十五、四十七、四十九、五十、五十一、五十二、五十六、六十、六十一、六十八、六十九诸首揭露“中原战事”若干情况则较好，均可保留，其余记家人、生活琐事者可酌留。

2. 解放后初到北京时若干诗，情绪似不健康，如“当年结愿真（非）痴绝，那得高车驷马（今日昂头阔步）来”；如“咽来粗粝（薄书终日）尚能堪，未学长沮（受禄无助）转欲惭。终日趋跄怜旧府（几卷诗词消永夜）”；如“北来遂（岂）改初时服”；如“眼中为海经王变，何处诛（从未结）茅著一庵”，“欲梦瀛洲一往采”；如“无端浪迹正难堪”，“廿载度［读］书仍作吏，半生行脚未逢庵”；如“何事仍为吏，由来生计疏”等句易滋误会，总非所宜；或稍更易，或竟删去（有妄易者附于侧），应加斟酌。

3. 解放后与澄宇[①]唱和诗宜删去，不仅因其帽子未去，易招物议；诗中亦有不健康情绪流露，字里行间非无可议者。弟所见如此，不知兄姊以为何如？盼详酌函询哥哥意见。至于刊印，请不推迟，争取在其生日前完成为最好；至如何印，弟无意见，请兄姊主张可也。璧姊来时，请代购棉绸若干为亢、迈[②]兄弟作衣服（每人一衣二袄计），为感。敬请

近安！祝小冬[③]好！

弟叔异手上　十、廿七

上次寄回第一本时曾附一纸，见否？稿月内寄还。

---

① 徐澄宇。

② 陈绍闻之子，陈亢平、陈迈平。

③ 柴念东。

陈　垣[1]

陈垣校长赠予柴德赓照片

（一）1933年12月25日往函

夫子大人尊前：

敬稟者：自违函丈，瞬告半载。每念同门诸君，得亲侍座右，立雪承教，执经问疑，而受业独以环境所趋，僻处江上，对秋风以陨涕，捧残籍而生感，

① 陈垣（1880—1971），字援庵，广东新会人。著名历史学家、宗教学家、教育家。柴德赓业师，此来往信件选自《陈垣来往书信集》（增订本）（简作《增订本》），略作调整。1980年代，《陈垣来往书信集》编辑之时，陈璧子将柴德赓保存的所有陈垣校长来函交与陈氏后人，得以充实完善其《增订本》。柴德赓的往函从日记及家书中可知，数量很多，后期应由刘乃和保管，刘乃和去世后遗稿、遗著尚未清理，甚为遗憾。

虽中怀之隐郁而难宣，然函丈之思久而弥切矣！数月以来，日惟从事于课本之改削，卒卒无暇，为人多则为己寡，深负夫子之所教。每思握管修稟，辄念吾师之恩，没齿难报，吾师之前，不宜率渎，感极而泣，至不能卒书。以此蹉跎，忽焉岁暮，翘首都门，中心如焚。敬维夫子拯学术于已敝，树史林之新基，德躬常绥，宏著日富，此受业数千里外，无时不在祷祝之中也。受业于故都消息，隔膜殊甚。牟[1]、张[2]诸兄亦鲜音问。在此课余灯前，得书亦复不易。安徽省立图书馆仅有普通书籍，稍求专门，罄城难得，故惟多读基本史籍而已。此间教育腐败，教者学者，茫不知所为何事；学风之坏，不特方望溪、戴东原辈为之痛心，即朱笥河、章实斋等亦当为之叹息。受业势不能郁郁久居于此，今年家庭叠遭事变，受业往返浙皖，破费周旋，待家事稍告安定，使老亲可安，便当只身北上，还依师门。昔年受政治影响，颇思投波逐浪，自受夫子之教，顿易昔日之趣。迩来愈觉除为学外，不足以言意义，故虽处艰蹇，不堕斯志，或亦足以慰夫子垂念之万一耳。著述之暇，望时赐训言，受业不胜感激瞻企之至。肃此敬稟，敬请

大安！

受业柴德赓叩上　十二月廿五号

赐谕请寄：安庆市第一中学或安庆近圣街卅七号。

（二）约1936年10月18日来函[3]

附录一篇，已托皖[4]兄转呈，考证文最患不明白，令人易于误会，又患有可省不省之字句。关于此二点，希两兄为我尽力挑剔，俾得改定，至以为感。专恳，并颂

① 牟润孙，原名传楷。

② 张鸿翔，字艺汀。

③ 《增订本》原注：手迹图版载于《文献》1980年第2期，柴德赓《我的老师——陈垣先生》文中，下两函同。

④ 《增订本》原注：储皖峰。

皖峰、青峰两兄著安！

陈垣谨上 十月十八日

（三）来函

文中砂石甚多，殊不满意，请细为雠勘、讥弹，以便洗刷磨砻。至盼至盼。

（四）来函

承示各节，应时改定，尚有疑义，仍请不吝指摘，俾加邃密，至以为感。

（五）约 1938 年来函

修士文史补习班[①]课程，拟分文史二部，每周授课约二十小时，年限二年至三年。除讲授外，分习作、诵读、涉猎、参考各门。请拨冗列成一表，日内交还，以便印寄各教区，俾知所学为何，酌派学生来学也。

卅日

（六）1941 年往诗

奉题司铎书院海棠[②]

满院轻阴护睡魂，旧将枝叶倚王孙。

非关草木知时节，一样春风托主恩。

浅红淡白雨初收，艳艳还宜日日[③]游。

① 《增订本》原注：开办后正式名称为“司铎书院”。

② 时启功亦有《司铎书院海棠二首》，见《启功全集》第 6 卷，按《启功年谱》日期为 1942 年 4 月 15 日；按《青峰诗集 · 偶存草》顺序，此诗为 1941 年春季作。

③ 《青峰诗集 · 偶存草》作“秉独”。

十丈红尘飞不到，名花只合伴清修。

夫子大人诲正。受业柴德赓呈稿。

（七）1945年10月5日往函[①]

夫子大人函丈：

八月十四日奉上快信，未审达否？近闻千里[②]先生飞来重庆，白沙旧友欣慰无似。受业遂以本月二日下渝，当晚即晤千里先生，藉慰平津实情、师友近况。遥想此时，兼士[③]丈已返北平，南中百事尽在洞鉴之中。数年阻滞，一旦畅通，此乐不易得也。国事如麻，忧患正多，贪污之风不除，陷溺之心难救。受业目睹斯难，益增惶悚，惟望得一清静环境，从事学业，于愿足矣。兹寄奉《图书季刊》五卷一期一本，此书或已见到。余书恐千里先生乘飞机携带不便，俟后再寄。邮路稍通，《史讳举例》等书请赐数种，《胡注表微》尤思先睹为快也。肃此，

敬叩大安！

受业柴德赓敬禀　十月五日

尹石公先生去渝时相见，并闻。

（八）1947年春书赠《通鉴胡注表微》手卷[④]尾跋

丁亥春，青峰教授以旧笺索书；推延至端午，乃分两日书之。手拙，目昏，殊不称意，奈何。

新会陈垣。

---

① 时柴德赓于四川白沙。

② 英千里。

③ 沈兼士。

④ 陈垣校长书《胡注表微》二篇，已载于柴念东编：《青峰草堂师友墨缘》，商务印书馆2013年版，共700余字，此处仅录尾跋。

（九）1947 年，录自作诗，奉呈陈垣校长[①]

（一）

癸未三月二十一日，游崇效寺，观《红杏青松图》

萧寺风流迹已陈，我来犹及见遗珍。
牡丹系马诚衰世，长卷题诗又几人。
千地烽烟僧渐老，一灯香火佛难亲。
细思三百年间事，转眼沧桑到甲申。

（二）

坐视[②]

坐视人间骨肉枯，沉吟岁月总模糊。
春风永夜悲还乐，丽日繁花有若无。
贫笑鹤容增菜色，乱忧生理入泥途。
狂歌未识谁家子，携犬东门与不孤。

（三）

丁亥三月十五日，喜方重禹[③]自徐州至

西蜀周旋久，南天逼仄频。
归田虞猛虎，怀旧忆芳邻。
惨淡黄图战，萧条故国春。
相逢此时节，无语更伤神。

---

① 已载于柴念东编：《青峰草堂师友墨缘》，商务印书馆 2013 年版。

② 《青峰诗集·偶存草》题为“书怀”。

③ 方管，字重禹，笔名舒芜。

海内息春耕，驱除事力征。
非关艰得食，直欲可怜生。
几见人盈野，仍闻血作城。
从今风雨夜，入耳尽悲声。

闻从淮上来，极目见蒿莱。
水决鱼龙喜，城屠兆姓哀。
忍饥臣朔事，鼓腹相公才。
梁益东归后，师怀为尔开。

四郊多垒日，飞絮满长天。
紫塞春无迹，江乡梦似烟。
剧谈吾可续，豪饮子宜先。
珍重平生意，绸缪万里缘。

夫子大人诲正。受业柴德赓呈稿。

（一〇）1948年2月3日来函

十五卷《学志》刚出版，报上即有黄文相新闻一段。《学志》作者略历，诚如尊旨，有搜集发表之必要矣。

此上柴丈人！二月三日。名知。

（一一）1948年3月5日为《墨缘》册页题[1]

利西泰著《友论》言：“视其人之友如林，则知其德之盛；视其人之友落落如晨星，则知其德之薄。”吾尝诵其言，而深羡青峰

① 已载于柴念东编：《青峰草堂师友墨缘》，商务印书馆2013年版。

交游之盛也。

戊子惊蛰。新会陈垣。

（一二）1948年5月21日录陆游《晚步江上》诗[①]赠

万里桥边带夕阳，隔江渔市似清湘。
山林独往吾何恨，车马交流渠自忙。
高柳阴中扶拄杖，平沙稳处据胡床。
故人京国无消息，安得相携共此凉。

戊子年五月廿一夕，写于青峰草堂。陈垣。

［附：柴德赓诗[②]］

戊子五月廿一日，援师、元白[③]、燕孙[④]、乃和[⑤]并来草堂，挥毫作书。客散，月明，书此述怀。

右军笔阵势森严，艺苑儒林未易兼。
自历风霜情味淡，长歌英气入毫尖。

（一三）1951年2月11日往函[⑥]

援师钧鉴：

八日别后，晚八时到军管会集合，九时半赴车站，同行十八人，分三小组，

① 1948年5月21日，陈垣校长与启功、周祖谟（燕孙）、刘乃和等到柴德赓寓所“青峰草堂”挥毫作书，将校长录诗及柴德赓诗记于此。已载于柴念东编：《青峰草堂往来书札》，商务印书馆2015年版。

② 载《百年青峰》，苏州大学出版社2007年版。

③ 启功，字元白。

④ 周祖谟，字燕孙（燕荪）。

⑤ 刘乃和。

⑥ 以下三函，为柴德赓参加中南土改参观团期间致陈垣校长书。

车位为软席卧铺，甚舒服。昨日（十日）下午一时前到汉口，此间中南局统战部、军政委员会、市人民政府均有代表在站照料，即乘交通车至招待所。下午渡江与同人一登黄鹤楼，实则今名曰“奥略楼”，张之洞所书，遍寻“黄鹤楼”三字，不身莅其境真无从了解也。昨晚土改委员会设宴招待，共三桌，中南教育部正副部长潘梓年、陈剑修、李步青，中共中南局宣传部长赵毅敏，武汉市长吴德峰等均在座。大约决定明日上下午听报告，晚赴长沙，湖南境内，当住两星期以上，然后至江西一看，又回武汉，看武昌土改，再至郑州附近一看，行程不能固定，恐临时变动太多也。余容续禀，即叩

钧安！

诸同人均此不另。

受业柴德赓敬上　二月十一日

（一四）1951年2月17日往函

援师钧鉴：

汉口奉上一禀，想已到达。受业昨晨（十六）七时离长沙，十时四十七分到衡山县，明晨下乡。此来到汉口，由中南土改委员会介绍中南全区六省土改情况。到长沙，由湖南省土改委员会介绍全省土改情况。到衡山，由衡山县正副县长暨县委等介绍整个衡山情况，然后深入农村，重点参观。经此十日学习工作，对土改工作有初步了解，尤其湖南土改，斗争剧烈，一路闻所未闻之事，不绝于耳。与京郊土改，迥不相同，现正处土改高潮，一路行来，均甚忙碌，下乡以后，恐写信都无功夫了。南岳在县境，天寒不能去，此行为土改，本不为南岳也。阅《大公报》知十二日燕大接办，吾师亦去讲话。昨又见参观团总名单由新华社发表，《光明日报》由京寄湘一书请做通讯文章，一刻不得闲，须到长沙后（约十余日）再谈。匆此，敬叩

钧安！

受业柴德赓敬上　二月十七下午四时

诸同仁均此致意不另。汉口动身前曾晤遵俭[①]兄，又及。

（一五）1951年3月3日往函

援师尊鉴：

别来二十余日矣，曾发两信，想达钧览，敬维兴居安乐为颂。受业自上月十八日赴衡山县，参观松坳乡反霸斗争及石山乡划阶级工作，三月一日全团回长沙。受业抽空一至衡阳，当夜乘车，昨日上午九时半回长沙。在此日程已排至八号，每日乘汽车出发至长沙县属参观没收、征收、分配、生产及农民翻身大庆祝会等。原定十日回北京，恐又有一两天耽误。在衡山县中屡次提及符定一，不退押租，写信说农民与土匪无异，符在乡间不但地主，且有劣迹，农民要求他回乡，干部还须说服，添出许多麻烦，此亦新闻之一。连续阴雨十余日，今日放晴，预计在此工作，更可顺利，所挂心者校事及系务耳。昨日报载陈迹撰关于于斌一文，系转载《人民日报》者，各地天主教徒纷纷表示意见，不知北京如何？入乡后读报较难，中间脱落甚多，不能详也。匆此，敬叩
钧安！

受业柴德赓谨叩　三月三日

在此与华东、西北两团消息不通，不知重一[②]兄等何时回京？

（一六）1953年10月10日往函[③]

援师钧鉴：

三日赴津，承亲至车站送行，中心感奋，不能自已。到津以后，忙于编队、学习。六日晚动身来沈。连日听贺龙总团长报告，陈沂秘书长报告，今晨又有

---

① 张遵俭。

② 张重一。

③ 此为柴德赓参加第三次“中国人民赴朝慰问志愿军”代表团期间所书。

志愿军政治部主任来沈欢迎。现传总团规定，华北、东北两总分团先入朝，总部及第一总分团（北京各中央单位的代表）行期略迟。各地区代表团尚未到沈，总部势不能先走。此次慰问团人数已过五千，队伍壮大，文工团居半数以上。华北总分团今晚动身（有六百七十人左右），预计坐火车四十小时，明日此时，已过鸭绿江也。入朝后，行路、吃饭、住处，困难尚多，全团同志坚决表示克服困难，完成任务。此间天气早晚已寒，入朝后当更甚于此。平生第一次出国境，殊觉兴奋，整装待发，谨致数行。

祇请

钧安！

受业柴德赓敬上　十月十日下午三时

何、傅[①]二校长及各位同仁均此致意。

（一七）1955年11月16日来函

青峰仁弟：

到已两月，只来过一信，迟迟未复，得无怪乎？青衿之诗曰：“青青子衿，悠悠我心。纵我不往，子宁不嗣音。”正可为弟咏也。与元白函曾见及。民主德国蒙古史专家拉奇奈夫斯基，亦曾晤面，能读《元典章校补》及《释例》，盖左史倚相之论也。弟所与游者[②]，想即此公。

璧子[③]不断见，就中能得一些近状，至以为慰。石公[④]十一月九日来书，并与柳公[⑤]同拍一照见贻。柳七十七，尹六十八，皆安吉，信封是上海天平路四十号，上海市文物管理委员会。

① 何锡麟、傅仲孙。

② 民主德国历史学家到苏州，与柴德赓等有合照见图。

③ 《增订本》原注：陈璧子。

④ 尹文，又名炎武，号石公。

⑤ 柳诒徵，字希兆。

民主德国历史学家于苏州访问，1955 年

刘玉素尊人仙洲[1]先生，年六十五，最近光荣加入共产党，闻之羡慕不置，特以奉告，余未一一。即祝

健康！

陈垣　十一月十六日

（一八）1955 年 12 月 20 日来函

青峰仁弟：

十一月十四日、廿三日来信均收到。与乃和书也看见，璧子常来，藉知近状，至为欣慰。我是懒写信的，但时时想起仁弟，有事要请教时，更不方便。兹有附件[2]一函抄寄，急欲得知仁弟意见，替我推荐几部，君子成人之美，不妨放宽尺度。限期迫促，苏州无航空信为憾。余未一一。即祝健康快乐！

陈垣　十二月廿日

---

① 刘仙洲。

② 《增订本》原注：附件为历史研究所学术委员会对授予科学奖金之历史著作推荐表。

（一九）1956 年 3 月[1]来函

半夜提灯入书库是不得已的事情，又是快乐的事情，诚如来示所云，又是危险的事情，但是两相比较，遵守来示则会睡不着，不遵守来示则有危险，与其睡不着，无宁危险。因睡不着是很难受的，危险是不一定的，谨慎些、当心些就不至出危险。因此每提灯到院子时，就想来示所诫，格外小心。如此，虽不遵守来示，实未尝不遵守来示。请放心，请见谅为幸。仅此复谢青峰仁兄。

陈垣

（二〇）1956 年 6 月 1 日来函

青峰仁兄史席：

常州、南京信先后收到。常州信提及郑部长，竟想不起是何人，能告我否？记忆力真差也。南京信初看如梦中，再三看，知是真的。此公为攻胡宿将，年不过六十，尚可用也。

史学会送来《中日战争》资料叙例，谨附上一阅。《辛亥革命》资料也有叙否？请参酌。

璧子夫人佳否？近北屋悬有程易畴中堂，写《书谱》一段，中有“璧子”二字相连[2]，日夕晤对巧极。专此，即颂

俪安！

陈垣　六、一

---

① 《增订本》原注：1956 年 3 月 3 日收柴函，云：“连日甚寒，请夜间勿去书斋胡同。”此函似即复函。

② 《书谱》原文：后义之往都，临行题壁。子敬密试除之……

（二一）1957年6月7日来函

青峰老弟：

五月廿七函奉悉。令文[1]说我病，是有的，曾患肠炎七日，瘦了七磅，这是从心所欲的。

某公给你信，说返京之后，要来看我，欢迎欢迎，你见五日《人民日报》否？

我现在忽想起一事，弟在外甚活动，我盼望你在苏州搞好史学系，培养一大班能教课又能研究的学生，使国内找历史教师的，都向江苏师院找，则大善矣！吾弟果有意乎？专复，并祝

俪安！

陈垣　六月七日

（二二）1957年12月3日来函

青峰老弟：

十一月廿日及廿九日札均收到。前见吾五月间文，以为无新闻，感到不足。近见吾斥向公[2]文，以为说得真好，拍手赞成。非吾态度有改变，实君之看法有改变，足见半年来进步为可贺也，为可慰也。

苑北[3]前者南游，系受叶公[4]之委托，真可谓行大人之子矣。

贱辰[5]承记住，并享以盛馔，诸子殷勤，情不可却，欣然受之，谨谢贤夫妇在远不遗之厚谊也。乃和实忙，有时复信稍迟，乞谅。专复，即颂

---

① 柴令文，柴德赓之女，乳名小妹。

② 向达，字觉明。

③ 启功，字元白（元伯），号苑北居士。

④ 叶恭绰，字裕甫，又字誉虎，号遐庵。

⑤ 编注：指陈垣校长寿辰，11月12日。

俪安！

垣　十二月三日

（二三）1958年3月31日来函

青峰仁弟侍史：

《通鉴胡注表微》已重印，略读一过，觉资产阶级气味甚深，时时流露士大夫的臭架子，与无产阶级相距很远，奈何？今寄呈一册，足下能为我仿陆稼书对《战国策》例，著一卷《通鉴胡注表微去毒》否？至所愿也。我想自我批评，因学识、精力来不及，只得借助他山。专此，即祝

俪安！

陈垣　三月卅一日

（二四）1958年10月28日来函[①]

你十一月中旬到京开会，当可畅谈，藉申积愫，可惜一元诸旧，均与我等分途，会晤时，未必能如前此欢畅耳。

（二五）1959年3月26日来函[②]

迭奉手书，迄未暇复。钧［君］衡[③]来，藉悉贤夫妇近况安吉，至以为慰。承示照片，得朝夕晤对，尤感厚意。璧子是去年八月廿七日离开我家的，今日足足七个月。眼前事物，样样大跃进，思想时赶不及，倒有一点懊恼。曹子桓云：少壮真当努力，年一过往，何可攀援。这真是有经验之言。贤夫妇均属壮

① 《增订本》原注：此函"信稿摘录"。

② 《增订本》原注：此函"信稿"。

③ 柴君衡，柴德赓三子。

年，至可欣羡，韶光不可轻放过，幸努力。不宣。即颂
青峰仁弟俪安！

适北京图书馆送来《戊戌纪念展览目录》一册，第十四页有康有为殿试策小掌故一段，足供谈助，特以縢函另邮呈寄。

陈垣　三月廿六日

小妹来长信，祝贺我入党，真是可人。

（二六）1959 年 10 月[①] 来函

青峰老弟：

一日书奉悉，想今日已抵杭州，特复一书为纪念。

余丈文集[②]目录一纸，已见。余丈生平著作等身，何只此寥寥数首，似应广搜博采，以免遗憾。《网师园记》[③]钱[④]集不收，自有道理。《苏州吕孝子图》，钱、王、石琢堂[⑤]皆有题记。王氏手迹，久为余所得，最近钱卷亦归励耘，见八一《人民画报》，而钱、王二集均不收此记，独《独学庐稿》收之，故道光《苏州志》得采以入九四卷《孝义传》。今日风气，与往日不同，文集应放宽尺度，不得以《网师园》与《吕孝子传》二《记》为例，未知高明以为然否？

承命为余丈集作序，不敢不敢。惟敝藏余丈跋文数篇，如《跋施愚山试鸿博时家书》、《跋高邮王氏手稿》等，每篇约五六百字。如果需要编入文集，届时示知，当录呈。

《续通鉴长编》，库本靠不住，不必费心。[⑥]

《历代通俗演义》，敝藏没有，想是误记。

---

① 《增订本》记此函时间为 1962 年 10 月，按据柴德赓日记内容考，时间应为 1959 年 10 月。

② 《余嘉锡论学杂著》。

③ 柴德赓在网师园看见钱大昕《网师园记》石刻，向陈垣校长请益。

④ 钱大昕。

⑤ 王鸣盛、石韫玉。

⑥ 时柴德赓应中华书局邀，为校李焘《续资治通鉴长编》，在杭州文澜阁查阅各版本。

余未一一，即祝

旅安！

陈垣　立秋夕

《网师园记》拓本能属人抄示一份否？

本欲寄杭州，恐收不到，仍寄苏州。

（二七）1959年11月21日来函

贱辰并无举动，安静度过，真是轻松愉快，元伯前日来，情绪尚好，已于前星期一宣布免冠了[①]，可以告慰。

（二八）1961年6月2日来函

青峰老弟：

五月廿二日手书奉悉。《嘉兴藏》从开始刻至结束，历时一百多年，随刻随印随发行，很不容易得全藏。据我所知，从前浙江大学及上海图书馆都有全份，闻洞庭包山亦有全藏，今若将包山所藏的移至苏州，公开阅览，至为盛事。全藏应有二千二百六十册，但《续藏》、《又续藏》就占有八百十册，未知包山所藏共有若干册，能查示即知其是否齐全矣。专复。

即颂

俪安！

陈垣　六月二日

① 指启功"右派"摘帽之事。

（二九）1961年9月15日来函

青峰老弟：

七日手书在香山得读①，为之击节，盼早日登出。等至今日晋城，适见报，谨此祝贺，仍望源源而来，切盼切盼。此颂

俪安！

陈垣　九月十五日

报载《刘三姐》巡历全国演出已毕，忆去年与璧子同看《三姐》，未能终席，至今耿耿不安，未知璧子怀憾否？更未知何时能补此憾也！

（三〇）1962年1月26日来函

青峰老弟：

既得十七日书，又读廿五日《文汇报》②，这是陆秀夫后第一炮，谨祝胜利。让之③属为豫公④遗著序，义不容辞，但恐未能窥见高深，有负期望，兄能为我捉刀不？前接璧子信，知手已能作书，慰甚。专此，即颂

俪安！

陈垣　一月廿六晚

（三一）1962年2月25日来函

青峰老弟：

叙文⑤收到，大佳。连日因他事太忙，未能细勘，恐念，谨先奉复。

---

① 钱仲联于1961年9月1日在《光明日报》发表文章《〈会稽陆氏族谱〉读后记》，称陆秀夫为陆游曾孙，柴德赓为此作考证，此说不实，撰文于9月15日在《光明日报》上争鸣。

② 指柴德赓撰《蔡东藩及其〈中国历代演义〉》文。

③ 余逊，字让之。

④ 余嘉锡，字季豫。时余逊、周祖谟编辑《余嘉锡论学杂著》（中华书局1963年版）。

⑤ 指柴德赓奉命所书《余嘉锡论学杂著》之叙言稿。

并祝

俪安！

垣　二月廿五日

小毛[①]带来穿篱菓、水梭花，精美异常。谢谢！

（三二）1962年4月28日来函

青峰老弟：

廿四日手书并王嗣奭文[②]，细读一过，极佳极佳。《僧诤记》著于二十多年前，颇感材料贫乏，且只注意僧诤，关于爱国一方面未多及。今写弘储爱国[③]，必有许多新史料，先睹为快。

南潜卒年，未细考过，《僧诤记》说康熙廿八年月函潜撰《洞宗世次疑问》，系据《宗统编年》卷廿四宋乾道九年条注引，说是"己巳中秋后五日作"，己巳当是康熙廿八年，若移前六十年，则为明崇祯二年，颇疑己巳为康熙四年乙巳之讹，无证据，不敢定。

纪荫时代与南潜相接，《宗统编年》说他是康熙廿五年卒，似可信。何日北来，当恢复夜谈之乐。璧子佳否，甚念。草草复，即祝

俪安！

垣　四月廿八日

（三三）来函

来示说贵友爱读吾书，至为荣幸。惜《佛教考》、《胡注表微》均阙，惟《道教考》、《僧诤记》尚有存本，谨检赠。能给我一个评价，尤所企盼。

---

① 柴君衡。

② 指柴德赓撰《关于〈杜臆〉的作者王嗣奭》文。

③ 指柴德赓撰《明末苏州灵岩山爱国和尚弘储》文。

青峰上座。

陈垣　廿二日

（三四）1965年10月录毛泽东词《重阳》

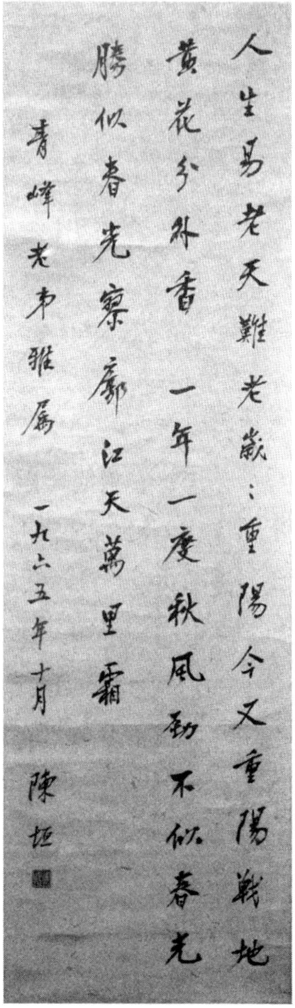

陈垣校长书条幅，现苏州大学博物馆藏

人生易老天难老，岁岁重阳，今又重阳，战地黄花分外香。

一年一度秋风劲，不似春光，胜似春光，寥廓江天万里霜。

青峰老弟雅属。一九六五年十月。陈垣。

陈　直[1]

（一）1964年9月7日来函

青峰先生著席：

春初曾奉惠笺，嗣以有长春短期讲课之行，匆匆未及裁答，歉甚。近以一年中无课，拟将旧著再整理一番，在长两月余，与于省吾、张伯驹二氏常常晤谈，尚不寂寞。

长市面积广阔，建筑精美，亦东北一大都会。乐郊虽美，究非吾土，弟已二十年不到江南，每颂邱迟“杂花生树，群莺乱飞”，不禁神往。别来一岁有余，吾兄有新著否，便乞见示。附奉广东《学术研究》，刊载小文一篇，敬祈教正为荷。耑此奉候，并颂

著安！

弟陈直拜启　九月七日

① 陈直（1901—1980），字进宜，江苏镇江人。时任西北大学历史系教授，1962—1963年与柴德赓同在北京大学讲学。

陈　振[1]

（一）1964年2月3日来函

柴先生：

二月前奉上一函，想已收阅。

不久前我已调来河南省历史研究所。研究所暂住在开封师范学院内，原准备搬到郑州去，因房子问题一时还不能解决，目前只好不搬了，待以后再说。

这里环境还算不错，所里书籍虽然不很多，但主要史籍大体上算是具备了，主要缺少的是近现代方面的书籍，此外还有馆际借阅关系，可以满足初步的和一般的研究需要。

所里有研究人员廿多位，即有一半是青年人，老先生中有朱芳圃、孙海波先生等。分为古代史、近现代史、思想史三个组，这里大体上能保证每周四天的业务学习、工作的时间，晚上基本上没有会议，一般都是继续白天的工作或学习。我在这里将继续在邓广铭先生指导下学习宋史，初步计划今年系统读些书。

为了调动工作，蒙您多关怀，不胜感激。现在总算告一段落，今后将继续努力学习，还望柴先生时加教诲。敬祝节好

陈振敬上　64.2.3

---

① 陈振，江苏海门人。1959年北京大学历史系毕业。

程小青[①]

程小青（右）与柴德赓，1962 年

（一）1963 年 7 月往诗

小青同志去年七秩诗[②]以索和，迟迟未有以应。今年整七十矣，勉成俚句，聊表微忱，似君高寿可必使仆诗而有寸进，行将一祝再祝，源源不穷也。

丈夫七十未称稀，笔底澜翻逸兴飞。
雁宕天都来复去，疾风惊浪是耶非。
花前鹤舞宜添寿，世上龙游已见几。君骑自行车，驰骋不殊少年，余与诸君子屡以为言，且请悬车，君不忍遂已，但易二八为二六轮耳。
一昨与公论赫秃，奋呼直欲老拳挥。

① 程小青（1893—1976），安徽安庆人。著名作家。
② 1962 年 7 月程小青作有《七十书怀》七律三首。

（二）1964年来诗

送知识青年下农村

雄心壮志少年时，缔造农村竞秀姿。
四化新图观远景，千秋大业奠福基。
移风易俗功非小，继往开来谊不辞。
智论于今新实践，定教遍地插红旗。

（三）1964年秋来诗[①]

七月十二日之晚，忽遭断指之厄，友好写之慰问纷纷，诗以谢之。[②]

小劫无端到指尖，况逢暑气正炎炎。
喜看天际鸣鸿疾，饮得醍醐竟更甜。

一九六四年秋程小青。

① 已载于柴念东编：《青峰草堂往来书札》，商务印书馆2015年版。
② 此诗录入程小青：《茧庐诗词遗稿》，文字略有不同。

崔曙庭[1]

崔曙庭结婚照 1961 年

（一）1963 年 3 月 25 日往函

曙庭贤弟如晤：

苏州家中转来手札敬悉。春节后返京又经一月有半，近正为教材办公室修改《后汉书选注》稿，约定三月底交稿，故常常亦颇紧张。《历史名著提要》初步定暑假前完工，近因高级党校嘱讲《通鉴》三次，先印与《通鉴》有关一万五千字，印成当奉寄一份。健群[2]在长春博物馆工作，通讯否？舜徽[3]先生

① 崔曙庭，江苏师范学院历史系 1957 级研究生（共三人，崔曙庭、郭克煜和王健群），后为华中师范大学历史系教授。

② 王健群。

③ 张舜徽。

数月未通讯矣，希问好。匆匆，不尽。即颂
近祺！

德赓顿首　三月廿五日

（二）1964年6月14日来函

老师、师母尊鉴：

很久没有写信问候，心里殊为记念，今日得闲，且为端午节，特致问候，并贺节日之禧也。

自去年九月中旬，湖北省委抽调一大批干部参加社教运动，我们学院共去了六十余人，我也是其中之一，在省委集中学习一月以后，于十月十六日，便分途在各专、县搞社教工作。我们分在荆门县。十月廿三号进村，到六四年二月五日结束第一批点的工作。春节，回武汉休息了几天，接着又去荆门搞第二批点。从二月廿四日进村，到五月二十八号结束，便全部回武汉了。前后二批社教，差不多去了一个学年，虽然在这一段时间里，没有读书，但是参加了轰轰烈烈的实际斗争，对自己来说，提高了不少。

目前，学院的五反尚未结束，而贯彻毛主席关于改革教学的指示，又将开始，所以还是比较忙。下学期我系招一班新生，文选课由我担任，因此，目前在着手作一点备课工作。

老师前在京编选教材事，想必早已完毕。江师历史系近来情况怎样？今年招生吗？

师母过去身体不太健康，近日是否安适？老师身体健实，一如从前吧！其他后告。敬祝
教安！

生崔曙庭上　六四年端午节

有顺告者，今年二月九号，得一男孩，现已四月余，长得还好。又及。

（三）1964年7月29日往函

曙庭同志：

久不见面，念与时积。我四月底奉调到京，协助陈老[①]工作，现住师大城内宿舍，先搞《新、旧五代史》校点工作，此行先作一两年打算，璧子同志日前始到京，即住此间，此后赐书，请寄北京，要写明东官房，不然送到城外去了。健群十日前过北京去西安、郑州、太原一带，下月中旬将再来此，可以多谈谈。你暑中如何安排？武昌暑热，诸希珍摄，匆此不尽。即颂

俪祺！

德赓顿首　七月廿九[②]

令文、邦衡都已到京，一家到此团聚了，并告。

---

① 陈垣。

② 此函信封尚存，武昌邮戳日期为1964.8.1。崔于信封上有记述：①六四年八月十二日收，八月廿四日复。②六五年元月廿三日又复。③六五年九月六日给一信已收到，彭来告知。十月廿八日晚。④一九六八年元月十三日去一信。苏州。

戴君仁[1]

（一）1947年4月16日来函[2]

青峰贤弟英鉴：

去岁由燕孙[3]函中得悉文翰已返辅仁，甚为欣慰。此承来教获知诸师友近况，尤为喜快。兄到西安已逾半年，生活毫无可恋，学校设备尤陋，物价则较京沪为高，故无一可取。惟以去秋交通困难，未能离去，彭啸咸兄去秋曾来约，比时亦未能赴，今夏决拟离此。而以大小女已随其婿赴美之故，内人不急于返平，而愿东归杭州省亲家岳。兄则愿返平收拾旧藏，以此踌躇，尚未能定所向也。

啸咸近与弟通信否？彼处是否需人，到暑假时台湾方面恐仍要来邀，兄以新遭变乱，殊胆怯，不敢往也。诗英[4]欲北归，亦恐职是耳。刘秉哲君，旧辅仁生，转入西大史系毕业，本年在校服务，顷转沪返平，到后定往谒。弟便可知此间一切情形也。匆匆不尽，即颂

俪绥

小兄戴君仁手上　四月十六

诸师友统望代候，恕未列举。

内子嘱候璧子[5]妹。刘一塞兄亦拜，嘱候。

---

① 戴君仁(1901—1978)，字静山，浙江鄞县人。著名语言文字学家，后赴任台湾师范学院教授。

② 已载于柴念东编：《青峰草堂往来书札》，商务印书馆2015年版。

③ 周祖谟，字燕孙（燕荪）。

④ 许世瑛，字诗英。

⑤ 陈璧子。

戴瑞琪[①]

（一）1957年4月1日收条

柴先生所借近代史六十种除下列五种：

《黄花岗七十二烈士事略》一册

《大革命家陈其美》一册

《邹容》（附《革命军》）一册

《南洋霹霆华侨革命史迹》一册

《最近支那革命运动》一册

外余均于本日还来，无讹。

经收戴瑞琪（南京图书馆参考研究 · 参考资料组） 五七、四、一

① 戴瑞琪，时任职南京图书馆。

董蔡时[1]

（一）1962年11月20日来函

柴主任：

捧读赐书至再，获益颇多，感受亦深。今后当益自奋勉，好好读书学习。前信附陈《盛川稗乘》书目解题中“盛泽属震泽县”，仍应改为吴江县。当时仅批阅《吴江县续志》所附全县图，图中竟将盛泽镇错划入震泽县。书写《盛湖志》书目解题时始发现此一错误，既而重翻《同治苏州府志》、《乡都圩图镇村栏》、《苏州布政司属三十三厅所州县志》[2]及《吴江县续志》“乡都”栏，乃肯定盛泽属吴江县。如郭老所说：“科学是刁皮不得的”，今日想来，如嚼菜根，久而益甜。

兹附上《书目解题》一束，繁简、体例、文字等是否得当，祈逐字斧正后掷还，俾便遵循。《书目解题》素所生疏，见后以鸦片战争、辛亥革命等资料集书目解题排比研读，订出书写要领，始行动手落笔。其中错误在所难免，抱定边学、边写、边请教，或能过关斩将。

陈玲珍同志已调出近代史教研室，去资料室工作，据说思想不通。其实搞好资料室，水涨船高，业务也就长进，更何况资料工作本身即是学问。前天在工作室碰到师母陈先生，气色甚佳，精神亦好。

星期日尚去兆隆先生处棋战，久而有瘾，每周周末即有指痒难受的感觉。

---

① 董蔡时（1921—1997），江苏武进人。时江苏师范学院历史系讲师。

② 编注：应为《苏州布政司属三十四厅州县图志》。

您在北京，忙于教学及编审工作，亦偶有余暇问及此道否？肃此敬请

冬安！

晚蔡时敬上　十一月廿日

附上《书目解题》数例，因正反面书写，注有页数。

（二）1964年10月29日来函

柴主任：

曩日多承勖以于政治修养、科学研究上痛下功夫，偶或忆及，如耳提面命，肃然起敬。比维身体康健，工作顺遂，为颂为祷。

上学期上海人民出版社来我系约稿，曾与约定试写“湘军”。经整理旧稿，编写剪裁，约计六万余字。晚生性拙滞，读书少，笔头迟钝，理论水平低下，虽屡经修改，颇不敢自信，于（与）其贻笑上海人民出版社，殊不如先见“自家公婆”，经我公慧眼审核，详加指示，重加修正，庶几聊以遮丑也。如尊意认为质量太低，不宜出手，亦祈赐知，以公一言决之可耳！编写时有难点数端：

一、湘军与太平天国终始，不能尽写战史，惟离不开太平天国战争史，故落笔时以湘军之反革命活动与太平军之革命斗争为经纬，探讨湘军之发生、发展、衰亡及其反革命罪行。太平军战史头绪纷繁，殊难述要。老师读后，是否有条理不清、头绪紊乱之感？

二、湘军除《湘军志》、《湘军记》外，别无蓝本可资参考，梳剔爬理，颇以为苦，章节安排，亦难斟酌，如此体例，是否妥当？

三、撰写时以阶级斗争形势之起伏、时间顺序之先后为线索，能否看出湘军之发生、发展以及迅速衰亡之必要性？湘军之反动性及其反革命罪行？能否看出阶级斗争形势之尖锐性？

四、关于湘军之性质，曾国藩、左宗棠、李鸿章之阶级性，如此论断是否合适？

以上数端，心中摇摇无主，经过审核，定能点化前途，顿开茅塞。

暑假以来，校中人事略有变动。暑假中调出教工四五十人，以青年教师为主，惟如沈颜闵先生亦已调至工业中学。自上月起，我系全部停课，梦［张梦白］、晓［张晓江］、象［陈象恭］、兆［钱兆隆］、桂［刘桂东］、俞［余］行迈诸先生留校；董［董蔡时］、健、何保罗、何永昌、吉祥［蔡吉祥］诸同志下放劳动锻炼一年至一年半，地点在葑门外金库大队，离校45分钟路程，梅［梅国祥］、浩［黄文浩］、静［吴静渊］、畅［王畅］、圻福［张圻福］、裕根［杜裕根］、民［胡振民］、翁［翁福华］、段［段天昱］、吴［吴奈夫］、叶、炳祥［曾炳祥］、金波等率学生参加社会主义教育运动，地点为太仓，目前在学习中。二十余天后即至太仓。下乡劳动锻炼共教师五人外，尚有学生九人。人事处副处长杨普农同志曾经指示，农闲时除政治学习外，亦可略作业务学习。拙稿审读掷还后，拟利用农闲、假日等继续修正。

徐主任原拟参加社会主义教育工作，目前省方让徐主任至党校撰写批判文章，时间暂定一月，或半年亦不得而知。李［李明中］书记、吴瑞、赵杏千同志留校，综理系内日常事务。

大跃进之锣鼓日形紧密，革命化问题提到首位，颇以自己落后于形势为憾，当秉承在校教导，奋发自励，力争上游。

去京后，思念良深，撰述定然紧张，又以拙稿乞求审读，增加负担，愧惶殊甚。提意见时，可于稿本上随加批点。

今岁风调雨顺，更显人民公社威力无比，人定胜天，丰收大局已定，苏州左近地区水稻亩产至千斤左右。今日放晴，晚稻可全面开镰收割矣。常熟、沙洲、太仓、松江、南通一带棉花已告丰收，亩产至四百斤左右，为数十年来未有之大丰收。

十月江南，已是“我一发时百花杀”、“月落乌啼霜满天”之深秋气节，北国苦寒，千祈珍重。下乡在即，握笔匆匆，草率不恭。专此敬请

秋安

晚生董蔡时谨上　10.29

并请陈先生安。

邓之诚[①]

（一）1937年1月26日[②]来函

青峰同学：

请陈先生[③]一局，或订于下星期日正午十二时，恐元日或辅仁有团拜也，或以电话知会亦可。请乞裁夺为幸，即叩

刻安

之诚顿首　廿六日

（二）1938年6月13日[④]来函

青峰仁兄同学：

久违在念，兹有恳者舍亲李易庵，民十六在师大（英文系）毕业，英文造诣甚深，久教男一中，声誉颇善。近以生活困窘，一家六口月得只百五十金，实无生路。与诚至亲间，尚不能不为之接济。贱况之窘，谅所深知，安能久久为此。踌躇无计，偶闻辅大下年英文或有需人之处，唯不欲贸然托人，可否恳便中代为一探？如英千里[⑤]先生处可以进焉，即祈代致诚意。为之说项，成与不成

---

① 邓之诚（1887—1960），字文如，江苏江宁人。著名历史学家、教育家。柴德赓于北平师范大学历史系就学时授业老师。与柴德赓一家世交。

② 此笺无日期，据1937年日历，1月31日星期日，元日（春节）。

③ 指陈垣校长。

④ 此札信封存，日期“廿六年六月十□日”。

⑤ 英骥良，字千里。

皆感厚意，诚然为甚□，亦实自谋也。专此，即叩

刻安

之诚顿首　六月十三日

李君品学兼优，诚可担保，倘得四小时之课，于愿已足矣，并及。

（三）1938年9月4日[①]来函[②]

德赓同学：

兄惠及得手示敬悉，小儿冥顽梗教，屡荷关垂，深知感激。诚现已令其转学潞河，实因此子远处城中繁胜之地，交非益友，遂至堕落。潞河有敝门人在彼任教，或者拘束可望稍严，然实不敢望其有成也，拟恳代向辅大附中婉求转学证书，并纳附去年一学年成绩（赐寄敝寓），彼校虽已收录、缴费，但照章非由原校证明不能完成手续，并望稍速为盼。此所谓再三之渎，幸维鉴谅。专此，即叩

大安

之诚顿首　九月四日

（四）1938年9月14日[③]来函

德赓同学兄：

赐及小子愚钝、浮动无恒、疏忽种种弊病，深望不吝指教，感激万分。请代达舍监，力禁出游。并祈随时赐示，以便督责，厉在至契，但不见外也。辅仁附近如有饭馆，祈为觅一包饭处，不必零食，方可以节省费用。琐琐奉渎，请容面谕。耑此，即问

---

① 此札信封存，邮戳日期廿七年九月四日。

② 已载于柴念东编：《青峰草堂往来书札》，商务印书馆2015年版。

③ 此札信封存，日期1938年9月14日。

大安

不具。

之诚顿首　九月十四日

（五）1941年7月25日来函

青峰同学兄左右：

友人林函之女林左芬① 投考辅大经济并历史系，学号二五四，未知可以设法为之嘘查否？

《建炎以来系年要录》已取来，谐价六十五金，倘足下须留，便请示知，否则当还之书贾也。《弇洲手卷》已为涂鸦类耳，何时有暇枉过，当以面谢耳。此问

近安

之诚顿首　七月廿五日

（六）1948年3月为《墨缘》册页题诗《见怀》②

岁序匆匆总易忘，田间佳种未生芒。
天容寄傲茅安屋，自笑封侯醉有乡。廿年前尝刻醉乡侯印。
稚子跳踉翻奕局，衰翁辛苦筑农场。
晨暄曝背无穷趣，不管江南罢女桑。

村居有述一首，戊子三月，书奉青峰同学兄正之。文如居士邓之诚。

---

① 林左芬，1941年入辅仁大学社会经济系。

② 已载于柴念东编：《青峰草堂师友墨缘》，商务印书馆2013年版。

邓以蛰[1]

（一）1948 年为《墨缘》册页录文《世说新语·诸名士》[2]

诸名士共至洛水戏。还，乐令问王夷甫曰："今日戏乐乎？"王曰："裴仆射善谈名理，混混有雅致；张茂先论《史》、《汉》，靡靡可听；我与王安丰说延陵、子房，亦超超玄箸。"

书奉青峰先生一粲。邓以蛰。

---

① 邓以蛰（1892—1973），字叔存，安徽怀宁人。著名美学家、艺术评论家。

② 已载于柴念东编：《青峰草堂师友墨缘》，商务印书馆 2013 年版。

端木留[1]

（一）1950年8月17日来函

青峰我师：

上月廿日，祖衡[2]弟送来手示，当时因为南下，团方已不许外出，所以未能叩拜。其后以霪雨塞途，又延期两次，直到八月二日才出发，行军四天，于五日上午抵汴，三分团陆续抵此，各队分借各校住宿。生全中队住在“大纸坊街12号，省立高级工业职业学校”，抵汴以后，先布置内务，旋即开始作个人行军鉴定，从动员南下时起到抵汴为止，一切思想情况、生活作风等等，详细笔述，再综合鉴定材料，作小组以上的总结，然后评定甲乙。足足忙了一个多星期，接着就又开始正式学习，听说在开封要停一个月至两个月。生迟到今日才给老师写信，其罪自无可恕。连日各界联欢，颇有外出机会，顺便到处看看，生欲求夷门，询诸故老，已无能辨识者，云开封屡为黄河所湮，变易极大，现在还常常能在地下掘出故宅。北门铁塔，实为琉璃瓦所筑。前为日寇炮火所中，一角残破，龙亭在去年解放战役中，曾为反动军队最后据守之处，故破坏尤甚，亭左为潘家湖，右为杨家湖，云是潘美、杨业故宅。城中相国寺亦已坍圮不堪，小贩叫卖和护国寺差不多，此地物价，除通粉较廉外其余都不便宜，生意做的很不公道，讲究要谎，不太有中州诚朴之风。货币以中州农民银行所发行者为主，称为中州票，三块合一元人民

① 端木留，1939年入北平辅仁大学文学院。

② 柴祖衡。

券，同学初来时，常常忘记折算，颇有吃亏者。

开封已属大陆气候，中午很热，不减北平，早晚甚凉，像是深秋，部队煤炭困难，大家饮用井水，生冷不洁，所以病号很多。生已患痢三日，勉強尚能起床，虽然睡在地板上，潮湿也很重，衣物最需要勤晒，如果久住，癞癣恐亦不免。

离我师益久，不得恭侍教诲，瞻望顿增孺慕，不禁泣然。

北平秋后想尚热，伏祈我师珍摄，祇此，并请

教安

生留谨上　八、十七

师母均此请安，祖衡弟妹等不另。

元白[1]师并此请安，乞我师先容，得暇当肃专柬。

---

① 启功，字元白（元伯）。

范烟桥[1]

（一）1965年春[2]来函

德赓兄：

得惠书并三诗人佳作，欣快无量。外报评朴公曲亦看到，弟已在香港《文汇报》介绍，此外数曲寄奉剪报数张，以资消遣。

血压能控制自是佳征，总是以节劳为是。茶固能令人醒，亦宜少饮。

弟近因医嘱已减吸卷烟，日以三支为限，觉戒烟不如戒酒容易，亦不可思议。春来学习已恢复，每星期有三次与诸老相晤，对“二十三条”大致已了了，惟深透则未也。

日来春寒特甚，因此园林久未涉足，闻虎丘梅花甚盛，却无勇气前往。不知都中花事如何？偶见樱花欲放，得诗两首，近于打油矣。

梅后桃前同时娇，及时烂漫一天骄。
愁云恨雨非无力，花影扶桑怒似潮。
于今我亦爱樱花，体贴春心是一家。
只为海边风色瑟，落红无主命天涯。

祝

春祺百益

弟烟桥上言

① 范烟桥（1894—1967），学名镛，字味韶，号烟桥字，苏州同里人。时民进苏州副主委。

② 编注：依内容考，时间为1965年春。

方　管[1]

（一）1946年6月15日来函

青峰兄：

接读惠示，知行计犹未定，困厄之深，令人怅恨。

前云家母意欲由西北公路出川，即谓率弟同行，省文而已。兄倘亦有此意，结伴而行，尤大佳，不知究竟如何？

周光午先生前日来白沙，山庄又得夜雨谈诗之乐，恐是最后一度矣。彼深以不得与兄相晤为憾，然观四人合照相片，谓曾在缪公[2]处一遇也。

报载各机关复员皆包小轮拖木船，财部[3]亦有此计划否？

附录近作三绝：

无言

山灵不语家无言，且送归心到故园，
万一已成狐兔窟，翻应惆怅想蹄猿。

非关生死与人天，去驻依违也惘然。
广宇纵随长宙老，华严原为解华年。

---

① 方管（1922—2009），笔名舒芜，安徽桐城人。著名作家，柴德赓于白沙国立女子师范学院任教时同事。与柴德赓一家世交。

② 缪镇藩，字全春。

③ 编注：时柴德赓一家居财政部亲戚家等船期。

空山夜雨与静麓[①]、光午二公纵谈诗事，亦记以诗

夜雨山灵笑，空江碧月沉。

千秋亲叔世，休论此时心。

前寄上八百元，到否？余不一一，即颂

俪安

六月十五日灯下　弟管顿首

（二）1946 年 7 月 12 日来函[②]

青峰兄：

迭奉惠示，借悉途逞艰苦诸况，为之浩叹。今幸得达，亦可贺也。不识赴平途中，情况又当如何？政局不定，交通自受影响，恐难乐观耳。

台公[③]与弟均拟搭附师船出川，原闻月中可成行，今则又似须至下月初乃有希望。台公决去台大。弟已应江苏学院之聘，院址在徐州，黄公[④]亦在该院也。

空山益形寥寂，真“天荒地老”[⑤]之状。周光午先生及敝友陈君先后来沙存问，为诵吾兄此绝，均击节叹赏，谓可为空山生色。然国家大事亦被此诗形容去，实非幸事。

九龙坡[⑥]情况令人痛心，尝谓有些小姐们简直近于游女，台公素性宽厚，少所讥贬，于此语亦不得不以为然，可想见矣。国文系又为复古派所盘据，庸妄

① 陈静麓。

② 已载于柴念东编：《青峰草堂往来书札》，商务印书馆 2015 年版。

③ 台静农，字伯简。

④ 黄淬伯。

⑤ 柴德赓在白沙时曾有诗句“天荒地老我还来”，后方管有《白苍山四君咏》诗句：“天荒地老忆青峰”。载于《百年青峰》，苏州大学出版社 2007 年版，第 40 页。

⑥ 1946 年教育部撤白沙国立女子师范学院，并入西南师范学院，迁往九龙坡。

之徒，张牙舞爪，弄成一片乌烟瘴气，力不能救，徒唤奈何而已。劳氏[①]长院，一般印象尚好，然恐行政非其所长，亦少挽救之望。至于兄等还乡费[②]，则日益渺茫，详台公函中，不复赘也。

匆匆，即颂

双安

七月十二日灯下　弟管顿首

方管［钤印］此乃台公所镌，请共赏之。

（三）1953年9月12日来函

青峰兄：

日前罗公[③]来谈，据云吴柔曼提升讲师一事，已得吾兄同意，旋又有变。他仍主张提升，希望吾兄向校行政提出。如兄不提，他将直接写信给校长。大意如此，嘱弟转致。本拟约兄一谈，迄未得暇。明日起将参加文代会，恐遂稽误，故用函达，至希谅察。

尊居是否迁移，新址何处？尚希见告！

下月会后，当图一晤。

此颂

俪祺

弟方管顿首　12/9

① 劳君展。

② 编注：据柴德赓“文化大革命”的检查交代材料记，因白沙国立女子师范学院迁校风波，柴德赓作为教师代表到教育部与朱家骅交涉，后被校方解聘。朱扣发柴等人的还乡费。

③ 罗志甫。

方国瑜[①]

（一）1947年2月23日来函[②]

德赓学兄史席：

拜读十三日手教并大著二首，宛如曩日促膝论学，不意别十余载，地距万里矣。瑜自归滇教读于云大者十又二年，乱离之日，未尝奔驰之苦，亦未尝遭祸害。避地山野，思之犹饶余味，然因地限，所读书不出乡邦文献，伏案自娱者亦囿此，将自嗤为井底蛙矣。数岁前陈玉书[③]兄居昆明，与言我辈数人出所能，为集刊专册，为陈先生[④]寿，所可报教诲之恩者仅此，不可不作。自玉书他去，经久未获通书，惟思同辈之在北平者多，希商议为祷。

时令回春，然北地冰冻未解；闻煤荒，所盼温和者当更切。昆明四季如春，柳枝已黄，遥念故人，更觉凄楚。书不尽怀，恳向陈先生前候安为祷，尤请宥瑜疏书之罪，见同门诸友祈为致意。匆匆草此，敬请

撰祈

弟方国瑜谨上　二月廿三日

① 方国瑜（1903—1983），字瑞丞，云南丽江人。著名社会学家、教育家。柴德赓于北平师范大学就学时学长。

② 已载于柴念东编：《青峰草堂往来书札》，商务印书馆2015年版。

③ 陈述，字玉书。

④ 陈垣校长。

顾　随[1]

（一）1942年4月25日来函[2]

青峰道兄台鉴：

缪公[3]清节，诚如兄言，无媿俟斋。弟之不才，何敢上希南枝，过奖矣、过奖矣！此次旧书倘美其名，不过惠而不费，略考其实，直是慊人之慨，惶惭、惶惭！

大作二哀诗[4]何时能脱稿？深愿先睹为快。比来弟课事至忙，前允为吾兄录拙词，急切尚未能交卷。谅之、谅之！望复，敬颂
著祺

弟顾随顿首　四月廿五日[5]

（二）1948年新春为《墨缘》册页题诗《青峰北来》[6]

破浪乘风亦快哉，壮游千里一徘徊。
眼中云物堪图画，句里溪山供剪裁。

---

① 顾随（1897—1960），字羡季，河北清河人。著名作家、文艺理论批评家。时任辅仁大学教授。

② 已载于柴念东编：《青峰草堂往来书札》，商务印书馆2015年版。

③ 缪金源，字渊如。

④ 后柴德赓有长诗《哭缪渊如师》，见《百年青峰》（苏州大学出版社2007年版）第31页；另一《哭钱玄同师》未刊载，预收入《柴德赓全集·诗》。

⑤ 此函写于1942年，日期当为旧历。

⑥ 已载于柴念东编：《青峰草堂师友墨缘》，商务印书馆2013年版。

共说梦同尘散去，双飞人似燕归来。

但教销得胡氛净，烽火如今未足哀。

日寇降服之次年青峰尊兄北来，仍居旧寓。喜而有作，兹复录呈教正。卅有七年新春。顾随。

顾颉刚[1]

（一）1960年10月17日[2]为《墨缘》册页题诗[3]

一路梨花次第看，此春应不见花残。
新来学得延年术，直上西倾挽岁寒。

前游甘肃而作，写呈青峰先生两正。顾颉刚书。

① 顾颉刚（1893—1980），字铭坚，著名历史学家、民俗学家。

② 日期据柴德赓日记，1960年11月顾颉刚到苏州访问，并题写《墨缘》册页。

③ 已载于柴念东编：《青峰草堂师友墨缘》，商务印书馆2013年版。日期以此为准。

郭克煜[①]

（一）1963年5月26日来函

青峰吾师：

顷读来札，得悉您去北京开会，有机会来我院讲学一事，甚为高兴。分别以来，已越四年之久，回忆虎丘共游，日夕受教，历历如在目前。今日又将短期欢聚，亲临教言，心中之兴奋，实难以形容。

您来我院一事，我已与我院领导上谈及，领导上亦甚为高兴，表示热烈欢迎。在您来院期间，拟请您作有关学术报告，并请您谈谈北京开会有关诸问题，不悉吾师意见如何？

来时可至兖州站下车，我院派车去接。一切不用您操心，几时来曲，乘哪一趟火车，望事先函告或电告，届时我好去车站迎候。余容面陈。祝

身体健康，旅途顺利

郭克煜上　五月廿六日

① 郭克煜，柴德赓于江苏师范学院任教时招收的1957级研究生，后任曲阜师范学院历史系教授。

何士骥[①]

（一）1947年3月5日来函

青峰乡兄赐鉴：

承介绍张文瑞院长，已相晤数次，张院长德学均高，至深钦佩。

吾兄现任教辅大，为史学专家，叩列乡谊，曷盼欣幸！惟不悉足兄现任中史或西史之何期何门？尚乞暇中有以示知，为幸、为祷！

平中生活想高，西北亦较前大涨，然一切似较此地为平安也。

以后倘蒙不弃，还乞时赐教益为盼。敬祝

著安！

仰弟何士骥拜上　三月五日

① 何士骥（1893—1984），字乐夫，浙江诸暨人。1925年清华研究院首届学生，师从梁启超。

贺培新[1]

（一）1948年为《墨缘》册页录诗《法梧门·积水潭杂集诗》[2]

秋水一潭明，秋风五年隔。
荷花依旧红，看荷人非昔。
聚散感百端，当各光阴惜。
际此雨初晴，况有同心客。
晨曦掠波红，远山压城碧。
入门鸥导人，过桥花作壁。
林绿染须眉，露香湿巾舄。
前待纱未笼，苍苔蚀翠石。
酒痕尚宛然，但有凉阴积。
势位苦不高，所贵取意适。
安然逐末流，事事为形役。
举杯便陶然，不复辨榖树。
去留勿相强，天外斜阳窄。
坐待月朗时，三里湖光白。

民国卅七年，录法梧门《积水潭雅集诗》。青峰仁兄正字。培新。

---

① 贺培新（1903—1952），字孔才，河北武强人。书名书法、篆刻家。

② 已载于柴念东编：《青峰草堂师友墨缘》，商务印书馆2013年版。

胡　华[①]

（一）1961年2月18日往函

胡华同志：

许久未晤，您又到华东疗养院来了，我们祝您身体迅速恢复健康，并竭诚欢迎您来苏州玩玩。[②]

我们也想到无锡一游，顺便看您，不知时间上安排得下来否？反正这个春天，我们在苏州见面总是要肯定下来的了。这个春节，这里供应还好，这两天天气晴暖，大有春意。太湖之春，该又是一番美的景象了。

您什么时候来，请早日通知，璧子近来身体尚好，孩子们有三个回来过年，这是南来后第一次。匆匆奉书，即致

敬礼！

弟德赓顿首　初四晨

---

① 胡华（1921—1987），浙江奉化人。时任中国人民大学中共党史研究室主任。

② 日期据“柴德赓日记”，胡华于1961年4月1日到苏州，作半月停留。

华延芳①

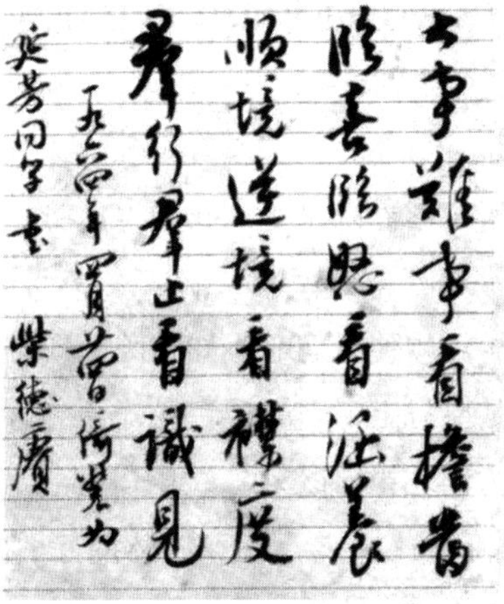

柴德赓题诗

（一）1964年4月24日为华延芳题诗

大事难事看担当，临喜临怒看涵养。

顺境逆境看襟度，群行群止看识见。

一九六四年四月廿四日倚装为延芳同学书。柴德赓。

① 华延芳，江苏师范学院历史系学生。

黄汉纲[1]

（一）1957年10月往函

黄汉纲先生：

承示《辛亥革命》一书关于革命文物搜罗不多、农民反清斗争史料尚可搜集诸点，至深感佩。当继续努力，以副雅望。加印两册，恐有困难，或别辑一本以供参考。至“防城起义档案”两则，章涉黄冈，诚如来示所云，不甚妥当，此项档案，最初本拟标“防城黄冈起义档案”，后来未及检正，将来续印时当改定。诸承指正，谢谢。并望随时发现即以见示。久稽裁答，至歉！［下阙］

① 黄汉纲，时任职广东博物馆。

黄现璠[①]

（一）1947年5月25日来函[②]

青峰学长：

惠函并大作，经已拜读。慰甚！同窗旧雨，音信断绝将及十年，今忽得此，何幸如之。近曾著《中国历史上一治一乱》一文，刊载于《西大政治学报》。拟等其印就，一并同信寄去领教。惟为印刷局一再延误，不能再等，故先草此奉复，幸勿以稽复见责也。我深感勤能补拙，故年来教书之余，编成《中国起居饮食礼节史》约十一万言。本年四月以国币二千万元代价，卖与上海正中书局，将来出版，必送寄援庵师与吾兄指教也。援庵师寄赐其专著《南宋初河北新道教考》，经已拜领，曾肃函致谢，有便特烦代谢一声。

南中诸同学，雷震[③]现任广西省文献委员会编纂组副组长，其友人在省立桂林中学任教。李焕绂任省立崇善师范学校校长。黄光京任省立武鸣中学校校长。师大同学，在此当校长者颇多，言来恐你已不复记忆，故不及一一叙明。田子超女士已病故（即前和你在老曹家作方城之战者），我女人李淑贞于抗战初起，在长沙被敌机炸死。后与贵州女子刘氏［刘丽华］结婚，今已生三女一男，岁月不

① 黄现璠（1898—1982），广西扶绥人。著名民族学家、历史学家、社会学家。柴德赓于北平师范大学历史系第二十届毕业生（1932年）。

② 已载于柴念东编：《青峰草堂往来书札》，商务印书馆2015年版。

③ 雷震及下文李焕绂、黄光京均为柴德赓于北平师范大学历史系同届（第二十一届，1933年）毕业生。

居，人生易老，无事摩鬓，不胜身世之感。你近来子女增添多少？生活如何？常玩旧调否（即方城之戏）？南中教育界玩此调甚少，我已有田园荒芜之感矣！耑此，敬请

教安！

弟黄现璠启　五月廿五日

黄元起[①]

（一）1951年7月1日来函

德赓学兄：

顷奉六月廿七日手教，快慰奚似。弟于抗战时期曾一度与兄通讯后，嗣以赣县被敌攻陷，撤退赣南，又转广东，胜利后在广州大学及中山大学执教数年。四九年底因受国民党特务压迫，逃亡香港，又由港转来中原。初在中原大学学习，适河大重建候，弟奉派在此任教，今已两年余矣。在此任历史唯物论、新民主主义革命史及中国通史等科。弟自离校以来，因生活飘泊无定，学养甚差，河大重建以后，因人手缺乏，弟又兼任文教学院及史地学系教学行政工作，终日忙碌，亦少进修机会，自愧学术上尚无成就，望兄今后多多指教，以适不逮！

陈援庵师解放后，思想进步，至为敬佩，亦祈颂中致候！

河大自重建以来，在中共党直接领导下对教学内容及教学制度上之改革，不遗余力，文教及政经各系课程，大体已作初步改进；但本校同仁经验不足，仍有事倍功半之感。辅仁大学在中央直接领导下，进步想必迅速，得暇亦祈将贵校情况及重要经验惠告，以资仿镜！

兄近年在辅大任何功课，有何重要著述，亦请不吝赐寄参考。

《新史学通讯》系河南新史学研究会分会出版，负责人为嵇文甫先生，发行

① 黄元起（1909—1990），福建福安人。革命家、历史学家。柴德赓北平师范大学同学。

以来甚感内容贫乏，兄如有暇，请赐佳作，以光篇幅。师大陆懋德、李飞生诸师想兄常相过从，亦望便中代为问候！专此奉复，并候
教祺！

弟黄元起顿首　七、一

陈援庵师尊前乞代请安！

金毓黻[①]

（一）1947年6月9日来函[②]

前奉大笺及《谢三宾考》等两种均已拜领。前在重庆承教育部命，审查学术论文，已将《谢考》细读一过，即深佩其精博。兹又益《宋宦官考》，为下走研讨宋史之助，尤感厚惠。弟为预修国史，将于日内赴北平，当图良觌借领大教。令郎英俊可造之才，前此同舟数日，已借觇家学渊源矣。谨此复谢，即上

德赓先生教授门下。

弟金毓黻顿首上　六月九日

（二）1948年8月29日来函

青峰先生：

嘱写的宋代一段的通史提纲，草草应命，奉上，极不完备，亦不妥当，仅能供您的参考。

附启一事：闻辅仁附中缺一历史教员。兹有赵君齐光近在革大学习毕业，具有教学经验，保能胜任，谨为推荐。杨威仙先生知其人甚详，亦可同作推荐人，请分神转为介绍。此致

敬礼

弟金毓黻启　八月廿九日

---

① 金毓黻（1887—1962），字静庵，辽宁沈阳人。著名史学史家，曾任辅仁大学教授。

② 已载于柴念东编：《青峰草堂往来书札》，商务印书馆2015年版。

金兆梓[①]

（一）1956年2月21日来片

德赓同志：

昨承约两三日后枉驾，极盼。但星期四（二月廿三日）下午弟有集会，恐失迎迓，最好在请七日惠临。弟当整日在寓恭候。专此，并祝

康健！

金兆梓　二月廿一日

① 金兆梓（1889—1975），字子敦，号芚厂，浙江金华人。著名语言学家、文史学家。

敬　荷[1]

敬荷赠陈璧子，1943 年

（一）1948 年 12 月 3 日来函

青峰、元白夫子函丈：

执笔临旧金山登岸之前夕，重洋渡尽，身近异邦，屈指离家已一月矣。临行未能重见青峰夫子，凌晨登车亦不曾与元白夫子仔细告辞，在当时因已增惆怅，及今思之，以怀乡情切，竟不胜怨梗，以为平生憾事莫过于此：此情此趣在生亦属初尝，但觉故乡、故国、恩师、益友……在在均置念中，若有不能一刻去怀者；而天水迢迢，鱼雁难通，引领西望，黯然魂销，其甘苦未易以笔墨尽也。

① 敬荷，1943 年毕业于辅仁大学文学院。

生八月十八日登船离沪，船即开往香港，因内海风浪极微，可以无颠簸之苦。过二日，船泊香港，有半日半夜之停泊是供乘客登香港游览名胜。叶先生[①]即于此时登船（柴师母之信及纪念册均已转交）。叶先生固生可以翘盼已久者，船中相见，欣慰自在意中也。生与久尧日间由吴贞之兄为导，略过香港及九龙市衢，以繁华论，香港似逊上海多多，九龙尤次之。职是之故，生翻觉九龙较香港可爱，香港较上海为可取也。九龙、香港之间一水为隔，有汽轮往返其间，交通甚便。对初次来此之人交通竟可生趣，盖九龙与香港岛市也，行乎其间，但觉青山碧水均在身边眼底，竟忘却其所以置身者，不过一舟之天地耳。

香港夜色最是迷人，船舶江干，隔江遥对岛上万千灯火，岛形玲秀，灯影沉星，海风抚人，江天似梦。至此，生始知造化钟陵，川以风姿，赋山河以傲骨，南北有别矣——又岂独山水为然耶！

自香港至马尼剌正遇风浪，船行三日，惟卧床呻吟，倦则睡去。饮食不进，呕尽胃中苦水，头目晕眩，但有思家之一念辗转不去于心。三日真如三秋矣。马尼剌，生未尝登岸，盖登岸当须破费钱钞，生宁愿凭栏一望，节亿万金也（美金五元合黑市国币当以亿余计），实则生纵有余资可供挥霍，亦无余力，无余兴，三日之水上生涯已足将生航行锐气挫尽矣。

马尼剌并无可爱之处，其民尤尴尬可厌。船停半日即行。

过马尼剌即取程关岛，中经一带水岛有名伊奴伊奴者，其风景之美，及今思之犹不禁神往。有崖临水，其行似带，青苔绿树，葱茏爱人。时值微雨，江天朦朦，风雨成韵，鸟兽恐尽归林，凝望绝少人迹，因思遁欲红尘，世间有路矣。有渔舟迎波张帆，飘忽海上，其隐者耶？白鸥一只，翩跹水面，久久不去，似示我以多作流连者，惜夫恶舰不为我驻足，丽景当前，瞬间即逝矣。

关岛停泊半日，生亦未登岸，凭栏而望，关岛外观可以尽寓目中。关岛地属热带，举目则椰子如盖，柑橘丛生，远望之其叶似柿树然，碧草如茵，青丘似画。生至此始觉绿之所以为“肥”，有以也。关岛为战时美军基地，现随处

① 叶德禄。

有自动铁房、火车、桥梁、军舰等。杂乎青山碧树间，看去一似美人持矛待战，颇不入格。遥想当日烽火连天、杀声震耳之时真毁尽造化温柔之笔矣。

过关岛后即直航旧金山，夏威夷因美水手工人联合罢工而不克停，于是十数日尽在水上矣。

船上三餐，最堪愁人，吾人在国内所食者，但西餐之忝以中餐格调者也，惟能入口真西餐，始悟中餐之得乎餐中三味，其烹调不曰技术可以称艺术矣。西人似但知滋养为何物，但求色彩之鲜明，曾不问三寸之间其味也、其嗅也如何；更无论品茗饮酒矣。三餐皆备牛奶，晨饮乘客以咖啡，午晚易以茶（似普通香片）；每午晚皆供肉，中以牛肉居多；米饭一颗（大小似冰淇淋），面包无限，依各人食量自取。晚餐加水果一枚，或柑橘或苹果不等：生所好者亦惟此一食耳。晕船时固不能进粒米，平日亦为米饭一颗，面包两片，聊寻酱果数枚（自己恨未携得）醒口而已。虽然，睹西人之不惜物力，所饮所食，恣情挥霍践踏，直使吾人之来自穷乡僻壤者为之睦目。念吾国贫苦，群黎所食竟不能望人抛却之残渣剩滓，吾人之性命亦不过一猫一狗耳，思之痛心！！

三等餐厅大可十间左右，三等乘客为数极夥，每次进餐陆续历两小时之久，进餐时须列队领取食具及食品，列队时女先于男，食毕将残食旧具自行送至洗处，盖妨后之进食者无地容身也。侍者（多黑人或广东华侨）每加献珍馐（酱肉、水果、冰食等）于三五裙钗用示殷勤，生虽病苦，亦雅不欲为果腹，假人辞色，惟间以不能进食而多获水果数枚，心知馈者好意，又真思此孔急，亦有受之而已。

三等客舱凡三层，曰平、曰中、曰下；头等客舱（含二等）则居上层，以形势论，头等一层楼，三等似地下室，故三等客舱以平之一层为佳（生即幸居此层），后来者每无空位可寻，只得居舱之中、下（叶先生即居下层）。要之，三等舱均终朝不见天日，昼夜燃灯，入夜灯光较暗；闷热窒人，以下层舱间为尤甚。船初开时行经香港、菲律宾、关岛诸地，天气奇热，每夜睡至舱中，汗未尝不透枕衾，气味湿霉，令人不晕自呕。床随船荡，目眩心苦——当是时，生自誓今生不更历海程矣。近日船行渐北，天气转凉，船中久留可以无汗，夜中且须加毛毯以御寒，大约苦尽甜来亦——劫后余生，堪谢天地！

昼间乘客大抵至舱外乘凉，三等乘客可至其舱顶阳台，自备床、椅（大抵约自购帆布椅携至船上，生亦有之）坐卧以息。头等乘客之休息地方则在楼上西廊，廊中设有躺椅；室中更有起坐间餐室等设备。三等乘客，衣冠奇楚，亦可忝来头等休息所，茅生无此兴会，宁愿倒身甲板，仰望云天，俯瞰碧海也。海上气象变幻万千；天为覆，地为载，置身其中，但觉一身之渺小，生死均无足道。日间或则晴空白云，或则流云骤雨；船声似山雨来，海浪若松涛下；黄昏则日色西沉，云霞万变，浪花由金黄而青紫，天光由苍茫而入夜；于是繁星在天，银河如画：当是时是生念家最切之时矣。惜夫船上夜深沉时，故都方始黄昏人静，所谓千里共婵娟，原无慰乎万里外之离人。悲夫！（船行向东，每日提前半小时，盖美国与中国正处地球之两侧也。）

船中乘客无论一等三等，就中以国人为最多，菲人、印人次之，白人最少。中国人中除少数为去国外执教或游览及一部分为广东华侨外，大都为出国读书之学生。学生中除自费留学生占大部分及自请国外奖金一小部分之外，尚有一批“毛神父”奖金生，为数不下八九十人。生自去国以来，但觉爱国之情油然发于心底，既深且挚，若有不能自止者。每见同船诸生，三五成群，或叹行路之苦，或筹谋生之路，或冀衣锦还乡，或思生财异域，曾未闻以国家民族为念，若忘其一身出于水深火热中者。方此之时，生辄中心失望，悲不能禁。虽然，同船一月，不过萍水相逢，过此则风流云散，谁可推心告愬者……固不可一例厚非，冀其中有良贾贵胄遗孽，盖不乏人。千金有女，美目巧笑。顾影自怜，徒知金玉其外；王孙风流，争逐裙下，惟沾一盼一颦……曾不问其所自来，亦不知其何所往，嗟夫！！生不知毛神父何许人，未敢以图固声势结宠权门相辱；就事论事，其择拔不慎，有失栽培养青年宏旨也无疑；至于贻笑外邦，断绝贤者来路（毛神父系先向国外学取得奖金，然后自主择人；倘他日该校对得奖该生有所不满，则后之有志学子欲自谋出国领请奖金者不可得矣）。是其过之大者。倘公之舆论未审，其能有以自警否？

生荒废已久，欲用语体为文，又恐遭夫子“洋八股”之讥，船中的苦，文情并陋，尚望吾师有以谅之也。临纸神驰，不尽欲言，敬请秋安！

生敬荷谨拜　九月八日 晚

此书寄到之时行且中秋佳节矣，生孤处异邦，但有秋风明月对影三人耳，望夫子暇时赐教。

师祖、姑祖、柴师母、启师母均请问安，恕不另。

[信封背页夹附]

校长钧鉴：

锡禹于十二月一日由上海乘中航机起飞，昨日下午安抵旧金山。飞机在东京及威克岛各停一小时，在檀香山停三小时；长途飞行，多人晕吐，锡禹虽未呕吐，但一日未食，现住青年会旅馆，拟就近参观加州大学及斯丹福大学及几处著名工厂后再赴芝加哥。知问尊注，谨报平安。敬颂

教祺！

赵锡禹[①]谨启　十二月三日

① 赵锡禹，时任辅仁大学经济系教授、系主任。

黎锦熙[1]

（一）1948年7月7日为《墨缘》册页题诗《羁旅共长安》[2]

羁旅共长安，驰驱分陇蜀。
南望各云天，北归此濠濮。
琴书恣理董，烽烟漫相逐。

用国音字母为青峰兄题。[3] 黎锦熙。 三十七、七、七。

① 黎锦熙（1890—1978），字邵西，湖南湘潭人。著名语言文字学家、教育家。与陈璧子一家世交。

② 已载于柴念东编：《青峰草堂师友墨缘》，商务印书馆2013年版。

③ 国音字母参见二维码图。

黎 澍[1]

（一）1957年1月7日来函

德赓同志：

我已于四日由南京返抵北京。此次在苏州，最使我不能忘记的事，是据估计约达二百块有关手工业的石碑没有拓下来。这些碑文比较地方志和笔记的记载是更直接和可靠的史料。我希望您能就近继续推动，把这些碑全部拓下来。为了达到这个目的，先做调查，然后订计划，固然很好，不过这样也许很需要费一些时间。我想，如果您能用师范学院历史系名义发起一个座谈会，邀请文化局、文管会和博物馆等有关单位讨论一下，由每个单位推一二人共同建立一个专门的工作组，把已经发现和继续发现的随时拓下来，可能更有效一些。整个工程虽颇浩大，估计不会有太多或太难解决的问题。如果须要任何帮助，请随时写信见告。我的地址是：北京复兴门外万寿路十三号。专此，即致

敬礼

黎澍　57.1.7

---

① 黎澍（1912—1988），湖南醴陵人。著名历史学家。

李滨荪[1]

（一）1946年12月12日来函

青峰兄、嫂：

诗英[2]兄交来手书，欣快之至。弟等在此已一年半，阖家大小尚称粗安。去岁初来即买钢琴一架，然苦了一年，始将债务还清，视在练习方便，不若白沙山上，菜油灯下等候练琴之苦。

静农[3]、卓如[4]二公寓离弟处不过一箭之地，每日均可相晤，时以白苍趣事为谈笑之资料，事虽经多年，恍如隔世，忆当日，球场牌桌，冬雨围炉，不禁神往。志甫[5]先生赴闽亦有信来，白沙人物在此者不少，惜无当日之趣味。

大钧[6]兄为我旧交，此公为人甚为直爽，可交之友也。渠国乐器甚精，琵琶更有独到之处，不可不请教也。

基瑞[7]年来夫人多病，大伤脑筋，日前施行手术，已愈。

近日又有何新作？可否赐寄数首。黄、鲁[8]二公请便中为致意。祝

安好

弟滨荪　十二、十二

---

① 李滨荪（1921—1988），贵州贵阳人。著名音乐教育家。任教于贵州女子师范、白沙国立女子师范学院和台湾师范学院等校。

② 许世瑛，字诗英。

③ 台静农，字伯简。

④ 夏德仪，字卓如。

⑤ 罗志甫。

⑥ 杨大均。

⑦ 张基瑞。

⑧ 黄淑范、鲁世英。

李崇光[①]

（一）1947年8月13日来函

青峰教授学兄道席：

多年不见，思念之情与时俱积。月前在京晤朗镜清兄，借悉吾兄年前又返平执教辅大，不胜欣慰。

弟毕业厦大后曾留任浙省立中学教员有年，抗战年兴，应陈师之召，任省府会计处科长及第三战区各省贸易联合会办事处科长等职。及至英士大学改称国立，弟与孙怀仁、程滋、俞启人、陈士文、朱中虑、杨国宾（已故）诸兄同时任教英大三年。昨年校中学潮屡起，几易校长，弟即摆脱，作还乡之计。甫于数月前应京中师友之召，就此间工程师职，在酿造室服务。此间系一学术性机构，同仁多名流，弟插足其间，欲感惭愧，对于工作成效方面心切忧之。

兹有恳者，舍表弟赵蓓乔，现任国防部预算局科长，最近奉派到平办理接收剩余物资，负有一部专责，内部事务需人佐理，惟该机构系属临时性质，专聘人员非所相宜，只得就地延请临时职员数人，协理日务。忆吾兄居平多年，声誉卓著，桃李满门，因特函请推荐数人（最好经济系学生），俾资协助，劳神之处感同心受。

俞履德兄最近奉派治政三门县，闻已走马上任，握掌大权矣。孙怀仁兄现任上海法学院经济系主任。陈士文兄任上海美专教授。唐惠民兄在沪行医，已有十数年历史，颇能博得地方认识之美誉，故月收数千万金，生活极舒服；较

① 李崇光，柴德赓于安定中学时的同学。

之我辈公教人员生活，实在有天渊之别。迩来天气闷热不堪，畏于握笔，专此草草，只愿

教安

并候璧子小姐安好。

李弟崇光拜启　八、十三

李国宪[①]

李国宪夫妇，1962 年

（一）1963 年 10 月 3 日来函

德赓学长：

久不通讯，近可健好？

弟居此已久，诸均安妥，惟江南诸故旧久阔，不无怅憾。

惠师去成都出席省人代会，本期开课 —— 丝蚕学。今春曾患脑病，医养二月余始好转。

① 李国宪，柴德赓同学。

暑期曾去南温泉度假，摄有小影，附陈，希哂纳。
便希随时来信。耑此，顺颂
教安　并颂潭祺

弟李国宪　63.10.3

重庆北碚，西南农学院蚕桑系。

李　瑚[1]

柴德赓为李瑚素册题诗

（一）1948年初夏册页录诗《秦州杂诗》[2]

闻道寻源使，从天此路回。
牵牛去几许，宛马至今来。
一望幽燕隔，何时郡国开。
东征健儿尽，羌笛暮吹哀。

老杜秦州杂诗悲凉慷慨，允推绝唱。初夏无事率书其七以应伯琦学兄之属。柴德赓。

① 李瑚（1926—2013），字伯琦，辽宁锦州人。1949年毕业于辅仁大学。

② 已载于《辅仁大学师生书画集》。

李季谷[①]

（一）1946年10月23日来函[②]

青峰吾兄：

日前张基瑞兄自杭来，悉尊况綦详，至慰远怀。昨日得自平十月十七日发书，尤深欣慰。台师院九月一日开学，教员七十余人，已到齐。世瑛[③]兄功课，现虽托人暂代，久代终不大好，恳代促速驾。又和内半壁街九号陈寿琦兄亦来台，乞世瑛兄代约同行。专此即请

俪安！

弟季谷谨启　十、廿三

① 李季谷（1895—1968），原名宗武，浙江绍兴人。历史学家、教育家，柴德赓于杭州一中时之校长。

② 已载于柴念东编：《青峰草堂往来书札》，商务印书馆2015年版。

③ 许世瑛，字诗英。

李平心[①]

（一）1961年12月15日来函[②]

德赓同志：

拜读大作[③]，至佩。已转交《文汇报》，郑心永同志认为可以发表，付排后当代校对一次。蔡东藩其人其书知者甚少，青年一代更为陌生，吾兄既整理其书，复介绍其人，这是一件甚有意义的工作。若能详注（逐回逐段加注）蔡书史料出处，更便读者，惟所耗日力必多，我的建议恐难实行。我认为仅仅是修订标点，也予初学历史的读者帮助很大，但愿早观厥成。

吴泽同志昨日告我，兄有意撰"陈援老与史学"一篇，甚盼早日命笔，如无暇为文，能来师大讲演一次，俾青年同志当场记录，亦所欢迎。[④]

寄上《论康熙帝的历史地位》一篇，暇乞指正。《训诂、文法与音韵》略有补正，一并附呈。

《十论》有友人拟读，《新建设》如能找到，请寄下一用，俟友人读毕，当再寄上。如找不到，毋庸费神。

敬礼！

平心　十二月十五日

---

① 李平心（1907—1966），江西南昌人。著名历史学家、社会学家。民进创始人之一。

② 已载于柴念东编：《青峰草堂往来书札》，商务印书馆2015年版。

③ 柴德赓著：《蔡东藩及其〈中国历代演义〉》，载于《文汇报》1961年1月25日。

④ 柴德赓于1962年初赴华东师范大学作了《陈垣先生的学识》报告，载于《励耘书屋问学记》（增订本），生活·读书·新知三联书店2006年版。

蔡著《演义》除分段加点外，人、地名希望一律加上标号，如此可节省青年读者不少精力，也有助于理解记忆。现在许多新书有点无标，初学者阅读甚为不便，不知尊意以为如何？

平心又及

励乃骥[①]

（一）1948年3月16日来函[②]

青峰贤棣台惠鉴：

积日未晤，甚思。元度假、起居，清胜为颂。

兹敝邑象山有一碑曰《大瀛海道院记》，元至治二年二月建，《寰宇访碑录》著录之。书丹者赵子昂，撰记者吴澄（《草庐文集》有此文），最末三句为“日余，十有二杓贞于天田，延祐第六春也”。有人解之曰，延祐六年二月十二日也。骥俭腹自惭，以此碑为家乡文献，思了解一切，以增学问，非“一物不知，儒者之耻”之意也。（《天官书》亦查过，如“杓携龙角”等与此似可相合。）

棣台努力前进，已为博士，而尊师援庵先生对于朔闰、元史研究尤为海内巨擘，有独到胜人之处，倘能解释示知，实不胜企望之至。“不问，则德音有遗；多问，则重劳二谢。”古今人可于及也。专勒，顺颂

大安

励乃骥拜颂　卅七、三、十六

① 励乃骥（1897—1967），字善湛，浙江象山人。考古学家、文物鉴定家。

② 已载于柴念东编：《青峰草堂往来书札》，商务印书馆2015年版。

历史研究所[①]

（一）1956年2月7日来函

柴德赓教授：

近阅报载，苏州发现若干碑志（大概存苏州博物馆中），这将对我们研究中国资本主义萌芽问题提供很好的史料。因此，拟烦劳您打听一下，可否购买这些碑志的拓片（每一种要三四份）？每份需款多少？如可购买，即先将款汇上。请函示。先致谢意。此致

敬礼

中国科学院历史研究第二所办公室（印章）二月七日

（二）1957年1月24日来函

柴德赓先生：

您于去年二月份从荣孟源同志处借出《时事画报》五册，不知是否用完？如果用完请赐回，因本所急于作资料清点工作，特以奉闻。此致

敬礼

中国科学院历史研究三所近代史资料编辑组（印章）

五七年元月廿四日

① 中国科学院历史研究所。

（三）1957年4月20日来函

柴德赓先生：

我所购您所荐旧书《章太炎年谱》一书，早已于57年2月18日寄上6.00，现仍无见收据，希您见条后，出一收据。以便清账。此致

敬礼

中国科学院历史三所资料室（印章） 57.4.20

柳诒徵①

（一）1950年代为《墨缘》代册页题词②

疏通知远而不诬，深于书者也。

青峰学长。柳诒徵。

① 柳诒徵（1880—1956），字翼谋、希兆，江苏丹徒人。著名历史学家、古典文学家、图书馆学家。

② 已载于柴念东编：《青峰草堂师友墨缘》，商务印书馆2013年版。

刘翰屏[1]

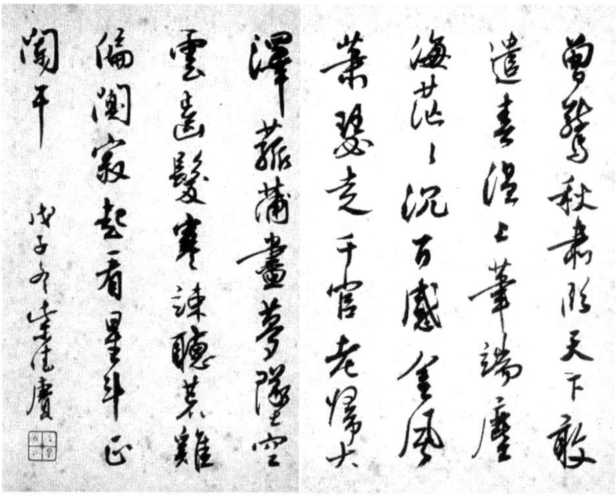

柴德赓为刘翰屏素册题诗

（一）1948年冬为其册页录鲁迅诗[2]

曾惊秋肃临天下，敢遣春温上笔端。
尘海茫茫沉百感，金风萧瑟走千官。
老归大泽菰蒲尽，梦坠空云齿发寒。
竦听荒鸡偏阒寂，起看星斗正阑干。

戊子冬柴德赓。

---

① 刘翰屏，辅仁大学1947届毕业生。

② 已载于《辅仁大学师生书画集》。

刘兼林

（一）1956年6月14日来函

德赓先生：

我们发出去的《辛亥革命待访录》，中国史学会广州分会搜集如下几种：

1.《新湖南》，湖南之湘南人（杨守仁）著，一九〇三年刊。

2.《新广东》，太平洋客（欧榘甲）著，横滨新民丛报社刊。

3.《章炳麟驳康书》，邹容《革命军》合刊。

4.《民报》，孙继、陶成章、章炳麟编同盟会机关报。

5.《中国革命记事本末》，郭孝成编（一九〇七年）。

6. 张振武、蒯楚生编，一九一二年，《新民书社刊》。

7. 沈蕫《支那汉族》，黄中黄著。

以上七种系广州私立岭南大学图藏。

该分会后来又有信来，说是关于这方面的资料继有发现。您如果和他们通信，可迳寄"广州石榴岗华南师范学院李稚甫先生"。

不日即写信给神州国光社，再要一部分抄写费，款寄来后即行送上。致

敬礼

弟刘兼林拜　六月十四

刘烈人[①]

（一）1962年10月3日来函

德赓同志：

因为懒，未作复，想你能谅我！

你在北京熟人多，拉你的夫当然不少，你自会安排，用不着多舌。但我也有三点意见提供你作参考：第一，在整个的时间，共只有一年，看起来好长，其实一混就到了。因而任何差事不能影响编书，或者弄得你大开夜车，如此可能影响编书质量和身体健康；第二，史学家相聚不少，在可能范围内，抽点时间，交换如何办好历史系和有关这方面的经验，使我们的历史系办得更好一些；第三，北京的供应仍不够理想，困难是不少的，加上事多并且是相当烦重的思想活动，体质消耗是大的，当然组织上会照拂你的，但自己小心些是主要的。一定要注意劳逸结合，觉得运动也是好的。希望回来时，完成了编书任务，身体更健康！

关于学院近况，想杨[②]、吴[③]两同志已奉告了，故尔只提这三点小意见。我近来较好些，争取你回来时，打打网球，阿对[④]？致以

敬礼！

烈人　十月三日

---

① 刘烈人（1910—1982），四川安岳人。时任江苏师范学院党委书记。

② 杨巩。

③ 吴甦。

④ 吴语：对吗？

（二）1962年10月21日来函[①]

德赓主任：

来信敬悉，院庆昨天举行了。内容令人满意，学术报告共一百二十余篇，特别展览室内各教师的备课资料，使人感到，说明当一个人民教师是不容易的，颇有教育意义。

从来信看，你确实太忙了。你对审稿那样认真，是好的。关于你自己的那部书[②]，不管谁订合同，应乘此机会写好，表示自己对教育上的贡献。主席说，中国到今尚无一本较好的历史著作，希望你们能完成这个任务，那贡献就更大了。在资师培养上，我们早已提示了，各系都在做了，由于我们的官僚主义，没有像北大那样抓，请你将他们的具体经验告我，今后一定抓教师的提高来提高教学质量，对不？

你那样忙，仍要请你注意健康，有何困难，请告我！致以

敬礼！

烈人　十月廿一日

① 已载于柴念东编：《青峰草堂往来书札》，商务印书馆2015年版。

② 指《中国历史名著介绍》一书。

刘孟白 ①

（一）1955 年 12 月 20 日 来函

德赓同志：

收到您的来信，高兴的很。老同学们提起来还都认识，都是一九三三年前后出的学校，请替我向他们问候。噢，还有萧毓秀同学（张焕庭同志的爱人）也应代我替他问候。

您给高教出版社审查的两份讲义（亚洲各国史等）已送原编者修改。

教材工作仍是艰巨的工作，在毛主席的“全面规划，加强领导”的号召下，我们这也在进行规划，不过主要的还是在学校的力量。老兄到江苏，又有徐嗣山等老同学，如能推荐出几种交流教材来，对解决教材问题是功德无量的。

北京十八日晚间已下雪，天气还不冷，雪不大。溜冰要等到廿五日以后了。

针灸用针，听说苏州产的不错，如可能请代购 1 寸、1.5 寸各五棵。

此致

敬礼！

刘孟白 20/12

① 刘孟白，1933 年北平师范大学教育系毕业。时任职高等教育出版社。

刘乃崇[①]

蒋建兰与刘乃崇（右），1955 年

（一）1955 年 11 月 13 日来函

青峰师：

从前都在北京，虽然常是多日不见，却感得到离得近；现在天南地北了，

① 刘乃崇（1921—2011），天津杨柳青人。著名戏曲理论家、评论家。辅仁大学 1941 级数理学系学生。

虽然时间还不长，可是能够随时想到我们是分开很远。分开很远的感情，促使我这属于最不爱写信之类的人，也写起信来。

因为戏必须天天演出，剧本的创作、研究、编辑、出版的工作，就不可能停下来，因此，我所担任的工作，一直没有可能暂停，近一个时期，就一直和运动同时进行着。在工作、学习都恨忙的时候，我又病了。在一个月以前，就突然哮喘起来，来势颇猛，迫使我不得不休息一下。于是急忙用四种疗法同时并进，又是打针吃药片，又是喝“白虎汤”，又是组织疗法，又是打梅花神针，终于把病压下去了，现在已经基本上治好了，不喘了。但仍要半修养，多留心，衣服也厚起来了。最近，又要到山西去，当然不是“转地疗养”了，是去参加山西省的戏曲讲习班，大约明后天，就要动身了，一个月之后才能回来。今年一年都没出去，最后还是要重游太原一次。反正总要东跑西颠，不定哪天就跑到江南相会了。

苏州这半个天堂比那半个（杭州）如何？有些什么名胜之地？初就任的系主任，工作一定很忙吧！想来在新的工作岗位上，会有些不同于原有主任工作的新体会、新心得、新经验。在新岗位上安定下来后，是不是将有新的学术研究的计划？记得那天遇见了元白[①]先生，他说：北京师大的学术研究空气不浓，这一点连我这“外人”也有所感。您到外地去，是否可以不同一些？

我大哥、大嫂自四川回来了，使二十年来只有父母子女的家庭顿时热闹起来了。他们的孩子都留在重庆、成都两地上学，如果回来，就更热闹了。

我想还是应该比较经常地写写信，“见书如见面”也。再写吧！致以

敬礼

乃崇　十一月十三日

今天去兴化寺街，援老[②]精神很好，正要赴彭市长宴去。又及。

① 启功，字元白（元伯）。

② 陈垣，字援庵。

刘乃和[1]

刘乃和 30 周岁于北平，1948 年

（一）1948 年 5 月 21 日诗札

急雨洗残瘴，江边闲倚楼。
日依平野没，水滞断槎流。
捣纸荒村晚，呼牛古巷秋。
腐儒忧国意，此际入搔头。[2]

戊子五月廿一日写于青峰草堂。乃和。

---

① 刘乃和（1918—1998），天津杨柳青人。著名历史文献学家，陈垣秘书，柴德赓于辅仁大学史学系任教时之学生。二人来往通信较多，柴德赓往信部分刘乃和亦有留存，她去世后全部资料转由内蒙古师范大学收藏。与柴德赓一家世交。

② 录陆游《江楼》诗，与陈垣校长、启功、周祖谟同于柴德赓寓所。

（二）1948年为《墨缘》册页临米芾《穰侯出关诗贴》[①]

穰侯去国缓驱车，蔡泽还来取范睢。

恶客只应真可厌，怪他汉相馆丘墟。

青峰吾师正临。乃和。

（三）1955年11月29日来函

青峰师：

你走后已两月有余，我们彼此只各写一信，似觉太少，你以为怎样？我们都争取改变这种状态如何？

自你走后，我的工作比以前更为忙乱，大有捉襟见肘、顾此失彼之势。首先要告诉你的，上星期三（廿三日）我作了一次观摩教学，听师母说已告诉你。事情经过是这样的，有一天白、何、赵[②]正在谈这个问题，因为这学期拟在中西史二方面，各有一人作观摩教学，我正进那个办公室，赵即指着我说，就是她吧。我还是不知怎么回事，后来才知是请赵作，他不愿意，就这样决定我了，我也很愿意。当时我正讲《战国策》，下面就是《伯夷列传》，于是就选了这篇，因时间的限制，准备不够充足，前几天因系中工作，我是声气不通，如何做法，我全不摸头，情绪不免紧张，等真正到了那天，临上课时，也就硬着头皮，讲了起来，结果讲得遂勉强。第一节介绍《史记》，第二节讲前半《伯夷列传》，第一节讲得好，第二节较差。不过我嗓音洪亮，在很大一个教室，嗓子大，却是一个优良条件。第二天下午开评议会，可怜我连会上我应讲什么都不知道，问也无从问起，又是硬着头皮去开了，结果得到出席人还算不错的评论，真是始料所不及。听课时校长也去了，其他出席的，除有课的先生吴宏中等未出席外，

① 已载于柴念东编：《青峰草堂师友墨缘》，商务印书馆2013年版。

② 白寿彝、何兹全、赵光贤。

余皆出席，共十六人。赵贞信先生首先以教学法原则分析，他说我这几年进步是惊人的，因为从前听说我讲课很不好。我想他所说即指当时在辅仁，他和同学谈的，还有其他老二[①]等等的话语，因为我觉得，几年以来，在党的教育下，在校长和您指导之下，自然不能说没有进步，但还不至于是“惊人”的，你最了解此中错综情况，想来如不解放，真是曲直莫辨了。当然我所指不是仅仅说我教课的问题。大家发言很踊跃，会上意见也各有不同看法，有争论，意见我已全部记下，总是我今后教课的很宝贵的参考。王[②]、白最后下了结论。总之，这次差堪告慰，未负所期，今后更要加强努力，才能进一步提高教学。

世界史是张文淳，不知他的课已否上完。

学校目前正在进行改货币制工资，这次遂有极少一部分要升级，教员百分之十五，系中由主任提名，不组织核心组了，已经提谁，我不知道。

重老[③]并无消息，前天听说并无进展。前几天遇见胡梦玉，她说正要到校长办公室去谈谈民进组织问题，她也知张的事，她说自你走后，并未开展工作。

物理系正副主任都换了，余则未动。学术刊物，即名“北京师大学报”，定十二月出版，约校长写稿很急，但校长说没有可用的，现尚无着落。《光明·史学》，你走，老二不能用，因此前开会已补上赵光贤及王真。编辑工作由北大多负责。“师大教学”我已为你订好，最近即为你寄去，以后每期由校部寄去，如有缺漏，即请告我，我可去查问。

校长寿诞之日，中午萧、启[④]曾来小坐，下午学习即走。我与师母拟约寿星共进一餐，时间不凑巧，这星期师母检查教学，大约须下周“举行”。

听说你被邀请为政协委员，并仍选为常委，真是令人高兴，这里先向你庆贺，有机会你要请吃一块糖了。但是千请沉着冷静，不露锋芒，你怪我直言吗？

你是教一年级课？还是教一二年级课？请你把一年级选文目录寄我一份，

---

① 编注：疑似指罗志甫。

② 王文枢，时任北京师范大学历史系主任。

③ 张重一。

④ 萧璋、启功。

以便我学习。我今年此学期，只讲《春秋》三传、《战国策》及《史记》，下半年题目尚未考虑。今年选文十三篇，其中只有四篇是以前讲过，其余都未讲过，因此有些吃力。你又不在这里，不能随时请教，甚有影响。

耀平[①]回京前，仍路过你处否？萨其马[②]吃得如何？

大哥大嫂回来[③]（他们离京，前后共二十三年），请你来信，替我做些工作，请说一下多少年来我负担家庭的困难，便中提一下，你旁观人讲一下，甚便于我们相处也。再谈

敬礼！

乃和　十一月廿九日

（四）1956年1月8日来函

青峰师：

找旧东西，找出几张旧信纸，给生人不好用，拿来寄苏州吧！寄给您用破一点的没关系。

听师母说她二月初就要去苏州，如此一来，老夫子这里就更寂寞了。我真不愿意她走，但是对您来说却是个好消息。

学校事，接触得太少，新校路远，去的机会不多，将来北校再搬出去，恐怕就更困难了。原来北校的校部，可能今年暑假让出去，大楼则正在交涉，现尚未确定，看来全部搬出的可能性很大，有确实消息时再告您。

新年学校很热闹，但我只参加了一部分。全校三校皆有团拜，在新旧年交替时，一日下午有三校长名义请的教授、副教授座谈会，并有文娱节目，校长未出席，因上午拜年人来得不少，有些累了。二日校长三人分别在宿舍宴请专家，校长是请的校长顾问（新来的）和历史系专家（即政教系者），非常热闹，

① 柴祖衡，柴德赓长子，乳名耀平。
② 柴德赓喜好吃萨其马。
③ 见刘乃崇来函。

校长精神很好，把南屋布置的像模像样。系里除夕下午有联欢，到得人不多，原来王主任[①]喜京剧，会拉胡琴，我还唱了一段，晚在东来顺聚餐，我未去。

一日的座谈会，系中所有教授、副教授都请了，但老大、二、三[②]皆未到。最近也很少看见他们。老四[③]整天上班，也不血压高了。

十二月曾进行改货币工资，结合升级，系中资料员、职员牛马皆升。近来赵先生[④]已把下学期让牛[⑤]上课几次事告诉了他，他最近听了我几次课，我也欢迎，免得一人教没有替手。二年级的课，张大哥[⑥]讲得如何，我因最近较忙，未听，据牛说内容简单，无材料，不及前二人，我已要他笔记，下周即可看到。

学校最近有提升级（改名义）的事，系中提得不少，吴、赵[⑦]二人提升副教授，龚、陈、张[⑧]等提讲师，无有吴[⑨]某。但结果通过了谁，现在还未详，请先保密，确定后再告您。

校长听您信里说"辛亥革命"已印出，很高兴，急欲一看，您何时能寄来，最好早些。

我们的课，这周结束，自下周使就是考试周。我的课在星期三考查，考完我就可以松一口气了。希望您把此课选文目录抄给我，最好包括两学期的，为何总不寄来呢？五六年科学研究题目已拟就，系中题目不少，张大哥也有，是关于"长城"的，去年的不知怎样了，陈桂英是"辛亥革命的妇女之什么"，她和你要材料了吗？龚书铎是"谭嗣同"。

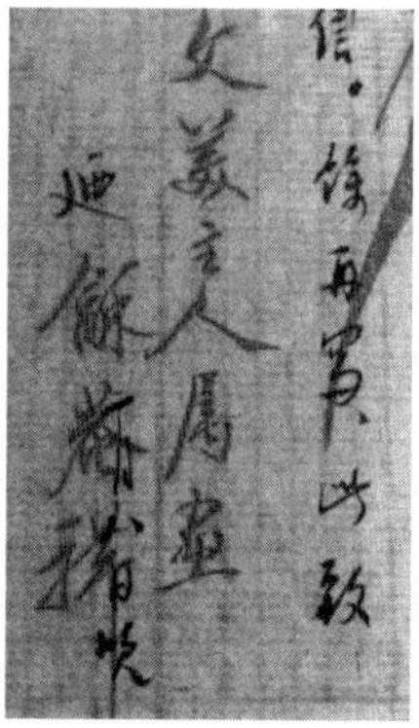

刘乃和来函落款

① 王文枢。
② 编注：疑指罗志甫、刘启戈、陈正飞。
③ 编注：指张次溪。
④ 赵光贤。
⑤ 牛继斌。
⑥ 张鸿翔。
⑦ 吴宏中、赵光贤。
⑧ 龚书铎、陈桂英、张守常。
⑨ 吴曼柔。

忘了告诉您，中文系提升这次有葛①，也不尚不知道过否。

重老②事尚无消息，也未见着，大约快结束了。

北京近来很冷，现在我屋就很冷，不写了，恳切地希望能常常看见您的信。余再写，此致

敬礼！并祝健康快乐！

乃（龢③） 一月八日晚

（五）1956年1月14日来函

青峰师：

九日发出一信，前日得您来信，也是九日所写，我的信想您也已接到。信李充满乐观情绪，极为可贵，"青春常在"正可为吾师颂也。

今晚作书，主要内容就是校长《朔闰表》最近已付影印，其中有些许修改，记得您那里也有一些记载，中间有处需研究者，希望您赶快写来，尚来及更正，以使得此书更为精确，如迟几天，就不能赶上了，恳切的希望您赶紧写出来为要。

又"辛亥革命"印本尚未看到，不过您寄老四④，是否恰当，他尚未作结论，而且自运动后，我们并未正式见面交谈，不知他接到后，是否给我们看，最近我也不常到系里，也未见到陈桂英，所以书尚未看见，以后寄给谁，请您考虑一下。

听说您八月可来京，二寺主人⑤都很高兴，可惜现在刚一月，在这一问题上，真希望日子过得快一些。八弟⑥今日午间自太原归来，共去两月，身体很好，工作成绩不错，我们尚未细谈。

---

① 葛信益。
② 张重一。
③ 编注："和"字未写，此处信笺纸有"龢"字，正好以代之。
④ 编注：指张次溪。
⑤ 兴化寺陈援庵，能仁寺刘贡扬。
⑥ 刘乃崇。

过去一段时间，我可真够困难，有什么事业无处商谈，不但您不在，连八弟也离开北京，校部又搬新校，重老又有问题[①]，真成了无处商量，今天八弟回来，比较好些了。今天《北京日报》要一小稿，我马上觉得有些着落，和他研究了一下，才发出了，不知他们用不用。

稿是庆祝北京市社会主义改造的胜利，全市庆祝大会，实在明天（实在已是今天）天安门前举行，这是巨大的胜利，可惜文章写得索然寡味，时间太紧，学习不够，说真格的，真有点跟不上了。

师范教育规划问题，大约北京师大，本科生并不发展，主要是发展研究班和函授学校。最近结合国务院的精简机构，重新考虑全校干部的分配问题，正在作全面计划，也在考虑具体人事，恐最近即有新的大的变动。

《人民日报》上登载的对华岗[②]的批判文章您看了吗？不知他是什么问题，大约校长已撤职了，不过不知具体情况，您有何所闻。

我的课，这星期已经结束，考试三周，考完放寒假一周，下学期课，我尚未作计划，很希望您能把所讲的目录，抄一分以作为学习和参考。

北京这几天已不很冷，正像您所说寒潮已过去了。校长前些时伤风，天也太冷，未出门，这几天也见好了。很希望能常接到您定的来信，以作面谈。

余再写，您看这五花八门的信纸，如何？只能给您写。

敬礼！

乃和　一月十四日夜二时

（六）1956年1月20日来函

青峰师鉴：

今日得十七日来书，关于“辛亥革命”事，正好得信的下午就见到王主任[③]，

① 张重一因肃反问题悬而为决。

② 编注：华岗时任山东大学校长，因胡风案撤职投入秦城监狱。

③ 王文枢。

和他谈起张次溪事，他说张尚未作结论，不过工作上联系还可以照常，如此说来，您寄给他还是可以的，因恐您最近就要寄下面的稿，故急写信给您，仍可照寄。

关于此书署名问题，尚未谈到，今信暂时不复，有消息再告您。

系中四位情况，我并详知，十六日在天安门前庆祝联欢大会，学校共有一百多张观礼请帖，我勉强有机会也得以参加（校长是在天安门上，但因天气不好未去），因此遇见了老大[1]，他说让我顺便告诉您问题已弄清，王主任曾找他谈过，说还不能下结论，但无政治问题（今日问王，王亦如此说），他说斗争他时可看出谁是好朋友，说您在他椅旁安慰他等话，并说您应当相信他，这多年还不了解吗等话。我亦未敢多语，今顺便告您。

辛亥稿，张[2]在十七日晚七时送呈校长宅，他说刚刚接到，并已交陈桂英一本，陈正忙考试，恐没时间校。想给我留下一部分，我说最近三天内无时间，三天后尚可，他说二十日就应寄还给您，我想来不及，就没有留下。他说他去张大哥[3]处，恐张也不能校，我说那就请他多看看，他说他自己看过了。大约也并未细校对，我告他晚一二日无关，但既校就要认真校对。他说您教他送给荣孟源转范老[4]，说过就走了。但与您信中所谈不合，故告您一下，不过王主任既说寄他无关，他可以跑跑路，倒也有好处。

您信中所谈其余各事，俟办好，或有结果再函告。

匆匆写此，暂时结束，下次再谈。

《中国佛教史籍概论》已印好，并已寄上。《人民日报》今日又陈老文章，看后请速来信，并发表感想。

敬礼！

乃和　一月二十日晚

---

① 编注：疑指罗志甫。

② 张次溪。

③ 张鸿翔。

④ 范文澜。

（七）1956年3月16日来函

青峰师：

您的信早已收到。知道您已赴南京参加省政协，大家都非常高兴，您政治地位的提高，说明您几年来努力是有很大进步的。希望您继续努力，在不久的将来，听到您更大的成就。这次南京收获如何？所说的大批图书，不知已接收过去否？

近来我课也没上，成绩也不见好，正在复查《史讳举例》，估计再有两星期到三月底，或可有完的可能。

学校里正在忙教学经验交流会，各种论文（行政的）印好分发，请大家提意见，整理材料，画表图，照图片。直观教具展览有一预展，十八日举行。

新楼已使用，南边的是文史楼，现名为政史楼，历史专业在三楼，每层都大了，但并不合用。这次提升的教师名单，想您已在《师大教学》上看见，葛[①]果然升上来了，吴、赵[②]则这次系中未再提，故未讨论。

汪堃仁、胡志彬已批准入党，校内尚未公布，大约下期《师大教学》就要登上了。我听何说，咱系中白及您房中上房住的朱[③]都已申请，现尚未批准。

耀平前日到校长家坐了一会，他因去后门看病，故有空来了，听说小妹[④]、小弟[⑤]都很好，想他们常有信去。

师母去苏州后，生活是否已习惯，家中开火否？生活、购物等方便否？上课情况如何，想甚顺利也。

吴柔曼寒假里已结婚，未通知系里，我听王主任[⑥]告我，我才知道。

---

① 葛信益。

② 吴柔曼、赵贞信。

③ 朱庆永。

④ 柴令文，柴德赓之女，乳名小妹。

⑤ 柴邦衡，柴德赓次子，乳名小弟。

⑥ 王文枢。

附上寄来信一封转去。我正写在这里，校长来电，说给您道贺！此致

敬礼！

乃和　3月16日

师母安好！

（八）1956年5月3日来函

青峰、璧子吾师：

四月廿一、卅日两信均收到。接师母信，校长亦很高兴，我是平生第一次得师母信也。"程度差，怕看不上"的思想实实不对头，万不可如此想，希望今后能多看到来信。

申请入党是好消息，大家都为您高兴。昨日启先生来，亦谈及此。我的事真是我觉悟太低，因循已近三年，很早前何副校长[1]即主动找我谈过一次，后找行政支部书记谈过一次，他让我写材料，后即未再谈提起，材料也未写成。最近已重写申请书，支部书记已谈话一次，说将组织一次学习，但目前校中党委会正忙于准备党代表大会，学习计划还未拟出。昨日何来问起，问我已进行如何，我告诉他后，他说恐怕还要等一些时，才能开始。何来时，已将您事尊嘱告他。希望我们都以实际行动来努力争取吧！

何副校长最近出去学习，学校工作暂时停止，完全脱产，不在校内。傅副校长[2]被选参加全国先进生产者工作会议。这几天学校接待外宾工作较忙，就不得不是校座亲自出马也。

张重老事[3]已解决，想他已给您写信 。您信已于接到当日照转，是我自己送去的，那天还未宣布，这是自去年八月后，我第一次去看他，实际是很惦念的。过了两三天，廿八日下午他忽然去兴化寺了，说当日上午已作结论，结论

① 何锡麟。

② 傅种孙。

③ 张重一。

是他没问题，完全是被人诬告，现在已把问题弄清，最近教部即可找他谈调动工作问题，听说还要升级，但张本人现在尚不知升级事。张精神还很好，样子也未改变，尤其问题肯定后，更加倍高兴。

教学经验交流会文件，我去要，直到现在也还未送来，现在先寄您我手中有的三份，您先看看。其余有很多和我们专业关系不大，附文件单一份，您须要者速告我，我再寄去。前信附邮苏联专家讲演集，是否已收到？望告我。

许地山爱人[①]，也是全国先进工作者，前到北京时，去看陈乐素，晚间洪美英陪他来看校长，我也见到。他提起在南京曾看到您。

沈君《敦煌年表》尚未写，因近日较忙，但是可能给写，上次信说去问内容，不知已问来否？年表是记什么内容的呢？

最近报纸上登出校座文章两篇，不知能看到否？四月廿八，《中国青年报·从吕再生事件谈到教师修养》，又五月一日《教师报》创刊号《祝教师报创刊》，不知苏州已有《教师报》发行否？

廖太初“天讨”照片事，我还未去问，得暇当与欢送照片同志去问也。先寄上植树照片一张，你们看神气如何？

又《师大教学》还收到未？恐已到期，当再去订。

系里调出人员，领导已决定，历史专业共八人，尚未公布，未作最后决定。其中有教、讲、助，有好有坏，并包括原拟调出的二人，不久或将公布。您校欲调什么课助教？

前些时，忽然金家瑞来找我，已二年未见，他说最近正在写东西，是完成已订的合同，暑假后仍想教书，因知北京无机会，已写信教部，说何处都可以。我从旁听来他在北京也曾进行，师大自无望，师院因有人了解他，恐其工作态度仍未改，亦因不急需要，故已回决。不知您校有需要否？

我的课仍是牛[②]代，教得还可以，每次都是我帮助备课。听说关于此课编

---

① 周俟松。

② 牛继斌。

写大纲事，部里已有公函到系里，说已委托您校，师大如有意见及经验可函告。不知有无消息、去信否？并无人问我。

我系可能暑假后大改组，人事也有变动，不久当能有确实消息，当早告您也。

听说师母已在教普通话，看来您普通话水平并不低也，不过在北京显不出来而已。一笑。

评定工资即将开始，听说这次教授各级之间相差很多，且级别减少，想定有大变动也。

系中白、何均已申请，中文系陈秋帆已申请，谭某已恢复党籍，顺便告您。

连日未得暇写信，今日总的写此长信，以作面谭。盼常来信，此致

敬礼！

乃和　五月三日晚

另邮书一包。

（九）1956年5月20日来函

青峰师：

十一日函已收到。连日都准备写信，都未得暇动笔。前信说寄上交流会文件目录，但未封进，这次随函奉上，你要那一种，速告我，因所存不多，恐日久不易得了，不过和历史专业关系都不大。

对山西师院要籍课所提意见已送出，校长说因谈到您的意见数处，特亲笔（来信时请提一下）签名寄上。

关于张[1]在“辛亥革命”列名问题，张也去找校长，请“主持公道”，也曾给“总长”写信，“总长”见着时，曾为之“请命”。张的问题，听说已给结论，张自己说曾为此事，问过领导肃反的同志，据云此事是业余的工作，他们不便

① 编注：关于张次溪参加《辛亥革命》整理列名问题，范文澜曾有指示不列名，但最终还是俱名于编辑名录。

表示意见（是否您应直接请示）。张又曾托过张大哥为之闺说。大哥这次大为积极，三次来见老师，前二次皆未见到，第三次说应当列名。校长的意见（没有和别人说，只让我告您）说如果范老同意也可以列上，您看如何，请请速告我。

《教师报》你们那里这样快就可以看到，不知《青年报》如何？丁浩川新职务尚未公布，故随已到职，并不能在报上改变。黄[①]在学校，各种文件上，仍为副职。

“介绍及选读”，系里已决定二年级连教，“介绍与选读”混合，一年级自古代至《史通》，《史通》以后为二年级讲。不过下学年的二年级，尚不能改过。

学校正开始作评薪的准备工作，听说这次很不好作，大家因学校要调一二一人，又因评薪事，思想上有些波动。科学讨论会在六月二日召开，共有论文五十篇，历史专业三文，白、赵、何[②]，白文在大会报告（《师大教学》已为您续订）。

您出去报告考师范，有何新心得，速告我一些，以作宣传时的预备。

校长让我告您们（包括师母）请多多来信，不要因为他不写信，您们就不来信。余再写，请来信，此致

敬礼！

师母：您身体好！

乃和　廿日晨

（一〇）1956年6月8日来函

青峰师：

首先向您祝贺，昨天听小妹讲，您再一次作爷爷了，可喜、可贺。

最近较忙，未写信，我也感到你们来信也不太少，而且常是所答非所问，

① 编注：疑指黄彦平。

② 白寿彝、赵光贤、何兹全。

也是太忙了吧！

先问您一事，即：如调陈继珉为老师科学研究助手，您以为怎样？听说他近来为老白[①]查材料，我还未了解清楚，准备再了解一番，很迫切地等您回信，对此事发表意见，以作决定，如不妥，旧人以谁为佳。

师大在科学讨论会，老白论文在全会，出席人很多，二所[②]来人不少，系中讨论，我因时间重合，未得出席，兹随函附寄讨论会日程表，所请来宾只京津二地，但出席者则天津无人来也。论文中有要者，请来函速告知。

最近听一个重要报告，有报告一份，请查收，供您领导工作参考，精神可谈，报告不为外人道也。

系中改组事，部里未批准，暂缓办理。系里情况，我最近也不很了解。金家瑞工作已定在北京师院，已去学校备课，教专修班魏晋南北朝史。

听说小妹等住家都去苏州，您们有什么东西要带，北京特产等，望来信告我。

启[③]先生同部中专家视察，这次可以在华南一开眼界，系中选定他去，他自己亦未料及也。余再谈，

敬礼！

师母好！

乃和　六月八晚

（一一）1956年7月31日来函

青峰、璧子吾师鉴：

前得来信，未即作复，以正纠缠在各种稿子之间，未得空暇，今日积压事等清理得差不多。现我刚回家不久，正值大雨如注，稍解数日来闷热，忙作书

① 白寿彝。

② 编注：中国科学院历史所二所。

③ 启功。

问候。听说苏州热得更凶，久居北方，不知身体如何？

昨见吴宏中先生，他说已见到小妹，我还没看见她。吴先生今日起去北戴河避暑，为工会招待教师去休养，系中共三人，赵、刘启戈及吴。

系中调出支援兄弟院校共四人：陈①、刘为早已谈到者，即去年所谈。另有吴柔曼、刘仁成。陈去安徽，刘莲至陕西，吴去辽宁，刘仁成去内蒙，他们情绪都不佳，吴去否又在重新磋商，尚可能有变化。白先生去印尼，随文化代表团飞去，要八月中才能回来。

总务长工作还没定规，不知是何缘故。

教学大纲讨论会，八月三日开幕，你校想已有人来，情况我都不知道。昨天到系里，只见他们正忙函授，廿五日已开学，通史第一段为杨钊担任。

算来不久吾师即来京，不知师母能同来否？如来，二寺②均有住处。余再谈，致

敬礼！

乃和　七月卅一日

（一二）1956年9月8日来函

青峰师：

来京半月余，惜未得暇日，返苏很久，才得来书，老师有些意见。今早接信，信中所录《民谊杂志》一段，非常满意，能否将三期都寄来借阅。其中叶、温、马、黄皆系熟人，故很想看看，最好快些寄来。

学校工资改革，尚未与群众见面，约月中始能动员，不知你校如何作法，已否进行？已评为几级？

《辛亥》稿，你费力太多，惜未能一助，不知已印了几册，今年可否全部出

① 陈正飞。

② 指兴化寺陈宅、能仁寺刘寓。

版？张某[①]近已患半身不遂，已不能工作，不知将来能恢复否也。

前晚耀平曾来能仁寺，我尚未归，未见到，听说他是路过而来，没有事情。

所印稿纸，今晚忘带回样子，现拆下一张，但是红格，老师喜欢你的纸那样的蓝格或绿格，样式仍像励耘书屋原式，刻板一个，先印一刀纸（要好毛边），印后即请将版寄来，需款多少，是否要先寄去？能争取快些最好，因如能早些寄来，《日知录》即可等用此纸，越快越妙。

中央委员近日工作如何开展？学校最近开会，凡有民主党派负责人参加者，皆为胡某[②]参加，看来颇高兴也。

专此，即致

敬礼！

乃和　九月八日晚

师母同此！

（一三）1956年10月17日来函

青峰吾师：

自京一别，只互通一信，消息断隔，实不佳妙，应速扭转这情况。我母亲前忽患手麻，脉搏甚微，病势较严重，急接洽住医院诊治，住院三星期，稍见好转，已于二十日出院，在家继续疗养，因此近一周以来，心绪不佳，时间也因之更少，故久未作书问候。目前休养情况大体如老夫子，卧床，淡食，不能劳累，不能刺激，这几天倒还平稳，恐亦须较长期休养，一时亦难全复。

老夫子身体还好，精神也不坏，国庆前后，活动较多，这几天稍为好些，也曾说您不常来信，请注意。

前星期，小妹曾到兴化，说您身体也不好，不知现已痊愈否？念念。

---

① 张次溪。

② 胡梦玉。

学校里，中心工作是工资改革，及各部门作上学年总结。工资问题，尚未定案，不过校部已作最后决定，部中尚未批准。教授们意见最多，实则大家增加得都不少。大会小会开得无数，实难尽人满意也。您校中已有消息否？您是几级？有消息后，请告我。

系里，我因不教课，不常去，没什么新闻。吴柔曼已决定不调走，最近因怀了小孩，且有病住院，故无课。李光增（兼）、韩天平调至历史专业现代史组。赵则为第一室主任，何①为副系主任，已出布告。本年新留助教十四人。

老金调回物理系，办公室无人负责，工作由老关担起。王桂筠则调回生物系，曲去马列学院学习。

师母所要的讲义，我已要了，还没送来。最近讲课想甚顺利，不知还需要什么材料否？

《辛亥革命》已如何？再谈。

敬礼！

乃和　十月十七晚

稿纸怎样了？

（一四）1957年2月10日来函②

青峰师：

未通音问，一月有余，遥望江南，想春节康乐为颂。耀平弟南行，闻已归来，尚未见到。中学即将开学，小弟想已北归。

昨得来函，并《辛亥革命》叙言。老师已看过，无甚意见。今晚我亦细读几遍，觉得此文正像您信中所说，讲辛亥革命性质方面较简单，讲编辑经过多。而既是“叙言”，似应当多讲一些辛亥革命的性质，包括历史意义等，而编辑经

① 何兹全。

② 已载于柴念东编：《青峰草堂往来书札》，商务印书馆2015年版。

过则不宜太多。且字句意思多有重复，似可精简。又全书四部分、八册，要目不知有卷首有否总目，如无有，则叙中自应列上，有则反觉多余。又图片、引书目录，叙中不说，亦可一目了然。又资料困难的第一原因，含义不很明白。又第三册农民作用资料，既是“过去无人收集”，不知《东方杂志》所载是什么？是不是当时刊登的新闻性质，我不清楚，亦一并提出。又“无人”收集，能否如此肯定，均请考虑。我在原稿上迳自改了几个字，如不妥，请再改回。原稿一并附上，请查收。

听说二月里，有来京消息，不知确否？现师大尚未开学，自然我也并未放假。这几天内集中学习，今晚刚结束，故得复此信。系中先生，很少看见，赵光贤春节前肠又有病，已住院。荣国汉、李淑兰上月已批准入党，张守常、朱庆永已加入民进。想您已知道。

日本代表团也曾来师大参观，校部有人招待，老师未参加，想即去苏州的那个代表团也。

启老太太逝世，正好晤耀平弟，我擅作主张，送奠敬六元，不知妥当否？启先生尚能“节哀”，精神、身体尚好，春节后已见过一次。

今晚奇寒，手足僵冻，就此住笔，盼常来信。此祝

新春快乐！师母安好！

乃和　二月十日晨二时

（一五）1957年5月11日来函

青峰吾师：

久未给您写信，今午稍有暇，急忙写一封信给您，聊作面谈，您若还在龙头井，这时当去谈一会了。

近来突击任务较多，因此什么事都停下来了。从今天起较好一些。学校里关于学习毛主席报告，讨论如何正确处理人民内部矛盾问题座谈会，有党内外负责干部参加，至前天已举行了三次，但是还显得不敢畅所欲言，而且报上也没有

报导，至昨天别校都已意见甚多，我们还在缓步前进，《光明日报》给登了一段。今天下午急忙大开放手，各系教授、副教授分别座谈，看来当有一番热闹也。

系中事，我较隔阂，微闻二系分开之说，正在讨论。赵先生肠病又犯，进院住了一个时期，他自己不主张动手术，现已出院静养。尹[①]血压高，课已停，在家休息。朱[②]先生病虽见好，但未上课。前天看到吴宏中先生，他到很好，在家里写稿。学校里校部负责人少，事多，又轮流学习，因此顾不过来，傅前得病，情况危险，住院数月，现已稍恢复，现半日工作。

以上是十日午间所写，说也奇怪，正写的时候，得您再在上海给校长的信，于是停笔了，和老师看信，谈着可乐的“咒曰”等，说着说着时间到了，于是同去新校开会，参加大家提意见的会，晚间党内又有一会，散会归来，又已不早，信终未再写成。

《文汇报》上尚钺应江苏师院历史系师生之请消息，次日即已看到，正诧异为何没有系主任之名。北大讲坛，一次也没去成，只是范老[③]报告曾想去，后有别事未去外，余均未准备去。因此，范老报告内容也不知道。只听人说批评得尖锐而已。翦老[④]来请老师支持讲坛，虽已应下，而讲什么还没有考虑，您也替想想，如何？现在也真应该着手了，但老师也没有想到讲什么，真急人。

五一前夕，见到小弟，别人都没有见到。听说小妹实习，也不知成绩如何。

这里整风，今天（十一日）下午动员大会，大约先与群众一起学习《矛盾问题》，然后整风开始，具体日期，尚未规定。这次整风原来的“经济”基础已改变，我想旧的所谓“宗派主义 ”不会再提，而新的宗派主义却要整掉了。历史系会上，“国之四维”大发牢骚，谓过去以内部矛盾作为敌我斗争，大有意见。

您在上海，与尹老[⑤]居处相近，想有新闻，老师急想听到他的消息，有则快

① 尹敬坊。

② 朱庆永。

③ 范文澜。

④ 翦伯赞。

⑤ 尹文，字炎武，号石公。

些报告。前日《文汇报》有陈寅恪消息，想已看到，有何感想？老师说所以对二陈先生各无异词者，说："所以不提老师者，想亦是汪容甫所说'汝不在不通之列'耳！"岂不可乐！

学校科学研究计划，有一项是牛某《要籍介绍》，您的书写得如何了？盼早些能出版。又老师说：常常想用《越缦堂索引》，不知您用完否？

我半个月以前，也真够麻烦，自三月十九日开始，我父亲流行性感冒，廿日母亲又流感，引起心脏病，头晕，形势颇紧张，急去医院，当即住院，血压高，心脏衰弱，住院后，我和八弟又终续流感，都因太累，睡眠太少。母亲住院三星期，出院后在家静养，也真是一桩烦人事也。

各民主党派似都已开过中央委员会，为何民进还不开会？开会不开倒还罢了，不知何日公事北上，不禁盼望其早日召开！

我生活平平，无善，也无不善可述，就此住笔，即祝

健康！问师母好！

乃和　十一日晚十一时

（一六）1957年6月27日来函

青峰吾师：

八日、二十日两函，先后收到。九日下午你院邹君千里携来洞庭东山枇杷果两篓，刚好就是那天陈素姨[①]与君衡[②]弟来兴化，即将一篓并信一同带去，至于以后是否当时交到，则非我所知。枇杷肥硕，味甘水多，京中少见，老师很满意也。

连日来，会多事多，到处约老师发言，写稿，访问的也多，《史讳举例》校样又来了，因此忙得很。未能写信，非常抱歉，我心里也很着急。今晚稍得

① 陈素子，陈璧子之妹。

② 柴君衡，柴德赓三子。

空，又正好接您八日函，于是急写回信，聊作面谈。

学校右派言论，虽不很多，也不算少。有些事情，因为我不常在新校，也知道得不多。这几天正展开向右派言论作斗争，非常紧张。您校当亦如此。

前些时，您给老师一函，谈到学校中宗派主义问题，他人亦有提到，原函未得批，故亦未寄回。月初老师去函，想已收到矣。

对学校提意见时，系里有人谈到我的工资问题，认为评六级太高，是宗派主义。评级时是在去年暑假前后，我入党是在十二月，断不能提前先宗派主义一番。高不高固可考虑，而宗派也者，则实捉风捕影。我想，我既已入党，自应吃苦在前，得利在后，不要因高一级而影响团结，故已请求下降，尚未作决定。

其实我工作的情况，想吾师当尽知，劳动强度恐非一般所能担荷。但我想这也就不应计较。但因此我就想到关于《辛亥革命》稿费的事情。

在辛亥资料工作的过程中，究竟谁工作得多少，我一些也不知道。您信中所说分配办法，谈到“本按劳取酬原则”，想来是尽情尽理的分配。故宫［指单士魁］、张某［疑指张次溪］及您的分配，我提不出意见。而我们四人，您要重新仔细考虑。我的意见是：在实事求是、合情合理的情况下，我宁可少些，以免今后长期为人口舌（因为不只印一次）。切不可，我也极不愿为此区区阿堵，又惹来冷语闲言也。吾师当能谅察，幸再深思。

又，名次排列，前三人我仍无意见，其余四人亦要注意，总要以理服人，不然易生枝节。

如再有新方案，请即来信一谈如何。

毛主席报告中曾谈到，有人“争名于朝，争利于野”。我想人之所争，正我辈所不争者。吾师当深知我心也。

……［此处略 1640 字］

此致

敬礼！

乃和　六月廿七晨一时

师母大安！

（一七）1957年9月9日来函

青峰、璧子吾师：

君衡弟带来八月廿四日函，及张信抄件，又九月二日函均收到。君衡弟回京即去兴化；令文妹回京，早晨下车，下午就到兴化；还有祖衡弟亦在兴化相见。小妹携来月饼，都已收到。当日就是中秋，晚间大吃苏州月饼，对月遥望江南，秋月千里共明，惜难得畅谈机会。闻明年暑假，师母有来京消息，若真能来，实是好消息也。

前些时消息甚少，大家确实非常惦念。君衡弟来已略了解，小妹来京，就更知得多些。老师认为是一件喜事。深望此次受到教训，勿轻信人言，要深加了解。老师听说您能常和党委商量，非常高兴，让我告诉您，今后更要依靠组织。希望您常常记起这话。

重老右派，北京日报已刊出，最近未见他。启公如何，则最近无消息。他在学校，反右很积极，鸣放时也无怪话，而在校外情况则不知也。[①]

《辛亥》精装一部已收到，装潢很好，印刷也不错，全书我还没细看。第一天接到书，第二天报上公布荣[②]是右派，真糟。《人民日报》也有，想您已知道。

关于稿费事，有人争，有人催，看来真是重要，经手钱财，最易惹是非也。这种工作，劳动多少，很难称斤称两，也无法在天平衡量，不像计件活计，作了多少一看便知。这事情看来搬来会客单先生亦难煞评断人也。我自己的，我无丝毫意见。我看张大哥的既然如此提出，倒真可以“不要太认真”了，免得又多一蒂芥，不知他已回信否？

我家现在生活比前大有不同，八弟[③]不但早已改为薪金制，而且去年又有加薪，已大非当年我一人独力负担之时可比。不等钱用，可不必急着寄来。

---

① 时启功借调至中央文史馆，划为右派。
② 荣孟源。
③ 刘乃崇。

老师处，因我搬走，门口换人，小妹她们来，都不认得了。老戎有病了，有三种病，且有一种传染，故只得搬出去，仍住学校宿舍，现在还在医院。其中最重要的病是食道癌。据说此病发展很快，现在也未动手术。如动手术，危险也很大。

昨天我去新华，看见精装《辛亥》还有，如果要送乐素[1]，我即可买一套，以我二人名义送他。请速来信，不然恐卖完。

班书阁《要籍介绍》已出书，想您已看见。您的讲义如何？是否和出版社订了合同，很希望早日看到印出。我的笔记是否用完，顺便一问。《越缦堂日记》三本已收到。

有一件很重要的事，期望您给办一下。《励耘书屋丛刻》最近虽然印了一些，但是现在北京没有印线装书的纸张，已有二年没货。听说苏杭还可买到，希望您就近打听一下，如果有赶紧买些。连史纸，白色的，有没有论篓卖的。如果实在没有，毛边纸是否容易买，多大的张？多少钱一刀，多少钱一篓？可以邮寄否？希望您切实问好，急来信告知。这是很重要的事情。如果苏州没有，外地有无办法？因为要书的很多，而没有纸就没有来源，老师也很着急，如需要样子，速告我即寄上。

小念东[2]去苏，弄孙自乐，必甚高兴，不知是在家还是日托，想来祖母必又费一番精神也。

老师身体仍很好，最近不常出去，有事颇觉闷闷。《表微》二校已送出，《讳例》二校即将毕，都是好事。

我母亲今春又入医院一次，为时一月，近来虽觉气弱，精神尚佳。也时常想念您们。

陈信附回，余再谈。纸有消息，即速回信。此致
敬礼！

乃和　九月九日

---

① 陈乐素。
② 柴念东，柴德赓长孙。

（一八）1957年12月20日来函

青峰、璧子吾师：

近来较忙，连接来函，终未得复。很早（十月初）寄来《辛亥》稿费五一三、二四元已收到。《辛亥》精装一部，亦已收到。乐素书，前市上有精装本，尚未及购得，又已无书，闻近日仍可来几部，买到后即照办。

家母诞辰，八弟结婚，既蒙诸弟妹来贺，又承厚赐，在远不遗，殊深感谢。

我母亲，近来因天乍冷，感冒，又因操劳较多，血压又高了一些，连日请附近西医诊治，已见好，八弟爱人，性格爽朗，甚慰母心，故更是愉快。

八弟爱人名蒋健兰，在《剧本》月刊工作，与八弟同事，青年团员，武大中文系毕业，他二人志同道合，堪称嘉侣。已嘱加洗照片，洗好当即寄呈。

老夫子近来身体尚好，惟年至冬季，则不如天暖时精神。四日曾复一函，想已收到。

学校目前整风鸣放，暂告一段落，提意见四万二千余条。现在下放干事，已报名完毕，日昨估党委已初步批准，全校约二百余人，一部分下乡下厂，一部分支援各地，明日下午欢送大会。今日稿已写完，故有时间作此书也。

四姊家四、七[①]皆为右派分子，看来家庭出身，真有关系。前些时《北京日报》载周奎正亦系党内右派，谅吾师尚不知也。

“要籍介绍”稿，吾师尚在写否？前高教部所委托审查之“要籍介绍”，已出版，谅早已看到，闻该书作者，亦系右派，甚望您写一较完整讲稿，付印，则可供各校参考。

前函云今年代［带］研究生，想业务甚忙，今年还教本科生课否？闻金家瑞在北京师院亦教《要籍介绍》。成庆华亦在北京师院，已于去年入党，都是近日才知。

---

① 七［弟］指刘乃中。

苑北[1]虽右，尚未处理，但已教课，盖其系中右派太多。文字学专家，自命不凡的棋手，亦为右派，故课程多由新生力量接手。看来高级知识分子过社会主义一关，真非易事。

师母近来身体如何，前闻有些失眠，已痊愈否？工作想甚忙，念念。小东想已见长，均在念中。

多日未通信，不知从何写起，先写此，以报平安，并致感谢，改日当再详谈。专此，即致

敬礼！

乃和　二十夜

（一九）1959年6月8日来片

青峰师鉴：

前去一片，想已收到。老师广播时间改期，临时没法通知，可能白听一次。现改为六月十日（星期三）晚八时至八时十五分。这十五分钟为介绍师大，请有暇则到时收听。

久未来信，不知都安否？

敬礼！

刘乃和　6/8

（二〇）1960年2月24日来函

青峰吾师：

前日曾上一函，想已见到。

《我的老师》[2]一文，已修改，有几点说明：

---

① 启功，字元白，号苑北。

② 柴德赓：《我的老师——陈垣先生》，后载于《史学丛考》，中华书局1982年版。

有些材料都很好，都是务实，我现在在某些材料上加了些“务虚”，如教基础课的原因，为什么要认真备课，干劲的动力，等等。

又，老师在教学和著作上有些特点，有些创造，我也加了上去，如教学计划，如开“史源学实习”，如帮助别人解决困难，所著的有用的著作等。

又有些怕人误会的地方，我也擅自改了，如引书数字，因双反时有人就说资产阶级学者引书几百种来吓人，所以改成引书数字不具体了。又如鼓励人写文章，要写出原因，不然很像“一本书主义”的完全为了个人。又如“意见愈多愈好”，似乎不是实事求是，意见有就应多，无则应少。

又有些不很恰当的地方，如“这里是你们征服了的，还有什么思想？”实际上还是有思想的，并且也还是有进步思想的。又“哪一点不是从国家利益考虑的呢？”但上面所举实例如不愿同流合污等，似也不能说明完全是从国家利益用发。又如“生逢丧乱，老而且寿没有什么意义”，则恐人以为，生逢丧乱，老人最好都死去，则没有积极意思。

所改不一定好，因为不能当面说明我的看法，所以就改在上面了，并遵嘱誊抄一份，只作为一个意见，供您参考吧！请恕我直言。今把您的原稿和誊清稿一并寄上，请查收。

还有一个意见，我总觉得前两部分的分量已够，似乎第三部分“政治态度”分量还嫌轻些，但我一时也想不到应再添些什么，请您考虑一下。不过就按这样，好像也行了。

总之，这篇文章很充实，也较全面。现在还不知出专刊的事，将来进展如何，反正报社约了，交去请他们领导考虑。现在我们这里，关于作寿事尚无动静。

耑此，即致

敬礼！

刘乃和　廿四日〇时半

收到请速回信。

（二一）1960年10月8日来函

青峰吾师：

自您离京，已近一月，只收到一封短信，很不理想。但是我却连一封短信也没写去，更是不好。原想国庆前，九月三十日，吾师寿诞前，寄照片，偏偏国庆前为保粮保钢、增产节约问题，连连开会，未得做到，非常遗憾。我又查了一下，旧历要到十月廿以后，时间又太长了，索性不管日期了，所以今天有空，就急写此信。

陈垣与柴德赓、陈璧子，1960年

您去南京开会，是谈的什么问题？是否国际问题？是否听了周总理讲话的录音？

在京总理的报告记录，亦抄了一半，你说在苏还可能得到，不知已得到否？已抄录否？这份记录比我所记的好得多，所以颇想得到。

小毛来兴化，是在一日中午，带来首乌丸四桶，已代收下，放在这里，有机会再带到东北。小弟在同日下午也来了，他们一起去伯钧［君］先生家。

首乌丸，我母亲暂时可不要，到今冬明春再买即可，到时我再托您买吧！不过代买不要钱，终究不好，以后再说吧！

我校现正组织人力，下乡劳动，支援农业，国庆前下去三四百人，拟国庆后，再去二千人，主要是文科。理科下去的时间较短。

昨日报载，阿巴斯①到了苏州参观，陈总理陪同前去，想您这外宾招待人员，定要大忙两天了。

老师自您们走后，一切照常，只是因暑假大家来了，较热闹，现在都陆续走了，更想您们了。身体很好。今年八十周年寿诞，现尚无有计划，今年即招待其家人，恐亦非容易了。不过八十周年毫无热闹，似又不好。

① 据“柴德赓日记”，到访的是奈温，陈毅陪同。

寄上照片三张。一张是五八年所摄，原拟去年您生日寄去，后来忘了；今年二张，师母与八十老翁合照，也算是很有意义的。照得不好，谨以祝寿！再谈，盼来信，即祝

近安！

乃和　十月八日

师母健康！

（二二）1960年11月1日来函

青峰师鉴：

前去一函并照片三张，想已收到，久无来信，令人惦念。是工作忙，还是去开会，请接信后，速来一信。

我校各系民主党派和一部分无党派人士正在开神仙会，听说北大、清华等校也在开，都还未结束。

老师身体精神照常，近日不常出门。北京天气也已渐寒，但尚未生火。师母病怎样了，工作一忙，有所影响？请速来信。即问

近安！

乃和　十一月一日

（二三）1960年12月28日来函

青峰老师、师母鉴：

十九日、廿二日函连续收到。因木箱未到，未即复，今早木箱才到，急忙取回，下午我专去范老处，已将首乌丸二大桶、四小桶交范老无误。

星期日（廿五日），小弟、小毛中午曾来，我未在，故未进门，说晚间还来，但竟未来。小毛的糖和咸蛋，已代为保留，他来时再给他。木箱留在这里，俟来时拿走。

双鱼甚好，留待以后再吃，鸭胗已遵嘱立即打开，午饭吃了一些，味甚佳，很可口。你们肉票不多，占了两张票，岂非影响你们。北京二票计四两（大两），如用二票去买罐头，根本不可能，最小的也要三票。老师说谢谢您们！美味难得，至为感谢。

……［此处略 488 字］

急忙复此，有暇再写，请即回信，即问

近安！

乃和　十二月廿八日

（二四）1961 年 1 月 29 日来函

青峰师：

一月十八日来信，早已收到，近日较忙，未复。今早小弟来电，云今下午他进城，二月一日即去苏州，特写此信，托他带去。又带去老师和我送给您的大中华香烟一条，牛奶糖一盒，不知合用否？

小弟分配在长春，这回可远了，又是作教学工作，岂不成了教学世家了。那里冷，就是要多带衣服。

北京自由市场，近日已管起来，听说只有天桥有，我也没工夫去看。就是开放时，我们也没买什么东西。原想买鸡一只，后打听达 18 元，嫌太贵，也算了。

最近市场有大批高级点心，高级糖。点心每斤三一八元，糖每斤五一十四元，五光十色，煞是好看。前些时一点没有，现在又大批大批，不知是怎么回事。苏州想亦如此。虽贵而有，对病号、老人、小孩，甚方便也。如需要，速来信，小毛弟去时可给带去。

小妹的事怎么样了，有消息可要早些告我，这杯喜酒，是一定要吃的。

您的脚病怎样了？不知前次治得见好吗？我校也是病人不少，浮肿、肝炎和妇女病，来势很猛，但现在已大部痊愈。治得好，养得好，组织上有特别的照顾，现在病人已不多了。师母身体如何？有无浮肿等？

有一新闻，要告诉您，前几天我才听说翦老是抗日时期党员，最近才公开。您原来知道吗？我则一切都不知。

我这里首乌丸尚未吃完，须要时我就告您，请您替我买。范老的如买来，仍可送我这里，因我去新校送去也很方便也。

校长让我告师母，自前次看《刘三姐》后，又看了电视《陈璧娘》，看了就想起师母来了。

校长身体还好，我家中老人也算好，就是保姆不理想，只是求其“有”而已。质量则不能选择。老小都不能离人，真没办法也。

余再写，请来信，即祝

近安！

师母同此请安！

乃和　一月廿九日

（二五）1961年3月17日来函

青峰老师：

小弟带来的茶叶，喝都喝了很久，信还未复。首先应当谢谢，茶叶很好，只是不如几年前的碧螺春。鸭胗亦佳，现尚未食用。

小弟至京当日下午即来，次日赴东北，转眼半月有余，尚无消息。苏州一定有信，想其报到后，工作已规定矣。

小毛弟到京后半个月曾来，谈了谈苏州情况。

前几天鹿笃花忽来电，云在校中听到有关□某情况，想和我谈谈，我说我去新校时找他，或他有时间来我这里，但至今已约十天，两人尚无时间，没见着。不知他想谈什么。他给你有信吗？

昨天又得张月吉一信，他急盼知你消息和住址。去年七月中旬曾得他信，您正在京开会，已将该信转呈，今又来信，昨晚已复他一函，以办公室名义。且因不知您愿不愿与他联系，所以只说他第一封信已交您，有事您自会与他去信，并未把您住址和工作地点告他。您看这样合适吗？张信今随函附上，请查收。

听说您今年有课三门，想工作定大忙矣。中央精神，号召多作点学问，您那里有何布置？

昨天《光明》[①]看到了吗？有意见吗？余再谈，盼来信。

师母身体如何？您的脚疮愈否？即请

春安！

刘乃和　三月十七日

（二六）1961年6月28日来函

青峰吾师：

接到十四日信后，有几件事恨不得马上告诉您，但天天事情紧忙，拖来拖去，又是十天了。寄去照片收到了吗？

电影是对外的，不知在国内演不演，是《今日之中国》中的一部分，现在正在编辑，我们也没看到。

新编《中国历史》，由尹达同志领导，组织了一部分人力，在西郊颐和饭店，正集中各方意见，从事修改，我不知都有谁，只知乐素参加了些工作，他偶然来一二次，详情仍一概不知。您的意见提来了吗？

历史系教学计划参考书目，我们并没看到，看来在京人消息反不灵通。论文集，无人谈到。老师自己本早想着手编辑，但总未排上时间，尚未动手。这次不知是谁提出来，也并无人接洽，他们写上“待编”，也是想当然耳，并未落实。

这次文科教材会议，老师和我都未参加，周扬同志在会上报告，全校教师都听了录音，我没听到，在最近才得了一份记录。陆定一同志报告，听了传达。

会上分配给北师大十二项工作，其中主要的是《中国教育史》（包括古代、近代）和《中国史学史》（古代），近代部分由华东师大编，自鸦片至五四，吴泽主

① 《光明日报》发表陈垣校长文章《谈谈文风和资料工作》。

持。我校的由白先生主持，党委由方铭同志负责。现在《中国教育史》大纲已拟出，曾出老师名义，请来范老、翦老等给提意见，现正在修改，拟至明年暑假前，作出教学材料，详细的，俟以后再编。《中国史学史》，今天听说编写组是由翦老、白先生还有三两人组成，领导古代、近代两部分。

《古代史学史》，在校中亦组成小组，有赵文涛、郭彬、赵光贤、马建侯几人组成，开始找材料，□出了《苏联史学史》和《日本史学史》数种的章节题目，正在印，尚未见到，已拟好大纲，也尚未发出。

吴泽已到京，可能正在与各方面交换意见，编写组已和他开了会，详情尚不知。

古代、近代都不好写，时间也紧，我看近代部分更不易编，又不能生存人不录，想取舍抑扬，均不易为之也。

《北京日报》廿六日载《老教师的喜悦》，说是为了宣传援老师范，大体都是抄写以前丛书的文章，文不见佳，但谈到了您，我搜集了一份，原想给您寄去，今晚祖衡来，听说他已先我寄去，那我就不寄了。

祖衡今日来，我刚从新校开会归来，去大楼半小时，而他就在这半小时中来的，我回来，他已走了，未见到，殊怅。

令文是要结婚了吗？王某去上海招生，想已见到，印象如何？君衡信写得真好，对我也有启发。

敬礼！

乃和　廿八晚

（二七）1961年8月15日来函

青峰师：

八日函、横条、信柬，颇有意思。师母右手不能上举，近日见好否？念念。右手任务重，写字不便，恐影响上课，最好趁暑假连休息带治疗，不知是否神经系统的病？

老师电影，收入新闻简报29号，我已看过，不知苏州看到否？有我侧影一霎。老师照得很好，可惜太短，尚有些镜头，都删节了。

张大哥二日请来医生证明书，恐专有三日，写信时一用。终日说病，我看恐怕最大的病是懒病。五日中国史学史座谈，彼尚出席。这次《辛亥》稿，又是吾师多多偏劳，集体合作，亦颇不易也。此次重印，是否配合今年辛亥五十周年？

闻小妹说，苏沪有时有春绸、纺绸之类，不知现尚有否？如有灰纺，甚想买十七尺左右，为老夫子添制制服一套，以备暑天又必须穿制服场面着用。白纺或其他料子亦想要些，可否下次告我最近情况？

今日交出《中西回》校稿，可望十日出书，今晚稍松一口气，因写此信。邦衡、君衡去苏团聚，想必甚乐也。匆匆写此，信和证明书寄回，即问

近安！

乃和　十五晚

（二八）1962年1月29日来函

青峰师：

信和论文①都收到，有这样长的论文，只用了几天，而且又长又好，可称多快好省了，可喜可贺，老师也很高兴，希望有更大收获。

关于论文，和老师交换过意见，都认为全篇内容丰富，所谈经济生产、人民生活，较全面。现只能提出几点看法，亦无甚参考价值。

第一、二题有材料有分析，均精彩，惟二题最末，苏州人对白居易看法如何，只有钱大昕孤证，能否再多找出几条，若有老百姓看法，就更好。

第三段关于“苏杭”联用问题，苏在杭前，可能是偶然，可能是押韵，也可能是苏比杭重要、繁华，文中对此问题反复考证，似觉琐碎，且谓可用“上

① 柴德赓《从白居易诗文中论证唐代苏州的繁荣》一文，后载于《史学丛考》，中华书局1982年版。

有天都，下有杭苏”，来说明苏在杭前之意义，较为牵强。

又第一、二题分量重，结尾觉轻。

《元白诗笺证稿》是否曾参考过？

《通俗编》韵府各条录供参考。

昨日小弟、小毛二弟均来，当时老师家人来甚多，我也未得与他们多谈，他们同去素姨家去了。听他们说，您们春节期间都去上海过年，一家非常欢乐也。

我校寒假期间，党内整风，因此只有初一放假，时间较紧。那里都没拜年。

听说小妹被评为先进工作者，一定是工作、思想都好，这样大家都放心了，又是可喜可贺的事。

新年您们那里评跃进奖吗？我们学校也评了，共三级，一 40 元，二 30 元，三 25 元。您们一定都评得不错吧！

论文另邮寄上，收到务请来信。

余再谈，即祝新春快乐！

乃和　一月廿九日

陈垣附笔，祝俪安！

（二九）1963 年 9 月 17 日来函

青峰师：

老师住院事，想启先生已函告，现在已退烧，但来势太猛，真把我吓个半死，太紧张了，现在虽然烧退了，但还不知道原因。这两天精神稍微好些，还要很好的调养，才能恢复。我只是觉得自己肩头上的负担太重了。

前日得许大龄信，他说，你写的《中国史纲》中宋元宗教一节中有“元太宗时，又重刊于平阳，是为《元藏》”，“《元藏》至今流传，为研究中国史的重要书籍”等语，有人认为《元藏》今已失传，不知您的出处在哪里？我也认为《元藏》已失传，但也不知是否准确，拟即函告，但我想还是您回他一信好，也可能您有其他根据。这两天老师大烧刚退，所以没有提到此事。

我们目前已想办法去谈调你来京的问题，不知结果如何？

您身体怎样？血压怎样？我昨天160/110，血压也高了，我看照我的情况看，身体健康是很难保证的，也只有鞠躬尽瘁而已。匆匆，即请

近安！问师母好！

乃和　十七日

（三〇）1963年9月29日来函

青峰吾师：

十七日函想已收到，后来又收到您十七日函，给老师的已带到医院，信中有尹老先生的消息，是老师最高兴的事。

老师因急性……以上是前几天所写。

老师因急性发高烧入院，四天后烧退，但仍要多观察几天，所以大夫决定，国庆后再出院。病时把我急坏，幸亏我即在身旁，不然手脚痉挛、呼吸紧促，真不知会出什么问题。住院后值班事（小郭也回家了，因暑假未放）也是麻烦得很，一言难尽，也不费笔墨了。所幸者急救及时，未出大险，经过调护，已渐恢复。精神仍如往昔，老师身体得庆健康，则我鞠躬尽瘁，夫复何言！连日来，紧张忙迫，杂事纷纭情况，亦只有你们还了解一些。

许大龄所提《元道藏》失传问题，想你已直接写信，念念。

小毛自回来见一面后，他匆匆去车站送小妹，说好再来谈谈苏州情况，至今未见。

匆此，以报平安，俟有暇再写，即祝

老师、母节日愉快！

乃和　九月廿九日

［信函附件］

兹有一事，学校最近收到张次溪之女一信，来了解《辛亥革命》编辑事，谓该书原为其父主要编写，为您篡夺，您并找了些熟人以校稿为名，添上了名

字，分了稿费，大部分稿费为您一人所得，他父亲只分得百分［之］二十，还是由当时系主任王某① 说情才给的，并说书上未有其父名。书上有其父名，我已反映，但稿费支付比例，我不清楚，我只说署名七人，他如得百分之二十，恐不能算少。现在要知道这书编辑时工作分配情况，署名有谁无谁的商量经过，稿费共几次，几次的分配情况，稿费具体分数的总数及每人得的分数。这些不知您有账没有？还有现在该书版权的情况。均请一并详细告知，最好另附一清单，以便交组织上。听说学校俟知道详细情况后，由学校回她一信。

据说她信上说，因他父作过汉奸事，所以对他不公平，又说现她父贫病交加，所以想把这款弄清楚。她的信，我没看到，具体措辞不知。

这事真气人，但只要我们有具体材料，就可判断清楚是否亏待了他。记得稿费来时，我曾声明不要，我就知道这些人不好办。果然多年后，又有了问题，看来共事非人，也真是值得教训的。

这事暂时保密，不然又会生新的枝节。小妹处万不可告。②

（三一）1963 年 10 月 29 日来函

青峰师：

告诉你好消息，老师廿一日出院了。因出院前准备工作，出院后种种事情的安排，所以一直未得写信，今早自八时起就开始复信，刚刚发了几封，正要给您写信，刚好将您廿六日信收到。

日前听人说，人大会后，可能开民主党派会议，不知有所闻否？是否各党派中央委员会如果开会，大概师母原来来京过年之计划可以实现了。

哲学社会科学部扩大会，廿六日已开幕，各省市文史哲学者来了不少，时老师才出院第六天，而竟出席了一个半小时，在主席台上，回来后还很好，这

---

① 王文枢。

② 编注：张次溪女淑晖与柴令文同校任教。

不可不谓之奇迹了吧！

耀平、小毛、金铎却未见到，今早得令文一信，她说正要去合肥开地理学会，过几天拟回她一信。

老师听说师母自楼上曾摔了一跤，非常惦念，让我替他问候。您血压最近怎样？祝

健康！

乃和上　十月廿九日

（三二）1963年12月29日来函

青峰师：

七日信早已收到，一天忙到晚，竟未暇得复信。也不知忙得是什么，什么正规的事也没做，但哪天也没闲着，而且没有一天十二时以前睡过觉的，您说糟不糟？

为张某寄来的材料，已交给人事处，是由小娟同志管，前几天我曾去见到她，她告诉我，材料很有用处。原来她（张女）是写给周总理的信告的，原信我已看过，除这事外，还有告学校的，全信措辞恶劣，事实也不尽妥。小娟告我她因年终事多，尚未复信，复信后，材料仍拟留在她手里一个时期，她说以她的经验，将来总理办公室还会来调查的，那时也还要用您的材料核对，她说她负责决丢不了，我已答应她了。

启先生去西南，真是好机会，约一月中旬以后回京。听说他在渝已写信给您了。因学校里文科学生正去下乡参加四清，所以他可以有时间出去。

人大会，老师曾去多次，有一次竟达六小时，还有一次，下午三时参加最高国务会议，在人大会堂的南门里，七时散会，又到北门里参加齐燕铭召集的一个会，九时半才回家，您说棒不棒？真是您说的“新社会之标帜，亦吾与阁下之光荣也”。

师母去上海，不知已回苏否？闻身体稍好，不久可恢复工作，这真是好消

息，我觉得只要身体可以，还是以参加工作为是。

听说您服中药，血压稍平，又是一个好消息。我一年多来，健康水平猛下，协和检查，检查不出病来，只是血压稍高，而我除血压问题外，还有心跳、麻、疼、两腿脚肿等四种表现，现也改吃中药，也似乎有一些见好，但也不很明确。主要是不得休息，更谈不到休养了。我不能病，也不能休息，只有勉强维持这局面，鞠躬尽瘁而已。

《校雠通义注解》已审阅毕否？不知作得怎样？顾亭林文章想已写好。

耀平去乡下四清，闻已搬家，曾来一短信，后有电话，我未在，没接到，但因此知道他回京，乃给他新地址叫了公用电话，没有回音，又写了一信到新地址，也无回信，可能又下乡了。

听说小妹寒假可以回京。余再写。

专此，祝您们

新年快乐！身体健康！

乃和谨上　十二月廿九午

老师说问您好，祝您们新年愉快！

（三三）1964年4月18日来函

青峰老师：

得十五日函，知已准备北行。虽别九月，又能聚首师门，论学兴化，虽在不断争取，但亦非始料所及也。

名义是师大暂调，不知将来住在哪里？搞廿四史的其他同志，都集中在中华招待所，据闻那里条件不好，多不满意。且您也不是中华调来，是师大调，则似乎应由师大安排。按工作情况说，也是住师大为宜。因此我考虑，是否应先和学校方面打个招呼。前次听干部科口气，好像是等您一有信来，总务科即可准备。如此说来，您没消息，他们大概先不准备了。调动工作的情况和手续，我现在无经验，又不懂得。您这次来，是否应先到教育部报到？还是劲

[迳]到师大报到？我都不太清楚。只是想到能先告学校一下，好先在北校附近找合适的屋子，免得临时来不及。您看应否先告学校一声？把我的想法告您，请您斟酌吧！

老师身体情况还好，每天能看书写作，精神还不错。

这次调动，如不以公文上所写的情况调，是调不动的。听说其他学校也都是如此，都是第一次调不动。我替他校考虑，也确是困难，有好教授，谁愿意调出去呢？都是中央再调，没办法，也只好顾全大局，同意了。其他人早已安顿好，只有您是后调的，如非老夫子名义，更调不动了。

小妹知道了吧！师母工作最近能安排好吗？最近如能解决复职或退休问题就好了，您来京也可以放心了。

只要瓜子，多点也无关系，其他一概不要。

手头用书及稿子等，我也觉得还是带来好。昨日见元白，他现在气色很好，容光焕发，很高兴。余俟面谈，即请

春安！

乃和匆匆　四月十八日

师母安好！

（三四）1965年8月28日来函

青峰老师：

自您离京后，曾接来信两次，我近来因因循循，一拖再拖，竟没给您写一封信，非常抱歉。

我们学习，中间已停了十天，不过上星期又有三天半（上午七时半至晚十时半）听了文件传达，听说这星期要组织讨论，并且还将有一批文件，不过到今天还没消息，我也不知如何安排。到时再说吧！我们学习，并没结束，只不过是暑假暂停，开学后还要继续，先搞“五反”，“五反”后，我们学习才能开始，看来下学期还要紧张。今年年底前不能有多少时间了。

自您走后，兴化觉得格外寂寞，特别是史学界消息方面。启公也只来过一次，我正去新校，没看见。我曾看见一次翦老，他谈到您工作问题，他认为苏[州]不会放，恐无办法。

小妹来京后，来兴化二次。我去新校开会，也去她家二次，一次并在她家吃了黄花鱼、大米粥，她菜做得不错。看见几次小东，我对他印象很好。

您身体怎样，血压如何，心脏有毛病吗？专此

问近安好！师母同此。

乃和上　八月廿八日

以一日如三秋计算，别已一百廿年，其想念为何如也。援附。

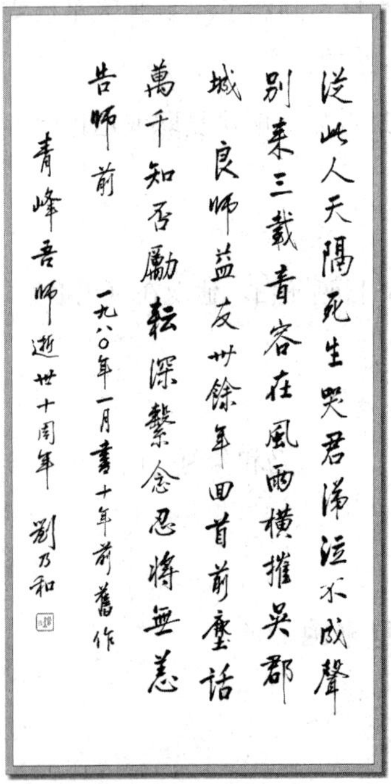

刘乃和书哀诗，1970 年

（三五）1970 年 1 月挽诗

从此人天隔死生，哭君涕泣不成声。
别来三载音容在，风雨横摧吴郡城。
良师益友卅余年，回首前尘话万千。
知否励耘深系念，忍将无恙告师前。

一九八〇年一月书十年前旧作。青峰吾师逝世十周年。刘乃和。

刘英章

（一）1960年12月28日来函

柴先生：

您好，寄来的首乌丸收到了，太麻烦您了。谨代表范老[1]向您致以深切的谢意。这些足可以吃些时候，先不用买了。再见。敬祝您

新年快乐

刘英章敬上　1960.12.28

① 范文澜。

陆开钧①

（一）1952年5月21日留条

陆和九治印

承寄离职书，谢谢。惟现年实系七十岁，书上填写六十六岁，与现时年岁不符，为此渎请另纸更正，以免审查时发生问题。原书附还，乞查收，并望于更正后，早日掷下为感。

此致

青峰兄台鉴

陆开钧留呈　一九五二、五、二一

富国街四十六号。

① 陆开钧（1883—1958），字和九，湖北沔阳人。著名书画、篆刻家。时任辅仁大学历史系教授。

陆懋德[1]

（一）留条[2]

青峰老弟：

拙稿《铜犁考》后，拟附列敬语于后（见另纸所录），请费神代为粘在篇末（低二格为便），是为至托。

大著已读毕，精确可佩，再者如有旧著副本，请惠赠本系阅览室，以备学生参观研究，尤所望也。即颂

近好

泳沂留字

外附条一件。

① 陆懋德（1888—？），号泳沂，字用仪，山东历城人。清华大学历史系创始人。

② 编注：时间不详，从内容考，应为1949年下半年。

罗　浚[①]

（一）1946年6月14日来函

青峰吾兄：

前奉卅一日惠书并佳作[②]，捧诵再四，未能释手。吾兄重访山庄，不能淡然无所动于中，况弟于山庄历史较久，俯思既往，更当如何。惟椒焚桂折寻常事，吾人终当有以自解也。

上月十七日到筑[③]，诸事承友好预为布置，尚无不便。尔时想兄或已东飞，故未函候。卅一日惠书，又云本月五六日起飞，故又未裁答。今接啸生弟函，始悉兄仍滞陪都。究竟何日成行，殊以为念！苟未能飞，何妨乘车船，伴尊夫人行耶？贵大聘志甫[④]兄为教授，月薪支最高额，以示尊敬。晤面时，乞劝驾。玉川兄事刻向贵大介绍，渠之行踪盼见示。静农[⑤]兄负担至重，每一念及，辄为难安！最近有无计划？重大事有消息否？循兄[⑥]到京，寓珠江路老虎桥二六号，行止尚无所定云。专复并颂

双安！

弟浚拜上　六、十四

致志甫兄函，系于昨日发出，仍寄白沙，未知如何？静农、玉川二兄有台

---

① 罗浚，字季林。白沙国立女子师范学院教务长。与柴德赓一家世交。

② 编注：指柴德赓"天荒地老我还来"诗作。

③ 贵阳的别称。

④ 罗志甫。

⑤ 台静农，字伯简。

⑥ 谢循初。

湾行辄乎？

弟浚又及　十五

（二）1946年9月9日来函

青峰吾兄惠鉴：

七七由筑归来，即获读六月廿九日赐函，细诵之余，无任快愉。

今暑敝省气候酷热，令弟不禁怀想筑垣之气候也。

静农兄等是否返皖？其住址便中盼示。

吾兄本年度想仍任教辅仁，心情如何，深为怀念。

弟于十月初，即往沙市湖北国师担任功课，行政不敢问津。此行未作久计，弟之目的寓游于教。尤其西北各区，均欲前往，增我见闻，然此须看机缘，未可强也。近日武汉四周，颇有不景气，想于报端见之矣。专此，即颂
撰安！

弟浚上　九、九

（三）1947年1月18日来函

青峰吾兄：

前奉自平赐书，欣悉种切。近状想均吉羊，至以为祝。

弟自五月莅此，转眼八月之久，诸事顺遂。小儿女读书尤佳。惜近因易长，风波顿起，因之稍受影响。复以师友情重，有事之秋，未便归去。桂林师院相召，设风波不平，或须往耳。

循初兄任教复旦。亮老[①]供职世界文化协会，待遇虽佳，窘迫如故。岫轩[②]

① 汪德亮。

② 鲁世英，字岫轩。

兄任教西北大学，人地两宜云。常导之[①]兄闻任北师院教务主任，确乎？贵校设教育系否？

去年今日女师院迁院已至尖锐阶段，想仍记忆。今风流云散，殊不胜感慨万端也。志甫兄现在何校任教？相见致候。余不赘，即颂

春祺！

弟罗浚　一、十八

（四）1960年3月31日来函

德赓老兄：

数年既未通信，更未晤教，想念殷切，可以知也！您况奚似？目前教学改革，想您应倍忙于往昔。有何近著？切盼见示。弟公余之暇，充〔从〕容细读，将有如面对。

璧子、如子[②]近况，深以为念。便中致候。弟仍在广东省教厅工作，候其主持家政，惟二人年事日多，精力稍减耳。循初在沪，闻健康如常，数年来也未通信。

敬礼！

罗浚　60.3.31

您院高子谷[③]仍任教否？可能担任英文或俄文课。无锡人，北大毕业。

（五）1965年1月27日来函

德赓老兄：

乙巳春节瞬将到来，文驾留京欢度，抑返苏州团聚？师大任务结束否？今

---

① 常导直。

② 陈如子。

③ 高昌运。

年仍在苏师工作否？二年来通讯少，相念殷切，诚如兄云“迄未稍减”。便中盼示。

四届政协委员，此地曾提弟名，满以为乘此良机，可以晤见。嗣因额满，未获私愿。

小孩入学，承兄关垂，深为感谢。小学入学年龄应在六七周岁之间，此事早在教部考虑之中，且看今明年能否正式公布。提前一年，国家负担重耳。弟和侯其健康尚可。附上近照（结婚42周年）一帧，敬祝兄嫂新春快乐，工作顺利！

弟罗浚　65.1.27

罗浚夫妇，1965年

（六）1970年7月21日来函①

德赓大兄：

四五年来未通音问，想念心情，实相同也。兄之行止，在京，还住苏州，不大了了。每欲执笔函候，辄因之而止。顷查亲友信簿，敬悉兄之北师大旧址，乃草草数行，敬候起居，谅可得达也。

“文革”前，事实上弟已退休，但迄今手续未办，仍为编外人员，预料年底可办。侯其与弟健康尚可，惟年均74，衰老可知也。

陈氏姐妹均致候。

弟罗浚　70.7.21

① 编注：此时柴德赓已经去世，罗季老不知。

吕作燮[①]

（一）1964年1月25日来函

柴主任：

很久不见了，也没有去信问候，深为抱歉。

两年来开了三门课，一直忙于教学，业务上进展甚少。《中国通史讲义》大体下学期可以定稿，定稿后将送请您指正。

下学期，我们系想请几位外地专家给年青教师和五年级学生讲讲做学问的问题。计划中想请您给讲讲考据学方面的问题，未知您有时间否？茅家琦同志叫我先和您联系一下，如有可能，我们将派专人登门邀请，盼能赐复。耑此，

谨致

敬礼

学生吕作燮　1.25

① 吕作燮，时任教南京大学历史系。

马叙伦[①]

（一）1950年为《墨缘》册页题诗[②]

鼓涛渐渐入苍冥，碧水长连太白星。
心境欲融浑莫碍，大鹏何事徙南溟。
汹汹天下争民主，我丧微生岂足悲。
长物一无能饱腹，鱼龙识字应馋诗。
太白初沈见海鸥，孤飞随处不须舟。
人间铁网重重是，羡尔翱翔独自由。
碧水长天无片云，浪头织得海成文。
凭阑不忍归房去，颜色分明似画裙。
榜人齐唱是何歌，但见轩眉乐趣多。
我自无言观落日，只将微意属沧波。

青峰先生正一九五〇年录旧作。马叙伦。

① 马叙伦（1885—1970），字彝初（夷初），浙江余杭人。著名语言文字学家、教育家、书法家、社会活动家。

② 已载于柴念东编：《青峰草堂师友墨缘》，商务印书馆2013年版。

孟心平[①]

（一）1964年7月7日来函

德赓主任同志：

久别未通音讯，无恙否？极念！

教育实习工作，早经结束，成绩一般较过去好。实习生的试教和班主任工作，驻校教师的指导工作，均有显著的提高。事物总是一分为二的，实习的成绩好尽管是主要的，但也出现了不少缺点。在徐副主任[②]领导下，曾将实习总结工作报告向全体教师汇报，着重指出我系今后教育、教学工作方面应行注意的十项建议。并通过各教研组分别讨论提出具体措施，进行贯彻，以便进一步实现我系的培养目标。

上月初，华东师大戴介民同志率领该系教材教法教研组同志来苏，交流关于历史教材教法课程方面的教学经验，并陪同到师院附中和市一中听课，召开了附近各中学历史教师座谈会，交换了关于沪苏两地中学历史教学改革的情况和初步经验。又在徐副主任领导下，召开了我系教师座谈会，交流了两系最近期间教学改革的具体措施和初步经验。据戴介民同志谈，我系对培养中学教师的目标，较华东师大历史系明确得多。任务明确，方法也就能对头了。

我为了进一步修改“中学历史教材教法”讲义，并为明年开设“历史科学

---

① 孟心平，时任教江苏师范学院历史系。

② 徐嗣山。

概论”这门课程做准备，很想参考各师范院校有关课程的讲义，恳代向北师大、河北师院等校索取有关这两门课程的教材寄下，有劳清神，先此道谢！顺祝
康吉！

孟心平拜上　64.7.7

凝 露[1]

（一）1947 年 3 月 14 日来函

青峰学长兄惠鉴：

奉读手教，藉悉佳况，至慰。抗战胜利，国事如斯，北地士大夫之所大痛者，南人亦未始不有同感。

弟在皖日久，颇思重返故都，在大学获一教书之机，兼事进修。惟苦无门径，以此迄今尚徘徊耳。弟如赴平，家眷仍留安庆，如此殊少拖累。未知兄台无有以教之否？

葛世炎去此离芜，邓季宣不常见面，杨禄未回安庆，近在何处，亦不得而知。匆复，顺颂

俪绥！

弟凝露顿首　三、十四

① 凝露，疑为柴德赓在安庆中学任教时同事。

裴溥言[①]

（一）1946年12月30日来函[②]

青峰师：

自从白沙拜别，到现在已经是半年多了。在这期间，由于生活的不安定，没能写信请安，但生却常从静农[③]师处打听您的消息，因此也就不急于给您写信了。更加上“懒”和“无事忙”，一直拖到现在，想您该不会以生的疏懒而见责吧？现在先告诉您几个月来生的行程。

七月十二号在重庆上船，十四号启碇，经过若干惊险和苦难，终于廿九日到达南京。因在京候机去青岛，竟耽搁了一个月。飞机也没进行成功，虽曾有两次机会，都被特殊事故而错过。一气之下，于九月二号跑到上海设法船票，还算幸运，七号上船，九号到家，正是中秋前一日。因天行[④]师去信催，在家只住了十一天，于九月廿一号又登旅程，但因所乘轮船在连云港卸军粮，本来两天的路程，结果却走了九天，于卅号才到上海。十月一号办理来台手续，二号上船，三号开船，五号中午安抵台北。几月来的旅途劳顿，到此时算是得到了一点休息。

关于台湾的情形，想您由天行、伯简二师处已知道了很多。现在生再告诉您几点琐碎的事情，当然还是关于台湾的。

---

① 裴溥言，白沙国立女子师范学院助教。

② 已载于柴念东编：《青峰草堂往来书札》，商务印书馆2015年版。

③ 台静农，字伯简。

④ 魏建功，字天行。

台湾这地方具有都市的设备，却有着乡村的风光，在这儿，假若不看报，真以为自己是生活在太平盛事的安乐之邦。虽然物价的高涨和待遇的微薄也曾威胁着人们而感到生活的窘迫，但这在生已不算回事了。抗战期间所受的苦难，比之现在，虽然不能说是天渊之别，也差不多。所以在这儿，纵然苦些，也还能够自安自慰。谈到工作，也很轻松，多半的时间是由自己自由利用。每逢星期或假日，就和汝聪、华琼[1]等去游赏台北的风景优胜区，说起来在台湾旅行的确太方便了，火车、汽车班次多而票价廉，而车上的设备和宽广平直的大道也是很悦人意的。我们多半在上午八九点钟出发，经过半点或一点钟到达目的地，在那尽兴地玩一天，到下午四五点钟，直至晚上八九点钟回来也不为迟。要不然，我们就在市内风景地带或好玩的地方逛逛，拍两张照，看看电影，吃两杯冰淇淋。这儿冰淇淋一年四季都有，每份量倍于内地，而价则廉于内地，所以我们常去饱口福。虽然在现在，内地多少地方都在下雪结冰的时候，我们也还是吃，不过这只是想吃而已，并不是为了消暑。想您听着都要打颤了，而我们吃着还很香甜，毫无冷意。在台湾过冬的确太舒服了，直到现在我们还穿着单衣，较冷时就加件外衣和毛背心，不过也有穿呢大衣的，很少就是了。偶尔也有看到一两个摩登妇女（内地来的）穿皮外衣，那更是少中之少。只要一出太阳，就晒得人难过，太阳底下走上一里半里的路，身上就出汗，脸上发烧，所以台湾人都具有健康的肤色，本省人多半都以三件单衣过冬（他们的耐寒力真令人佩服），因而他们惊叹棉袍是怎样做成的，说那实在太难了。明年暑假，生预备到青岛去过，所以德仪[2]师说生如同“候鸟”。不过据说台湾的夏天最热也不会到百度，而且由于海洋性气候的调节，夜晚总是很凉爽舒适地令人安眠，只是苦于蚊虫太多，直到现在还有，比四川的还要厉害，真是伤脑筋！

台大的日籍教师最近又遣走了一批，所以我们很多人都有了较好的房子住。生一人住三间，内中设备也较完善，可是要纳租金，虽然是学校的房子，每月

① 王汝聪、李华琼。

② 夏德仪，字卓如。

也要按着房子的大小好坏而扣薪水若干元，真是年头赶的，专门要在穷人身上弄钱。

这儿吃饭也是很成问题的，台大的教职员自己不组伙食团，让一家台湾人在那儿做生意，即贵且坏。在外面吃又太不经济，这几天自己做着吃，可是又太麻烦，而且很浪费时间，还有那些油盐柴米的琐碎问题也实在引不起人的兴趣。下月预备和宿舍中的几位同事合伙食团，那样也许会好些。

台湾人都在准备着过新年，他们已经忘记了中国的古历新年。学校按规定，放假三天，而学生们却早都跑回家去了，要一个星期才回来，这真像内地赶不上寒假时的古历新年。不过像生在外为客久了，也不觉得“年”、“节”的特殊意味了。只是看着人家忙得很起劲的时候，却不免要勾引起几分乡思。

最后，想恳求您一件事，就是前在白沙向您提过的那位老同学，名谷芳郁，今年毕业于辅仁文学系，是顾随先生的学生。想您该还记得吧？她毕业后一直闲居到现在，非常着急，很想在北平谋一报馆编辑室的位子，要不然在机关服务也可以，只是不愿教书。所以想请您帮帮忙，以您在平的地位和历史，定可以想到办法。生在此静候佳音，万请费心赐助为祷，即请

教安　并贺年釐！

生溥言谨禀　卅五年十二月三十日

师母大人均此不另，师弟、妹快乐！

复谕请寄：台北台湾大学文学院。

溥　伒[1]

（一）1948年为《墨缘》册页题诗《案上琴书》[2]

案上琴书间笔床，眼明初喜见秋光。
风花雪月诗千首，宠辱悲欢梦一场。
学到渐能忘毁誉，心平浑不识炎凉。
兴衰今古寻常事，休向他人问短长。

青峰兄两正。雪斋溥伒。

① 溥伒（1893—1966），字雪斋，北京人。著名书画家，时任辅仁大学美术系主任。

② 已载于柴念东编：《青峰草堂师友墨缘》，商务印书馆2013年版。

启　功[①]

启功（左）与柴德赓，1947 年

（一）1947 年 12 月 25 日来诗

丁亥冬日，快雪初霁，与青峰、乃和、乃崇[②]陪励耘[③]老人踏雪西涯市楼，午酌复游北海，履冰至琼岛。老人诵“云淡风轻”之句，欣然有伊川之乐焉，得诗四首，即呈诲政。

玉宇无风霁色开，闲庭不扫绝纷埃。
经时问字停车处，今日真成立雪来。

① 启功（1912—2005），字元白（元伯），北京人。著名书法家、文物鉴定家。与柴德赓同为陈门弟子。与柴德赓一家世交。

② 刘乃和、刘乃崇。

③ 陈垣，书斋名“励耘书屋”。

银锭桥头满意行，偷闲谁解乐浮生。
市楼笑拥红炉坐，又见西山照眼明。

太液层冰接玉墀，黄芦折得隔年枝。
行人若问西来意，稳踏波心作祖师。

胜游何必趁春阴，返照琼枝树树金。
到处衣香人影乱，三冬打点看花心。

（二）1948年3月为《墨缘》册页题诗《桃花村》[①]

红烛深堂照寂寥，一窗寒雨夜潇潇。
画无济胜东西路，心有怀人上下潮。
黍谷春迟冰雪在，剑门花落梦魂遥。
闻君欲袖丝纶手，小隐西山或可招。

丙戌孟春，得青峰九兄蜀中书，慨然有为逸民之志，因赋此寄之，媵以一画。其秋，晤于燕市，始知书竟未达。越二年，戊子春二月，出册属此诗，录以博教。启功。

（三）1948年6月来诗

楸花下作（有序）

寄寓姨家趣园，庭下楸花去春最盛，沈兼士先生颇赏之。今年花疏又值风雨。兼翁已归道山，姨母亦逝，俯拾落英，黯然成咏。

① 已载于柴念东编：《青峰草堂师友墨缘》，商务印书馆2013年版。

食贫迁徙频，一寓讫三载。
为恋庭前楸，高标峙崔巍。
素约酒杯深，共赏凌云彩。
转眼去年人，汲汲不相待。
凄凉密叶间，窈窕孤芳在。
猛雨飘上春，繁华一时改。
黾勉桑下心，往者不复悔。
持此谢狂风，余芬播人海。

近作录似青峰兄哂正。去岁之会，吾兄在坐，谅有同感，志必赐和也。戊子六月，元白具草。

柴德赓（左）与启功

（四）1955 年 12 月 26 日 来函

青峰我兄：

夏日分襟，倏又岁暮。前奉手教，不啻竟夕之谈。手捧瑰函，翻复读诵玩味，弟惟平日获古拓碑帖时有此“症状”耳！翌晨持奉援师一阅，同为欣慰。惟每思提笔作答书，总有迫促不能尽怀之虑，遂宁稽延，必求书能罄言。此矛盾心情，想为知我者所深悉焉！

来书所意黄仲则[①]诗境，使弟不禁神往。且人世天堂，古称苏杭。兄竟满意、得意、快意，且无意中而居之，实不使人羡煞！

工作想顺手，著述又有若干？课程虽照旧，学生程度如何？参考书如何，应手不？俱教书者之先决条件也。令文[②]在校甚好，常见。据告我云：今年寒假，她的妈妈即可南去，并叫我去多打气。她并不舍不得妈妈，而希望妈妈去

① 黄景仁，字仲则。
② 柴令文。

更能多安慰他的爹爹，虽不免内心矛盾，而其深心之可爱，真使我不知以何语对之。

兄之书籍，此处是否止存《四部丛刊》一部，此次运费不知尚由政府出否？

老师最近甚高兴，出城视察，国棉一厂、红星农庄，真老当益壮。有些书已翻印，最近翻《廿史朔闰表》，命功书笺，当时即书就送去，此事因使弟忆及数年前师曾出资收买《朔闰表》，以为将来不见得能再印，今竟影印广为推行，岂我辈师生私庆者哉！

弟今夏开学后即教两班课，一为本系三年级，一为政治教育系一年级，虽然每周八时，辛苦备课，而深识光荣劳动之，所以光荣，故中心愉快，亦即力竭所能，不敢放逸，居然获评尚不太坏，益识一种真理，即：只有劳动，才有收获。以前从来未尝知何谓备课，今始较能用心安排讲稿次第，字字写出，非敢自报功绩，所以远慰知交之悬注，亦坦白之一道耳！

台从南移时正值思想建设阶段，弟前往拜别，一为一倾绩悖，一为诚求教言，盖同系同组之人，交往并不深，谊情并不厚，尚能相见以诚，公开披沥，而我辈久要，何以反不闻一语！故深愿函札往还中能惠予尖锐之批评，真不啻百朋之锡！弟于我兄，亦有数语下情，中心斗争既久，蕴蓄颇深，终必欲一吐，才觉得可以上报知我之谊，故拚为我兄一陈：

一、孔子曰："若得其情则哀矜而勿喜。"此固属封建道德，但转言之，如何对待胜利，固大是功夫也，况胜利非我辈个人者乎！巩固阶级胜利，保持斗争记录，想高明固所深悉者。弟以近得友人对弟持满之戒，愿为芹献，想乐与弟同参耳。且此次弟深知自我检查责任之必要、之有益，即如横逆之来，而先检查自我，倘既知其"妄人也已矣"，若能更进一步，以思：其横逆何以独对我来，抑我将如来消横逆于"未然"，或消横逆于"下回"，岂不更善，惜乎孟子无此一转也，我兄阅此"谬论"，宁不掀髯拊掌，而笑"小子之饶舌"乎！

二、我辈旧书獃在原有之一环境中，有利有弊，弊者，旧疮满目，情绪不高，即思振作，终嫌萎靡（？）是这样写吗？及至换一境界，抖擞精神，不胜轻爽；其利则是究属多时相知之人，成见固不免，而谅解亦在其中，我有何病或非有意，有时尚不自知，而旁人亦不邃见讶，在新环境中，自己之病历，他人尚不相知，则对我之理解亦难免失轻失重，留弊亦随之而不免焉。弟经历不多，此见更属旧观点出发，但在我辈水平，亦似终有其相对之作用耳。高明以为然否？

三、文化建设高潮，即将到来，实已到来。我辈之足以稍堪贡献于人民者，端在学术——即或是旧技术、旧记问，今日若不拿出，不赶快拿出，真不应该也。今后吾二人通信，相约必须提到“笔动（著述）到哪里了”之一内容，而“眼动（学习、用功）到哪里了。”即在其中矣。此“条约”愿为“签署”乎？一笑！

最近见书店中某人（忘其名[①]）所出之《中国历史要籍介绍》一小册，未细看，略翻之，与兄之大作性质相类（不知是否援师[②]学生笔记发表），如是其自撰，又不知有何优缺点，深思前者弟之建议竟为他人先矣。然亦不碍后出居上，兄宜速觅一观，弟亦速望得阅大评也。

今年寒假，恐无希望出游，明年但凡有一星期之空隙，必当南游一次，时当请兄为向导，为居停、拚作三日之长谈，想必有此同愿也。拙政园闻更增修，“吾耳热焉”，自懂事始即闻之，神魂寤寐，四十年矣，其为封建感情乎，抑文物之癖乎？

老萧[③]累谈及相念之意，近亦颇有进步也。

奉生[④]搞文物，陈列一室，居然小博物馆矣。

夜深矣，即再罄数纸，亦何能尽，不写了，容续纸，即颂

无所不包之安，即敬

革命进步之礼！

弟功再拜　十二月廿六日夜

① 张舜徽。

② 陈垣。

③ 萧璋。

④ 赵光贤。

（五）1956年3月30日来函

青峰我兄：

别来又近二月矣，闻令文言，兄到南京开会。在电话中闻刘乃和言老师处兄只有一函，其忙可以想见。

璧子同志此行工作如何，是否已开始上课，教什么，有和需要的东西（如材料等），此诚甚念，老实说，比念兄之工作尤多。盖此地熟人多，互助多，材料易便，不知苏州如何也！

那天兄上车后，弟即陪老师到家坐甚久，措辞很难，师之心情不问可想。此一段时间，虽巧言令色亦无可如何，此非故言触动，兄之情绪，此言惟足下可体会乎耳！

弟近日忙仍如故，惟无暇作画耳。前时胃病又发甚苦。大概是熬夜过狠之故，近日小瘥，差堪告慰。

伯君[①]先生曾来未遇，此老住址仍以狭窄不宣，其实无关，兄可透露以相示乎？

弟近仍整理《红楼梦》注，此舒公[②]之约也。因讲《三国演义》而看《三国》，大上瘾，或可有些小意见写出（讲义中虽讲过，但不够论文），这方面兄有何高见？（即历史与演义之比较，裴注[③]之观点如何？……），亦拟问乃和，尚未得晤也。

弟近日健忘，精神极不集中，奈何！夜深了，暂止于此。甚盼过瘾的来书！！

敬礼！

璧子同志处不另。并敬礼！（专为向璧子敬礼也）

弟功上言　1956.3.30.夜

---

① 陈伯君。

② 俞平伯。

③ 陈寿《三国志》，裴松之注。

最近北京所开之全国师范学校会议，兄来否[①]？甚盼能出席，藉可一晤。

（六）1963年为《墨缘》册页录诗《题明拓张猛龙碑》[②]

清颂碑流异代芳，真书天骨最开张。
小人何处通温清，一字千金泪数行。

世人那得知其故，墨水池头日几临。
可望难追仙迹远，长松万仞石千寻。

铭石庄严简札遒，方圆合一费探求。
萧梁元魏先河在，结穴遥归大小欧。

出墨无端又入杨，前摹松雪后香光。
如今只爱张神冏，一剂强身健骨方。

右《题明拓张猛龙碑》六首之四。青峰九兄索书。弟启功。

（七）1963年10月7日来函

青峰我兄：

手教敬悉，小楼读书，真可羡也！

励耘师体温平复已三周余矣，惟白血球仍微多，药量虽减，仍未全撤，总已近于大安矣，此首当一报者。老师，弟于中秋日又见到，精神甚好，尚略服药，且吃软饭矣，在医院遇令郎小毛（又忘其大名[③]），知吾嫂忽演《滚楼》，甚为悬系，又闻到沪修养，已平复，甚慰，总之吾辈俱已非复壮年，璧嫂更不伏

① 编注：江苏师院参会者为杨巩。
② 已载于柴念东编：《青峰草堂师友墨缘》，商务印书馆2013年版。
③ 柴君衡。

老，请赐转达下忱，以后不准演《敬德不伏老》，更不准再演魏长生《滚楼》，急急如律令！一笑。

近作何文？甚以为念，愿先睹也。

弟近血压亦高，有一次低压竟到一〇八，数日来又落下一百以里矣。正写《红楼梦》纪念文，恐难及时交卷矣。弟近一星期中由于师大学报交下撰写关于《红楼梦》语言一文，开了三次夜车，血压又略增高。闻三令郎[①]云兄作气功颇有效（听其与别人谈，忘了细问又不知是兄自己作否），至为可慰。弟开夜车，遂不能多作，今后当深戒也！

寐叟[②]之书《海日楼札丛》，不知吾兄“整”毕否？如用毕，祈较早掷还，非有他故，以弟乱批，不敢多见人也。

寒山寺俞曲园先生所书碑阴，能否赐觅一纸？至恳至恳！又南京中山王徐达墓碑（明太祖御撰），有缘能得一纸否？如有价，希示下，当先寄上。琐续，谅不见罪！

敬礼！

弟功谨上　廿八日[③]

十月七日晚补充，次日发。

（八）1963年10月21日 往诗

寄怀元白兄

阛阓闲望岁序更，迢迢魂梦向神京。

高秋影落江潭月，老友书同骨肉情。

八法倾心归逸少，一生低首拜康成。

年时踏遍西郊路，红树青山证旧盟。

① 柴君衡。

② 沈曾植。

③ 编注：该札分两次写就，第一时间为9月28日，第二时间为10月7日。

（九）1963年10月26日来函

青兄如握：

大札拜读，新诗尤使人振奋！回环诵读，已三日矣，今午奉和成篇，终不能上答厪爱，下表微衷于百一也。

老师已痊愈出院，在家注意调摄，较医院中不致过闷，精神更觉愉快矣。闻兄曾有函，师颇以得来书为乐也。

闻兄撰写康熙南巡事，必大有精论，亟盼早日得以盥读。

寒山寺诗碑，蒙分神寻觅拓本，尤所深感，更求注意者，在其碑阴，以俞曲园[1]诗有味耳。

璧姊自沪归，想健康增胜，我兄血压下降，又使弟深羡矣。

连日开夜车，便头昏目眩，亦自找苦吃耳。

弟近写关于《红楼梦》中年代、地方、官职、称谓、服妆、器物等等问题之文，检看全书，即费光阴，日间上课开会，只好“灯右观书”矣。

下午开会，不及多所奉报，尚望时赐好音，以代把晤！

专此即颂

撰安！

寐叟之书，尚祈留意！

弟功谨上

奉和青峰九兄远寄之作

回环锦札夜三更，元白交期孰与京。

涤后新吾真大悟，残余积习尚多情。

① 俞樾，字曲园。

编惭选政文无害，史羡名山老更成。

何日灵岩陪腊屐，枫江春水鉴鸥盟。

前闻文章作品中，精华糟粕之外当有无害者，所辑《历代散文选》，窃曾试为去一存二焉。

录呈

斧正

弟功谨上　十月廿六日午

（一〇）1964年2月4日来函[①]

青峰我兄：

弟于一月底回京，得见十二月七日自吴门来教（弟正是日出京）。知当日“顾帖”尚未寄到，想今已得达矣。

弟于成都四川省博物馆得见《宋孝宗赐虞允文勅考》，在四川大学（校内之历史博物馆）见顾亭林手札一通，又在重庆博物馆见顾亭林手札一通。知兄所关心，特亟奉告。如经校中接洽，当可得其影本也。

大作如何？深以先读为快！有关康熙南巡事之文，尤愿早得阅教！近闻吾兄校中任务甚重，一时不克分身北来，不免怅然！未知暑假有无胜缘也！

最近学习热烈，想尊校及江苏省中亦必甚忙，我兄又负民进及人代之责，想更加忙碌矣！

弟此两月血压略高，想与紧张工作有关。闻兄健康增进，深以为慰！

陈璧子先生近日想已大痊，至嘱者：保姆万不可省耳！

援师身体甚佳，仍不断写文，吾兄常俱获读，深堪欣慰也！

弟近撰有关《红楼梦》题材一稿，乃学校中之任务。为纪念曹雪芹者，殊为拉杂，不足当大方一笑。只是搞《红楼梦》之专家多不屑及此耳！附呈，粲

① 已载于柴念东编：《青峰草堂往来书札》，商务印书馆2015年版。

正。至希予以剀切指教！

昨日立春，吴中花事想必繁盛，殊堪艳羡。弟经蜀中时，只有腊梅，红梅尚未开也。

六四年我兄课程如何？著述、授课、政治社会工作，何者较多？甚盼时赐教言，以代夜谈！专此，不尽。即颂
春安！

弟功谨上　二月四日夜

璧子先生同此！

武汉博物馆藏有章学诚一札，无上款。首云："秋帆先生以宋元《通鉴》委弟复审，弟性能拓观于书外，而不能细勘于书中，兄所知也……"

按：此真得失寸心知也，所谓拓观书外，是瞎发空论而已。安有书中尚未观而能拓观书外者乎，如以灯谜法论之，恐是装订匠耳！

（一一）1964 年 8 月 31 日来函

青峰九兄：

兄去弟归，抱歉无已。又闻有晚间再来之议，不胜欣盼。既有铁驴何妨惠临，谅不以失迓为罪。小画甚秀，当面加批评。扇面务希带来，晚凉正可一挥也。此致
晚安

弟功顿首　卅一日晚

（一二）1979 年 5 月挽联[①]

节概见，生平业广，三余中里推君才学识；切磋真，死友心伤，永诀梦中索我画书诗。

---

① 已载于柴念东编：《青峰草堂师友墨缘》，商务印书馆 2013 年版。

青峰先生千古！弟启功敬挽。

（一三）1987年9月书《柴德赓、陈璧子墓志铭》

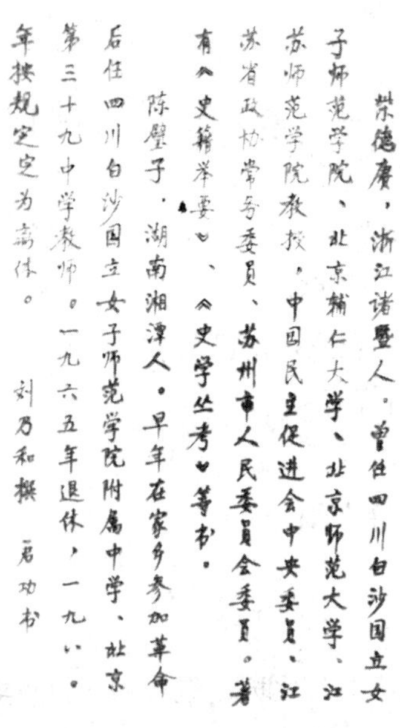
柴德赓，浙江诸暨人。曾任四川白沙国立女子师范学院、北京辅仁大学、北京师范大学、江苏师范学院教授。中国民主促进会中央委员、江苏省政协常务委员、苏州市人民委员会委员。著有《史籍举要》、《史学丛考》等书。陈璧子，湖南湘潭人。早年在家乡参加革命后任四川白沙国立女子师范学院附属中学、北京第三十九中学教师。一九六五年退休，一九八〇年按规定定为离休。刘乃和撰　启功书

柴德赓、陈璧子墓志铭

柴德赓，浙江诸暨人。曾任四川白沙国立女子师范学院、北京辅仁大学、北京师范大学、江苏师范学院教授。中国民主促进会中央委员、江苏省政协常务委员、苏州市人民委员会委员。著有《史籍举要》、《史学丛考》等书。

陈璧子，湖南湘潭人。早年在家乡参加革命，后任四川白沙国立女子师范学院附属中学、北京第三十九中学教师。一九六五年退休，一九八〇年按规定定为离休。

刘乃和撰　启功书

（一四）1988年9月《柴德赓教授纪念册》识[①]

故友柴德赓教授，字青峰，浙江诸暨人。生于一九〇八年九月三十日，历任辅仁大学、白沙女子师范学院、北京师范大学、江苏师范学院教授。平生受教于陈援庵先生垣、邓文如先生之诚。精于文史，敏于词章，书法潇洒流畅，得张阆生先生宗祥之传。一九七〇年一月廿三日卒于苏州。其时浩劫未终，遗

① 已载于《百年青峰》，苏州大学出版社2007年版。

稿已散。今年秋日值教授八十生辰，令子祖衡、邦衡、君衡，女令文，裒集畸零遗墨及其平日珍藏之师友墨迹，合印一册，以永追思，并资纪念。

一九八八年夏日　老友启功敬识

乔传习[1]

乔传习于上海

（一）1963年8月22日来函

柴主任、师母：您们好！

我和柴主任分别已经整整一年，和师母分别也三个月有零了。尽管我们人在两地，在思想上还是经常想念的。本来今年寒假是应该和柴主任见面的，无奈当时家中出点小事，迟回学校几天，竟没有能够见到，确实感到遗憾！

前天接到黄文浩老师的来信，他说柴主任已于七月份返回苏州，李书记也恢复了健康。这说明历史系的领导力量又较前一年有所加强了，我相信，下学年在教学和科研工作上将会做出更好的成绩！

---

① 乔传习，由河南分配至江苏师院历史系工作，任助教。

我五月份离开江苏师范学院，到河南之后，即被分配在省人事局工作。由于工作性质的改变，业务不熟，再加以环境生疏，思想确实难以安定。近来虽然有所好转，但业务仍感不熟。不过在做好工作上，我还是有信心的，在江苏师院的六年，尽管说我进步不大，工作的不好，但是，领导上对我的培养，在今后的工作中还是会发生作用的。我也相信，领导上对我的工作每一点关心，都不会白费。

我在人事局编制处（即河南省编制委员会）工作，具体负责国家机关、党派、人民团体的机构编制管理，将来会有不少时间到专署和县城去作调查工作。这对我来说，同样是生疏的，必须向有经验的老同志学习才能慢慢摸着门路，心急是没有用的。

在工作上，我正处于熟悉业务的过程中。在学习上，还有不少思想和实际问题。在行政机关不同于在学校工作，在这里除晚上以外是没有学习时间的，思想稍一放松，时间就会很快过去，久而久之，所谓学习，恐怕也只能成为一种谈话资料，那时再想抓起来，也就更困难了。因此，我除了每天工作之外，晚上尽量用来看点书。在学习的内容上，我也拿不定主意。我学的是历史专业，总希望在这方面多学一点，特别是中国现代史。然而有时又感到学它没有多大用，和工作任务结合不起来，学着也没有多大的兴趣。有时想学习点文学知识，练习一下自己的笔头，锻炼锻炼自己的思想，但又感到没有基础，不知从何学习起，真是有些苦闷。直到现在，我还是糊糊涂涂，不知如何是好。如果有时间的话，请柴主任和师母能来信指教。尽管我离开了江苏师院历史系，还非常希望得到您的教导。

王健群说他可能在九月份到河南来参观。不知您什么时候能到河南来，我非常欢迎！小胡①在学校么？请代我向他问好！此致

敬礼

学生乔传习　8.22 晚

---

① 胡振民。

人民日报社

（一）1956年9月15日来函

柴德赓同志：

尊稿已排出小样[①]，因不知道您的地址，无法联系，现把小样请中国民主促进会转上，请阅后即速退回。为荷！

敬礼

人民日报·文学艺术和副刊部（印章）九月十五日

发文（56）美字第2236号

（二）1965年5月6日来函

青峰先生赐鉴：

兹送上尊稿《论欧阳修的〈新五代史〉》清样一份，请您审阅。

我们略有两点小意见：

一、关于《新五代史》中尊王思想产生的根源，以及您对这种思想的看法，可否请您再阐述一些？

二、最后可否对《新五代史》总括几句作结？

这些意见，很不成熟，仅供参考，如何之处，请您决定。耑此，顺颂撰安

胡鉴美敬上　五月六日

① 柴德赓：《“百花齐放”中论“一花独不放”》，《人民日报》1956年10月5日。

人民日报社

（三）1965年5月14日来函

青峰先生赐鉴：

兹送上第二次清样一份，请您再费神校阅一次。关于题目问题，我们想，如果内容要作较大的更动，那么还是不改了吧。仍用原来的题目。您看如何？

您校好后，请以电话示知，以便派人前来取稿。耑此，顺颂

撰安

胡鉴美上　五月十四日

荣孟源[①]

（一）1956年4月17日来函

青峰同志：

《叫歇碑》事，弟已照相，并把相片与兄之附记送高履芸同志处（原拓片早已送去），他们将与兄直接联系。

《辛亥》稿，下周即可寄上。兄言汪案删去，弟同意。前因忙于十二年规划，近几天才读《辛亥》稿。恐误了日期，请原谅。

敬礼

弟荣孟源　四月十七日

（二）1956年5月13日来函

青峰兄：

示悉。稿费收到，将收据寄上。

前借之书，另挂号寄上。谢谢。

《辛亥革命》一书，尚未细校。校过几页，特送上请教。此致

敬礼

弟荣孟源　五月十三日

① 荣孟源（1913—1985），山东宁津人。近代史专家。

（三）1956年8月4日来函

青峰兄：

昨天寄上校勘表几页，并信一纸，今天收到大札。尊意争取八月底校完，国庆节出书，极为赞成。因此，不能不仓促陈述拙见。

1. 次溪君函读过。悉见，此书不必增补。据弟了解的情况，从解放以来到目前，关于辛亥革命的资料已出版者共约1200万字，除去我们这一部《辛亥革命》三百万字，当是九百万字。可以说补不胜补。如果说连最近北京收辑的回忆录之类约六百万字计算在内，再加上各地所发现的材料，更是不胜其补。弟以为如有太不妥者，可以抽去，但目前并未发见。赞同您的意见“小改则可，大动不易”。弟再重说一遍是：“校订必做，增补不干。”目前弟正在校订《太平天国》一书，亦按这一原则处理。

2. 关于“陶成章《革命史》”与“章太炎《与篁溪书》”二文，不管次溪君如何辩护，势在必改。不管怎样说，魏兰与陶成章的关系较张篁溪与陶成章的关系要密切得多。既有魏稿，当然淘汰张稿，何况张稿已发生问题，改换魏稿费力也不大呢？至于《与篁溪书》，近中华书局所编《章太炎集》已发排，系用《汉帜》，我们还是叫它为《与篁溪书》，将来读者质问，如何回答？而且该文第一句“承示癸卯纪事”，是否张篁溪给章太炎寄过这本书，可疑。该文最末一句“愿与四百兆同种诵之”，显然不是给私人的信，而是给杂志或杂志编者的信。如真是给篁溪的，篁溪把它藏之箧中，一人诵之，而不是与四百兆同种诵之，也未免太对不起朋友了。因此，弟以为如果次溪君能拿出章太炎原函来（残缺也可以），这篇稿子我们不改动。不然，必改。此文改动非常容易，换换标题，删去上下款就成了。

3. 书中用（ ）号标明注文。但原注和编者注都用（ ）号，就混淆了。其中有一些编者注采用六号字，这是可以与原注区别的。但有些地方未用六号字，与原注相同都用五号字，如一册7页末行，和9页13—14行等注，那就与原注不分。

希望这一次校订遇到这一类的问题，都改正过来。编者注与原注分清。至于是如何标号，请您决定。希望决定之后，在“叙言”末尾的编例中加以说明。

4. 来示叫弟多校几种，按理不能违命。但因弟目前白日赶编国庆节待印的资料，晚间与星期日校订《太平天国》，时间不太多。当想法挤时间，到月底以前能做多少不敢保证，一切请原谅。此致

敬礼

弟荣孟源　8.4. 下午

附次溪君原函一件。

（四）1956 年 11 月 22 日来函

青峰兄：

来示收到，《太炎先生年谱》决定刊在 1957 年第一期（一月出版）《近代史资料》。寄来相片亦同时刊出，《年谱》原封面亦制版刊出，《国粹学报》封面一幅。稿酬问题，书印出后稿酬和样书均由科学出版社发出，数目不能预定，但弟负责保证，千字至少十元，按页计算（比按字计数计算要多）。这是本刊的发表费，版权仍归章夫人所有。以后如印单本，或章夫人另行编入太炎先生的全集中，仍有稿费，请与章夫人说明。太炎先生相片刊出亦致酬。

《太炎先生年谱》两本，致酬事，尚未办，弟将去苏州办理。弟去苏州，专为太炎先生著作一事。是否可将这些著作全部捐赠（我所当致酬，章夫人编成太炎先生全集，稿酬仍归她），前与兄谈过，不知章夫人意见如何。弟于二十七日动身去武汉，仍在十二月中旬到苏州，那时一切要麻烦您和碧之[①]同志。

《辛亥革命》稿已校完，谨祝您成功。序文不必寄北京，因弟不在家，等弟到苏面谈如何？稿中陕西部分中有《从戎纪略》一篇，因弟处何重仁同志研究辛亥革命时陕西问题，望兄帮助，将原件或排印的校样赐寄，借用几天。如蒙

① 陈璧子。

惠见，请寄“历史三所何重仁”。特此

敬礼

弟荣孟源　十一月廿二日晚

（五）1958年1月6日来函

青峰同志：

示悉。《辛亥革命》精装本早已收到。但至今尚未如命细读。今后当细读。

夏间来示言，《辛亥革命》稿费拟分弟一部分，当即回信辞谢。实弟出力不多，且弟有其他原因，不拟接受此款。今忽接到伍佰壹拾贰元伍毛贰分稿费（连寄费为伍佰壹拾叁元贰毛肆分）。即表示言“编辑诸君往返函商，已经分配”。弟即照收，但受之有愧。此复

敬礼

荣孟源　1月6日

又启者：《教育今语》夏季已抄完，但因弟犯错误，反省检查，无心于他事。以致未能校对。近接来示，又值感冒，不能校对。请兄与图书馆善言。弟病好之后，即当校完寄上。日期也就是几天，拖不了许久。

荣孟源又及

沙千里[①]

（一）1956年6月19日为《墨缘》册页题诗《江上青峰》[②]

握手有怀如日月，凭阑无语看风云。

匆匆昨日今故事，江上青峰最信君。

一九五六年六月十有九日，访青峰同志，谭近代史料。出此册召题，率书二十八字。千里。

① 沙千里（1901—1982），江苏苏州人。时任全国工商联秘书长。

② 已载于柴念东编：《青峰草堂师友墨缘》，商务印书馆2013年版。

三联书店

（一）1957年1月7日来函

柴德赓先生：

我们知道您拟撰写“章太炎与辛亥革命”和“辛亥革命中的农民作用”，我们很欢迎这类书稿，希望您能把提纲寄给我们看看。

另外我们选题中有“宋代农民战争”一种，不知您对此有无兴趣。希见告！致

敬礼！

三联书店编辑部　1957.1.7.

尚传道[①]

（一）1956年3月7日 来函

青峰兄、璧子嫂：

阔别多年，驰系良殷。想你们的生活一定过得很快乐幸福的。我曾在报上读过峰兄评介绍吕振羽先生著《简明中国通史》的文章，深以老友在史学上底造诣感到欣豪。

解放后蒙政府宽大教育，几年来深刻反省，潜心学习，我已初步认清自己过去党的罪愆与丑恶，理解革命建国，为人便民服务的真理，在生活方面又荷优渥照顾，极为安适，堪慰远念。

我家48年住在西单半截碑21号，峰兄曾去过。49年到52年住在西单石驸马大街蕨线胡同12号。50年51年晓玫[②]曾给我写过两次信，寄过六七次钱；51年11月6日收到大儿尚斌寄来一个衣服包裹，当时因学习很忙，我没有写回信。52、53两年我曾分别给晓玫和斌儿写过两次信，既未退回，也无复讯。55年春政府代为打听，说家已搬到西单茶院胡同43号，斌儿已在北京市制药厂工作。我于3月14日给尚斌写了一信，仍然杳无消息。7月8日又给晓玫写了一信，并另写一份寄请半截碑21号潘权甫转交，结果在7月18日连同三月间给斌儿的一共三封信都退回来了，邮局批注："经派出所查无其人，故退。"我想：现

① 尚传道（1910—1994），字希贤，浙江湖州人。柴德赓杭州一中同学。
② 韩浩德，字晓玫。尚传道妻子，陈璧子同学。

在至少还有三个孩子上小学，晓玫不至搬得太远，我虽已知尚斌在北［京］市制药厂工作，但不知该厂址，我在长春的住址去年也变动了，因此就跟家中失去了联系。现在请准，拟老兄嫂的驾代为查找一下家中下落。除上述几个地址以外，晓玫跟现任外交部办公厅副主任赖亚力的爱人朱静子交谊素笃，时有来往，必要时请向赖主任打听一下。

请您俩复我一信。如果找到晓玫和斌儿，即转告我来信，详细告诉我几年来晓玫和孩子们工作、学习和生活的情况。费神之处，容当面写。回信请寄长春市1014号信箱收转。

祝

快乐，进步！

尚传道　一九五六,三,七

（二）1956年11月4日来函

青峰兄：

8月30日在沈阳皇姑区镇江街16号，给您写了一信，不知收到否？9月15日我已经转到抚顺来了，这里的生活环境和学习条件比沈阳更好。党和政府对我教育改造的苦心孤诣，真使人无法道出矣，衷心感戴之忱。在这里，我们上午8—12集体学习，下午1—4运动，打排球、网球、篮球等，4—5自由学习，晚6—9时文娱活动。一个多月来，身体精神比前更感康乐。

上次信中曾告诉您，我和晓政之间的误会与隔阂，现经在京友人郑洞国兄等的解释劝导，业已完全冰释，和好如初，知关系注，谨以奉告。

在《人民日报》上读到您写的一篇文章[①]，我想：你提到应该注意我国墨笔

① 指柴德赓：《“百花齐放”中论“一花独不放”》，《人民日报》1956年10月5日。

书法的传统艺术，一定会引起党和政府以及文化界的注意与共鸣的。祝进步！

传道　1956年11月4日

璧嫂前并请代候。

沈兼士[①]

辅仁大学返校节沈兼士（左一）、柴德赓（右一），1947年

（一）1930年代书赠陆游诗联[②]

呼鹰小猎新霜后，弹剑长歌夜雨时。

青峰先生正之。沈兼士。

① 沈兼士（1887—1947），浙江湖州人。著名语言文字、文献学家及教育家。

② 已载于柴念东编：《青峰草堂师友墨缘》，商务印书馆2013年版。

沈尹默①

（一）1960年代为《墨缘》册页题诗《留滞重庆杂诗》②

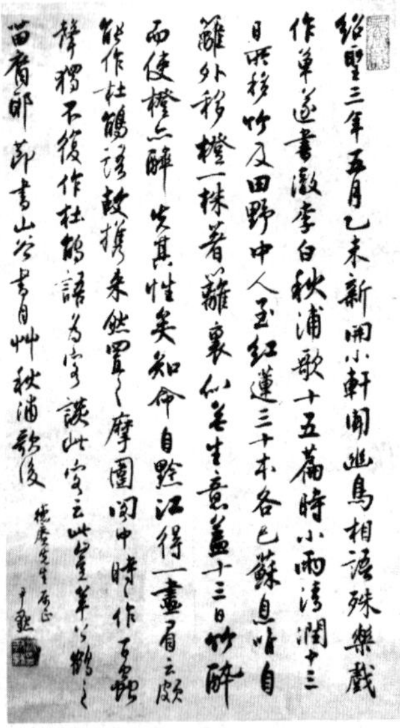

沈尹默录《山谷题跋》

渊明但饮酒，诗成倩人书。
既书还阁置，所怀良已舒。
翻从千载下，津津味其余。
好鸟鸣林间，枝条仍扶疏。
三复当日言，不乐复何如？

右十余年前留滞重庆所为杂诗四十首之一，录之以应青峰先生雅教。尹默。

---

① 沈尹默（1883—1971），字秋明，浙江吴兴人。著名书法家、教育家。任北京大学、辅仁大学教授。

② 已载于柴念东编：《青峰草堂师友墨缘》，商务印书馆2013年版。

史树青[1]

（一）1946年9月30日来函

青峰夫子大人函丈：

日昨陆锡纯君由平抵沈，得悉吾师驾已返平，甚慰甚慰。树于中秋前二日赴中正大学之约，来此任教，既到则兴趣毫无。现以讲师名义在中正大学先修班担任国文，周十二时，月约二万上下。系主任高亨（字晋生），现仍在蓉，来沈无期也。先修班中文史方面同人如李泰叶、王森然、齐佩瑢、莫东寅诸君终日见面，（彼等生活）似不寂寞也。树拟寒假后回平，仍渡学生生活，相见不远。沈阳入晚即行戒严，孤城清角，心绪茫然。援庵[2]、狷翁[3]两太夫子祈代问安！

受业树青顿首　九月卅日

（二）1947年1月4日来函[4]

青峰吾师尊鉴：

前接预衡[5]来函，敬悉进况，甚慰甚慰。树青辽东漂泊，意兴耗减，非复当

---

① 史树青（1922—2007），河北乐亭人。著名史学家、文物鉴定家。1947年辅仁大学史学系研究所毕业。与柴德赓一家世交。

② 陈垣，字援庵。

③ 余嘉锡，字季豫，号狷翁。

④ 已载于柴念东编：《青峰草堂往来书札》，商务印书馆2015年版。

⑤ 郭预衡。

年与二三（如援翁、狷翁）遗老侍坐受教时也，每日惟以读书阅报为务。

昨阅报载吾师荣膺教部大奖，钦敬何似。又阅《新生报》赵蜚云[①]先生又请吾师撰稿，将来拜读，何异侍讲下时邪。前阅《程梦阳（嘉燧）诗集》（松园《浪陶集》二卷，《偈庵集》二卷，黄宾虹藏，风雨楼排印）第一序为谢三宾撰，系由宋毂所书，题曰："庚午春日，莆阳宋毂书于塾巾楼中"。吾师《谢三宾考》中是否曾见此书，昔拜读时未能注意及此，故敢述之。

沈阳书物不多，生来此稍购日人遗物，如铜、磁、陶器（以宋辽金磁陶为多，皆东北热河一带出土）书籍、字画等多属小品，其大批书物如雪堂[②]及伪满世家之物皆倾箱而出，即敦煌旧卷，无虑数千品，不知元伯[③]先生见之作何感想。而生困于资财，未能大量罗致耳。

中正大学定于一月十三日放寒假，因假期过短，不拟返平，若有赐教，希见示之。

元伯先生题跋，已见《民国日报》，钦佩无量。

辅校风潮，想已平息，留沈校友殊念念也。生来沈所得诗辑为《渡辽吟》，付印在即，一俟出版，当呈钧诲也。肃此敬请

崇安

受业树青拜启　一月四日

（三）1948年为《墨缘》册页题诗《怀人诗》[④]

冷落尘寰鬓有丝，春寒恻恻欲何之。用先生句

而今重过东华路，第一销魂是此时。甲申春日，《怀人诗》三十首之一《青峰师》。

① 赵万里，字斐云。

② 罗振玉，号雪堂。

③ 启功，字元白（元伯）。

④ 已载于柴念东编：《青峰草堂师友墨缘》，商务印书馆2013年版。

归来巴蜀又经春，著述千秋准过秦。

载籍几多夫己氏，罪名不让谢三宾。 丁亥春日，《怀人诗》二十首之一《青峰师》。

旧作小诗皆怀青峰师之作也，录请诲正。 树青。

孙功炎[①]

孙功炎惠赠照片

（一）1946 年 10 月 22 日来函

青峰学长道席：

昨奉手教，知已重返故居，欣慰奚如，故都自适之[②]先生来后，群贤毕集，想足下翱翔其间，师友论文，其乐可知矣。弟本年在育才任课，任高中国文两班，本史一班，共十五小时，亦不甚多，惟批改文卷，稍稍烦耳。克椮[③]早返沪，时时遇。从九月尾，贺昌群先生自平入都，道经沪上，下榻克椮所，得畅谈一夕，遍涉玄史，倍可乐也。此君乃四川马边人，出自蛮荒，而人才不减上国，知蓬生草茅不扶自直之语非虚耳。《文汇报》本可订，惟克椮谓今时局未靖，或恐以此罹咎，故以暂时不订为是。今以月来搜集史地副刊中较有可观者

① 孙功炎（1914—1998），字玄常，浙江海宁人。语言学家、书画家。中学入杭州安定中学，抗战时期于江津中学任教。

② 胡适，字适之。

③ 章克椮。

奉上，以为参阅。《大公报·史地副刊》第一期已见之，果见精采，后当不可忽也。余不宣，即颂
撰安

同学弟孙功炎再拜、顿首　十月二十二日

璧子夫人前乞候，克椮属候。

（二）1946年11月28日来函

青峰学长道席：

暑中尝接来鸿，至今又将半载。江南落木朔风如割，不审燕京如何？弟近总羁尘事，罕能玄览博诵，所喜海上诸君子如钱钟书、顾廷龙、徐益藩诸公衡文论学，颇得他山之助。

兹又有所请者，近见安定业师钱海一先生治《鲒埼亭集》，尝作校勘，其所据仅香家藏旧本。弟不知是集究以何本为佳？江南可得见否？知足下夙治谢氏学，敢书以质教，求裁复。余不宣，谨此颂
撰安

学弟孙功炎再拜、顿首　十一月廿八日

（三）1946年12月7日来函

青峰学长道席：

岁聿云暮，未得好音久矣，不审起居如何？至所企怀。《大公报·文史周刊》时得览诵，若汤锡予先生之《〈谢灵运辩宗论〉书后》之类，颇得启迪，想见故都人才之盛，遥知足下乐也。

弟在此课务颇忙，鞅掌终日，深以为苦。数月少治声韵之学，略得一二，未可登堂。盖斯学要在口口相传，暗中摸索终不免面墙与？魏建功先生现在平，闻不久或将来沪，如得问业，最所盼矣。陈仲甫先生弟子何之瑜君已来申，闻

“仲甫遗集”行将问世，则亦士林一盛事也。余不宣，即颂

撰安

同学弟孙功炎再拜、顿首　十二月七日

足下北归，如有咏，乞示一二。

（四）1947年4月28日来函

青峰学长道席：

手教并玉景均拜嘉知，眷注之殷，无任感激。大著《〈通鉴胡注表微〉介绍》一篇早经拜读，近复假得援庵先生原著（系援庵先生赠徐森玉先生者），略为翻阅，深叹先生用心之深。昔戴氏《孟子字义疏证》以考据发挥义理，先生之证则以考据表彰春秋之义，均属创格。足下特为介绍，又岂徒有功师门而已耶！

弟本期仍在育才，又兼任市立一女中图画，以舌代耕，良非得已，稻粱之谋犹云未足，尤可慨叹。寒假以来间暇綦少，所撰《气韵生动渊源》一篇，初稿已草就数十页，完成尚不可期，傥能如愿刊出，他日必寄呈足下教诲也。海上学术刊物极少，谨中央图书馆馆刊尚称充实，如足下未见，可奉上一册，敢祈见示。

尊况何如？华北局势能稍转佳否？时所念念。乞时赐书为幸，余不宣。谨此颂

撰安

同学弟孙功炎再拜、顿首　四月廿八日

璧子先生前乞候。

弟近影拟添印后再奉上一帧。

（五）1947年5月6日来函

青峰学长道席：

前上寸笺想达侍史，相片已复印若干张，兹奉赠一帧以代面觌。比来王师

败绩，物价飞涨，稻粱之谋日艰，几欲投笔为贾，奈何力不从心，为之慨然。不审足下如何也？

又前闻大著《鲒埼亭集》研究（名不详）曾受部奖，如何不详，尚祈赐示大著，如能惠赐一份，尤感。余不宣，谨此颂

撰安

小弟功炎再拜、顿首　五月六日

中央图书馆刊载《梁守谦墓志与唐代宦官》一篇时，梁氏墓志文，有云“夫人南阳韩氏……早受恩荣，封号冀国”，又云“令子五人……”，夫梁氏以宦者而有妻有子，当然奇事。足下明于掌故，敢祈

赐教

弟功炎再启

（六）1947年5月19日来函

青峰学长道席：

前上寸笺并小景一帧想达侍史。弟在此近识崇德徐南屏益藩君，博雅好古，著有《典略魏略考》，颇为时贤所赏。彼近读援庵先生所著《通鉴胡注表微》，大好之，遂欲定购一册，此书援老之《语录与顺治宫廷》及《汪容甫述学年月多误》两篇，如有单行本发售，敢祈代设法谋得之，所需若干尚望先示，余不宣，即颂

道安

小弟功炎再拜、顿首　五月十九日

（七）1947年7月1日来函

青峰学长道席：

前日奉尘寸启想达侍右。《通鉴胡注表微》及《语录与顺治宫廷》二书已交徐南屏君，徐君欣喜过望，属代向足下及援庵先生志谢。

弟下期育才聘书已接，然该校人事颇有更动，教务主任徐公乃弟座师，师已去职，故恐以后处事较难，倘杭高等处可谋一席，敢祈鼎助，无任感激之至。容后陈，谨此颂

撰安

同学弟孙功炎再拜、顿首　七月一日

（八）1947年7月8日来函

青峰学长道席：

前上寸笺并徐南屏君所著《典略魏略考》一册想达侍史。顷自乡来沪，即得惠赐《通鉴胡注表微》、《顺治宫廷》等三书，为之欣慰不止。谨此布谢并乞向援庵先生志感，余容后陈。谨此颂

撰安

学弟孙功炎再拜顿首　七月八日

（九）1947年8月1日来函

青峰学长道席：

前奉二笺并徐君益藩所著《典略魏略考》一册想达侍右。暑期过半，碌碌废日，谨将《气韵生动论渊源》初稿略为写定，尚待删改，一时殆难成就。

建功[1]先生过沪时得拜晤之，惜弟音韵无根底，无从请益耳。

前日章克椮兄来此，言其子又新拟考杭高，不审足下能为鼎助否？便此附及。谨此颂

道安

弟孙功炎再拜，谨顿首　八月一日

---

① 魏建功，字天行。

近假得吴眉孙［清］庠先生手校《白石道人诗集》与通行本颇有同异，得将旧稿校正，亦快事也。又及。

（一〇）1948年1月30日来函

青峰学长道席：

岁暮怀远，恰得鱼书并获读大著《全谢山与胡稚威》，大喜过望。燕赵声鼓动地，足下潜居旧京，犹得浸淫，文史斐然，述作雅志可佩。炎半载来困于舌耕，罕亲卷帙，即偶读书亦只可信手翻阅，难加丹黄。近所刊仅中央图书馆刊四期有评钱氏《刘向歆父子年谱》一篇，出版后当奉呈乞正。假中拟稍读书，不审果能如愿否邪？余不宣，谨此颂

岁祺

同学弟孙功炎再拜　顿首一月三十日

（一一）1948年2月24日来函

青峰学长道席：

昨奉手教并大著《论贵阳本书目答问》，诸书皆已拜览，具见日新之功，忻感无已。大著当遵嘱赠与顾廷龙、徐益藩二先生，益藩力学好古，惜病肺不健，去秋有《黄梨洲吕晚村得澹生堂书平议》载中央图书馆刊第三号，不知足下见之否？刘君《顾亭林画与顾亭林之得名》已亦粗览。顾正谊画，弟常见诸故宫画展及画册，清秀出尘，惟规模不如董其昌耳。俞剑华为海上画家，然画不过中品。现似在暨南任教，所撰有《中国绘画史》（商务版）立论似偏，盖未能得乎环中者。拙作《苏译去国行笺注》已在《国文月刊》刊出，兹寄上一份，乞正。余不具，即颂

道安

同学弟孙功炎再拜、顿首　二月廿四日

（一二）来诗[①]

官路垂杨处处栽，当年曾见翠华来。
君王又向龙沙去，一夜西风落木哀。

画阁朱阑照水明，垂杨深处有调筝。
十年重到无多语，坐待秋娘打桨迎。

淡月疏星映晓镜，绀林碧草护裙腰。
相如消渴余情在，好赋盘珊上画桥。

燕燕归来觅谢王，名园无主野花香。
飞莺散尽惊鸿去，付与先生作讲堂。“湖上沈氏园”今为“复性书院”，马湛翁[②]讲学所也。

少年空誓老人祠，浪迹归来已后期。
如此湖山真可隐，扁舟何处载西施。

重游湖上赋七绝五首奉尘青峰学长吟正。玄常拜上。

---

① 此诗札夹附于哪一通信札中已无从辨认，暂作最后一篇。
② 马一浮，号湛翁。

孙楷第[1]

（一）1946年10月15日来函[2]

青峰学兄大鉴：

两次晋谒，畅谈甚慰。兄造次颠沛而未尝废学，处之泰然，尤见修养也。

忆兄行前曾借弟商务印本嘉靖本《三国志传》二函，兄行前未交于弟。今已归来有定居，想书物检点当易。学校已开学，将上课。弟急须此书，能检出，通知弟，俟弟自来取，为感。至盼至盼！即请

著安！

弟楷弟　十月十五日

（二）1948年2月6日来函

青风［峰］先生大鉴：

辅仁抽印本承急送，甚感盛意。

大作二首[3]并来书，送来时值弟昼寐，舍下人未以闻，不得即复，尤歉也。奖学金既已办过，弟不得与此举，此乃弟自失期，非先生不助我也。弟以多病，百事因循。夫子与我分深，而去岁半年之间，诸多失礼，思之慭然，殆梦寐不宁矣。

---

① 孙楷第（1898—1986），字子书，河北沧州人。任北京大学、辅仁大学、燕京大学教授。

② 已载于柴念东编：《青峰草堂往来书札》，商务印书馆2015年版。

③ 柴德赓诗“丁亥新正初九阳历一月三十日，为余甲申南行之期，作二绝句，呈援师并示诸友”。

大作《论谢山稚威交情》[①]，前已读过，今阅刊本，更觉隽永有味。《书目答问校笺》亦是不苟之作。惟论谢山文中之“受人压迫者，一旦压迫人亦觉得意”之语，弟意似不可一概而论。惟受人压迫者乃知受压迫之苦痛，自古骨鲠之士遭人排挤者多矣，其觅机会压迫人者盖寡。秦会[桧]之自亡，李泰发、胡邦衡辈何尝压迫人乎？谨为公下一转语，不知以为然否？敬请
著安

弟楷弟顿首　二月六日

拙文送上奉。

① 柴德赓：《全谢山与胡稚威》，载于《辅仁学志》1947年12月。

孙正刚[①]

（一）1963年5月27日来函

青峰先生道鉴：

五一年在京开教育工会代表会时曾挹清辉，瞬逾十稔。晚自五四年调津任教，暂乏寸进。启者顾羡季师于六〇年秋捐馆，津市委决定出版其遗集，由高熙曾同志与晚整理其事，现稿已大部辑选藏两“诗词稿”，每一集由师生前友好一人署笺，题者为陈援老、魏建功、郭绍虞[②]、容希白[③]、张子高、溥雪斋[④]、启元白[⑤]等，其“竹庵词”一笺拟请大笔一挥，念窗日与顾老交厚或蒙□允，无任感慕。

又，元白书求见者，尊藏顾老手稿，拟寄下接补。闻之雀跃，即请挂号交邮，俟接补后原件归赵。

晚此年偶写小词，实未能工，另纸并另邮各寄上，乞致颇劾安念。俟秋凉后兴至时，法书一笺，特此真陇尚未得蜀又焉望耳。一笑。专此，即颂
教安

晚孙正刚顿首　岁次癸卯年端阳节午时

附：《木兰花慢》词，抄选校辑《述堂集》成，敬题卷尾

---

① 孙正刚（1919—1980），号晋斋，天津人。词学家，燕京大学国文系毕业。

② 郭希汾，字绍虞。

③ 容庚，字希白。

④ 溥忻，字雪斋。

⑤ 启功，字元白（元伯）。

述堂沧海水，一杯勺，此遗编。数设帐临池，耽吟作剧，拈古谈禅。流传伻饶万。惜分阴，灯下望丛残。频视苏黄米蔡，上承陶杜辛关。

钻研马列晚弥坚，奋着祖生鞭。趁浩荡东风，探奇揽胜，绝代江山。毫端顿添异采。秀孤松，掩映百花妍。环诵先生手泽，恍闻无尽心弦。

青峰先生正拍。晚正刚拜稿。

台静农[1]

1946 年 7 月 7 日摄于江津白沙
后排左起：张光锦、台静农、李霁野、柴德赓、郝履平；
前排左起：孙曾坪、王汝聪、郑恩慈、彭鸿瑄

（一）1946 年 6 月 16 日来函

青峰吾兄惠鉴：

手书奉悉。兄等行期有日否？弟为出峡事亦大踌躇。建功[2]来信云到校始能起薪，而风波[3]如此，如何走得了？况费用浩大，筹划亦难，空山托足，究不算事。奈何！

① 台静农（1902—1990），字伯简，安徽六安人。著名作家、文学评论家。1946 年后任台湾大学教授。与柴德赓一家世交。

② 魏建功，字天行。与柴德赓一家世交。

③ 1946 年春，白沙国立女子师范学院并校至西南师范学院之风波。

兄为重禹[①]书卷，气韵至佳，惟嫌转折交代处稍快耳。

女院之还乡补助费如何？此间仅有一小职员周蓉生，亦不见来。台大款，弟已通知卓如[②]，兄径可挪用，不必客气。卓老自去九龙坡即未见只字来，然与志老[③]之不见惠只字又不同也。草草即请

珍摄

十六日　弟台静农顿首启

（二）1946年7月12日来函

青峰兄：

广元来书奉到后，念念不值。今得浦口书，欣悉合家平安，为之大慰。途中覆车折臂，盈年接月，竟得无恙，诚天幸劳人也。附师之船拟令舍妹及纯一[④]侍家母先行。弟夫妇则随军部之船东下，此时长江水涨，船只无着，成行尚在八月矣。家父及川泽[⑤]暂不拟出川。正如来信所云，能留宁可多留之意。至于弟已成骑虎之势，不得不去，劳君展虽犹挽之再作冯妇，实无意趣。顾建功久无信来，闻台大校长在拜职中，用是阻滞。弟目前除台大之卅万，作为光午[⑥]见惠之廿万外，无其他办法，必待台大再寄款来，始能成行。兄之还乡补助费[⑦]据萧与宛玉诚信云："区区此次跳下火坑者，亦不过为诸事之便于传话代催耳，无如任之为人，轻诺寡信，万无一语能兑现，彼言教部已批准，但何时能拿到手，不仅弟不敢信，且任何人亦无法相信也。"萧又云，可请邓石士再来函催，弟今

① 方管，字重禹。

② 夏德仪，字卓如。

③ 罗志甫。

④ 台静农长女纯懿。

⑤ 台静农大弟传泽，据《艺文考》为传泽。

⑥ 周光午。

⑦ 据柴德赓"文化大革命"交代材料记，因柴德赓参与白沙国立女子师范学院风波，被朱家骅扣发还乡费。

日入市访邓未晤，拟明日先将信送去，再访与之谈。今日之事，令人麻木，已无感慨可发。

由京去沪，票价若干，沪上生活又如何，统希示知。纯一拟来杭，入杭高，有友人可托否？请兄为接洽插班为幸；坚儿[①]已决定入清华中学，暂不出川。碧子[②]若在杭就事，请随时将消息见告，以免相失为要。草草不一，即询

俪福

七月十二日　弟静农再拜

张维华又在排挤志甫，可谓自讨没趣。志公迄无信与弟，去信已不复。

台静农寄自台北照片

（三）1947年4月17日来函

青峰吾兄赐鉴：

接奉手教获悉陈、沈[③]两师有命弟北来之意，猥以顽劣，师门不弃，感慰不可言。而兄白沙一诺，必欲践之，为弟筹划周至，弥见故人风义。弟于北都情若故土，播迁以来，每劳梦想，加以年复老大，颇习读书，而孤悬海隅，师友远隔，请益无从，时为惘惘。顾弟身家奇重，牵掣甚多，自接来书，踌躇至再，

① 台静农三子益坚。

② 陈璧子。

③ 陈垣、沈兼士。

迄不能决，经旬未能奉覆者，正坐此耳。仍恳假以时日，俾得从容筹之。拟至下月内再作决定，如何？野秋[①]之办公处，为北平铁狮子胡同四号绥靖公署设计委员会［电话（四）〇〇二八］。野秋官名王之纮，其寓为东总部胡同内顶银胡同七号。此亦血性男子，幸能常与往还也。羡季[②]、元伯两兄近况何似？尚望为乞元伯一小幅云山也。[③]弟顷患急性鼻炎，殊困惫，草草不一。

即请

俪安

四月十七日　弟静农并拜

陈、沈两师前乞为问安

惠书可直寄台北龙安坡（昭和町）511号大学官舍

［整整两个月后，柴德赓接到此信，并在信封背面注］

卅七年[④]六月十七日，接到，元白正在草堂啜茗，盖念静农不止。青峰居士识。

（四）1947年6月29日来函[⑤]

青峰吾兄史席：

日前奉书，想已达左右。陈慈[⑥]小姐过访，未找到弟之寓址。昨得其一信，顷往访，已晤。伊为小儿所累，就事与否，尚不能决定。台大文学院本约建功兄，不知何故中变？传为沈刚伯，亦未见其来，因此四系主任尚未定。将来主英文系者为熟人，陈小姐若决定教书，尚可荐之进行。至于静山[⑦]先生处，弟明后日即与复之。静山下年将专任台大，已接洽妥，特未下聘书耳。建功有信

---

① 王冶秋，别名野秋。

② 顾随，字羡季。

③ 启功于1947年9月28日致台静农函，提及“前青峰传达雅命，见索拙笔”，回复此事。

④ 信封邮戳日期为“卅六年”，疑笔误。

⑤ 已载于柴念东编：《青峰草堂往来书札》，商务印书馆2015年版。

⑥ 陈慈，陈垣五女。

⑦ 戴君仁，字静山。

来，云下月来台筹办国语小报，此在岛上甚有用也。暑中兄作何业？弟方草一小文，以大学藏有清人传奇两种，为海内不易见者，欲为之作一介绍耳。弟之《汉乐舞考》[①]，去年此时已完稿，因季茀先生[②]坚欲由大学印出，作为研究室专门报告。弟以近年来无长篇譔述，只有以此充平日坐研究室成绩；乃至今印行与否，独无结果。俟开学后大学仍不印，当即寄奉投《辅仁学志》，并求教于师友耳。春间向觉明兄[③]渡海，为读一过，其中散乐部分，关于中西交者颇得订正。年来所引头绪有三四题目可作，但不专力于一问题。平日读书太杂，致有此病，深以为愧。日前漫临《蜀素帖》一过，原拟寄兄转刘小姐[④]，以不能佳，故未寄。雪斋[⑤]、元白两先生于襄阳野老书皆精到，弟于此道究为野狐禅，实恐见笑于大家也。元白许为弟作一幅（若已画成，邮寄亦便）否？虽中心盼切，又不敢一再促之，兄幸为图之。草之，即请

俪安

廿九　弟静农顿首

援师处，乞代为问安。

（五）1948年7月11日来函

［前阙］获读《拟杜一首》[⑥]，苍凉可喜，字则明快老成，弟当什袭藏之，传之儿辈，此青峰“官军帖”也。陈慈小姐迄未见过访，静山且数以询及其在台北住处，盼示，弟当访之。至教书事，弟与静山定尽力为之推荐。尊友拟觅《且介亭诗》[⑦]，弟必钞一卷奉上，但弟所苦者，

① 1947年5月，台静农著成《两汉乐舞考》，近五万言，载台大《文史哲学报》1950年第1期。

② 许寿裳，字季茀。

③ 向达，字觉明。

④ 刘乃和擅书法，尤以临米芾帖见长。

⑤ 溥伒，字雪斋。

⑥ 柴德赓有《拟杜一首》写于国大代表绝食事之后（1948年3月28日）。

⑦ 鲁迅《且介亭诗》。

1948年6月1日迎接魏建功

此间无法得笔。弟平日喜硬毫，而岛上所有者皆福建、江西之羊毫，柔劣不可言。兄能赠我一两管，交建功带可否[①]？元白兄许为作一小幅云山交建功否？草草即复

俪安

七月十一日　弟静农顿首

（六）1949年1月13日来函

青峰吾兄文席：

久未奉候，罪甚罪甚。昨蒋萧君寄来公等上林春欢迎建功兄照片及签名，喜慰不可言。台大易长想已有所闻，晤建功兄时定得其详。今新校长[②]到校才十余日，一切沉默，将来如何变动，当在下月见分晓矣。薛蕴玉女士春间曾到寒斋一饭，后即无消息，亦颇为念。当时且陪之访静山先生，云为之注意在台北之机会，今尚在高雄邪？前接援师与兄在公园雪地摄影，不仅援师矍铄如十余年前神采，而兄之丰腴远非在白沙时可比，昨见璧子小影，体貌居然贵夫人，以见危城中生活非若想像之苦也。寄上所摹东坡书[③]，乃一个月以前所书也。草草，即询

俪安

十三日　弟静农顿首

---

① 1948年6月1日，魏建功回北平，柴德赓等于中山公园接风（图照），魏9月返台，12月初携眷至北平。

② 指傅斯年任台大校长事。

③ 见柴念东编：《青峰草堂往来书札》，商务印书馆2015年版。

覃谷兰[①]

（一）1947年7月20日来函

青峰、璧子兄：

手示奉阅，因忙稽复为歉。妹以无从筹得路费（家乡田产一时未能出卖），暂不离杭，下期或仍留杭师或换学校，尚未决定，假期仍住校内。

伯祥兄因与同班同学之校长不合，不拟再留杭师，其中缘故复杂，容后评述。伊对此事，颇为气愤，欲远离浙江教育界，正在考虑今后去向，云不愿去京沪，北平则久已向望，以有兄等在，更感亲切。妹颇赞同伯祥兄向外活动，家乡生活圈子太狭，约束必多。伊家庭既无需顾虑，当可作此豪想。兄等能为伊设法师范教育课程或中学英文教席否？拟伯祥兄云已函商兄等，妹之所以为此絮絮者，除上述意见外，在此间与伊同事，对恶势力之抨击，有同等之感受也。甚盼兄等能设身处地为伯祥兄筹划，速复！匆匆不尽，祝

暑安！

妹谷兰　七月廿日

来示仍寄杭师。

---

① 覃谷兰，名英，湖南人。王鲁彦夫人，与陈璧子于白沙国立女子师范学院附中同事。与柴德赓一家世交。

唐　兰[1]

（一）1948年为《墨缘》册页题诗《滇越路中旧作》[2]

万里携书不惮劳，千里碧嶂插天高。

松风涧水无尘思，同向空山作怒涛。

滇越路中旧作，录呈青峰我兄教。唐兰。

---

① 唐兰（1901—1979），号立庵，浙江嘉兴人。著名文字学家、青铜器专家。

② 已载于柴念东编：《青峰草堂师友墨缘》，商务印书馆2013年版。

汪　东[1]

（一）1957年11月为《墨缘》册页题诗《江南好》三首[2]

莱伊卡，腾跃上天游。月窟径须追狡兔，星河倘亦犯牵牛，信话纪从头。

莱伊卡，空际且盘旋。欲为生民销战伐，首凭科技占优先，第一是苏联。

莱伊卡，不惜此牺牲。动处有光争日月，名垂不朽比山陵，赐汝狗明星。

苏联发射第二［颗］人造卫星，其中载狗名“莱伊卡”，此为人类星际旅行之先驱，作词颂之。青峰先生粲正。一九五七年十一月。汪东。

（二）1962年12月1日来函

德赓尊兄先生左右：

手教启悉，别久思深，彼此同之。编写教材确是当前一重要任务，工作进展想能应手也。

东因胃病剧作，赴沪就医（公费医疗医院），住医院七十日，检查结论为心脏功能不良（一）贫血血沉加多。（二）龋齿。（三）慢性胃炎、胃酸不足。（四）经中西医合治后，疲劳状态业已消除，精神面色均已复旧，惟胃病难求近功。

① 汪东（1890—1963），字旭初，江苏吴县人。著名文学家、书法家。

② 已载于柴念东编：《青峰草堂师友墨缘》，商务印书馆2013年版。

上月廿一日始回苏州，统部关怀，坚令继续休养。现服黄一峰药，期逐步调理。

民革中央本月开会，东非中委，但为省副主委，是否到席，尚无明文。季思[1]同学久不通音，得知此次得与兄共事，必获切磋之功，请代致意，不尽覙缕。手颂，

著安

汪东顿首　十二月一日

① 王起，字季思。

汪铭熔[①]

（一）1947年4月21日来函

青师钧鉴：

西湖拜别，转瞬十岁。仰企尘范，曷胜孺慕，顷阅四月十六日《大公报》第廿五期《文史周刊》，获读钧作《〈通鉴胡注表微〉书评》，不禁狂喜，如得珍宝，谨收妥后，经过缕陈，俾增记忆。

生自杭州返乡之翌年（廿五年）充任文堂初小校长；廿六年改任彭龙县小教导主任；廿七年因战事关系初充本县民众总动员委员会总干事，嗣加入军委会忠义救国军军官队受训，随军转战锡、澄、虞等地区，曾任军工与政工，达中校阶级；卅四年春奉命返乡招兵，一病羁缠于七月，只得请假，蒙调为名义参议职，胜利后未复归队。去年经营红茶，逋负达千余万金，刻因本乡教育办理不善，暂时承乏校长。处此人力、财力均穷环境，实无法整理，下年当辞去。十年颠踬，无善可言。

钧况尚乞示一二。专此，敬请

撰安

师母，统此不另。

学生汪铭熔手颂　四、廿一　祁门客次

通讯处：祁门关里。

---

① 汪铭熔，柴德赓于杭州市一中任教时之学生。

王大安[①]

王大安全家照，1944 年

（一）1944 年仲春来诗［书于照片背面］

田园劫后付尘灰，踌躇西南首忍回。
万里江湖春梦去，一天风雨锦书来。
惊看亲旧沧桑变，想见师尊桃李栽。
寄此雍容魂随越，乱松云影自徘徊。

青峰夫子大人赐存。受业王大安。时甲申仲春自蜀泸州寄。

① 王大安，即王静芝。1936 年入辅仁大学国文系。

王傅恭[①]

（一）1951年8月9日 来函

青峰吾兄左右：

昨谈甚快，承允介绍敝馆与贵校建立往来关系，至感高情。如主管部份须与弟面洽可随时电话通知，即亲往商酌。将来如与校方订一长期往来办法，必有优待，特再函申，务乞促成。尤感祗颂
暑祺！

弟王傅恭谨启　一九五一年八月九日

元伯[②]先生乞代候。

关于欧阳雨岚小姐之事已遵嘱专函，告并速寄自传。上次雨小姐来函，顷觅出，附请久览。此事务仰赖贤伉俪负责介绍，当有希望也。

璧子同志恕不另笺。

傅恭又上　八月九日

① 王傅恭，字伯元。书法家，时供职中央文史馆。

② 启功，字元白（元伯）。

王健群[①]

王健群（左一）、柴德赓、郭克煜，1959 年

（一）1963 年 4 月 1 日来函

老师：

很久没有给您写信了，主要是忙。自从去年冬天以来，礼拜天都很少休息，几次想给您写信，都因为忙拖下来了。听邦衡[②]说北京的环境、工作条件都很好，只是老师的工作任务很重，邀稿的地方太多，忙得很，恨我的水平低和条

① 王健群，江苏师范学院历史系 1957 级研究生，后为吉林文物考古所研究员、所长。
② 柴邦衡。

件差，不能替老师分忙。特别是上次工作的不好，可能给老师的工作带来很多麻烦，好在是自己的老师，会理解和原谅的。

根据馆里的原计划，四月里要去延边自治州，现在因为工作忙，不能去了，今年的整个时间要呆在家里，明年恐怕也是这样，后年可能就要长时间在外边忙了。我们的部叫作历史考古部，搞历史的算我三个人，另有八名同志搞考古，工作生疏，任务重，得从头学起。工作我倒蛮喜欢，人事关系也很好，至于将来能不能作好，看自己努力了。家里的一切还好，素月照常工作，只是比过去更加瘦弱。入春以来，孩子们也常有病，弄得我家里、馆里两头忙，结果，什么也没弄好。四月中旬以后，同志们都到外地考古调查，我也许能清闲些，但也难说。克煜、曙庭①二兄一年多没有信了，苏州只有乔传习同志常来信，其他同志因为我不爱回信，也就不来信了。长春的生活比过去好多了，邦衡弟呆得还习惯，情绪也满好，不过能否在此地长期落户，要看条件了。邦衡自己还是喜欢南方的，镇江的工作条件不如此地，不然到镇江倒也满好。我的意见，他能在此地搞出点成绩再说，不知老师的意见怎样？

这封信是中饭后抽时间在班上写的，毛毛草草，请老师原谅。祝老师
工作顺利，身体健康！

您的学生王健群　四月一日

（二）1964年2月25日来函

老师：

好像有半年多没给您写信了。去年八月底我到北京，您已经在七月就回苏州了。我在关内走了两个多月。参观了大同、太原、侯马、西安、洛阳、郑州、安阳十几个地方，饱览历代文物，漫游秦晋川原，增长了不少知识，但是仍然觉得时间太短，没有看够。将来有时间，还准备到南京、上海看看，真能

① 郭克煜、崔曙庭。

办到，那太好了，我好去看看您和师母。

我在馆内的分工是搞典章制度，兼搞金石碑版。典章制度就很困难，金石文又不懂，为此，馆内送我去吉林大学同于思泊先生学习，老人家两个研究生学金文、甲骨，我和他们一起上课，一起学习，基本上不上班了。馆内给我三年的时间，算作教育部不记名的研究生，我感激对我这样的培养，努力学习。半年来很少在十二点以前睡觉，现在基本上能认识文字，分辨片子了。这样该说是一件大好事，但是几年来，专业一改再改，三十六七岁，一事无成，有时也不免感慨系之。

一年来，因为忙，没有搞什么专题，今后一段时间也主要是学习。去年寄给您的那篇稿子，很不像样，又因为"大真国"的疆界涉及今天中朝关系问题，我想修改一下，把疆界问题勾掉，底稿写在一个笔记本上，怎么也找不到了，不知那份稿子是否还在邵循正先生处，是通过您，还是我自己向他索回，请老师指示。

听邦衡说，您身体还不算太好，请您多加注意。师母虽然好了，我们的意见也还是请她多休养一些时间。君衡[①]弟考研究生，我没帮上什么忙，但愿他能够考上，将来到长春来，我会照顾他的。

我们家里的情况还好，债务已经偿还壹仟叁佰元，只余捌佰元了，因为分期付，总的还没有影响生活。素月身体很好，一直坚持上班。王度的学习不好，这一点倒使我操心，我们在努力帮助他。

克煜、曙庭二兄很久没信，隔行如隔山，日子长了，联系也就少了。不知他们给您写信没有，工作情况怎样？好几年不见了，有时还是很想念的。

半年来，因为没什么长进，值得汇报的东西不多，就写到这里。谨祝

老师和师母身体健康

健群　2月25日

---

① 柴君衡。

王培德[1]

（一）1942年9月15日来函

青峰仁兄足下：

月之十日得七月廿五日赐书并承属示哀挽之作[2]，情文并茂，读之弥增凄楚，以渊如[3]兄之耿介，居今之世，吾固知其必死，然不意其遂止于斯也，伤哉。八月廿日得顾守敬先生书，言之甚详。顾先生与足下热肠古道，吾见亦罕，当时未详表德，窃叹慷慨好义如两君，吾皆不得一见其人，何缘分之薄乃尔。岂知所顾见者，即十余年前朝夕相见之人邪。

左二王培德，于北海公园

廿一日缪夫人书亦至，怆痛之余，辄草一书相唁慰，仓卒未能尽意。古来贤士多遭丧乱以没世，平生言行或不彰，其得以彰闻于世者，或在其贤偶与其孤儿。读缪夫人来书，吾有以知其必能无愧于渊如，且知其必师有后也。

因闲晤谈顾翁，更达此意。弟于廿二日曾以挂号书告吴士选兄，并得顾君、

---

① 王培德，柴德赓于北平师范大学之同学。

② 柴德赓1942年6月有《哭缪渊如师》诗。

③ 缪渊如。

缪夫人两书，各录一通附去，欲俟回音，同谋善后，乃至今寂然。意者彼或暂时他去欤？子行、卓如[①]、冠君[②]诸兄亦皆以书告之。魏兄[③]则请卓如转告，当同声一哭也。铭墓之文，当日渊如兄戏言，身后是诚有之，但愧频年学不加进，不得不让之博学能文之士如足下者耳。静山[④]兄曩在湖上，偶亦过从，自更丧乱，遂少音书，晤时并烦道意。渊如兄遗稿有可收拾者，幸留意及之，他年得至燕市，当随诸君子之后一尽寸心也。临颖不尽万一。肃请

撰安

弟王培德顿首　九月十五日

① 夏德仪，字卓如。
② 乌以风，字冠君。
③ 魏建功，字天行。
④ 戴君仁，字静山。

王 起[①]

（一）1963 年为《墨缘》册页题诗《茶酒论》[②]

酒能助人睡，茶能使人醒。

论功千古谁高下，安得清江与细评。先生读史不知倦，夜夜揣摩至夜半。

蝇头小字忽跳行，朱笔眉批渐紊乱。此时正要碧螺春，

建牙为子策奇勋，睡魔敢犯中书君。丈夫不学刘伶醉，聊借微醺供小睡。

午窗一枕方蘧然，起看春光遍大地。今年应是酒星年，昔难常得今如泉。

却笑对门茶博士，红埕白堕雨无缘。

一九六三春，戏为青峰先生作《茶酒论》。季思王起。

① 王起（1906—1996），字季思，浙江永嘉人。著名文学史家，时任中山大学教授。

② 已载于柴念东编：《青峰草堂师友墨缘》，商务印书馆 2013 年版。

王世华①

（一）1966年2月9日来函

柴先生：

久未写信问候，不知身体可健康？早想写信，又怕先生回苏州了。寒假路过苏州，得知先生仍在北京，今写信问候，敬祝您身体健康！

我于去年国庆与李增瑞同学结了婚，利用国庆假日去杭州旅行。不巧，正下雨，我们在细雨之中游了西湖。没有导游者，我们按照地图去了九溪、灵隐、虎跑、六和塔、西泠……等地。杭州的确是个美丽的地方，难怪诗人歌颂和赞美它。烟雨之中的西湖有更加吸引人的地方。

最近一段时期，《海瑞罢官》引起了一场剧烈的争论，对这场争论我们很感兴趣。我曾与分配在同一校中的两位历史系同学合写了一篇稿子，题目是“海瑞不值得歌颂”。看来观点是正确的，只是才疏学浅，无法阐明自己的观点，也曾寄到报馆（文汇报）参加讨论，报馆同志鼓励了我们的积极性，并回信给我们说：“只好割爱了”，可想而知，未达到出版水平。对这一问题，目前争论尚剧，不知先生高见？还望先生指点一二。

接着报上又对《谢瑶环》进行了批判。我们不觉对郭沫若先生的历史剧《蔡文姬》发生了兴趣，在寒假中搞了这样一个题目：“历史剧《蔡文姬》必须重新评价”。主要论点是这样的：

一、历史剧《蔡文姬》掩盖了当时的阶级矛盾，假造了一个没有战争，没有

① 王世华，1961年毕业于江苏师范学院历史系。

暴力的理想社会。

二、历史剧《蔡文姬》竭力渲染缠绵悱恻的“骨肉之情”，大肆宣扬了资产阶级人性论。

三、历史剧《蔡文姬》狂热地歌颂了封建帝王之一——曹操。

四、替曹操翻案的实质。

（一）合二而一的阶级调和论。

（二）美化剥削阶级代表人物的“修正主义观点”。

五、历史剧《蔡文姬》的“现实主义”——是从1959年开始到1961年、1962年达到高潮的开国以来文艺界第五次反动社会思潮的信号和前导。

看到这里，您不会对学生的“斗胆”感到吃惊，对学生的无知感到可笑吧？对以上提纲，先生可指出其中谬误；对《蔡文姬》，先生的意见如何呢？

先生在北京，一定很忙，想一定参加了这场争论。我们将自己的想法告诉先生，祈先生指教。虽然您很忙，但我们仍想将稿子寄给您，请您提意见。专候先生回音，再寄那不成文的东西。敬祝

健康！

学生王世华敬上　1966.2.9.

柴师母好吗？身体好吗？祝她健康。

（二）1966年3月13日来函

柴先生：

接到你的来信，受到了很大的鼓励，我们衷心地感谢您。

文稿不成样子，临要寄出之前我们又犹豫了，它值得浪费您的宝贵时间吗？俗语说“丑媳妇不怕见公婆”，在您面前有什么可羞的呢？于是，我们鼓足了勇气，抄出来寄给您，请您修改，提出意见。

文章有不少缺点：

一、措词十分尖锐，虽有矫枉过正之意，但史料不够充实，难以以理服人。

且不说手边的资料少得可怜，说真的我们也不知该看哪些史料。书到用时方恨少啊！

二、所引的资料是否可信，我们没有考证过，也没有能力考证，处在将信将疑的状态之中，实在令人苦恼！

三、文中第五点虽说有些理由，但因为我们缺少大量的事实来做这一论断的基础，不免总有些牵强。虽“冒险”提出来了，但心里不着实。

四、文笔不简练，多有重复之处。在标点符号的使用上，注释的方法上都有不少错误，甚至不敢保险自己没有写错别字。

我们不再列举了，请您多提意见吧！等听了您的意见以后再作修改。

这次写了这篇东西，花了一些时间，收获不小。等待着您的回信，我们一定会得到更大的收获。

上次信中师母提及“成家立业”的问题，的确很有感触。虚度了不少光阴，怎样急起直追呢？当然设想并不等于现实。一切还望老师帮助，指点。敬祝健康！

您的学生李增瑞、王世华　3.13.

问柴师母好！

（三）1966年5月11日来函

柴先生：

收到你的信即到邮局查询，那封平信至今无消息，这封信是我最盼望的，因为内中有先生的宝贵意见，这是十分遗憾的。奇怪的是，平信未收到，而文稿却收到了。望勿念。

近来报上的争论越来越明显了，在这场争论之中，自己也接受了不少教育。几年来满脑子的“王朝体系”、“让步政策”、“历史主义”不正是抽去了阶级性吗？自己的嗅觉还是十分迟钝的。吴晗是“三家村”黑店的急先锋，有时我会发呆地问自己：“他这个市长是怎么当上的啊？”“既然是那么糟糕！彭真这个市长是怎么当的？”在他市委里面竟有一个黑店！可能这些问题问得幼稚可笑，这也说明阶级斗争的尖锐吧！（近来报上不见彭真同志，何故？是不是……）

那篇东西我已经知道如何处理了。郭沫若先生已经说过：严格地说来，应该统统烧掉！我当然知道《蔡文姬》也是被郭先生“焚烧”之列了。《解放军报》一篇社论谈到：某些人也写过一些不好的作品，但他们的心是向着党向着社会主义的，应该将他们和一小撮反党反社会主义的人严格区别开来，特别是“严格区别”四字更引我注目。郭沫若先生应该属于“严格区别”的范畴。那篇东西里面的第五部分应该拇［抹］去。不知那封“未收到的信”，会退回原处吗？希望先生立即寄给我。

您说过，写不写是一回事，发表不发表又是一回事。我认为十分正确，练练笔而已，考验一下自己的观察力而已，希望听到先生的批评。

教育界正在大破资产阶级教育思想，要建立新型的师生关系。我年纪不大，工作时间不长，脑子里面的“师道尊严”可不少，目前正在反，要自觉革命，学习毛著改造世界观。声势也很浩大呢！

先生在京还有多久？工作忙否？身体好吗？柴师母处代问好，并祝她身体健康。

《长短录》（？）是个什么“东西”？没见过，求先生告诉我。敬祝

健康

学生王世华　5.11

王用理①

（一）1962年10月30日来函

柴主任：

我们已于廿八日返宁，匆匆未及辞行为歉。

《历代演义》重印计划早经确定，年内印出五部（前汉、后汉、两晋、南北史、五代），装订出三部。因出书时间关系到今年用纸计划，而这些书用纸较多，印刷装订任务也较繁重，为了保证年内印出，已将前汉、后汉、两晋三书上册先行付印。下月五日左右，将付印三书下册，因此序言须赶在五日前发排。我们知道你最近审阅大专教材任务十分紧迫，仍望能将序言于五日前撰就寄下，或将在《文汇报》发表的文章，加以修改作为序言，不情之请，敬希鉴宥。专此，即请

撰安

弟王用理　10.30

---

① 王用理，时为江苏人民出版社编辑。

魏建功[①]

魏建功到长沙临时大学后赠照，
1937 年

（一）1937 年 11 月书赠诗札[②]

敌未受俘俘已献，缁衣墨面等轻尘。
边城亘古销忠骨，腹地从来窜懦夫。
千里久游鱼在镬，一山新聚鹿相亲。
可怜落照红楼影，愁绝沙滩泣马神。

逢人说项羞无舌，落草投荒志可衰。
慷慨一生怀先觉，艰难万感独后来。
豪情往日寻常见，直道当人拉杂催。

---

① 魏建功（1901—1980），字天行，江苏海安人。著名语言文字学家、教育家，与柴德赓于辅仁大学、白沙国立女子师范学院同事。与柴德赓一家世交。

② 已载于柴念东编：《青峰草堂往来书札》，商务印书馆 2015 年版。

入梦天乡云作障，高台破礌满尘埃。

廿六年十一月南行，书留纪念。奉青峰我兄教正。弟魏建功。在北平独后来堂。

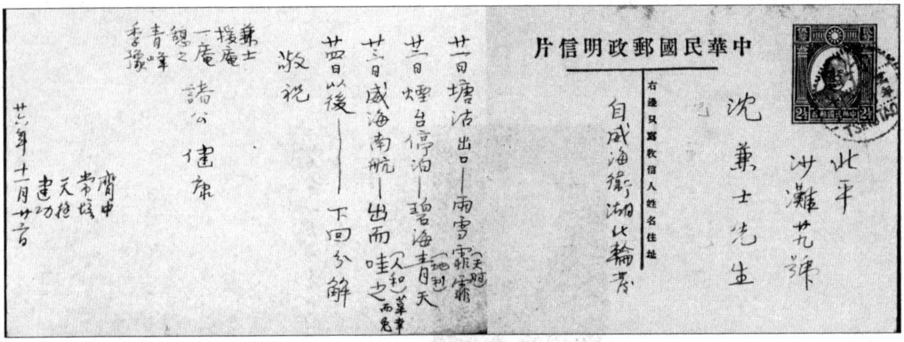

魏建功等撤离北平后的明信片

（二）1937年11月23日来片

廿一日塘沽出口 —— 雨雪霏霏（天时），

廿二日烟台停泊 —— 碧海青天（地利），

廿三日威海南航 —— 出而哇之（人和），莘幸而免，

廿四日以后 —— 下回分解。敬祝

兼士①、援庵②、一庵③、憩之④、青峰、季豫⑤诸公健康！

膺中⑥、常培⑦、天挺⑧、建功，廿六年十一月廿三日。

---

① 沈兼士。

② 陈垣，字援庵。

③ 汪怡，字一庵。

④ 赵荫棠，字憩之。

⑤ 余嘉锡，字季豫，号狷翁。

⑥ 罗庸，字膺中。

⑦ 罗常培，字莘田，号恬庵。

⑧ 郑天挺，字毅生。

（三）1949年12月为《墨缘》册页题诗《白沙黑石山旧作》[①]

梦绕楼台正少年，天孙玉女各为妍。
愁予渺渺成怀望，卓尔硁硁绝世缘。
紫雾飞花春闹热，素波欲语笑当先。
深情多少非凡种，化作相思刻骨坚。

追寻芳躅自年年，折卷垂丝景复妍。
寂寞高台商调绝，阑珊松竹野萝缘。
旅葵墙上知时节，煎豆釜中泣后先。
残照落霞迷未晚，飘零骨鹜翩犹坚。

一九四九岁暮，写十年前流徙白沙黑石山旧作。时已解放，回首前尘，奋励有加。

青峰九兄后到白苍山庄，我已非复孤骛。况刻骨相思，今又得会心也。承命书册，虽敝屣文人玩丧之习，废弃不作书，亦不得不再荷陈琟。建功。

① 已载于柴念东编：《青峰草堂师友墨缘》，商务印书馆2013年版。

吴白匋[①]

（一）1964年夏为《墨缘》册页题诗《中秋》[②]

依旧团圆饼，尝来味自新。
中秋一轮月，公社万家春。
钢水连云涨，珠峰辟路臻。
红旗歌不尽，应胜楚狂人。

一九六〇年中秋作。六四夏，为青峰老友书。吴白匋。客北京。

① 吴白匋（1906—1992），名征铸，安徽歙县人。任教于白沙国立女子师范学院、东吴大学、南京大学等。

② 已载于柴念东编：《青峰草堂师友墨缘》，商务印书馆2013年版。

吴晗[①]

吴晗（后右三，右五为柴德赓）在《中国历史小丛书》会议上

（一）1964年3月18日来函

柴德赓编委：

兹定于3月25日（星期三）下午二时半在人民大会堂福建厅举行《中国历史小丛书》编委会第二十二次全体会议，这次会议的主要议程是：

一、在检查1963年已出版小丛书的基础上，研究今后应如何改进和加强《中国历小丛书》的编审出版工作，以便更适应当前社会主义文化建设事业的需要问题。

① 吴晗（1909—1968），字伯辰，浙江义乌人。著名历史学家、社会活动家。

二、谈论《中国历史小丛书》旧书重版问题。

务请届时拨冗出席。此致

敬礼！

附：（1）《中国历史小丛书》选题计划一份

（2）《中国历史小丛书》旧书重版计划（草案）一份

吴晗　1964年3月18日

注：（1）持函由人民大会堂北门入场。

（2）会后便餐，请带粮票四两。

吴宏中[①]

吴宏中、王慎楼赠送照片，1961 年

（一）1956 年 2 月 29 日来函

青峰、璧子学长兄：

接奉二月廿四日手教，欣悉旅途安适，近日生活亦已措置就绪，至慰下怀！学期伊始，各项工作都待展开，迩来想仍相当紧张也。

大驾离京之晚，邦衡、钧［君］衡很早即行返寓，次早二人即分别回校。十九日（星期日）祖衡[②]夫妇及君衡前来清理家具，当日都已办理妥帖。火炉及水缸等已移来弟室。睹物怀人，弥增遐想，遥忆兄等在苏安家，一切又从头买起，益觉记挂不置矣！日昨房产科来人，弟已将北房钥匙及所借学校铁床当面点交清楚，敬希释怀勿念。近日无信札，如相，自当早早转去也。

上星期六晚君衡来舍，询悉在校生活很好。据称翌日早伊将与祖衡同去新校，然后与小妹一道去清华，伊等手足亲爱，兄等可以放怀。如与伊等写信，

① 吴宏中，后由北京师范大学支援地方院校至青海民族学院。

② 柴邦衡、柴君衡、柴祖衡。

可告以设有困难问题，即找弟等，当协助解决，无需客气。盖相处虽短，而交谊并非泛泛也。

《语文学习》已另包付邮，请查收。弟与李家掉换南房一间，已于二十六日迁移完毕，近日全家大小各自走上学习和工作岗位，托庇均适，请释绮注。朱先生教研组工作已发表，入会事当与梦玉[①]兄从速进行。近日北京风雪交加，有如严冬，江南春早，或已花红柳绿矣。便中乞时赐教益。匆复，即颂

俪祺！

弟文年、慎楼敬上　二月廿九日

（二）1962年9月19日来函

青峰兄：

前得内子来信，欣悉吾兄到京参加历史教本的编写工作，并承殷殷垂问，至慰至感！回忆北京别后，已经七年，七年的间隔，时间并不算短，然而我却未被故人忘怀，何幸如之！于此，不免使我记起当年在京时得承多方帮助，获益良深，而今则远距数千里，晤面为艰，思之能不怅然！

弟自来西北，一切粗适。近年来物质供应困难，然而由于党的关怀照顾，生活依然安定如恒。惟愧这几年来，除了担任若干小时的教学之外，了无贡献。本年度因无教学任务，已参加《民族史》编写工作，可惜水平所限，难得若何成果。敬悉吾兄于著作之暇，多多给以指导，则实深纫感！

承约假中去京聚会，弟亦深为心动，如有可能，自当积极促其实现。兹先寄上小照一幅，乃去年春节时为纪念结婚25周年所摄者，望收存留念。吾兄并陈先生近年生活情况如何，请便中见示一二，以释所怀。耑此，敬颂

撰祺！

弟吴宏中　62.9.19

通讯：青海民族学院。

---

① 胡梦玉。

吴甦[①]

（一）1962年9月24日来函

柴德赓同志：

您的来信，我们都看到了。刘、杨[②]嘱我向您问候，并望您安心工作。在北大的讲稿，讲后能寄回系工作室整理，以便历史系师生能看到您的讲稿，则您虽暂时不在系，而使系教学工作仍能得益！

上月我去南京开会，未及面别。今年毕业生分配较历届为难。前一时期，毕业生集中在有无工作，是否□行。故一旦宣布包下来的方针，全想集中在地区，受人照顾。今年毕业生思想，处理个人与集体关系上，表现了严重的不顾集体，强调个人困难。个别毕业生不服从分配，自行回家和家长来院要求照顾，为历史上少见。从领导检查，前一时期也心中无数，是否能全部分配？由于这样，故对服从需要，到艰苦地区去工作等教育很少，甚至没有，因此毕业生思想斗争又开展。处理时间又急，中学急待开学，教育时间不够。

历史系因前二年分配二、三叫得紧，故八十一人中，中央分配了六十一人，即是说均有工作做（物、化合近百人分配二三，要去农场劳动，是否再分配）。但历史系调干生多，已婚的多，已婚且有子女二人以上的即达二十一人，故地区照顾上矛盾较大。好在上调中央的，部队与警察武装、铁道部等，学生还较易接受（方案尚未与学生见面），估计要到十月上旬才能处理终束（部队派人来审

---

① 吴甦，时江苏师范学院党委副书记。

② 刘烈人、杨巩。

查，即有一个时间）。

刘书记十二指肠溃疡近又萎缩，杨院长与我身体均好。

离开家，饮食起居均会有些不习惯，望注意。

想请您留意一件事，在苏州买不到全国和世界挂图。您上街时，有即代买各一张。顺颂

秋安

弟吴甦拜上　1962年9月24日

（二）1962年10月29日来函

德赓同志：

帖及信均早已收到，因校庆，陪客人，看演出，故未能及时复，希谅。

从来信看，在北京购买地图也颇费力。最近从总务处了解，南京也能买到。故信到时尚未买时，则不必再买。我另请人购买，免得分您过多精力。

上次承您不弃，把我的“诗”改了一下。可是由于我缺乏基本训练，还是不懂。总之我在小时跟外祖学过平仄，但现在毫无影响；更于各种诗词格律，更是一窍不通。所以，得从头学起。我即购买一本您上次介绍的书，先自学一番，唐诗已有一本，晚上无事，随便诵诵，还望不时指教。

天渐冷，请注意保重。匆匆草复，顺颂

秋安！

弟吴甦敬上　十月二十九日

（三）1962年12月13日来函

德赓同志：

上月来信，早已收到，迟复了几天，希谅。

关于助手问题，我和杨院长商量，并和徐嗣山同志谈了您可在古代史教研

组中挑选，选定后即告徐派来。至于到外校调人问题，因历史系目前按编制即多六七人，只是教育厅分配不出去的。看样子，今后历史系招生只会限定在三十人，则全系一百二十人，按编制，教师为十六人，则大大超过。今后两年要调出二十余人。在这种情况下，调进人则难于处理了。不知您以为如何？

历史系四年制教学计划尚未见下达。教育厅拟在教育部未颁布正式计划前，在省内逐步统一制定计划，寒假前先搞语文、数学，明年上半年搞外语、物理、化学。这样，历史系只能先执行自拟的计划，待以后再说了。

如能为中文系邀到教授来讲学，是件好事，请即进行。

潘老[①]是否来北京，尚未定，主要是健康问题。

李明中同志大便仍不正常，尚需休养一个时期。

刘院长在南京开会已一月，要24日才能返苏。我近来亦欠好，故杨院长忙得多了。

想来北京天气已到雪下了，望保重身体。苏州近三五天天气转暖，室内温度在十度左右，竟有点像深秋天气了。此致

敬礼！

吴甦手上　十月十三日

（四）1963年3月1日来函

德赓同志：

二十五日来信敬悉。

刘书记于二月十二日反复了一下，又有小便出血现象，十四日送去上海华东医院，现绝对禁食三天和一些药物治疗后，即初步好转。目前每天六餐，每次300CC的半流食，大便已通。看来不会发生大问题了。杨院长胃病虽系初期，但目前遇到天气突然变冷期，即疼痛，故也需注意保养。潘老因他的老太

① 潘慎明。

爷跌了两交，不甚好，故未去南京开会。

买炉子事，我当转告两位王处长。

反修正主义学习，学生于下周开始，主要用上课形式来讲。内容主要是根据前面四篇文章考虑的。现在又连续发表两篇文章，而且“再论陶里亚蒂同我们的分歧”长达十万字。今天上午虽只听到前面三部分，比过去讲得更详细具体，可很难讲。尚待进一步研究。教职员主要是自学，号召把两方的文章都深入推敲，独立思考，分清是非。真理在我，相信绝大多数人均能通过学习，分清是非，提高觉悟的。

我南京开会，十三日才返苏，又遇到身体不佳，忙了一阵，好在我注意保养，身体尚好。

去冬旱，会春旱，北京风沙特大是能想见的。看来争取今创麦熟的任务，相当艰巨。

请注意保重，顺颂

春安！

吴甦手上　三月一日下午

（五）1963年5月12日来函

德赓同志：

来信早已收到，迟复为歉。寄来一本书亦同时收到，即转教育教研组，请他们研究提意见。现因他们工作较忙，至今未能提出意见。我翻了一下，尽管是各种材料的汇编，但总有参考价值。特别是这个校友安心吉林的工作，孜孜于教育事业，这种思想就是可嘉的。我和徐嗣山同志提起，应在系内加以表扬。我想您处定有通讯地点，有闲时多予鼓励。

今年招生未定，毕业分配也未定。总之今年还会有很多困难，不是一下子能解决。

刘书记目前恢复健康，估计月底即能出院，以后需再经过一个时期疗养，才能工作。

最近教育部指示办培养师资的十年规划，正在研究贯彻。历史系如何办，望考虑一些意见，告知老徐。

最近苏州供应情况更加好了，蔬菜价格下降很多，如蚕豆上市两三天，即是八九分一斤，猪肉也是一元二三角一斤了。想来北京也是如此。但近时江南多雨，差不多一个阶段连绵，又致病害增加，麦收肯定受到影响了。

我们身体均好。顺颂

健康！

弟吴甦手上　五月十二日

（六）1964年6月20日来函

德赓同志：

上次信及扇面和最近信均收到。谢谢您的关心。我上月返苏，迄今休息四个月余，体重增加很多，体力亦增加，粘连处又不常痛了。拟再休息一月，即逐步恢复工作。

据璧子同志说，您工作较忙，而饮食总不如家里，这样恐不能持久。如璧子同志前往照顾，当会好些。

北京天气炎热，说也奇怪，苏州至今气温未超过三十二度。上半年气温偏低，但麦子收成总算还好。菜蔬生长也尚好，故市场供应似较去年更好些。肉类、蛋品市上有的是，供应有余。生产再进一步发展，有些票即可以取消了。

回苏后，关门养病，学校只晚上去一趟，是看客人的，所以学校情况我一点不知，无可奉告。

明中同志亦尚在休息，估计下半年亦能恢复工作，

工作越是紧张，越应注意劳逸结合，望保重身体！致以

敬礼！

弟吴甦手上　六月二十日

（七）1965年6月15日来函

德赓同志：

上月寄上一信，收到否？昨遇璧子同志，说您近来失眠，血压增高，经过服药后，近况如何？盼告。

璧子同志说你待草稿完成后，回苏修改。我很赞成这一意见。回来后，参考书困难，不那么安静，这是缺点。但生活可以得到较好照顾，可能利过于失。参考书必要的可以借回，旁的工作牵扯可以控制。望斟酌。

苏州天气仍不太热，常温比往年低。麦收前阴雨连绵一月余，使麦子或减少二三成；但产量不致少于大丰收的去年多少。苏州市场菜蔬供应情况，基本恢复五七年的情况，少数价格略高。

教厅决定，历史系今年不招生。毕业生分配仍有困难，方案尚未下达。

刘书记已接近痊愈，月底可望出院。草此，顺颂

健康！

弟吴甦手上　六月十五日

（八）1966年1月23日来函

德赓同志

春节好！焕熙同志带回风景片收到，谢谢您的盛意。

十月中旬返苏，始知您又北上。璧子同志随去，生活上有所照顾，于工作是十分有利的。一家在一起，也不分心。

我在南京时，因温差大，时感冒，加上饮食不便，疗效不著。返苏后，仍服邹云翔院长药房，每周煨一只鸡喝汤，体重增加了五六斤，痠痛部位稍有上移，程度亦有所减轻，想来肾的位置有所上移。虽进度甚缓，但只要向好的方面变化，就有恢复健康和工作的希望了。

璧子同志睡眠如何？我爱人原睡眠很不好，离安眠药不行。我告诉她，失眠的人未闻有服安眠药而痊愈的，决心戒掉，现睡眠倒反很好，此事不妨试试。

冬冬[①]学习、身体如何？有闲盼复。顺致

敬礼！

吴甦　一月二十三日

① 柴念东。

吴研因[1]

（一）1964 年为《墨缘》册页题诗《游颐和园》[2]

苏州一路到昆明，已罢山行更水行。
借问此来谁作伴，百花丛里竹孤生。同游者多挈眷属，予独漫从之。自山北经苏州河路绕抵昆明湖西畔，午后泛舟东渡。
偷取风和雨歇天，四箱花景竞芳妍。
玉兰怒发榆梅醉，惹得杨枝舞欲颠。
碧罗杉与叶成阴，红领巾如花满林。
喜得小珊同玩乐，童颜不禁有童心。小珊为章元善先生小外孙女刘珊珊。
连绵春雨倍江南，岸柳山花亦不堪。
恼咤黑云西北散，碧湖红日映晴岚。

录游颐和园杂句。原诗作于一九六四年春日，政协全国委员会约集在京委员百余人及其眷属游园舟中。即祈青峰同志指正。吴研因。

---

① 吴研因（1886—1975），江苏江阴人。教育家。
② 已载于柴念东编：《青峰草堂师友墨缘》，商务印书馆 2013 年版。

吴贻芳[①]

（一）1961 年 6 月 15 日来函

柴德赓同志：

真正万分对不起你和李公威同志、范荣欣［鑫］同志。我今早失约是我忽然改变计划，因为有人同去虎丘、留园等处，而我乐观主义地以为周老[②]大概上下午总在家约，我头脑里毫未想到你和范同志会到周园候我，更没有想到无锡的李老能在苏，而我们可以畅谈一下。这实在是我的不是，应当检查的。我回宁后当写信给李老和范同志，我现在记不起他的“欣”字是怎样写的了。

这次来苏承苏州市委热情款待，费神费时又费钱，感谢之至，请您见着诸同志时代达谢意，为感。致

敬礼

吴贻芳　6/15 夜

① 吴贻芳（1893—1985），号冬生，江苏泰兴人。中国第一届女大学生、任金陵女子大学校长。时任江苏省副省长，民进江苏省主委。

② 周瘦鹃。

吴 泽[1]

（一）1951年9月9日来函

德赓、孟源先生：

日来深感不安，我来京工作事，最后决定暂时留华东，原因有二：

一、华东师大初创（由大夏、光华合并而成），我在人事上比较熟悉，特别是历史系，需人筹备，因此华东教部要我担负这个筹备名义的责任（我仍养病，工作由人代理）；

二、近去医院检查身体，病灶尚未完全痊愈，要我继续休养，“三月后复查”，这是我最大困难，无力解决。如来京工作，病再发，就难处理，顾虑太多。现华东给我再休养条件（仍住校外休养，不到校，不上课，负设计推动工作而已），对康健上作一劳永逸之计，这样决定，是比较稳当的办法。

所以，暂时不能来京了！我也想到，这样决定，对柴主任和辅大同学是很不礼貌的，衷心抱愧，无以言容。开初，我把事情的发展估计错了，徒劳你们一番照顾和希望；但我因身体失健，不宜再搞行政工作。回复史学研究工作，较为适当。北京史料集中，气候干燥，来京比留上海适宜些，把师大筹备工作完成，身体再有半年养息，当可正常工作，再来京应命，追随左右，学步前进，为人民历史的研究尽半分心力，愿矣。区区心意，伏祈见宥为荷！陈校长、历史系同学先生前，请柴主任婉辞致意说明，并表示万分歉意。来日方长，报命有期，诸请谅誉，匆此谨致

① 吴泽（1913—2005），江苏武进人。著名历史学家、教育家。1951年后长期任教华东师范大学。

最敬之礼！

吴泽谨启　九、九

一、荣源兄嘱购《中国革命秘史》，新旧中西书店，遍觅不着，可否将该书出版年月、书店见示，当再托书店尽最后一次之努力。

二、聘书附上，请柴主任查收。转致陈校长，下学期可能来京。（师大筹备任务完成）聘书暂退还，似较妥？请柴主任作主。

（二）1964年5月30日来函[①]

德赓同志：

上月初接读手书，知即去年工作。本拟于月中来苏州一行，因反修文章较急，未能如愿，殊为歉仄。今日晤李季谷先生，知您在京整理陈老[②]著作甚忙，并谓已第二次来信（尚未收到，不知何故），多承关注，感荷无已。翦、范二老[③]，近来身体如何？京中史学界情况如何？便中望告一二。孟源[④]见到否，并请代候。

弟近来赶写反修文章，身体情况欠佳，进度慢，效果差，预计六月底恐难完成。题目是“驳苏联世界通史对中国西藏历史的严重歪曲”（古代部分）。中心论旨在于驳斥：唐宋时代吐蕃为中国邻国和独立国、元代吐蕃为征服国、明清时代西藏为中国藩属国等等。目的在揭露修正主义的西藏为独立国、藩属国、分裂中国多民族国家的谬论。文中涉及成吉思汗、忽必烈、元代历史和民族政策，乃至涉外问题，恐不能成文，以后请您指正。反修结束，立即转入史学史编写工作，预计下学期完成初稿，明年开始搞史学流派（现代）。为了保证时间，我已完全脱产。只是身体情况太差，只能半日工作半日休息。陈老《五代史

① 已载于柴念东编：《青峰草堂往来书札》，商务印书馆2015年版。

② 陈垣，字援庵。

③ 翦伯赞、范文澜。

④ 荣孟源。

稿》定多新见，可否先告知一二。近来搞了一下西夏史，深感正史中有《金史》、《辽史》而无西夏史之缺陷，未知谁何氏有志补之否。

袁英光同志的《徐鼒的史学研究》已成稿，即将于《师大学报》刊出。《夏燮史学》的长编和专长亦快成稿。我每日下午搞些太炎的史学资料，摸清体系，还要费大力。请转告伯赞同志，史学史编写工作很得手，只是时间进度，前为《辞海》拖了一年多，近半年又为反修文章所累，六月以后当可全力以赴，勿念。有空望即来信。翦师母好否？此请

撰祺

弟吴泽　五月卅日晚

夏承焘[1]

（一）1948年3月30日为《墨缘》册页题词《庾信·小园赋》[2]

况乃黄鹤戒露，非有意于轮轩；爰居避风，本无情于钟鼓。陆机则兄弟同居，韩康则舅甥不别 。

青峰先生属书。夏承焘。

（二）1963年为《墨缘》册页题词《游龙泉白云山》

提壶劝酒，有一翁似鹤。怪我诗情久无着。指镜中，青鬓莫负清明。人境外，无数风花开落。

鸟飞不到处，掉首归来，依旧藜床阁双脚。幽梦好于山，客问新吟，推枕起，便都忘却。但短了随身一枝藤，莫信有胸中，万千丘壑。

王敬老[3]邀同季思[4]、声越[5]游龙泉白云山，归作《洞仙歌》。[6]一九六三年，客都门，为青峰先生书。夏承焘。

---

① 夏承焘（1900—1986），字瞿禅，浙江温州人。著名词学家、教育家。

② 已载于柴念东编：《青峰草堂师友墨缘》，商务印书馆2013年版。

③ 王敬五。

④ 王起，字季思。

⑤ 徐震堮，字声越。

⑥ 此词后收于夏承焘《天风阁词集》中。

萧　璋[1]

（一）1948年2月29日来函[2]

青峰尊兄道右：

久疏笺候，想起居、休畅、著述日隆，为颂为慰。去腊乐素[3]兄转来大著三种，拜读之余，获益不浅。尤以《全谢山与胡稚威》一篇，文章之美，已令人倾倒，不仅考据之精审也，至佩至佩。弟年来毫无进步，近为《浙江学报》撰一文，草创急就，实无足观。他日印出，当寄上一阅，并所赐教为感。耑此，敬请

撰安

弟萧璋顿首拜　二月廿九日

（二）1948年为《墨缘》册页题文《黄宗羲〈宋元学案〉》[4]

君子无斯须不学也，黄霸之受《尚书》，赵岐之注《孟子》，皆在患难颠沛中，况优游暇豫之时乎！《易》曰："困而不失其所，亨。"

青峰尊兄教正。仲珪萧璋。

---

① 萧璋（1909—2001），字仲珪，四川三台人。著名语言文字学家，任教于辅仁大学和北京师范大学。

② 已载于柴念东编：《青峰草堂往来书札》，商务印书馆2015年版。

③ 陈乐素。

④ 已载于柴念东编：《青峰草堂师友墨缘》，商务印书馆2013年版。

谢国桢[1]

（一）1963年5月为《墨缘》册页题诗《巴山话旧》[2]

千山万水远相迎，雪映桃花一片青。
细雨迷濛云雾里，时间端合是清明。

由京入蜀途中所见，聊成绝句。即请青峰道兄同志指正。公将返吴门。桢明日又拟作青岛之游矣，巴山话旧，以志鸿爪。谢国桢。癸卯夏历五月。

① 谢国桢（1901—1982），字刚主，河南安阳人。著名文献学家、金石家。

② 已载于柴念东编：《青峰草堂师友墨缘》，商务印书馆2013年版。

新知识出版社

（一）1956年往函

新知识出版社：

来信收到。

兹寄上第六册校样一份，六七两册《校勘疑问表》各一份。第六册末《贵州民党痛史》，前面加稿二十八页，请另收。

又：第六、第七原稿两份，并寄一大包。

徐慧娟[①]

（一）1955年7月22日来函

德赓学长：

自接您一月十八日信后，又有半年不通音问了，慧寒假原拟请一学期假赴大连，后以假期只两个月，且身体不健不宜远行，因此作罢。四月初，本可续假，以华东军区政治部文化教员训练班须人工作甚急，与南京市文教局洽借教员，我被派前去工作两个月，六月初结束。后又派到汇文女中教一班课，十九日方结束，八月一日至九月十五日宁市中等学校集中学习，思想改造。北京的中等学校的情形如何？

寒假时如有时间，我与德真拟同来北京一游，但事实不知做到否？

北京的“思想改造”已完否，南京大专上学期也结束了，中等学校还要在暑假学期。

璧子同志的工作当然也很忙，她担任职务否？辅仁大学教育与师大合并，还是完全调整呢？令男等的名子［字］我们都忘记了（望来信提及），他们都是很进步。

大学方面的学习，是否以集体为主，有空望告知。

舍弟松泉任在四川宜宾电厂（代副厂长），一时不易离开，组织原允其暑期至北京疗养并学习，恐事实不能离开，如能到北京，届时当奉访也。松泉的业务能力尚可，学习亦很努力，惟身体亦坏，心脏严重扩大。匆此，顺致

敬礼！

徐慧娟　七、廿二日

---

① 徐慧娟，时南京师范学院数学系任教，柴德赓与杭州一中、北平师范大学同学。

徐嗣山[1]

（一）1962年9月29日来函

柴主任：

先后两次来信及论文一篇都已收到，迟迟作复，歉甚！系里的秘书问题还没有解决，梅国祥同志最近又发现肺结核，请假休养，有些工作拟请黄文浩同志暂时接替。本学期的开学工作与统配工作是同时并举，显得格外繁忙。我们留在本省工作的本届毕业生已经分配完了，出省工作的将有大部分分配到武装部队工作，具体的地区方案过了国庆节后才能正式宣布。根据本届毕业生的统配情况来看，主要矛盾还不是有无工作的问题，而是有了工作如何保证质量的问题了。

您的大作[2]已交院里刊印，校阅问题，当遵嘱办理。此致

敬礼

弟徐嗣山敬启　九月廿九日上午

（二）1962年11月24日来函

德赓兄：

接到十月廿日来信，久未回复，歉甚！近来身体好吗？念念。

---

① 徐嗣山（1909—1968）。柴德赓北平师范大学同学，时任江苏师范学院历史系副主任。

② 柴德赓：《章实斋与汪容甫》，载于《江苏师范学院学报》1962年第5期。

关于在北大图书馆购买书籍问题，弟接信后即与黄馆长[①]洽商，渠曾当面答应由图书馆直接与兄去信。最近叫胡振民去询问，渠又说因图书经费无着，不能购买等语。弟即径向刘书记请示，刘书记表示，本系所缺的必要书籍可以选购一部分，请将选购书目寄来，以便院中研究决定。

本院此次所出学报，原来计划由文史政三系合出一期，嗣以本系论文较多，特出历史专刊一期，俟装订成册，当即寄上。

根据院务委员会决定，各系需要建立系务委员会，加强系的领导。本系拟由李明中、柴德赓、徐嗣山、刘桂东、张晓江、钱兆隆、吴竞等七位同志为系务委员，不知尊意如何？请函示，以便报院。

兹附上购书介绍信一件，请查收。此致

敬礼

弟徐嗣山敬启　11.24

（三）1962年12月13日来函

德赓兄：

接读大札，敬悉援师[②]施行手术经过良好，至为欣慰。

关于吾兄在京编写教材需要助手问题，吴书记[③]嘱就现在助教中挑选一人，未悉古代史教研组的黄正藩、何永昌、吴奈夫等同志，哪一位较为适宜？请示知，以便照办。

弟所写的《历史科学的对象与任务》一文，由于水平有限，错误之处在所难免，务请指正。

（苏）罗森塔尔等著的《唯物辩证法的范畴》（三联出版），此间买不到，请代购一本。即致

① 黄旭朗。

② 徐嗣山亦北平师范大学历史系毕业，故称陈垣校长为“援师”。

③ 吴甦。

敬礼

弟徐嗣山启　12.13

璧子先生同此致意。

（四）1963年2月22日来函

柴主任：

好久没有通信，时在念中。听说您近来血压高，睡眠也不够正常，不知康复否？请注意劳逸结合，多加保重。本系师生有大部分参加农村社会主义教育运动；一部分参加农业生产锻炼；一部分在院内上公共课。现在留院师生正进行大破大立的教学改革。根据少而精、启发式的教学要求和革命形势的需要，系内已制订了新的教学方案。根据这个新的教学方案，各门课程正在编写新的教学提纲，预计一个月内可以完成。

我们的身体尚好，请释念。此致

敬礼

徐嗣山、李明中　2月22日

（五）1963年5月20日来函

德赓同志：

手书敬悉，迟复为歉！

关于"太平军在苏州资料"的整理工作，约于七月底结束。寄来《龚又村日记》对我们帮助很大，用毕当奉还，请向祁先生致以谢意。中国近代史教研组对于忠王的评价向以范老论断为依据，承告风向获益良多。

至于系内添人问题，我已将您的意见向党委汇报。从我们世界现代史和中国现代史两门课程的师资水平来看，很需要增加新生力量，但是系里的教学人员已经超出编制，恐不易调进。请进一步了解对方的情况，再请党委研究，不

知尊意如何？乔传习同志因为工作需要和照顾家庭，已调往河南工作。即致
敬礼

弟徐嗣山启　5.20

（六）1964年5月31日来函

德赓兄：

两奉来书拜悉一切，甚慰。惟伙食不便，至以为念。希与有关方面洽商解决。李明中同志已去无锡修养，情况尚好，请释远念。

院中“五反”运动于五月十九日开始，停课四日进行前“三反”，头二日师生员工对院系领导提意见，后二日是以反浪费为中心的群众性的自我教育并谈心得体会。本系师生对系里提了很多意见，其中最突出的是官僚主义。我们当前的主要工作是抓紧整改，现已将问题排队，准备分批分期地进行。在整改的基础上进一步抓毛主席著作的学习，现正学习《矛盾论》。教学工作方面则抓“少而精”，系里拟了关于贯彻“少而精”原则的补充意见，作为本学期教改工作的依据。

“太平军在苏州资料”初稿业已完成，目前正在作进一步的修改。即致
敬礼

弟嗣山敬启　5.31

老师前请代问候。

（七）1964年6月5日来函

德赓兄：

五月廿六日来函敬悉。关于系里添人问题，我已向杨院长请示，杨院长说根据历史系现在的师资情况，世界近现代史的教师可以不必争取。古汉语教师问题，院里已同中文系联系，另办手续洽商。专此奉告。

院里已接到教育厅通知，决定历史系下学期不招新生，是否另有任务，尚未得知。

系里现在工作很忙，特别是关于今后十年师资培养规划的制定，更是一件复杂细致的工作。即致

敬礼

弟徐嗣山　6.5

（八）1964年10月12日来函

德赓兄：

国庆节前接读大札，敬悉一切。弟近来因牙根发炎，健康颇受影响，前天拔去两个牙齿，已渐好，请释念。

开学以来，历史系先后开展了关于李秀成评价“一分为二”与“合二而一”以及时代精神等学术问题的讨论。通过这几次学术讨论，特别是对李秀成评价问题的讨论，大家都感觉收获很大，绝大多数教师都认识了李秀成的“自述”是他投降变节的“自白书”，并批判了“苦肉缓兵计”和“功过论”的错误看法，从而认识到“大胆假设，小心求证”的实用主义的治学方法是一条走不通的死胡同。

我们整理的“太平军在苏州地区资料集”虽已完成，但是根据现在的认识水平来检查一下，还须进一步地加工，才能考虑出版问题。

历史系教学改革的主要问题是如何进一步贯彻“少而精”和改进教学方式问题。现在系里正在听课，希望通过听课发现问题，总结经验。

院党委根据省委的指示，决定中文、历史、政教三系本学期参加农村社会主义教育运动。历史系上课至十月廿日结束。弟已争取参加农村社会主义教育运动，在伟大的运动中接受革命的锻炼和改造。此致

敬礼

弟徐嗣山启　10.12

贻芬附候

璧子姐前统此致意。

（九）1966年1月10日来函

德赓兄：

先后两接来信，得知近况安好，至为欣慰。时间过得真快，转眼又是半年。迟迟作复，很为抱歉，请原谅。

这学期，历史系有十五位教师参加社教运动，系内外的课程，由在校的教师担任下来，工作都是比较忙的。最近期间，举行了几次关于《海瑞罢官》问题的讨论会，针对这个剧本，环绕着海瑞的历史地位和作用以及《海瑞罢官》的现实意义，进行了讨论。通过几次讨论，大家认识到，这是一次在意识形态领域里兴无灭资的斗争。在评价历史人物，编写剧本中歌颂什么，反对什么，实质上是对今人讲话，也是以什么观点来教育人的问题。大家指出，《海瑞罢官》这个剧本是借古讽今的一株毒草，通过讨论、批判、提高了认识。

贻芬打算在寒假期间往北京参观，游览（不知师大招待所能住吗？如有困难，介绍住旅馆也很好），能否如愿，尚无把握。此致

敬礼

弟嗣山敬启　一月十日

李明中同志嘱代问好。

璧子同志，统此致意。

贻芬附候。

（一〇）1966年1月16日

德赓同志：

一月十三日来函敬悉。贻芬去北京参观问题，承你大力支持，极为感谢。她本拟在这次寒假中赴京一行。最近院里决定在开学前召开一次会议，她感到

时间较紧，打算暑假期间前往，届时当再请关照。

念东[1]评为五好队员，可喜可贺。

徐瑞这半年在学习和劳动方面都有了进步。她表示要向念东小朋友学习，争取做一个优秀队员。此致

敬礼

弟嗣山敬启　一月十六日

璧子同志统此致意。

贻芬附候。

---

① 柴念东与徐瑞是苏州沧浪实验小学同学。

许春在[①]

许春在（左）与柴德赓在江苏师范学院校园，1959 年

（一）1963 年 11 月 1 日来函

青峰吾师尊鉴：

手示奉读，已逾一月，而尚未作禀，乞望恕之。

本期末受业终日营营于现代史的教学，忙碌之情殊甚往昔，周末假日均用于备课批改，然尤感不胜应接。近来进行工资调整的学习，会议大增，故愈益无片刻之暇矣！

秋深叶红，倍发人思，不知吾师近来起居安康否？倘来宁，亟盼预示，以便往诣尊颜。

① 许春在，1961 年毕业于江苏师范学院历史系。与柴德赓一家世交。

暑中读明清词，有顾贞观《金缕曲》一首，其中有“乌头马角”一语，索之再四，仍不解其出处，敢望师座发明茅塞。

此间一同事有张謇亲笔对联二，欲让博物馆，苦无荐引，不知博物馆或师院是否需要是类文物？

近来史学界批判刘节先生的尊孔论，未悉吾师有新作否？匆匆及此，余言再禀。敬祝

福安！

受业春在敬上　十一、一

（二）1964年4月20日来函

青峰吾师暨师母尊鉴：

手示敬悉，知师座奉调再次赴京，且为陈老助编，想必会有造极之作；所憾者六二年夏省委招待所一别，至今已近二年未睹尊颜矣！

《韩世忠与梁红玉》一稿，受业必竭力图之，目前苦于资料缺乏，仰祈师座开列有关书目，以便往南京图书馆查阅（五月初栖中放春假等四天，是一良机）。《宋人轶事汇编》倘蒙师座惠借，不胜感祷之至！

受业近习《毛选》，于工作亦采集中兵力打歼灭战之法，颇有效果，精神上亦不似昔日之紧张了。拙体托庇安好，吾师注存，甚为感激。

近日暑气方动，师座北上，旅途劳困，万望留意身体是祷！

师母及小东[1]仍留苏州，抑亦去京？念甚。余言再禀。敬祝

健康

受业春在敬上　四月廿日

---

① 柴念东。

（三）1965年8月27日来函

青峰吾师尊鉴：

手示敬悉，得知师母玉体欠安，深为悬念，惜暑期将终，开学在即，诸事复又碌碌，不得躬问于尊前，惟以虔心默祷，吾尊早日康健。

受业假中一无所成，愧对尊颜。本月初患急性病毒感染，辗转于床箦者半月有余，体力耗损甚巨，然现已基本复原，望勿为念。

春友、春多仍居受业处，春友升初三，春多今夏考入本校初中，蒙师座关注，至为铭感。

师座何时北上？不知此行费时几何？到京是否仍居原址？邦衡、君衡[①]两兄暑中想亦返苏，谨致问候。匆此，余言再禀。敬祝

健康

受业春在敬上　八、廿七

---

① 柴邦衡、柴君衡。

许国梁[1]

许国梁夫妇在江苏师范学院 5 号楼前

（一）1965 年 11 月 15 日来函

德赓吾兄：

接奉十八日手教，敬悉。兄忙于著书，并有机会参观京郊农业丰收和大寨式先进展览会，不胜钦羡之至。

承兄嫂对淑英跌伤垂注，无任感激。她于十一月五日清晨上街买菜，路经砖桥，因露水桥湿，塑料鞋滑，不慎跌倒，左腿跪下，跌碎膝盖骨，医称髌骨。

---

① 许国梁（1908—1989），湖北蕲春人。时任江苏师范学院物理系教授。与柴德赓一家世交。

当时弟适住在农业学校我系试点组，由系内同事将她抬往第一人民医院，下午即动手术，取出碎骨，绑上石膏。住院约五日，痛楚不堪。随后回舍卧养，逐渐好转，但迄今仍不能下床。她性情好动，偏病不能动，致多烦急。所幸再隔几日即可拆去石膏，伤腿约可在床上作小角度伸屈，然后才能下床起坐。一月后还要到医院电疗一些时。据医说，将来愈后，在平地走路尚无大碍。多承锦注，特以奉闻。

我院各系在上年教改基础上又多少向前跨了一步。院领导指示坚决贯彻主席七三指示，教学工作贯彻少而精，减轻学生负担，保证学生有充分自由支配时间，以利全面发展。我系试点本此精神，坚决执行把一切教学任务限制在上午四节课和下午两节时间内完成，不再布置任何课外作业，保证学生从下午第二节课起就自己支配，用于课外活动和自学。试行以来，情况尚属良好，现在有更多学生能阅读各方面的参考书，生动活泼，主动的全面发展局面，较之上学期，可云有所前进，惟距离主席思想要求尚远耳。兄居首都，见多识广，各高校教改必多先进经验，弟等急欲闻知其详（江静同志希望了解尤切），深希暇来不吝详告，为祷。

此间天气，不出兄所料，果然还是秋高气爽。不过昨日拆阅惠函时，忽然刮起西北风，寒潮顿袭，始觉冬意，不悉是否尊函带来，一哂。谅寒流去后，又将是阳春气候。今年苏州专区各地仍然继续丰收。据悉不少双季稻，头季收获就逾八百斤，二季又是四五百斤；一季稻逾千斤者绝非小面积而已。

秋末菊黄蟹肥时节，弟曾啖过几次阳澄湖蟹，其味佳可想而知。淑英曾留意有便客带几只以飨我兄，惜无机会，奈何！

专此布复，即致

敬礼

弟国樑上　1965.11.15.

嫂夫人前乞代致拳拳。

淑英嘱笔致候。

许世瑛[1]

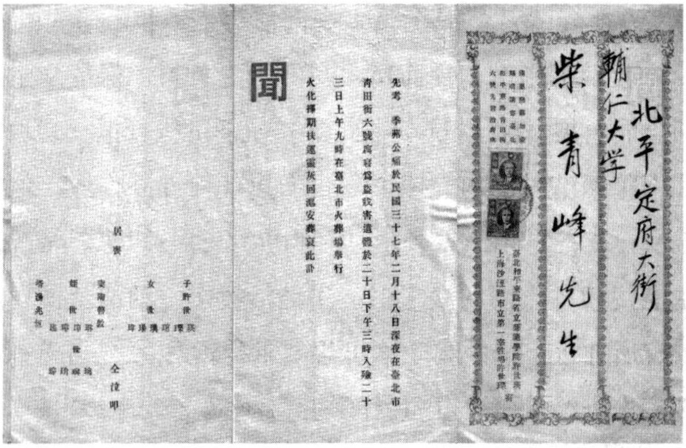
聞

先考季茀公痛於民國三十七年二月十八日深夜在臺北市青田街六號寓寢為盜戕害遺體於二十日下午三時入殮二十三日上午九時在臺北市火葬場舉行火化擇期扶運靈灰回滬安葬哀此訃

居喪

同泣叩

輔仁大学

北平定府大街

柴青峰先生

许寿裳讣告，1948 年

（一）1948 年 3 月讣告

先考季茀公痛于民国三十七年二月十八日深夜在台北市青田街六号寓寝为盗戕害。遗体于二十日下午三时入殓，二十三日上午九时在台北火葬场举行火化，择期扶运灵灰回沪安葬。哀此讣闻

居丧　　　子许世瑛、世瑮，女世琯、世瑛、世瑒、世玮、妻陶善敦

　　　　　侄世琳、世璋、世瑞、世瑾、世琬、世玓、世玠、世琮

　　　　　婿汤兆恒

同泣叩

---

① 许世瑛（1910—1972），字士英，浙江绍兴人。音韵学家、历史学家，曾任教于辅仁大学。

薛桂生[①]

柴德赓为薛桂生素册题诗

（一）1948年为册页录旧诗[②]

如此风尘花自发，多情踪迹梦难寻。
十年哀乐无穷事，并作清愁伴夜吟。
慷慨文章学老成，繁华洗尽耐凄清。
年来辨得丁香味，便觉丁香是有情。

桂生学兄雅正，柴德赓。

① 薛桂生，辅仁大学国文系1944级学生。
② 已载于《辅仁大学师生书画集》。

杨　敞[1]

（一）1948 年 10 月 26 日来函

青峰贤伉俪左右：

别后抵沪，时值盛夏，因情于南行，遂转而之青岛，中秋后离青飞沪，趁迳航长沙之江陵轮，入湘舟行，迟滞九日而至长沙，登岸一宿，翌日即返湘潭（幸贱躯粗适，合家清吉，足以告慰），流寓半年，至此告一段落。泝江而上，在昔本为胜游乐事，而兵燹之后，一切改观，乐不敌苦。长潭两地，城郭荡然，人民非故，不胜今昔之感。在潭仍寓故居，二、四两小女[2]举家同行，共寓于此。登科婿来潭数日即入蜀去。长沙抢购之风甚盛，米店常遭捣毁，此间亦曾捕捉奸商，以致百业停市，买卖仍讲光洋（换金圆五六七元不等），一如往日，现肉四百八十万一斤，蛋五十万一个，以视平市，仍较便宜。时局日非，无可言说。严冬日近，正好吃烤涮肉之时，不知何时能以偿此愿，不禁慨然。途中拙作录供一哂，暇时常常通信，以当面谈。手此，即颂

合庑全福！

杨敞手启　十月廿六日

季英[3]春间迎养太夫人去衡，并生一女，想早知之。

叔和闻已恢复自由，可喜可贺，希代敬意。

---

① 杨敞（1884—1965），字季子，湖南湘潭人。杨度之弟，陈璧子义父。

② 杨慧娴、杨哲娴。

③ 陈绍杰，字季英。

杨 巩①

杨巩（左二）、柴德赓（左三）等在江苏师范学院天赐庄，1956 年

（一）1956 年 8 月 18 日来函

柴主任：

十五日信已收到，意料中你们的会议、生活是很忙的。得便的话，请向有关方面了解一下，历史系的教学计划应如何执行。并请和老徐商量出一个初步意见告诉我们，让我们心中有数。助教问题既有解决之望，自是快事，请继续努力，尽可能取得确定性的保证。

① 杨巩（1919—2008），江苏盱眙人。时任江苏师范学院院长。

柳副部长的书，我已告图书馆照办。你的房子粉刷问题，我再转告总务处一声，望勿念。

敬礼

杨巩敬上　八、十八

（二）1962年10月1日来函

德赓同志：

你好，国庆节日，首都当有一番热闹也。九月初我从家乡回来，路经南京，又在那里开了一个星期的会，回到学校，已经是接近开学了。奉读来信，知你一切尚好，甚以为慰。你的住址，据说已挪到北大，这样比较好，对工作方便得多。现住在北大，他们请你作报告，自是不能推辞的事情。

这里开学后，情况很好，开了几次系主任会议，讨论提高教学质量的问题，定于三号开院务委员会，讨论本学年的工作。有一个工作要点，寄上一份，这次会议你不能出席，但要请你提些意见，看你何时有空，迟点寄来也没有关系。

本月廿二日是我院的校庆，已经决定从廿二日起到廿七日这一周进行活动，以学术活动为主，现在各系都在准备。那时候你如有文章寄来，可由别人代为宣读。如果来不及也不勉强。但是另外要请你写点东西，并且一定要请你在十五日以前交卷。一是，要一篇纪念性的文章，建院十周年，你得写一点办社会主义教育的心得、体会、感想、经验、展望……等等，不拘什么，总得有一篇，字数最多不逾两千。二是，旧体诗也得弄两首，而且也是务请交卷的。务必务必，千祈勿却。因为要出一册纪念特刊，纪念诗文都是为的这个。

在京不知还有什么困难没有，望来信，当尽力设法。言不多赘，即致

敬礼

杨巩　十月一日

［附柴德赓作诗四首以庆江苏师范学院建院十周年］

建院十周年，余方有事都门，未及躬与庆典，率成四绝句，以志欢怀之枕。

学府宏开岁月更，十年成绩已嵘峥。
吴中自古人文地，今使前贤畏后生。

水映楼台柳拂丝，弦歌何处不相宜。
图书万架花千树，正是人才蔚起时。

学海无津一筏航，不迷方向见朝阳。
经师难得人师重，相约红专各擅场。

一代风华春不驻，千秋事业时无前。
昌明科学今非昔，进步还须志更坚。

（三）1962年10月11日来函

德赓同志：

八日来函及诗均奉悉。这届校庆打算稍稍热闹一下，以学术活动为主，再搞个特刊，办个展览室，再搞点文娱、体育活动，大概也就不错了。廿二日那天，举行一个庆祝会，外客不多，只请省市负责同志，几个师院的负责同志，邀有在苏州的校友。教育部也去了信，请他们届时派员出席指示。你有什么建议否？

来信云："院中学报印刷事，能印单行本五十份否？"不知指的是什么？是历史系的文章？抑或你的那一篇[①]？如是你的那篇，很容易，如是历史系的文章，我们当研究。因为这次历史系的文章不少，我个人曾有这样的考虑。但恐影响另一本的分量耳。余不赘。

敬礼

杨巩拜上　十、十一

① 柴德赓：《章实斋与汪容甫》，载于《江苏师范学院学报》1962年第5期。

（四）1962年10月26日来函

德赓同志：

所要复本已通知教务处照办。

校庆期间颇热闹，参加庆祝会的有省委宫秘书长，省委宣传部有三位副部长，还有教育厅孙副厅长，还有地委书记、市委书记、市长，还有有关部门的负责人。徐师院长亦远道来参加。这对全院的师生员工的鼓舞都很大。校内的学术活动亦颇活跃，看来这些活动对提高我院的学术水平和教育水平是有促进作用的。可惜的是“特刊”未能出，因为省里未有同意，便宜了工会的墙报，他们把特刊的稿子全部搜罗而去，出了洋洋六大版的墙报。为了凑热闹，我也胡弄了两首，叫什么我也不知道，反正是一首四句，每句七字，一共两首。聊以抒怀耳。兹录如下，以供一哂，并希指正。

其一

十年教育翻新貌，赢得芳园果压枝。

细作精耕毋懈惰，树人十载总嫌迟。

其二

战鼓隆隆动地来，红旗招展彩云开。

新松解得杜陵意，拔地参天育俊材。

信口诌来，不知韵律何如也？

北京气候可能很冷了，珍重珍重。此致

敬礼

杨巩　十、廿六

（五）1963年2月25日来函

德赓同志：

你离苏后，刘书记的病一度反复，情况甚严重，不得不于十四日转上海华东医院治疗。因为那里的条件好，并加上治疗上很细致稳重，稳步好转，现已不注射盐水针，而靠嘴巴进食了。但暂时还只能吃流质，每小时二百克。再隔天把大概可以吃些软的东西，然后才能恢复吃饭。看来需要一些时日，方能恢复健康。至于病情已全部控制，请勿挂念。我送刘去上海，十九日方回校，有些事情只好拖了几天。校内各方面的工作还是比较正常的。

刘书记告诉我，他说你曾向他说过，北京有些人要求南来，其中可能有些人是我们很需要的。真有的话，我们当设法争取，请为留意。我们大概迫切需要如下一些人：古汉语、西洋文学、英语和俄语的高年级教师。此外古典文学、现代文学、现代汉语方面的需要，虽不是那么迫切，但骨干也是很需要的。如有头绪，要这里做些什么，请随时来信告知。余不赘，即致

敬礼

杨巩　二、廿五

（六）1963年3月14日来函

德赓同志：

近接北京一位同志来信，托我请你给他写点字。这位同志叫王士菁，《人民文学》的副总编辑，我已把你的地址告诉了他，也许他会直接去找你的。找上门来，恐不好拒绝了。不过借此机会，也可以和他们取得一些联系，他对文学出版方面的情报是比较灵的。

春天气候多变，务希珍重。

敬礼

杨巩　三、十四

（七）1963年4月3日来函

德赓同志：

卅日函敬悉，小册子尚未来得及看。首先我觉得印出来总是好的，发表则

更好。因为对读《通鉴》的人来说，无疑是一个帮助。具体地对我来说，是促进我读《通鉴》。

刘书记的病继续稳定好转，几天前接他来信，已吃四餐饭。但估计出院时间，尚须时日。

张子芹是在神经病的边缘，现正在神经病医院治疗，估计不至于发展得太严重。

今年已决定放春假，上海、南京皆放，我们也不得不尔。师生对春假特别有兴趣，宁愿暑假迟放两天。今年这里的气候很好，一派暮春三月的江南景象，实在可爱。院内树木的生长也特别茂盛，真是百卉争艳，此起彼伏，大片樱花，现又含苞待发了。院内的师生员工也都格外显得精神焕发。

你近来工作很忙，希保重身体。

敬礼

杨巩　四、三

（八）1963年4月27日往函

杨院长：

北京大学中文系周祖谟教授要和夫人一起到杭州去玩玩，五月初出发，先到杭州，回来苏州下车。我约他到苏州住几天，在我们中文系讲几讲。他长于古汉语，也通文学、史学、音韵、训诂等，都有专门著作，是北大教授主力，也能讲，对学生讲，也可以给年青教师讲（历史系的人也可以听听），学校给他（夫人之外一女一幼子）预备住处、伙食，游览时预备交通工具，临走代他买车票就行了。他夫妇和陈璧子同志很熟，让她帮助招呼一下好了。系里请您交代一下，刘主任不在，由哪位负责联系招待，等他从这里出发，我会写信通知的。匆匆奉问，即致

敬礼！

柴德赓上　四月廿七日

我替学校买了新出的《书目答问补正》，这里市上还见不到，已寄图书馆。

我写了一篇叙文，请你指正。

（九）1963年5月3日来函

德赓同志：

前信敬悉，周先生能有便来此讲学，我们自然十分高兴，并表示热烈欢迎。刚刚柴师母来，说周先生暂时不能来了，我们并不因此而失望，因为柴师母说，他秋天可能来，那也一样，请向周先生致意。

听说你近来有点腰酸背痛，大概是写字台上的生活太多了，注意些室外的活动，也许要好些，务希珍重。

刻下这里阴雨连绵，两周来几乎没有晴天，也许还要再连续数日。十一日，院里举行运动会，但愿不被阴雨所阻。即致

敬礼

杨巩　五、三

（一〇）1963年5月15日来函①

德赓同志：

信和北京大学的培养师资条例均收到，好极了。来得正好，我们也正在搞师资培养规划（近期五年远期十年）以及教师职责、助教升讲师标准等。寄来此件，尚未细读，估计定有很大的参考价值。我们在培养教师工作中，对于文科教师在外语方面的要求（如中国史、中国文学），不知如何提法较为确当？北京方面，不知是怎样的提法。请便中了解一下。其他方面，如科研能力、专业基础要求应如何？有空请提供些意见。现在看来，从全校到个人做好规划，实不容易，本学期能搞出一个轮廓也就差不多了。

---

① 已载于柴念东编：《青峰草堂往来书札》，商务印书馆2015年版。

发表在《光明日报》上的那篇关于章学诚的文章，和《书目问答》的那篇序言，均已拜读，外行看不出什么问题，只觉得很好，不是奉承，我觉得有理有据，并且有物。有理有据的东西，不一定都好，没有意思的考证，也可以有理有据。只有言之有物，才有意思，才有意义。不知此说然否？

连阴天气，久不放晴，颇闷人，对农作物很不利，现在已组织排涝了。北京的天气一定是很好的。

敬礼

杨巩　五、十五

（一一）1964年6月3日来函

德赓同志：

前信早已拜读，又接六月一日函，敬悉在京一切，甚以为慰。工作接上手后，也就要忙起来了。看来吃饭问题，还未解决，不能不影响到生活的安定。这件事情，不知在师大能否解决？最好还是建议那里的领导想些办法。你在那里除新、旧《五代史》外，不知还要搞点别的什么呢？中华校点廿四史的工作，是不是也要参加？是不是还有帮助陈老搞学术工作的任务？但愿不超过一年左右的时间。[①]

院内“五反”尚在进行，前一阶段是前“三反”，着重铺张浪费、官僚主义、分散主义已告一段落，我们是集中四天半停课进行的。下一阶段是后“两反”，即反贪污盗窃、投机倒把，定下周开始。因为“五反”，我们对教学工作抓得很少，各系都做了一点，但参差不齐，我们目前的方针是“思想积极，行动稳妥”，也就是要求大家多议论。据我的了解，议论也都很不够。尽管这也不够，那也不够，但是现在学校的气氛，比过去好得多，体育场上看得很清楚，锻炼时间非常热闹。今年运动会的成绩有提高（男子一千五百公尺，女子四百公尺接力

① 1964年柴德赓应中宣部、高教部调令协助陈垣校长点校新、旧《五代史》。

均破院记录)。说明课程的压力小一些，同学的政治、体育活动有了保证了。文科现在主要是两个问题，一是少而精的问题，还有一个是以反修为纲的问题。现在都还没有头绪。北京各校不知搞得怎样，尤其是反修为纲的问题，望便中了解一些。

潭柘寺过去未曾听说，此番游览必有诗证之。体育活动还是要想些办法，没有这样就搞那样，没有合作就单干，总之以不停为好。告诉你一个好消息，许公[①]此次院运动会获男子六十米亚军。我们的身体也都有进步。吴甦同志仍在休养。匆此不尽。

敬礼

杨巩上　六、三

（一二）1964年7月4日来函

德赓同志：

听说你近来身体不太好，想来大概是活动太少了，而写字台上的活动过多了，务望多多注意保重。我们的网球场又经整理，天天有人打，不知你何时可以返校？等事情结末，头脑轻松，身体可能好些。

我们想替中文系争取一位教师，想请你就便向教育部争取一下。此人名王永健，是南京大学去年毕业的研究生，攻元明清戏曲，至今尚未分配，他的爱人在苏州，自己愿来我校，而我院极缺这方面的教师，这情况你颇知道。这问题我们已向省里争取，省里同意，闻已有文去教育部请示，看来问题是在教育部了。暑假已到，此事很急，非积极争取不可了，所以想请你在北京想点办法，不知能有些门路否？

北京气候如何？苏州现在天气仍算凉爽，温度在30度左右，对温课考试颇有利。今年我院招生340人，历史系今年无招生任务，从历史系本身来说，有

---

① 许国樑。

利有弊，对培养师资、开展研究来说，可能好处多些。回苏州有什么事情需要这里办，请函告。
敬礼

杨巩　七、四

（一三）1964年10月16日来函

德赓同志：

举国欢腾的国庆节，在首都一定更是热闹非凡，七十万人的游行，三千多人的大型歌舞，八十多国家的外宾，其盛况自然是无法想像［象］的。你在那里，大概是大饱眼福了。我们这里也热闹了几天。这期间，我们学校的民兵参加苏州市的比武表演活动，我们校内又有高校苏州协作区的男女篮球冠军赛在此举行，也是目不暇接。国庆节日过去了，现在文、史、政三系，正忙着下乡参加农村社会主义教育运动，这次下去的人，包括文、政两系的三、四年级和你系的一、三、四年级的学生，还有大部分的教师，这是我校师生大规模地参加社会运动的第一次。经过阶级斗争和生产斗争的实践，不仅有助于师生的锻炼和改造，同时对我们文科的今后教改，一定也会发生深刻的影响。这是根据中央统一的指示。想来北京各校，一定也是这样的情况了。

昨接高教部的通知，本月廿八日在北京开高等学校理工科教学工作会议，我们这里是我去出席，会议在北京的什么地方开还不知道，到那里以后，再去看你。你有什么事情需要代办的，可来信告知，我可给你带去。

余候面谈，即致
敬礼

杨巩　十、十六

顺问柴师母好。

（一四）1964年11月27日来函

德赓同志：

廿二日离去，廿三日下午就到了苏州。苏州天气比北京暖和得多了。在北京室内穿的衣服，在这里正好，天气也像北京那样的晴爽。参加“四清”的师生还没有下去，两个县的工作队，集中在这里训练，很热闹。璧子同志的工作问题，我已问刘院长，他说尚未确定在哪个部门，等璧子同志回来再研究。我想系里或图书馆可能比较合适，不知你意如何？

你家老四的问题，看来不是小事，我想对年轻人，既要帮助，又要坚定，恐怕划清界限是不可免的了，正如你所说是谁和谁划清的问题。自从你那天告诉我，我一直想着这件事的深刻性。

敬礼

杨巩　十一、廿七

（一五）1965年2月9日来函

德赓同志：

上月廿三日信，早已奉悉。知你健康情况较前为差，甚以为念。后来检查结果不知如何？据我和这类病人的接触，我觉得精神治疗重于药物。有个同志，血压常在200以上，但是他非常乐观，虽然病了许多年，现已六十余岁，工作、玩闹，几乎仍如平常人。来信说：决不因病而灰心，而悲观。我以为这是最重要的治疗。当然病情也必须摸清楚，并进一些有效的药物，改变一些对病不利的习惯，也是完全必要的。我没有什么病，不知病人苦，有些想法也许是主观的。不过我相信，乐观主义的精神对健康总是有利的。有什么需要这里办的，望来信。

新年没有回苏，在北京过得好吗？恐怕不如在这里方便？我们这里的春节，也较往年简单，事情较多，几乎没有大闹。形势这么好，大家精神都非常愉快。至于革命化，那还是很不够的。从报纸上看，北京的春节一定是很革命化的。

前在北京曾谈及你的工作告一段落后，能不能把未定的任务带到苏州来办的问题，不知有没有可能。假使可以的话，要不要这里写信去联系？请你斟酌一下。

吴甦同志仍然在家休养，李明中同志已经上班，刘书记和在太仓蹲点的同志，春节期间放假回苏，七号又去太仓了。刘的健康情况很好。刘开荣、陈志安两同志的情况也都不差，看来下农村未必影响健康。

余不多赘，即致

敬礼

杨巩　二、九

（一六）1965年2月24日来函

德赓同志：

信并主席词均收到，正是在这不久前数日，听说有这么几首词，苦于无从觅得，忽接来信，真是可乐。后在《光明日报》知道其中有一首是高亨先生的，大概在传抄中间，是谁把猜测当做事实了。《鸟儿问答》一首，多了两个字（按念奴娇应为一百字），多在“雀儿□答道，上有仙山琼阁”，我想可能又是传抄致误。玩味再三，我觉得难介的也是这一首。“上有仙山琼阁”，大概是指修正主义者开出的一个又一个骗人的空头支票了。“不见千年秋月白”，苦思不解。“绝我荒腹”，我想大概是指修正主义这股逆流，必将为四海翻腾的革命浪潮所吞没。你大概是有很好的解释的，望指教。

近来好吗？工作进展如何？这学期我们院务委员会已经开过，搞了一个补充意见，不日当可寄达。近日来从报上看到北京各大学的文科纷纷下乡，真是一派革命气象，令人鼓舞。他们的课程不知是怎样计划的，很想知道一些。这个问题很大，不知怎样弄比较好一些。我已决定参加下一期“四清”，三月上旬集中，四月初进村。离农村太久，愈来愈陌生，不去搞一个时期，如何面向

农村？即致
敬礼

杨巩　二、廿四

顺候柴师母好！

（一七）1965年6月2日来函

德赓同志：

接信后，我和刘书记合计了一下，写了一个信去高教部，请他们在《旧五代史》竣工后，让你返校，参加校内的教改，同时也提出了你近来的健康情况不太好的问题。关于《新五代史》工作，建议带回来做，需要研究的时候，一年可去一两次。不知部里是怎样考虑的？能不能接受，很难说。从你来信看似很困难，不过，我看也不一定。等等看吧！

时间过得好快，一个学期又将过去。刘书记已由太仓返校，下一期我可能去参加“四清”，下去的时间，大概要到七月初。现在校内一面忙着制定教育方案，一面准备文史政半耕半读试点，下学年，当又有一番新气象也。
敬礼

杨巩　六、二

（一八）1965年10月23日来函

德赓同志：

十一日来函敬悉，住处既安排停，对今后工作自然也方便多了。看来吃饭可以自家烧，又是一便。体育活动条件，恐怕不易解决。

我们从上星一起，开院务委员会，每日半天，直到这个星期二下午才结束。上学年的检查和本学期的工作计划，还需修改后才能发出。这次会议讨论的情况尚好，会议本身既是讨论工作，同时也是学习主席教改指示，争论很多，人心思动，这是好现象。当然破框框也实在不是容易的事。现在是急不得，停不得。归根到底，是一学二做，做中学，学中做，除此以外，恐怕没有再好的办法了。北京方面的教改情况，有便请介绍一些，以便借鉴。匆此，即致

敬礼

杨巩　十、廿三日

顺候璧子同志健康。

（一九）1965年12月21日来函

德赓同志：

久未通讯，你那里生活方面想来已经完全停当了。那里天气如何？大概已经很冷了吧！这里前数日稍冷了一些，可是近来又和暖如春了。

院内工作本学期开展较大，主席指示完全和师生见了面。经过几周边学、边议、边查、边改，对我们每个人来说，都是大大提高。对少而精、启发式、增加学生自由支配的时间等许多不大容易想通的问题，现在通的人越来越多了。原来积极改革试验的人，现在越来越活了。总的说还是开始，旧教育的框框根深蒂固，今后的工作仍很艰苦，现在仅是打开个缺口而已。院务委员会的两个文件已经寄去，想已收到了。师大前日有个人来访问数理化三系，已经离去。

关于海瑞即《海瑞罢官》的讨论，现在满［蛮］热闹，文、史两系均集中不少时间搞这件事。已经举行过一次报告会，有老师，有学生，大家都很认真，读了不少书，花了不少脑筋，涉及的问题也不少，这个活动，尚在继续进行。照我的看法，这类活动，应该成为我们教育计划的不可少的部分。现在《文汇报》又发表了大量材料，看来这个争论只是开始，下面可能更加热闹。惟目前只《文汇报》一家，其他各报尚无讨论文字，大概过些天也会有的。在这个讨论的问题上，北京想必有种种议论，你一定对这问题很关心，打算写点么？

你那里体育活动的条件有改善么？我们现在仍然打网球，几乎天天都要打几下，出出汗。

敬礼！

杨巩　十二、廿一

顺问璧子同志好。

（二〇）1966年1月2日来函

德赓同志：

来信和材料均收到，请勿念。《海瑞罢官》的讨论，因寒假迫近，不久将告一段落，这里讨论得还算热闹，有关研究历史的许多问题，却接触到了，许多观点要重新审查，真是一件根本大事。这里讨论得虽不那末深刻，但收获可以说是空前的。所以我们打算开春要继续讨论下去，一直到这番争论结束为止。

姚焕熙同志在上月廿三日由苏赴京，行前已经把你的通讯处要去，不知已去过你处否？他是参加半农半读的会议，地点在民族饭店，房间号码不知，因为未接他来信。

这一学期简直像赛跑一样，过得如此之快，校内情况确也变了不少。特别是半工半读和半农半读的两个试点，真是别开生面。主席的指示，包含着无穷的智慧和力量，只要认真地领会和实践，总是收到意料不到的效果。许多忧虑，随着工作的进展，逐步消散。新的一年到来，在原有的阵地上，继续前进，总是搞得更好些。

近日来苏州气候很冷，河里结冰寸许，数日不开。北京想来是更冷了，多多保重。璧子同志关节炎更需注意了。

敬礼

杨巩　一月二日

姚韶华[①]

（一）1960年12月28日[②]往函

韶华同志：

《宋史纪事本末》已校毕，兹特奉上，请酌夺。

此本错误甚多，然所根据底本并不坏，因为排印潦草，故长处反看不见。底本避讳字如“棣”、“常”、“洛”、“检”、“校”等字，仍明来，然亦讳“玄”、“胤”、“弘”字，大抵乾隆刻本。

我没有找到明刻本，是以江西本校的。凡遇二本有异同时（有时此本亦偶有佳字），便检宋、辽、金、元史，凡与史合者便决定他是，此法比较可靠，因此书采史文例用原文，不可能有第二个来源，花力多一些而已。经此一番功夫，便知此书博采众书，其来源不止于正史矣。凡通用的字，一般不校改。然如“飢”之作“饑”，古虽通用，如“腹飢”当用“腹饑”，从江西本改。

避明讳本可不改，但全书不一律，有避有不避。故于“洛”之“雒”字自然，至于“檢詳官”为之“簡詳官”等，改“简”为“检”。“校”、“常”、“棣”两本不避明讳，今从之。“允”字必要时也改。

《元史》释名，极难一致，然一书之中，不应一人二释。本书“阿里海涯”作“阿里海牙”者，不能不改从一律，江西本一律作“海涯”。

第四册894页之“中一舟”三字，江西本做“有中一”，亦不通，据《宋

---

① 姚韶华，时任上海中华书局编辑。

② 年代未记，据“柴德赓日记”应为1960年。

史·忠义传》“闯知”之“闯”，江西本作“侦”，然《宋史》实作“闯”，便不能改。

“签书枢密院事”是官名，书中有作“签”，亦多有作“佥”者，江西本“绝□庆历四德诗”192页，二本出入甚大，校以《宋史》，此本近是，故不改。

“张浚”、“张俊”二人，生同时，事业亦有相同处，以“俊”为“浚”，以“浚”为“俊”，甚难辨识，今一一据《宋史》二人传及其他记载确定之。

“金有三晏室”，此书806页蒙古灭金条，既出“中晏室”又出“小晏室”，江西本作“中晏室”，详考《金史》，为“签枢院”，参政者皆“中晏室”，江西本是。

“斡离不”、“斡本”等“斡”字，此本一律作“幹”，商务馆排字房偷懒，校对不太负责，今一律改正。

以上皆临时想起，附书一二，表示校阅过[程]中有此等问题，非校记。种种统希指正。此致

敬礼！

弟柴德赓顿首　十二月八日

尹　达[1]

（一）1954年6月29日来函

柴德赓、白寿彝先生：

兹着人往取试题，望能交去人取回，是盼。

我即晚即离京，已另托两位同志代搞，以后请和他们联系。他们住东四九条中国历史教研室，即何志、戴逸两同志，电话43209。

我回京后去看你们。

你们好！

尹达　6月29

洪、郭两同志好！

① 尹达（1906—1983），字照林，河南滑县人。著名历史学家，时任教于中国人民大学。

尹炎武[1]

（一）1945年11月10日来函[2]

青峰吾兄史席：

前奉诗札，词翰双绝，玩不释手，屡示同侪，无不敛衽，旷答为歉。顷迁屋馆内，月杪拟赴嘉州谒马湛翁[3]，一豁羁抱，兼就医成都华西大学，弥月可归，随身书籍鬻之，以赡旅费，兹托遵俭[4]兄带上一单，不卜贵校能采购否？拜托，匆颂

教绥

弟尹炎武顿首　十一月十日晚

静农[5]、建功[6]两先生并候，恕不另笺。

（二）无日期［疑为1946年底］来函

［前阙］援庵先生来一书，并寄《胡注发微提要》，想兄已见之矣。札中谓年来杜门已成习惯，寇退亦然，又谓往尝。虽元初人不欲仕，何以明初人亦不

---

① 尹炎武（1881—1971），名文，字石公，江苏丹徒人。著名史学家、文物收藏家，1930年代任教辅仁大学。

② 已载于柴念东编：《青峰草堂往来书札》，商务印书馆2015年版。

③ 马一浮，号湛翁。

④ 张遵俭。

⑤ 台静农，字伯简。

⑥ 魏建功，字天行。

欲仕，今始豁然。弦外之音，弥可研味。特录呈左右，以见此老襟抱。灯昏目眯，书不成字，希勿罪我。再候

著祺叠茀

弟炎武顿首

（三）1948年仲春为《墨缘》册页题诗《红泪莫轻弹》[①]

如来结集属阿难，刘向传经冯道刊，

华梵双融备雠校，熊熊红泪莫轻弹。

青峰学长出素册索书，成廿八字，以博一笑。戊子仲春。尹石公。

① 已载于柴念东编：《青峰草堂师友墨缘》，商务印书馆2013年版。

于　力

（一）1963年7月30日来函

青峰师：

来柬收悉，车杂费已全部报销。除软席票价及所借三十元之外，尚存余金十五元四角，或挂号寄上，或转交钧［君］衡，请来信示知。又吉大之令郎，转托同事带来罐头数个，俟钧［君］衡归来后，自当转交。匆匆一别，不觉月余，尔来酷暑将息，满耳蝉噪，间有雷雨，而窗前流水终夜潺潺，遂令无乡之人亦动乡关之思焉。苦盼来年收莲之日与吾师重逢于姑苏城下，再作长夜之谈。祝好

学生于力敬上　七、卅

余嘉锡[1]

（一）1945年12月29日来函[2]

青峰仁兄惠鉴：

屡读致让之[3]及燕荪[4]手书，垂询鄙人勤勤恳恳，展玩之下，惭感交集。闻有移砚北来之意，已决定否？援庵[5]之于足下，期望甚殷，悬念甚切。度足下亦必惓惓于师门，则北上之行似不宜犹豫。但千里归来，生活问题自不能不在考虑之中。辅仁教授底薪不过二百四十元，最近待遇以上月为最优厚，亦只加三百倍，合成法币不过一万余元耳。今姑举仆为例，仆以教授兼主任并兼院长，且曾四次加薪，所得亦仅二万七千元而已。薪金之外以前尚有煤、面、花生油等，但或送或作价，或增，或减，每月不同，至上月则一律取消，仅存米二十斤而已。闻本月发薪时又有变动，或者待遇稍好（闻有加送双薪作为节礼之说），亦未可知。至于支出方面，则已超过和平之前。此间报纸有每日行情，今剪取昨日者付上，阅之可知也。总之以后从事教育决不至饿死，然只可敷衍度日，若欲过中人生活如事变以前，殆非目前所能办也。

---

① 余嘉锡（1884—1955），字季豫，号狷翁，湖南常德人。著名古文献学家、目录学家和史学家。时任辅仁大学文学院院长。

② 已载于柴念东编：《青峰草堂往来书札》，商务印书馆2015年版。

③ 余逊，字让之。

④ 周祖谟，字燕孙（燕荪）。

⑤ 陈垣，字援庵。

临时大学补习班[①]筹备许久，至今始将课表粗行排定，下星期或可上课。其初学生四出请愿，提出要求。当局如抚骄子，务顺适其意，六十分即为及格，七十五分便可升班，与其初所谓"检定之法"大相径廷［庭］。学生已无问题，伪教员又继之而起，组织教职员联合会，以谋盘踞把持。钱稻孙等正拟支配以为功课。蔡伯喈［疑指蒋梦麟］且声言将与傅武仲［疑指傅斯年］拼命，江绍原犹激昂，谓非将"伪"字洗清，个人必不上课。陈、郑[②]两君对此辈但虚与委蛇，既而周、钱[③]及文元模[④]等（诸奸）相继入狱，若辈气焰顿挫。伯喈亦自知无望，默尔而退（渠与相公子均已被摈），黔驴技只此耳。让之及燕荪、赵光贤均被聘为秘书。赵在校长办公处，让之力辞不得，现在第二分班（即文学院）主任室（郑毅生），周在研究所。其中以让之为最忙，名为秘书（事甚繁而无权，奉令承教而已），以实是以助教兼办各系主任之事（北大系主任并裁，师大仍存）。辅大上课之外，蹈隙辄往，眠食不时。上月仅支维持费六千元（教授亦如此数），不够往返车费，故以徒步之时为多。闻本月或稍有增加，伪教员留者不过半数（许瞎由正降副，谢国桢降讲师，朱肇洛免教授职教普通国文，江绍原、冯承钧留教授），余皆新聘，大抵取材于辅仁国文系兼课者，有蜀臣[⑤]、献吉、燕荪、斐云[⑥]、子书[⑦]等，多者四小时，少仅二时耳。鄙人亦被勉强为名誉教授，讲读书指导，所谓薪水除车钱外只办饮水，不足添薪而牵率，老夫甚无谓也。史学系兼课者有让之、艺汀[⑧]、奉生[⑨]（灿如），其他各系当尚有之，而第七分班（即旧师大）则聘梁启雄为国文系主任（原拟夏宇众），杨善荃为英文系主任（史学系为李飞生），刘景芳为数学系主任。杨善荃闻已

① 抗战后，教育部规定原伪大学学生需进临时大学补习。
② 陈雪屏、郑天挺（毅生）。
③ 周作人、钱稻孙。
④ 文元模：原辅仁大学理学院教授。
⑤ 孙人和，字蜀臣。
⑥ 赵万里，字斐云。
⑦ 孙楷第，字子书。
⑧ 张鸿翔，字艺汀。
⑨ 赵光贤，字奉生。

不安于位，未知其详。如此棋布星罗，附庸亦蔚为大国，宜哉辅仁之招嫉视也。先是伪师生群以辅仁为敌，并为兼士[①]制造谣言，丑诋毒詈无所不至，今既无可如何，流言亦稍稍息矣。凡此种种，不过新闻性质，今举以告兄，欲兄闻之少伸眉头耳，非仆所以致书之意也。

仆所欲言者，二小女[②]之事是矣。二小女幼而失恃，姆教未娴，不免一切率真，于世故人情殊少阅历。然其天性甚厚，用心甚挚，与人交，推赤心于人腹中，见人之可悯，若疾痛之在己，此其可称者。语云："知子莫如父。"仆察其为人确实如此，非有誉儿癖也。贤梁孟与之相识甚久，相知甚深，其或者不以为訾言矣乎。虽其质美而学未充，识见未能超乎流俗，然时人娱乐放诞之习气则绝未沾染。经此八年之辛苦，烹饪、洗濯之事亦尚能着手，思想介乎新旧之间，而究之濡染于旧礼教者深，故其朋友皆女同学，而不愿亲近男子，于行为放荡者言之辄切齿。坐此行年廿有六，未尝识一男友。生今之世既不能纯凭媒妁之言，而青年当弱冠以后，未有无昵友者。弟虽欲为之相，攸将从何处物色耶？此仆未了之心事，为之卧不安席者，亦已久矣。贤梁孟之下交愚父子间不啻家庭骨肉，故能体贴下情，无微不至，承为绍介令内弟[③]，年龄门户无不相当，此弟之所求之而不得者也。小女向无成见，且信贤伉俪者至深，自亦无不愿结识之理。至于此后用何种形式相往还，则弟可听从彼意，不加以干与矣。曩命小儿即复一函，何以至今未蒙复示，若令外家有何不愿，亦不妨明以见告。叩彼此至交，何事不可披露耶乎？手此，布复。叩颂

谭祺百益

弟余嘉锡顿首　十二月十九日夜

---

① 沈兼士。

② 余淑班，后与陈璧子之弟陈绍杰成伉俪。

③ 陈绍杰，字季英。

（二）1946年1月22日来函[①]

青峰世兄侍史：

承赐复函及数致小儿书均已诵悉。台驾被推为代表，高车驷马，利见大人，可谓王事鞅掌矣，何言无谓耶？北平物价腾涌，居大不贵，但学校方面薪水亦续有增加，前月已增至较原额三百倍（伪钞）。本月因旧历年关，加发双薪则六百倍矣。然较之燕大所定之数目尚不过三分之二耳。据雷冕表示，下月以后或者尚须增加，惟不知所谓增加者，指三百倍耶抑六百倍耶？彼既未明言，吾辈亦不欲问也。临大如何支薪（其教授前所支仅维持费二万元）尚未定议。闻将斟酌于燕大、辅大之间。夫以百廿倍之薪（指法币）对千倍之物价，生活竭蹶不言可知。况又有数千倍以至万倍者耶？故今日虽为教授，或且兼课，亦必节衣缩食，方可维持生计，若欲恢复战前之状况，则俟河之清，非旦夕闲事矣。来教所虑安家之费，据让之估计恐需十万。闻渠即以此数具复近日物价总长增高，殆又将倍蓰过之。

今午《建国评论》社（此系陈雪屏所组织，拟出周刊，大约以赵奉生为经理）招饮，与援庵同席，渠甚盼台驾之来，仆以兄来函之言告之。援庵谓此无足虑。当时匆匆，未及细谈，未详所谓不足虑者安在？或者意在因陋就简、因时制宜，故以为不足深虑也耶。

兄如决心北来，舍此亦别无他法矣。辅仁国、史两系同人之兼职者已如前函之所述，惟《通训定声》之文孙［疑指朱师辙］、黄（黄王同部，故亦可作王）门侍郎之祭酒与《交通史》作者［疑指张星烺］均不在列。最不幸者，大禹苗裔［疑指李飞生］被城北公拉入（第七分班）师大为系主任，城北公辞而此公亦为诸生所拒，退而为教授，惧不敢往（渠要求学生出面延请亦被拒）。继其任者为饮冰之介弟［疑指梁启雄］居然无事。此二人者其学虽或有高下，然亦伯仲之间耳，所遭之幸与

① 已载于柴念东编：《青峰草堂往来书札》，商务印书馆2015年版。

不幸乃如此。子舆氏曰："故人乐有贤父兄也"，其斯之谓欤。援公亦被第二分班（文学院）聘为名誉教授，昨已上课，据该班学生表示，于新聘诸师均甚欢迎，而于所留旧教授则殊不满人意，然则经学大师如洨长［疑指许世瑛］、高密者［疑指李飞生］均不孚众望，夫亦可以自反矣。康乐公［疑指容庚］常无故怠工，亦为学生口实，渠尝自言与青主［疑指傅斯年］至熟，拟作书与之，其不达时务如此。杨季子[①]来后与让之尝一往还，彼此相左。子高[②]辞去燕大（中大减课而未翁职），又辞补习班主任，独尽力于清华，其出处进退可谓高人一等。渠甚盼兄春日北来，犹可盘桓酬唱也。辅大本系三四级诸生无甚高材，远不如前各班，弟之观察如此，访之蜀臣亦云然。拉杂奉闻，即颂纂祉。弟余嘉锡拜启。一月廿二日。

五洲同文"二十四史"，市场小五洲售法币十二万元，来薰阁索十四万元。修绠堂谓友人托售一部带箱需伪钞七八十万元。

来薰阁有竹简斋大本，索伪钞五万元，弟逊附白。

静农[③]兄晤时，希致意问候。

（三）1948年孟春为《墨缘》册页题诗《太平景象》[④]

太平景象尚迢遥，兵气虽沈未尽消。
百岁光阴过强半，八年辛苦到今朝。
春风作意初抟云，海日何心欲落潮。时政治协商会议初闭幕
稍喜连宵闻爆竹，人间知已逐山魈。雪

右丙戌元旦书一首，其年八月。青峰姻兄始自蜀归，今年正月出素册索书

① 杨敞，字季子。
② 张子高。
③ 台静农，字伯简。
④ 已载于柴念东编：《青峰草堂师友墨缘》，商务印书馆2013年版。

录呈郢正，距作此诗之时忽忽已两年。兵气之未消如故且加甚焉。移录既竟。不禁感慨系之矣。戊子孟春。狷翁余嘉锡，时年六十有四。［“雪”疑似替换“云”字，即“春风作意初抟雪。”“事”疑似插入至“右丙戌元旦书事一首”。］

余　逊[①]

辅仁大学女院开学典礼，余逊与柴德赓合影，1938年

（一）1945年3月6日来函[②]

青峰兄青鉴：

顷发一书，寄上《谢三宾考》第一至第二十页，此函内又寄上第二十一至四十页。如有遗失，希损书示知，以便补寄。

前书叙北平物价，此书则叙师友近况。励耘[③]师方草创《通鉴胡注表微》篇目，较前略有更易，顷为提要一篇，说明著述要旨，已付油印。今取工纸分贮存两函中寄呈。亮尘[④]师去岁阳历岁暮左

① 余逊（1905—1974），字让之，湖南常德人。著名历史学家。时任教辅仁大学史学系。

② 已载于柴念东编：《青峰草堂往来书札》，商务印书馆2015年版。

③ 陈垣，字援庵。

④ 张星烺，字亮尘。

脸受风寒刺激，口眼鼻歪邪，其口中牙去夏悉拔去，易以磁制者，方其口歪邪甚时，假牙取下即不能安上，左眼不能开阖。休养二月，日渐痊愈，然口鼻仍未全正，眼仍不能启闭自若，其余饮食起居与未病时无殊，惟面容诚觉消瘦耳，所任选科二种已暂停上课。现在日注射维他命B，更拟辅以电气治疗，费用由学校任之（此指电气治疗言）。友朋中惟仲益①、颖明②善于居积，生活差适，余则大抵艰窘。重一③房为房东卖去，多方托人设法，始租得一所，计十一间，月租金五六百元，以近时房价言之，可谓甚廉（近时房价有高至三百元一间者），下月初即可迁居。蜀丞④先生之夫人去秋逝世，经周叔迦撮合与牟五妹于一月三日结婚；弟任女方介绍人。张孟劬先生已正月初九日逝世。傅沅老⑤去夏大病几殆，在中央医院医治数月，已能扶杖而行，惟语言不甚清晰耳。诗英⑥之洋车夫已辞去，渠近时生活虽不宽裕，但以人口简单，其夫人每月亦有薪水收入，较之弟辈远胜也。专达，顺颂

俪安！

弟逊顿首　三月六日

（二）1945年3月19日来函

老青：

三月七日发两封信，寄上《谢三宾考》一至四十页，本来预备隔三两天再寄四十页以后的，因为元白⑦说打算写封信给你，要装在一起寄，所以等了好几

---

① 陈仲益，陈垣次子。

② 陆宗达，字颖明。

③ 张重一。

④ 孙人和，字蜀臣。

⑤ 傅增湘，字沅叔。

⑥ 许世瑛，字诗英。

⑦ 启功，字元白（元伯）。

天。元白不愿意再耽延我，决定单独写信，所以迟到今天才发出。

舍妹接到大嫂的信，也打算就回信，想不到过了几天，鸣难兄的介绍，到李文和开的化学工业社管账，不在德胜小学和小猢狲们混了。薪水比小学多，可是从上午九点起到下午七点，除了吃午饭回家外，都在工厂里，也没有星期，所以一直没有写信回大嫂，请你们原谅。

老鄢[①]的景况，还是不宽裕。他在学校薪水才一千二百十六元，加上食粮津贴，才拿到二千三百余。本月份加送一千元（与大学部教授同），也只三千三百多。北平生活，每人每月至少须一千五百元，以老鄢家中开支论，除去有点廉价的特殊配给和户口配给外，每月要用四千多，平均总要亏累一千多块钱。好在旧货很能卖钱，只好常常光顾挂货铺和委托商行。学校中人生活大抵如此，不仅老鄢一家为然。

昨天到东安市场，逛逛新书摊，知道新书的价钱涨得很可观。《二千年史》要价一千四百八十元；《九朝律考》原来定价三元五角，现在要卖五百八十元，大约涨到百五十倍；但是以纸价合算，刚刚够本，还没有印刷工和装订工钱呢。

戏价涨得很多，马连良、谭富英的票卖到百三十五元，飞票还要花得多。茶叶最贵六百来块一斤的，还是枣树叶的味儿。

不谈了，再见吧！敬祝

健康！

弟逊顿首　三月十九日

［柴德赓注：此书十月廿六日到白苍山庄，计已七月余矣。青峰识］

（三）1946年5月9日来函

青峰学长兄惠鉴：

台从抵渝[②]后所发两札均已拜读闭。援师言旌麾或将直指北平，把晤在即，

---

① 鄢鸣难。

② 1946年4月柴德赓离开白沙抵重庆等出川船期。

不禁狂喜。今得读五四尊函，始知仍需先飞南京，然后遵海而行，则握手之期又将迟缓，曷胜惆怅。旧都人心安定，城内治安无虑，闻渝沪诸地道及北方情势辄有过分之辞，实非真像［相］。然西郊一带据闻已被某方划为〇〇区，幸尚无动作。安外、永外二十许里则已有遵魏孝文帝田地新制者，则南中人士之为北方抱之忧虑者又非无因也。近一月来物价腾踊，与京沪诸地相同，一蓝布大褂衣之值即需法币一万余金，视去岁倭虏颖服时几及四十倍。其余米麦粮食亦二十倍，尤以房租为最剧烈，新租房屋一间之值低者亦须法币二千金，高者则五六千金，则为去岁八月之三十倍至百倍。幸收入方面屡经调整，亦达四五十倍差可支持；然艰窘之状则与去岁无大差异也。弟兼任补习班事，每月乘车往返，月须车资万金，欲安步当车，则势有所不能。因是颇悔当年不习骑车之术。甚愿吾兄来平后为任指导，期于一二星期内娴习此术，则操纵自如，无远弗届，庶乎无行路难之叹矣。

二妹去岁九十月时以伪币五万元购得一倭制车，差堪乘骑，惟时须修理，殊不经济。凤栖借其姑之车在院内练习，不出旬日已能上街，较乃翁为有出息多矣。元白购得一倭车，类童稚所骑，同乘以赴校，弟嘲之为小驴，然已方便不少。健实[①]近在辅仁教国文两班，有移家大翔凤之说，不知能否实现也。

江津诸友动定何若？静农[②]是否留川？邢宗江归自城，因为言静山[③]先生俟学校迁西安后即当只身北上，则相晤之期亦当不远。

《辅仁学志》十三卷合期，家严之稿已排竟，次为兼士先生之《石鼓文考释》，再次则为孙子书[④]、周燕孙[⑤]之作。援师之《胡注表微》亦将于此期内印竟。《燕京学报》闻将复刊，又未消息，不知何时始能行此也。

---

① 鹿健实。

② 台静农，字伯简。

③ 戴君仁，字静山。

④ 孙楷第，字子书。

⑤ 周祖谟，字燕孙（燕荪）。

武汉大学史学系曾聘家严任教，每周任课六小时，功课随意开设，许以最高待遇，以辅仁方面相留，已挽辞谢之矣。耑复，敬颂

兴居万福

弟逊顿首　五、九

俞巴林

（一）1953年5月13日来函

德赓先生：

好久不通信了，非常挂念。

我们的“五反”运动已告初步结束，现在开始积极生产。《太平天国》的出版工作耽搁了一个时期，现在也已在印刷装订中，预计在七月初可以出版了。

尊编《辛亥革命》是否可以预交一部分稿子，开始付排，使我们的工作不致中断。在编辑工作上有什么问题，需要我们解决时，也请通知，并请随时提出意见。耑此，并致

敬礼！

弟俞巴林　五月十三日

神州国光社（印章）

俞启人[1]

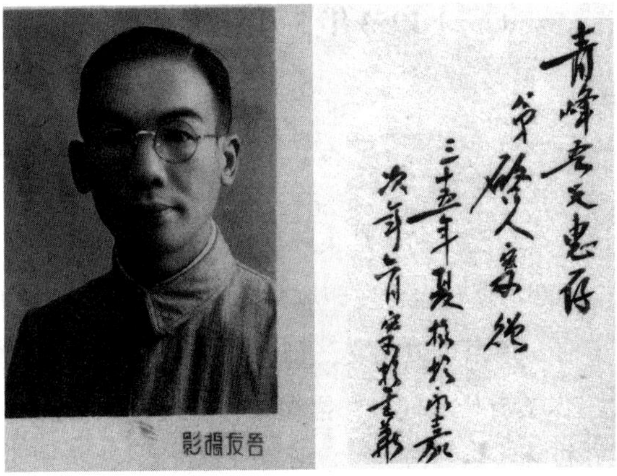

俞启人照片，1946 年

（一）1947 年 5 月 1 日来函

青峰吾兄惠鉴：

去夏杭州约晤，因事被延及。弟送山郇入学安定，走询苍州朱君，始悉吾兄携眷已于先二日匆匆北上，何其相见之难，怅恨无时或已。今者又是江南草绿、群燕归来之时，不知故都春意何似，老友无恙否？至为念念。

弟与树人元本年仍在英大[2]，惟好友渐离，不无寂寞之感，加之金华局面不大，了无游览之处，更觉生活枯燥。目下金杭火车已直达，朝发而午至，方便

---

① 俞启人，柴德赓于杭州安定中学时同学。

② 英士大学。

不少，终以出门非易，西子风光亦非穷书生随意享受者。本校校长杨公达近已辞职照准，遗缺原派工学院院长周尚代理，因遭学生反对乃成问题，日昨学生代表赴杭向朱部长[1]（乘朱部长游杭州之便）请求二事：（一）另派新校长；（二）迁校南京为永久校址。闻朱部长对第一点已面允，对第二问题无肯定答复。日来为校长问题，颇有发生学潮，可能兹得朱部长对此面允另派当可平静。过去英大一年一迁校，学潮亦复年年有之，诚属不幸。盖自民主自由之风炽，无法建树一良好之学风也。

家楣[2]去秋曾通讯，近无来信。据徐延勋兄（本校工学院讲师，家楣族叔，安定同学）告，渠近在经商，常去沪上。色容在杭师，王乃谦在杭地院，去夏均曾晤及。山郇入安定不久即患伤寒症，休学治疗，病愈时已腊尽，顷在金华自修，今夏将与树人兄令郎文彦在此投考初中。闻耀平[3]在市中，惜无机会前去一晤。韵涛嫂仍在开化，今春建造房屋倍形忙碌，伊七年不孕（现为四子一女之母亲），今闻又复大腹便便矣。兰原拟来金略住，只为家父母年老体衰，需伊照料家务，不便脱身，此亦无兄弟者之苦也。丁衣仁先生本年在此文理学院任教，常相遇谈，风度不减当年。临风奉陈数行，伫盼玉音。顺颂

俪祺

弟启人顿首　五月一日

（二）1947年6月初来函

青峰吾兄如晤：

五月卅日手书昨已奉读，遥悉贤伉俪暨诸侄顺适安吉，玉树永怀。尤以字里行间，天真热忱，不改当年书生本色，可喜而至会心微笑也。查近影脸胖，胖颇有福相，当此饥饿年头，啖此教书苦饭，能保持十年前体格，不能谓非奇迹，足

---

① 朱家骅。

② 徐家楣。

③ 柴祖衡，时在杭州中学就学。

证吾兄养身有道，抱人生达观耳。惟两目惺忪，似沙眼未愈，宜有以疗之。

此间同学大半为农村子弟，抗战期间生活于山乡僻壤，从未见过伟大场面，此次晋京请愿，居然闹得名气不小，乃时势造英雄。渠等自愧与京沪学生相较有如乡童之与市少，活泼不及也。此次学潮之远因姑不细述，即以近因言，英大一年来出现二大骗子即可以概其余。一为法学院院长周敦礼，到校三月携款六千万赴沪，借名采购图书，实则意图中饱所购之书百不及一，而人一去不返，后虽追还余款，而其间经过二三个月时间之利息已足够私肥矣（正值无［物］价奇涨时期），此案因当局之偏护，不了了之，而存于大众心目中之恶印象永不能消灭。其二即校长杨公达擅玩政治手腕，毫无办学诚意，将一笔不小经费尽用之于修理租借而来之临时校舍至永久校舍，不仅未建一个厕所，即校舍地址亦未经勘定，苟能于此一年间对永久校舍在金华建筑一二所，即不至令师生发生如今英大上无片瓦下无寸土之漂流不定情绪与焦虑，亦不至发生迁校学潮。且迁校南京为杨公达提出者，渠初借此以能移学生对校方其他不满之目标，继则认为骗局将破，突然以辞职了之，无怪其在京无面目敢见请愿学生也。神圣学府竟容如此败类混日子玩花样，匪特活人动火，即菩萨亦欲生气也。四院学生于六二游行平安度过后，业于三日起全体复课，校长问题延宕不决，仍难免不得安静。英大原为战时的产儿，大概命运注定多关索。

树人为韵涛临产，于五月廿九提前返里，所任功课由弟代授，因之［后阙］

（三）1958年6月7日来函

青峰：

好朋友多年不往来，不通讯，慢慢也会疏远的。你，虽常在我的想念中，但习惯于不大通讯的现在，要特地提起笔来写上几句，倒也不是一件简单的事。最近，有人来向我了解关于你在一中时代的情况，勾引起三十年前许多年往事。今晚能写这封信给你，它的动力就在于此。有时想想，似乎还很年轻，但从记忆力这方面，证明已入老年，不然为什么有许多事情竟如此模糊了呢。我说，你在一中时代，当着学生代表，依当时活动情况说，似乎很可能参加政治组织，但另一方面，根据你和我友谊交情之深来说，如果你参加反动党团，一定会告诉我，并且还会进一步介绍我也去参加的，但至今在我的回忆中，丝毫没有这种印象。我的理解是这样：当时的学生大多数存在“超政治”思想，认为无党无派，自命清高，对学生运动，可能一时由于“虚荣”而驱使，兴之所至，即搞一下，不一定要参加什么政治组织的。

我自1951年离京回沪后，先在上海市法院工作，司法改革后，调华东革大学习，分配到上海市市政工程局担任统计工作，于今已五年半了。其间虽曾申请调中学教书，因人事精简，未能如愿。今春参加民主党派联合整风三个月，最近补课“交心”方结束。

程滋1956年6月患大量贫血症，亡于杭州，举行火葬。一子一女已在工作，尚有两个男孩在中学读书。原籍还留着一个续弦，给了子女一些麻烦。

汪兰已于1957年2月间因肝病后发，逝于新登，我为她奔丧回去料理后事，葬于屋前麻山之阳，那里当年你曾登高远眺过，不知还能依稀记起景色否？我们有三子二女，长子山村已结婚，原在上海工作，近已下乡锻炼。他们夫妇对弟弟的帮助照顾是不够的，因而我们之间的感情搞得很不好。现在原籍的有老母和一个女孩（高小读书，今夏毕业），带在上海的两个男孩，一个17岁，今夏初中毕业；一个9岁，是最小的，为了他还不能管理自己，需要我的一个未婚的妹妹在这里照顾他，因而增加了我的负担，常以寅吃卯粮，勉强度日。解放数年来，以我用非所学，红专两缺，常存委屈思想，总的检查起来，我是失败了的。但我不甘落后，亟应鼓足干劲，以补于万一。还希望老朋友常予督促，有以教之。

璧子仍在教书吧？耀平结婚了吧？还有几个弟弟妹妹，现在何处？希望能把你们的近况告诉我一些。祝你们

安好！

启人　58.6.7灯下

通讯处：上海建国西路93弄1号。

俞汝霖[1]

（一）1946年4月18日来函

青峰夫子大人函丈：

客腊曾奉钧示，于受业之所遭，诸多勖勉，感顽立懦，窃自增气，挟纩之喻未足为此也。前阅报知女师学院以风潮事解散，继闻又已复课。报载不详，故迄未明知究竟，揣想之间，波折必极巨耳。师生活得勿因之而受影响耶？念念。

暑假后女师将迁何所？吾师是否继续于该校执教？抑回辅仁？辅仁自本月起待遇已按中央规定加以调整（即一百六十倍薪加五万元），为其他各校所不及，惟据一般人观测，其地位将来仍难与他校抗衡。盖其特殊性，已失理直然也。又闻余老先生［指余嘉锡］于本月校务会议席中提出辞职，经校方坚挽，允继续至暑假。今日校中人事已极不整齐，号召力已有江河日下之势，日后演变结果如何，则殊难逆睹也。平中书价近日飞涨，前岁脱手之书，今千倍之价，或有不易购回者，各书肆成交亦极少，盖读书人俱无力问津。仅《四部丛刊》《念［廿］四史》卖供飞来大员［指国民政府接收大员］摆客厅用也。受业环境之窘，依如去年，唯近颇能推廓得开，尝书“下学上达，居易俟命”八字置案头，朝朝觐觐，实获益匪浅，然亦未始非由赐书教督之所致也。王大安夫妇已行晤面，形体似较昔更为清瘦，而经验、阅历则宏富多矣。余再陈，祗请

崇安

受业俞汝霖谨上　四月十八日

---

① 俞汝霖，1943年毕业于辅仁大学，后为著名教育家（北京四中副校长）。

曾敏之[1]

曾敏之、章佩瑜于苏州，1961 年

（一）1949 年 3 月 22 日 往函[2]

佩瑜[3]、敏之：

南北通邮后，时时盼望亲友来书，二十一日得一月底香港一札，欣慰之情，非同寻常。北平自解放后，原有驻军撤城外，闾阎安谧，生活稳定，一片新气象，想已于报上见之。辅仁本为天主教私立学校，外籍神父掌握行政权，近则正拟交中国同仁接管，教职员、工友、学生纷纷开会商讨学校问题，然开学上

① 曾敏之（1917—2015），著名作家、报人和诗人。

② 编注：该函后刊载于香港（及重庆）《大公报》。

③ 章佩瑜，曾敏之夫人，柴德赓在白沙国立女子师范学院时之学生。

课不受影响。辅仁从前学风，但知读书，不问政治；近则全校生动，革命空气浓厚已极，不可谓不进步矣。自训导处取消，新成立学生生活辅导委员会，余亦被选为主持史学系务，故常日甚忙。辅仁有二千余学生，近因人民革命大学、军政大学、华北大学及南下工作团同时招生，人数各以万计，顾北平各校学生均减少，然辅仁尚余千人，依然门庭若市也。内子自北平解放后，益形忙碌，此大时代渠已待之二十年，其兴奋之状，不难想见。大弟方在初中三年，已代表辅仁附中出席北平学联，小妹初中一年生，近亦活跃，一家惟小弟、小毛时时在家玩耍，白天来客几乎无法见面。至于生活均按去年十一月所发数目，按市上小米加折合，内子得四百二十斤，余所得倍之，一家生活差堪维持。以视解放军及人民政府服务干部，穿大兵衣服，吃小米白菜，腰中不留钱之刻苦生活，吾辈实深愧恧。自解放军入城，百货店及奢侈品顾客顿少，此非由于法令限制，乃风气改变。解放军不乘三轮车及电车，不闯祸，不贪污，为人民服务，以此攻坚，如何不克？今日香港与北平是两个世界，一奢华，一质朴，不可同日而语，恨不能使南中亲友目睹之也。近日无暇作书，今夕客散匆匆书此，颇觉辞不达意。下次当改写白话，有一句写一句，不拘拘于篇幅，便中盼时时来信。

德赓顿首 廿二日

（二）1963年5月14日来函[①]

柴师赐鉴：

手教及惠赠墨宝均先后拜读。诗书可称二绝，弥足珍贵，感激之至。当即抄寄陈凡兄共赏。凡兄别号“百庸”，当其接获书法时，必雀跃驰函以谢也。

王起教授为我多年敬爱之师友[②]，去年暑假南归时一度晤及。此老修养深，

① 已载于柴念东编：《青峰草堂往来书札》，商务印书馆2015年版。

② 时王季思与柴德赓同在北京大学参加文科教材编写。

成就显，甚为钦佩。敬乞代为致候。

拜读《历史演义》之序[①]及“史学”上之专论[②]，获益殊多，而分析透彻，文章矫健，更为佩服。章学诚之《文史通义》甚多创见，与刘知几之《史通》先后辉映，章之文学见解亦多可取处，为我所爱读。今得读大作，启发帮助更多。历代史学家不乏可批判继承之学术著作，未悉吾师有集为《十批判书》之意否？企待情切，望考虑及之。

因感惠诗之厚意，特不揣谫陋，奉和三章，抄请教正。

暨大由陈序经先生长校，正从事改革，今后可望与时俱进。因定人定课定向，我将调现代文学教研室，除教学、行政工作外，将以较多时间作鲁迅研究。文论之学，未审可行否？尚乞有以教我。

长夏已临，客中诸乞珍摄。耑此，并候

著安

曾敏之谨上　五月十四日

又：今日接陈凡兄寄来“艺林”，得拜读《章实斋与汪容甫》连载三期之大作，考证精确，甚佩。

谨步原韵奉答柴师

千重云水万重山，历数风霜付等闲。
史传文章洛纸贵，隽才不负鬓毛斑。

别梦常萦快语频，瓮头熟荔入清樽。
寒山钟韵珠江月，一样情怀忆故人。

望重东南景慕长，沧浪一勺得亲尝。
岭南向有迎宾誉，卅里花城织巧装。

① 指柴德赓《蔡东藩及其〈中国历代演义〉》一文。

② 指柴德赓《论章学诚的学术思想》，载于《光明日报·史学》1963年5月8日。

［附：柴德赓诗］

寄敏之、佩瑜广州

流离偶到白苍山，逐客南泉一日闲。
历历清游如昨梦，醒来未觉鬓毛斑。

寥落音书别又频，姑苏恨未一倾樽。
春风杨柳花万树，翘首南天忆故人。

莫道频年游兴长，海南风味几时尝。
殷勤为谢贤梁孟，明岁春来自促装。

曾昭燏[1]

（一）1962年6月16日来函

香港《大公报》副总编辑陈凡先生来宁，想拜访我省文学、史学界一些知名人士，省文化局周邨局长嘱我代邀您和他相见，时间是十七日（星期日）下午三时，地点是中山门南京博物院，望届时到临为感。此致

柴德赓同志

曾昭燏　1962.6.16

① 曾昭燏（1909—1964），湖南湘乡人。著名博物馆家，时任南京博物院院长。

张春华[①]

（一）1948年8月23日来函

青峰老师钧鉴：

故都晋谒，敬聆诲言，欣慰何如。生以庸愚，谬承不弃，拟令回母校服务。闻命之下，感惭交并，返津后，禀知堂上，家严尤为感荷。惟念母校大一国文课本，尚未出版，无由窥其内容，倘仓促应召，准备未完，万一第一年执教不能满意，何以对爱我之师长耶。思维再三，敢请吾师谅生求进之苦心，俟明年母校再有机会，生当于今年母校新国文课本出版后，发奋攻读，作一充分之准备，明年得有寸进，皆钧座之赐也。吾师其许之乎？生返津后即遵嘱与卞叔闻［汶］同学通电话，告以二事。彼称书籍及信尚未收到，遂告以地址，请其往取。乞勿惦念，他日有暇，当随时赴平趣谒崇阶，藉聆教诲。公余有暇，尚祈时颂箴言，俾有遵循，尤为乞祷。专肃敬请

钧安

受业张春华谨上　八月二十三日

师母面前叱名请安

师弟、妹安好！

---

① 张春华，辅仁大学国文系1940级学生。

（二）1948年8月27日来函

青峰老师钧鉴：

接奉廿五日手谕，敬悉一是，诸荷裁成，感何可言！谨遵嘱迳函季翁[①]老师矣。圣功女中已于本月廿五日开学，生自忖今年似难即摆脱，愿借此一年时光，勉力进修，倘明年母校再有机会，得令返校服务，常聆教诲，固所愿也。肃复敬请

钧安

受业张春华谨上　八月廿七日

师母面前叱名请安。

师弟、妹安好。

前上一禀，谅早到达。

（三）1948年11月27日来函

青峰老师钧鉴：

不聆麈教，数月于兹，屡欲修书，辙因课业繁忙，稽迟未果，歉疚何如。敬维遵履安绥，定符私颂。母校近况何如？吾师授课忙否？圣功女中修女已全部于上周撤离，赴台湾，校中景况，颇为冷落，勉为维持而已。经费支绌，未来实难预料也。卞叔闻［汶］同学于此执教。辅大校友在此者共有十人，朝夕相共，极为融洽。生每日课余临行书一篇，然苦无进步。

时局不安，披览报章，郁闷无已。生家有意迁平，因念暑中，吾师曾召生返校服务，竟以胆怯，未取遽应。机会何易再得？每一思之，惭悔不已。暇中尚乞时赐训言，俾有遵循，尤为企祷。专肃敬请

① 余嘉锡，字季豫，号狷翁。

钧安

受业张春华谨上　十一月廿七日

师母安好

（四）1949年6月28日来函

青峰老师钧鉴：

此间同学返津，带来您的信，拜读之下，所感无已。很多时候，没给您写信了。最近这一个月，因增教高中三班政治（政治经济学），工作加重，每日下午须赴教局主办的政治讲习班听课，隔日小组讨论一次，竟日无一闲暇。尤以近日讲习班结业，填表格，作报告，更形忙碌，屡次作书禀候而不果，歉疚良深。拜读钧示，勉励关切之怀，真不觉感极而愧。辅大校委会成立，先生荣任校务委员，嗣后校务进展，先生推动有力，闻讯之下，欣慰不已。

国文系顾羡季[①]老师任主任，新文艺之展开，当有一番新气象。季豫老师想仍任课，至以为念。日前阅报见老校长致胡适一函，《进步日报》且撰有社评，表扬信中精神。辅仁校友莫不以此为荣。圣功七月一日放暑假，考卷阅毕，拟赴平晋谒诸师长，并一睹解放后之北平。文化古城，气象活泼，较天津自有不同。生每以生逢此伟大时代，窃切自喜慰不已。余容再禀，敬请

钧安

受业张春华谨上　六月廿八日

师母安好

① 顾随，字羡季。

张次溪[①]

（一）1961年8月3日来函

青峰学长：

近年身体极坏，在三年前（五八年）曾经全面检查，血管硬化，心脏衰弱。各科大夫会诊，咸嘱要好好注意。今夏初因查［外］出又一跌不起，至现在两月未谒陈师。由组织介绍，烦北京中医医院瘫痪专家王乐亭老大夫医疗，已一月半多了，右半身麻木不仁，眼不敢阅书，略觉好些。昨去医治，令善静养。因对校资料，月内似难，甚是抱歉。俟身体康健再行效力。兹将诊断证明夹附函寄上。此致

敬礼

弟次溪致复　八月三日

---

① 张次溪（1909—1968），名涵锐，广东东莞人。时任教北京师范大学历史系。

张景年[①]

（一）1948年3月4日来函

青峰吾兄讲席：

去夏以还，间从台[②]、许[③]诸公处得读大札，洋洋洒洒，辄逾千言，写作多勤，至所钦佩。弟行能无，似来台二载，当日计划十不一就，而年齿渐长，所虑不一，端心诸之劣，视前益甚，居常除教读习作外，惟枯坐而已。台湾近情尚称安谧，教学环境固佳，一般生活则甚困苦，就物价论，虽波动幅度不若春中之大，然核以汇率则无一不视京中为高也，台、夏[④]、李[⑤]、许诸先生均住在毗邻，时相晤及，言谈之间辄及足下。弟前向台公进言，谓平市前途未可知，盍请老兄亦来台共朝夕。台说兄决不会来，不知可能有万一之考虑否？师院、台大兄如有意，决可延聘，兹姑以相询，兄将笑其痴人说梦不？

许季丈案[⑥]量早得知，一代儒宗不谓竟假手狂清兵解，曷胜悲痛，刻下凶手已经就逮，死者亦已火葬，骨灰则将安葬于上海万国公墓，鲁迅墓侧。二先生生前为好友，死后又同埋一处，灵而有知，或可稍得慰藉矣。诗英兄刻仍在台，俟乃弟在上海觅定墓地，即奉祀去申。渠经此大故，哀毁逾恒，已瘦弱多多，殊可悲也。

---

① 张景年，时任教台湾师范学院。

② 台静农，字天行。

③ 许世瑛，字诗英。

④ 夏德仪，字卓如。

⑤ 李霁野。

⑥ 指许寿裳于1948年2月18日被害案。

承贻大作，毕经拜读二文，未取于时下，末流颇多讥弹，甚有同感。兄年来好作绣花针功夫，且作的甚好，殊佩高才，间尝得朋辈中才华，推足下，不第能诗工书已也，兄□然否？比来尊况何似撰讲之解，何所事事。

北平风光尚可爱否？嫂夫人去平后，还未来只字，惜墨如金，一至于此，殊令老友伤心也。内子近居康适，小女亦尚聪慧，可喜知念，附以奉问。匆匆拜书，不尽欲言，顺候

俪祺

弟景年拜启　卅七年三月四日

张梦白[①]

（一）1964年7月25日来函

青峰主任吾兄：

别来三月，系念良殷，只以诸事栗六，一直未能奉书问候，罪甚罪甚！接手教后，又迟迟未曾修复，尤属不该，希勿见责。承惠赐香烟，谢谢。

璧子先生动身之前，因温课考试、总结、阅卷等工作接踵而来，对协助整理书籍等事，未能稍尽一臂之力，启程之时，弟又滞宁未返，不克相送，歉疚万分。想抵京之后，安顿生活尚需费一番手脚。君衡[②]弟今夏毕业，特附笔致贺。工作分配不知何时可以发表？邦衡[③]弟已否到京，均念。

本月十日世界史考试（开闭结合，闭一小时照顾面，开一天）之后，匆匆于十四日赴宁参加高考阅卷工作。此次我院只去中文十余人，历史六人。当时本国史（开卷）尚未考毕，故除正藩外，文浩、炳祥、畅、波[④]及弟均外史人员。在宁住江苏饭店白下路分店，每日往南大，来去四次均有专车接送。上午工作四小时，下午三小时，中间各休息十五分钟，并有冷饮供应。弟与南大三位组成检查小组，故弟在七天阅卷期间，基本上从事复查工作，殊少直接给分。旅舍伙食较差，故傍晚常常在外面就餐。廿三日工作结束后当晚搭车回苏。往返途中，火车均误点近二小时，真是不巧。

---

① 张梦白（1910—2002），江苏常州人。时江苏师范学院历史系教授。

② 柴君衡是年毕业于北京大学，分配在北京水电学院任教。

③ 柴邦衡，时吉林工业大学任教。

④ 黄正藩、黄文浩、蔡炳祥、王畅、金波。

最近院方决定成立马列主义教研室，由党委会宣传部直接领导，我系庄明坤、周振泰两位均已调往该室工作。金波同志暑后将至北师大进修，杜裕根同志（另有徐传祺、崔绪治二位均我系毕业，派在政教系工作）由院方推选参加人大进修班考试，据闻大约二名可取一名。

李处长[①]曾往济南参加高师教务长会议。顷悉杨院长[②]不久将北上出席高师教学工作会议，教务处正在搜集、整理有关材料之中。

教学改革工作弟措施虽不多，但初步解决了如何精选教材的问题。此外，历史系学生中长期存在的局限于教科书、死抱住笔记的现象，亦开始得到扭转，从而初步把学生引导到主动学习、独立思考的方向上去。四月杪《教学通讯》曾来索稿，李处长赴鲁前，教务处又嘱补充一些具体材料。学期结束前院务扩大会议开了四个半天，由各系汇报教改措施及经验。据悉世界古代史组总结由老孟[③]代我前去介绍。院方还决定出一教改专辑，据刘涤民君称，可能会有十万字以上。

院中毕业班正在进行民主鉴定及统配学习。其他各年级学生中有七百余人参加院内军事野营，约八月初结束。

我院“五反”运动前“三反”曾停课四天，暑假顺延。后“二反”总务部门尚未结束。大小问题发现不少。我系前几年劳动账目问题亦多，据云交接时账目被撕去数页，细情不详。翁福华同志调至“五反”办公室工作，今日方回镇，休假仅半月，恐九月间尚不得回系。老孟血压较高，总支决意抽调青年同志协助教学法及实习工作，估计大概将调福华，惟尚未最后决定。

政教系杨光兴先生因心脏病突然去世，享年仅四十又一，遗孤四，最长方由初中毕业，爱人向不工作，今后生活不知将如何维持。

程青老[④]上月骑车是撞破膝盖皮肉，二周前傍晚乘凉时又不慎在帆布折椅上

---

① 李鹤皋。

② 杨巩。

③ 孟心平。

④ 程小青。

轧伤手指，结果左手小拇指截去一节。弟昨日往访，知经过情况尚好，缝线已拆除，惟高年经此手术，精神似不如前。

薛祖同君出院后身体尚好。桥戏成局不易，三个月中只二三次而已。大概薛、冯等常在竹林中度过周末。

人梗兄及舍妹[①]往青岛短期休假，刻已返京。想兄难得去北大，亦不常晤面耳。

弟一年来工作虽较忙，幸身体尚好。上月杪曾赴申参加史学会传达会议，回来后在系内将林举岱同志所谈世界史研究工作会议筹备会议情况详细介绍。苏州地方偏僻，消息迟缓，出去跑跑多少能了解一些外边动情。今夏苏地气候奇热，乒乓已荒疏一月。

今年第三季度，市人委、政协及各民主党派工作均以动员知识青年下乡为中心，各科会议较多。想各地情况亦然。

拉杂乱书，幸勿见笑。余容续陈，顺祝

旅居安适！

弟张梦白谨上　六四年七月廿五日

璧子先生以次阖府均候不另。

（二）1964年10月8日来函

青峰主任吾兄：

月前展诵赐书，敬悉一是。

君衡分配在京工作，闻之甚慰。不知已否下乡下厂，抑尚留校？

朴初[②]是聪敏人，所作“尼哭尼”曲子，真是神笔。

迩来尊况何如？工作进展谅必顺利。

---

① 杨人楩夫人为张梦白之妹张蓉初。

② 赵朴初。

璧子先生抵京后想一切均好。小东[①]进何学校？数月不见，想已长大不少。

本学期我系招生廿一名，绝大多数系工农子弟，尤其来自苏北者较多。全院情况亦大体相同。中文、历史、政教各系三四年级均将于本月十五左右停课，准备集中学习后，由刘院长[②]亲自挂帅，于十一月下旬下乡搞社会主义教育运动。预计为期一年至一年半。我系无二年级，经请示江苏省委会后，一年级将一起参加。此次下乡不限年龄，我系各老年教师均争取早日下去锻炼改造，具体名单不久即可宣布。闻北大文科各系十日左右即将出发，舍妹亦将参加。

此间开学后调出学习之青年、中年教工数十名，由赵年荪主任及高天真书记带队，日内即将启程前往太仓县所属之浏河公社。我系参加者计有［段］本洛、［黄］正藩、［邵］炳祥、［吴］竞、［金］波、［叶］伯华等数位，其他各系更多。

今年我院下放教师亦达数十名，其中年龄较大者有沈颜闵等数名，我系仅周仪琼而已。自去夏乔传习开始，连同顾心佩、陈玲珍、刘荣芳、吴江澄以及调至马列主义教研室之周根泰、庄明坤等，系里教工人数大减。王承熙尚未回来，翁福华仍滞“五反”办公会。金、杜外出进修一节均暂作罢，只［吴］奈夫仍在华师大。老蔡已从我系调出，分配到传达室工作。

李书记[③]健康情况较前颇有进步，但尚未完全恢复，来校时常常在资料室开会、碰头，盖体力未复，不宜常奔三层楼也。老梅[④]已正式宣布为我系党总支副书记，谅乐于知之。

本学期开学后，院系领导一再强调贯彻教改精神，但各课情况，发展殊不平衡。归根结蒂，恐还是思想不够革命化耳。

我系自八月中旬以来，先后举行过学术讨论会四五次，以李秀成评价，一分为二、合二而一时代精神（结合《北国江南》批判）等为中心。

一昨，系行政会议通过，三年级贯俊一名将予开除处分，四年级一对，男

---

① 柴念东，入学北京第一实验小学。

② 刘烈人。

③ 李明中。

④ 梅国祥。

的勒令退学，女的留院察看，正报请上级核批中，师生间尚未公开。

今夏我院教工子弟考学校成绩较差，好些应届及往届毕业生已先后下乡插队。小青先生之孙能够下去，殊非易易。苏明山、刘学愿、张承宏、程传颐、朱赓荪……之子女均已出发。冯毓厚、罗聚沅……之子尚未获批准。许嘉祥子批准后临时发生问题，家长及九三干部伤透脑筋。倘不久之后思想搞通，欣然下去，尚不为迟也。

弟开学后除继续担任教工英语四节外，在党委宣传部及系总支领导下，组织我系师生绘制“处在全世界人民包围中的美帝国主义”图表十幅。九月杪曾展出数天。待国庆书画展览取下后，宣传部将再度展览。

政协文史资料组嘱写有关东吴资料，正在开始拟稿。杨、潘①两院长均表示赞同，并给鼓励，惜院方尚未供给任何资料。幸弟于暑中四出访问及搜集，颇有收获。现除解放前后一段材料尚嫌不足外，其他时期均已大体就绪。弟文笔迟钝，稿成后需经过补充修改方能交卷也。

拉杂书来，既不够少而精，又难免有明日黄花之处，一笑！

专此顺祝

秋安！

弟张梦白拜上　1964年10月8日

有机会见到朴初兄时，乞代道念！又及。

---

① 潘慎明。

张守常[①]

（一）1955年7月11日来函

柴先生：

我回来已和我校校长谈过了，头一次谈，未及谈出结果被别的事打断了。第二次谈到了这样的问题，校长说我这次转移工作，算是由师大调走呢？还是我在卅中学辞职呢？已谈到了离职的“方式”问题，可见就校内讲，在校长意思中已基本上同意了。

我校校长还得去和教育局谈，我也已写了个书面请求，只是校长还未及去教育局。不知师大和教育局联系过了没有？

如我上次谈的，问题在于由校内找接替我的人，这两天也在初步交换意见，候选者有五人之多，故此问题也已不大。对此事校长虽必须和教育局谈，由教育局决定，但教育局在我这个问题上是须多听学校方面的意见的。因我似乎是这样，属于山东中学——卅中学，而不直属于教育局。

怕您在考期中特忙，未敢往谒，才写此短信。倘您须再找我谈时，请以电话叫我即可，近期内我总在学校忙总结。

此致

敬礼

张守常　七、十一

① 张守常（1921—2012），山东高唐人。时于北京师范大学历史系任教。

张守礼[①]

（一）1947年1月25日来函

青峰吾兄：

惠书拜悉，承尊况佳善，欣慰莫名。兹届新岁，想动静必咸宜也。阅报悉，贵校因煤费问题，积有纠纷，未属实情若何？殊为系念。此间纯为商埠，毫无新年气象，店铺除初一日休业，初二日即照常买卖。吾辈虑此，大可减少思乡之苦。厦大因开学较晚，上课下课，一如年日，无足述者。平市情形如何？时局动向如何？此间人士将对于将来支领每月薪水问题，均怀不安。深恐民十五六年北平教育界情形又复重演。弟不悲观，亦不乐观，但愿能渡过此难关耳。草草不尽，专此敬颂

新禧并祝

俪安

弟守礼手启　一、廿五

内子附笔

（二）1947年7月23日来函

德赓吾兄：

久未得书，企念殊深。厦大提早放假，弟等本拟能游返平一行，弟以行囊

---

① 张守礼，柴德赓同学，时任教于厦门大学。

羞涩，欲行又复中止；瞻望白塔，辄深冥思。日来此间热浪袭来，毒暑几不可耐，弟惟终日枯坐，直似烈日下之萎草。至心境如何，不问可知！

平中情形如何？贵府纳福否？高平等旧雨常晤见否？均系念念。此间日来物价波动甚剧，一餐一饭，动需万金，而一枚鸡蛋，直需一千五百元矣，似此生活，颇为寒栗。言不尽意，匆匆，敬请

俪安！

弟守礼拜启　七、廿三

内子附笔。

张习孔[①]

（一）1963年10月28日来函

青峰师：

十月廿四日来示敬悉，承审阅的两本书稿亦同时收到。就目前《中国历史小丛书》的质量要求来看，这两本稿子都难采用。我仔细地阅读了您对两稿的审阅意见，觉得既细致又准确，将作为对二稿处理的依据。

您近来身体欠安，特别需要注意休息，以期早日康复。以后一段时间，《中国历史小丛书》稿，除极特殊者外，一般拟暂不给您增添负担，俾减少脑力活动，得以专力静养。

《中国历史小丛书》工作，最近半年来，因我院及书局开展“五反”运动，受了一些影响，二三两季度，出书很少，今后将可步入正轨，今年底前可出齐120种书，明年可以跃进一下。

京中近来经济形势大为好转，各种副食品、日用工业品充斥市场，人民生活日益提高，苏州想必也有同一景象也。寒天即至，伏惟加意珍摄为幸！耑此，祗颂

秋祺！

张习孔敬上　1963.10.28

以俅同志附此问候。

---

① 张习孔，辅仁大学史学系1942届学生。

张艺汀[1]

（一）1957年9月21日往函

艺汀兄：

来函敬悉。《辛亥》书酬分配，只有按劳取酬，方称公允。兄来书肯定自己当得百分之十，谓对陈、刘、荣[2]等工作不了解，无从提意见。既不了解别人工作，则比例何自而得？弟第二次方案，已尊重兄意见，提至百分之八，相当于故宫两位同志工作，亦等于桂英同志收入，自信并无轩轾于其间。弟亦问过次溪[3]兄，彼对兄工作亦仅举至故宫历史博物馆联系，及弟赴湖南时一个月由兄选抄材料而已。此书编辑、校勘、审查、加按语、点句等工作，兄并未多化［花］劳力，此亦事实。弟前此与单兄[4]书中所提数字，另征求意见，并非决定。当时大致估计，尚未按劳细算，亦未通知吾兄，何得据为定论？又兄所提议利用《中法》、《中日》诸书，情况我亦深知，但各书编辑具体情况不一样，书的编法亦不一样，未可移彼例此。

弟意稿酬多少可以商量，然劳力多少必须分明。弟工作如何，请兄细阅全书。此书尚须修订，如修订时，兄能多出力量，重印时分配尚可调整。弟意见得百分之八与桂英一样也是妥当的。

---

① 张鸿翔（1897—1975），字艺汀，河北蓟县人。任北平辅仁大学、北京师范大学教授。

② 陈桂英、刘乃和、荣孟源。

③ 张次溪。

④ 单士魁。

稿费争取国庆前分配了，次溪负债多，不宜再拖。弟为此事甚焦急。究竟尊意如何，盼即函复，以便最后决定。匆此，即致

敬礼

弟德赓顿首　九月廿一日

张重一[①]

（一）1956年5月11日来函

青峰吾兄：

上月廿四日乃和送来我兄大札，知兄在江南风味中工作与精神均甚愉快，不胜向往。在过去八个月的时光内，承你多关注，衷心感谢。只有少数老友才能知我信我也。二月廿八日已由组织给我作了最后结论，认为我在解放前的思想是反动的，解放后则很有改变，在校中也作了些工作，对党虽仍有些距离，但还是愿意靠近党的。在运动初期别人检举的情况都已查明，并非事实。短期内教育部要找我谈工作问题。由此更证明党是实事求是的。今后一定要以党员的标准来要求自己，无论任何职务都要更加努力为社会主义的建设作出些许贡献。很想能回到教书的队伍中，经过一定的时期的学习，再任教职。不知吾兄以为如何？本应早日奉告，但总想等工作确定以后一并奉告更好，不想时过半月仍未得教部通知，特先奉闻，并请时赐教言。敬祝

兄、嫂二位大安

弟重一谨上　一九五六、五月十一日

① 张重一（1900—1967），河北迁安人。任北平辅仁大学、北京师范大学教授。

张宗祥[①]

（一）1962年秋为《墨缘》册页题诗《纪念杜工部》[②]

诗律唐朝盛，先生致力深。
群儿岂能谤，百鸟尽皆瘖。
正直乾坤气，忧伤家国心。
草堂隔天末，长恨未登临。

纪念杜工部之年，青峰先生两正。壬寅秋，张宗祥书，时年八十一。

① 张宗祥（1882—1965），字阆声，号冷僧，浙江海宁人。著名书法家、古籍校勘家。

② 已载于柴念东编：《青峰草堂师友墨缘》，商务印书馆2013年版。

张遵俭[①]

（一）1946年10月5日来函[②]

青峰先生史席：

敬稔贤伉俪安抵北平，为之慰甚。南中各况谅所惦记，兹就所悉肃闻如后：魏太太[③]已于上月中旬到台北，静农[④]先生上月廿七抵京，仍是揩油飞来，廿八春贻以舟至，刻全眷去芜湖，明后日返此去沪。夏卓如[⑤]夫妇中秋日过京去沪，曾来馆盘桓半日，现仍住上海孙府候台公兼候台船。李霁野先生上月初去沪渡台。缪公全春[⑥]九月廿五日到京，因办本馆复员事极吃力，已回故乡常熟小住，尚未回京。詹锳在活动中大，亦可能渡海而南。方管已去徐州苏政院。[⑦]中大解聘的人很多，国文系取消了一个卢冀野，留下了半个胡小石（仅国研所），史学系亦一塌糊涂，沈刚伯好像是请假，贺昌群可能大展宏图。同尹石老[⑧]去看过一次英千里先生，未见着，我们去的太早，他没有到部。我一到南京，同事们就向我告“密”，说石老人老心不老云云。想必事出有因乎，尚盼密之。有人

① 张遵俭（1915—1990），河北南皮人。图书馆学专家，任教于白沙国立女子师范学院。

② 已载于柴念东编：《青峰草堂往来书札》，商务印书馆2015年版。

③ 魏建功夫人王碧书。

④ 台静农，字伯简。

⑤ 夏德仪，字卓如。

⑥ 缪镇藩，字全春。

⑦ 方管时应聘为“江苏学院”，地址在徐州。

⑧ 尹炎武，名文，号石公。

在上海看到沈二先生[①]，都说他比在渝时消瘦甚多，不知过沪时曾会过他否？沈三先生[②]本期回辅仁未？念念。专请

讲安

晚学遵俭上言　卅五、十、五

碧之[③]先生大安！

（二）1946年10月21日来函

陈垣与胡适在南京机场

青峰先生教席：

前（十九）日午后三时，共乐素[④]并卓然夫妇恭迎援庵[⑤]先生于明故宫机场，先生首下机，适之[⑥]先生继之举帽高呼曰："我没有吐！"援庵先生他头一次坐飞机，也没有吐。时傅孟真[⑦]、田培林、于野声、蒋慰堂先生一拥而上，同出机场，乘中院备车，共傅胡回院。乐素共晚等另车尾随到达，稍息接见中央社记者（中央社电稿想已载平市报纸，另通讯稿或外埠未见，已留一份存家岳处）。晚间在院与朱院长[⑧]一晤后，去大梁酒店家宴。居然三辈九人满满一桌，餐毕，老人兴犹未已，约乐素去院，长谈

① 沈尹默。
② 沈兼士。
③ 陈璧子。
④ 陈乐素。
⑤ 陈垣，字援庵。
⑥ 胡适，字适之。
⑦ 傅斯年，字孟真。
⑧ 朱家骅。

至十二时始寝。昨（二十）晨开幕式，疲劳，演讲至十二时半始毕。院方举行欢迎宴（朱院长、秘书长、总干事翁必隆具名）。下午三时由乐素陪同，看知交数人，如陈树人、张溥泉、于野声、尹石公等处皆不能不去者也。今晨起正式开会（秩序想见报）。二十四日会毕，拟二十五日回平。所以然者，以与胡先生同来又何须乎不同去耳（胡先生何为急急，想能思得其故）。今晚故宫博物院开理事会，明晚可以休息，后晚恐须一赴辅仁同学会。附剪报照相一张，印得不清楚，另份较清楚者已呈援庵先生自存。

尊寓各务已布置安贴否？为念。闻碧之先生尊堂清恙，悬系之至。此请
讲安！

晚学遵俭上言

（三）1947年8月18日来函

青峰、碧子先生均鉴：

今日读报，获见《对沈先生的认识》[1]一文，真是情文并茂，中间若干事情我都看到过或听说过，读来倍觉亲切。想想那几年沈先生的长胡子，想想石田小筑的小屋子，真是热泪盈眶，惆怅无已。

援庵先生果能以何日归来？为念。孙人和先生过津去沪，见着一次，约略地谈了一下旅台诸师友的情形。尹石丈是不能走了，蒋与他两方都“够”了。敝馆特藏组人事全非，尹去□调，仅余樊叟点缀其间矣。此叩
俪安

晚学俭上　八、十八

主者屈君万里，学问顶括之人也，是好人。只是山东人有他们的传统脾气。

---

① 柴德赓文，载于天津《益世报·人文周刊》1947年8月18日。

（四）1948年5月22日来函

青峰、碧子先生均鉴：

适由庞景仁夫人自平赉到大著两篇[①]，敬谨览读，欣佩无任。目录之学日新月异，先文襄公书成于同光之际，为有补订，乃足以传世。今大文推重黔刻，洵称卓见，使范君及见，亦当心折也。

寒门式微，家学久废，敬承代彰先德，存殁同感，准此以论，山阴樊漱圃丈诚有古人之风。丈行迹所至，必箧《昌黎集》、《石笥山房集》，并其《先魁纪公集》与俱，每常沐手披览，如临如履。

今先生乃以"妄男子"三字证归胡天游，想小魁纪公必大不惬也。京馆限于经费，近尠发展。蒋慰堂先生受聘联合国文教组织，即将渡美考察。程希孟先生亦受联合国中国代表团顾问之聘，全眷月杪东去。童养年先生春间与李女士结婚，实一大喜事。弟近惯于鳏居，一错不容再错矣。未悉家岳曾以此为念否？暇幸代言其志，明晨大校将有展览。

尊藏并励耘书屋精品殆均罗列，不获一饱眼福，怅甚怅甚。专肃敬布谢忱，并请

俪安

晚学遵俭敬上　三十七年五月廿二日

（五）1948年11月3日来函

青峰、碧子先生均鉴：

握别三月，局势全非，微闻平津人心颇不宁贴，未悉府上亦作南归打算否？至引为念。建功先生在京时曾晤及，现已去台，魏府于此时北来，似非得计。北方消息多有阻隔，尚祈便中赐示真象为盼。为企杜鲁门蝉联美国总统，

① 指柴德赓《记贵阳本〈书目答问〉兼论〈答问补正〉》和《全谢山与胡稚威》。

直接影响南京政局一线生机，系于外援，至此殆已绝望矣。翁王势在必去，新内阁之难产，可能更甚翁阁产生时代。此次改币，直同儿戏，政府中人如此轻率，诚出人意料之外。京沪商人趁战胜余威，已不同意议价而改为自由定价。一日三涨，自一日至今日，四日之间，已涨三倍有余；并大宗交易，完全不以全国计算，改以银洋为单位，经济崩溃现象已成。人民对政府完全不信任，国事尚可为乎？京沪一般人生活，目前已经压到很低。教部同人伙食已恢复四川时代之粗劣，每月亦需金圆十四元，下月尚不知如何解决也。专肃，敬请

潭安

晚学遵俭上言　十一、三

张子高[①]

张子高于清华大学

（一）1948 年 3 月 10 日为《墨缘》册页题诗[②]

北平城西北小街曰“尚勤坊巷”，考旧记著“张皇亲”[③]

六载此幽居，不孤有德邻。

过从推襟抱，欢娱笳夕晨。

① 张子高（1886—1976），湖北枝江人。著名化学家、教育家。抗战时期任教辅仁大学。与柴德赓一家世交。

② 已载于柴念东编：《青峰草堂师友墨缘》，商务印书馆 2013 年版。

③ 尚勤胡同位于北京西城区东北部，明代始称“张皇亲街”，1925 年改名尚勤胡同。

门外隔深辙，与世鸿沟分。
茹苦荼如荠，抗寒冬待春。
郁郁涧应松，霭霭岭上云。
飘忽一为别，谁参去住因。
樊笼难久处，吾道固清贫。
好语诸父老，辛苦过来人。名

癸未祀灶前二日。青峰兄即将南行，慨然有感，用其扇头陶公诗均赋别，越三年，重阳晤故都。余迁清华，君返旧居，而过从仍昔。戊子三月十日书，似两政。子高。

（二）1949年11月29日来函[①]

青峰先生史席：

许久不见，怀想为劳。正拟裁函，忽奉来简，喜可知也。陈君传绪系湖北大同乡，自民国十七八年即来清华任职，在抗战前已升为文书主任（即现在周久庵之职），抗战初期亦随校南迁，廿八九年间因妇病回京，未克再往；复员后仍回清华，转在秘书处任职。陈君为人循谨，笃于伉俪，一子一女（？）均已成人矣。弟所知如此，看来甚好，若尚有其他特点，所欲知者，弟当尽力探访也。

内子归，云新宅爽朗，宜冬宜夏，敬贺敬贺！

另有恳者，元白[②]兄藏有旧墨一方，为程公瑜卿云露，曩曾出示属为鉴定，当时未能遽断其时代。近有人出程墨多种，弟拟假元白所蓄比较观之，以为参稽之资，恳为代请。如蒙见允，墨可暂存尊处，弟改日来领，并负责完璧归赵也。近为校内代表会议事，日不暇给，奈何奈何？复颂
著祺，不一。

弟张子高顿首　一九四九年十一月廿九日

① 已载于柴念东编：《青峰草堂往来书札》，商务印书馆2015年版。
② 启功，字元白（元伯）。

（三）1963年为《墨缘》册页题诗《南行杂诗》三首[①]

出京兼谢送行诸同志

大雪纷纷伴客程，人民正义振天声。
良辰吉日歌三八，况复汪伦送我情。

赠同行刘老仙洲

夙仰刘安德业尊，红专又作带头人。
言行不苟吾师是，融合工农在一身。

谒党第一次代表会纪念馆

学习雷锋与八连，循途更向塔灯前。
燎原导自星星火，万丈光芒照大千。

一九六三年，南行杂诗三首。录奉青峰同志指正。张子高。

① 已载于柴念东编：《青峰草堂师友墨缘》，商务印书馆2013年版。

赵光贤[①]

（一）1958年11月25日来函

青峰兄：

昨承枉驾，喜出望外。本想与兄多谈，一叙契阔，奈兄行色匆匆，不敢久留，感心为歉。兄开会事忙，弟亦确实无暇拜访，草此数行，聊当把握，得暇望时赐教赐教。

嫂夫人前请代问候，侄辈想均好。昨遇令文，想知已在宿县教课，为人师矣。无怪弟之两鬓苍苍也。专不尽意。

即祝安好

弟光贤　二十五日

① 赵光贤（1910—2003），字奉生，河北玉田人。著名历史学家，时任北京师范大学历史系教授。

赵朴初[①]

（一）1963年为《墨缘》册页题词《片石集·菊花新》[②]

照座缤纷谁可拟？欲寄一枝加勒比。怒焰战西风，真个把乾坤带起。

莫将艳冶夸桃李，孱孱只合充奴婢。拜手傲霜枝，看赢得普天欢喜。

一九六二年十一月二十一日，政协同人北海公园赏菊。名品中一种名“乾坤带”，即席有作调寄《菊花新》。录奉德赓同志正。赵朴初。

① 赵朴初（1907—2000），安徽安庆人。著名佛教领袖、书法家。时任民进中央常委。

② 已载于柴念东编：《青峰草堂师友墨缘》，商务印书馆2013年版。

赵亦民[①]

（一）1962 年 6 月 6 日来函

柴老师、柴师母：

收到这封信你们一定很以外吧？

你们大概还能记得起我来，赵亦民，过去在辅仁时是柴老师的学生。解放后，我们也还曾几度见面的。自从你们离开北京回江苏，我就一直没有和你们联系了。

我一直在北京市妇联上班，最近因病来南京一个亲友家休息，在南京住各把月，在天气热之前回北京去。

虽然十多年来我一直搞妇女工作，但是对历史大爱好还总未能放弃，53 年至 57 年的几年中，我在业余看了太平天国的史料，写一个关于李秀成的剧本。这几年来因为工作很忙，后来身体也不好，就一直搁着没有再作进一步地整理与修改。这次到南京养病，想乘此看一看有关太平天国的一些遗物遗址，以便将来进一步将剧本作参考。因此，我也想在这期间从南京去苏州走一趟。看看拙政园和其他天国的遗物。

我希望到苏州时，能去探望老师和师母，一方面是由于阔别多年，老师过去是关切和鼓励我的老师之一，师母也是很爱护我们的。到南方来一趟不容易，怎能到了苏州，过门不入呢！另一方面，如有需要，也还要向老师请求一下历史方面的知识。

---

① 赵亦民，辅仁大学史学系 1948 年毕业生。

这几年来，人事方面变动很大，不知你们是否还在江苏师范学院，这封信时冒然投邮的，希望能得到你们的回信。因此，我在六月下旬末可能要回北京了。

我现在南京住在一个亲友家里。来信请寄南京成贤街南京图书馆翦忆琴同志转。我就住在翦家，翦忆琴是北大副校长翦伯赞的亲侄女，我们家和翦家是几代的世交了。

你们的身体都还好么？弟弟妹妹大概都已经是大人甚至于工作了吧。余面谈，祝你们好！

台果　62.6.6 于南京兰园

郑鹤声[①]

（一）1963年2月12日往函[②]

鹤声先生道鉴：

久缺音书，时深长想，陈生[③]到苏州敬稔兴居百益，致以为慰。陈生聪慧，颇有志为学，从门下受业，当有造就，幸裁成之。

弟到京半年，除夕前返苏州，本月十日又莅北大，期于八月中回校。去年九月写《章实斋与汪容甫》一文，交院刊付印，文字粗率，心怀谦然，惟改正印出，不敢不就正有道。敬希指正，不吝督查为幸。

闻整理旧著已有头绪，闻之欣慰，夙便盼示转数行，以慰拳拳。匆此希意，不尽驰企，即致

敬礼

弟柴德赓顿首　二月十二日

① 郑鹤声（1901—1989），浙江诸暨人。著名历史学家、目录学家，柴德赓白沙国立女子师范学院同事。时任山东大学历史系教授。

② 此函影印件由陈晶提供。

③ 陈晶。

中国史学会

（一）1956年6月23日来函

德赓先生：

关于我会编写的《中国历史概要》一书，为了使它成为一本比较完美而正确的历史基本读物起见。我们曾经致函全国各地史学工作者，广泛的征求意见，到现在为止，我们已经收到不少的复信，并且提供了很多的意见，综合这些意见，大部分集中到下列四个问题上：

一、社会性质的划分阶段问题——周秦以来的社会，应如何划分阶段？

二、“种族”与“民族”的用法问题——中华民族怎样形成的？在什么时期形成的？

三、“商业资本”的问题——本书古代史部分屡次提到“商业资本”，如第十八页：“中国的商业资本开始感到国内市场的狭隘……”“商业资本”这种提法适当否？

四、历史人物的鉴定问题——本书对于历史人物，比较突出而肯定的谈到了唐太宗、王安石等，除此之外还有那些应当加以肯定，并在历史的作用上给以怎样的估价？

以上四个问题，请先生提出自己的主张，并扼要的写出其理由。希望早一点寄给我会，以便汇集整理，从而展开广泛的深入的讨论，最后对该书加以改写。

致

敬礼

中国史学会秘书处（印章） 六月二十三日

（二）1957年10月3日来函

柴德赓先生：

顷接上海人民出版社编务室通联科寄来读者黄汉纲来信一件（抄件），关于《辛亥革命》一书提了两条意见，特转上。请照出版社指定的办法径复该社为荷。此致

敬礼

中国史学会秘书处　1957.10.3.

附件如文。

（三）1958年3月20日来函

柴德赓先生：

三月十七日来信收到。三月十三日给您寄去的《中国历史概要》稿费壹拾叁元三角五分，确系通讯员粗枝大叶，将汇票装错。兹除函请郑天挺先生将错寄他处的壹拾叁元三角五分汇票一纸径寄您处外，特函致歉！

敬礼

中国史学会秘书处（印章） 3月20日

中华书局

（一）1959年8月18日往函[①]

中华书局编辑部：

八月十三日来信收到。

余季豫[②]先生遗稿，经函询陈援庵[③]先生，言余老著作等身，应广泛搜集以免遗憾。陈先生处即有《跋施愚山试鸿博时家书》、《跋高邮王氏手稿》等，每篇约五六百字，允为抄录寄来。来函所云《元和郡县志校》，恐未成书，亦当细问。

《续通鉴长编》版本问题，初步分析，张金吾爱日精庐所据抄本当比库本略早，大约如熊、刘本《旧五代史》。虽同出馆臣手辑，此后来《四库》写定本自有不同。从卷一卷与文津本比对结果中可以看出，张本有而《四库》删者不止一处，且"外寇"改"强敌"显系后来挖补，此是一证。此次赴杭，特至文澜阁查书，文澜原抄本《长编》仅四十二本（此外新插入补编所得二本），余一百四十九册均丁氏补抄本。补抄本固置不论，此四十二册恰好无第一、二卷，我所校一百十一至一六卷亦不在内。方以为无收获矣，后从馆中善本书室新购目录中发现，尚有《四库》另本多册（未插入书中）。其中《长编》四册，一一三至一一六册正我所需要。校阅一过，发现我校定的文字，原抄本并不全误，此数卷浙局当年未见，无从取校，由此可知浙局本必需与库本对校一

① 已载于柴念东编：《青峰草堂往来书札》，商务印书馆2015年版。

② 余嘉锡，字季豫。

③ 陈垣，字援庵。

过，方能完善。然有浙局本累篇记载，而库本少至二三千字者，此大可注意事。此二三千字决非后人羼入，因文中李焘考异原文具在，非《四库》馆臣删去而何？如此，浙局底本胜于库本，得一有力证据，我亦更增信心。估计细校一遍，必能发现无数秘密也。三年之内，尽力以赴，一定值得。

《历代通俗演义》寄来本四十三册，其中《民国通俗演义》七册，第七册为许廑父续，似少第八册，原书重印本当有四十四册。此间书店大力代我搜求石印本，半月前往问，已得六种，其中民国止八十回，亦非足本。正在访求中，不日即可取来，书款约数十元。此次到杭，遍访蔡先生家属，已得线索，即日便可了解情况。然子孙式微，恐难望有大收获。初归，匆匆奉书，余容续笺。

此致

敬礼！

柴德赓顿首　八月十八晨

能否以书局力量借一部爱日精庐原刊本《长编》来？浙江图书馆爱日精庐本已残废。

（二）1961年3月19日往函

中华书局编辑部①：

三月四日来函敬悉。

关于蔡东藩著《民国通俗演义》一书，去年七月间晤谈时，原以为十月内可以整理出来。后因北京会议直到九月中旬完毕。返校以后，教学工作及江苏省中学历史课本修改等任务紧集，暂时不能动手。但此时期中亦将原书重看一遍，觉得出版无大问题。后来我苦足疾，工作效率大减，也想到当前纸张紧张，或不急于印刷，以此稽迟。今阅来函，言各方要求日益迫切，我近来身体教前稍微好，决定在本年五月第以前，将整理稿及原书等一起寄上。句逗标点方面

① 编注：此通为网上拍卖品，经鉴定为真。

已完成一部分，大致四月底可以齐备，批注方面，有的要，有的不要，要加审定，必要的注解当新加；序文要新做，统在五月底前完成，希望明年安排。俟《民国通俗演义》出版后，再选出其中若干部，或从头出齐，当再商酌。如有新的意见，盼随时联系。

此外有一事奉托，即政协编辑的《文史参考资料》，我以前没有，前二月忽苏州新华书店送来七八九三册，近有得弟十册，计却一至六册，这里无法配全，不知京中何处可以配到，如能为我设法配足六本，不胜感激之至。即不能配到，请函我以配购办法，亦所盼祷。不情之情，即希鉴谅。

匆此奉复。即致

敬礼！

柴德赓上　三月十九日

（三）1963年11月15日来函

德赓同志：

图书馆专业书籍编辑委员会交来王重民著《校雠通义注解》一稿，拟交由我局出版。此稿内容拟恳拨冗审阅。现将原稿寄上，至祈惠予协助，将审阅意见示复为感。此致

敬礼

中华书局编辑部（印章）　一九六三年十一月十五日

附件：原稿四册（另邮）

（63）出字497号

（四）1963年11月23日来函

德赓同志：

前上一函并另邮陈《校雠通义注解》一稿，请予审阅，谅承察洽。近接此

稿作者王重民先生函，其中与此稿有关者，特另纸摘录，敬再函附供参考。

此致

敬礼

中华书局编辑（印章） 1963年11月23日

（63）出字512号

附件：如文《附王重民先生来信摘录》

听说编辑部有人有意见，认为“附录”内包括了五篇文章，太臃肿一些，我觉得也是那样。请贵局编辑同志看看，设法改一形式也好。

“附录”是代替原有的“外篇”的。“外篇”选录了一些论文，有的关系不大或者没有关系，所以我删去不用。请看可否改为两个附录：“附录一”专录那五篇论文（内有许瀚的一篇，所为附载），并稍加注解；“附录二”为简化了的年表。请审稿时斟酌一下，如果有其他较好的办法，均愿改正。

（五）1964年3月26日来函

德赓先生：

承审阅王著《校雠通义注解》一稿，并提出了许多宝贵意见，敬表感谢！现由银行汇上审阅费四十元，请哂纳。

灿然同志自年初进院治疗，现仍在医院调养中，经过情况甚好，乘注念，敬附闻。 此致

敬礼

中华书局编辑部（印章） 1964年3月26日

（六）1964年12月14日来函

德赓同志：

前有我所杨友仁同志约请重编《晚清文选》，并寄上郑振铎《晚清文选》一

册，提供参考。后来，该项选题有所变更，我们曾数度催归该书，均未荷赐复，甚念。兹又将届年终，我所资料室现正赶办外借书年度清理工作，爰再奉函，恳即将该书早日掷还，以清手续，渎神感之。

此致

敬礼

中华书局上海编辑所（印章） 一九六四年十二月十四日

周谷城[1]

（一）1952年11月15日来函

德赓兄：

今日读《大公报》，从亚洲和会[2]座谈中得悉吾兄已到师大主持史系，至为庆幸。座谈内容，甚为丰富。尚能请发言者稍予整理，加注补充，印成专门小册，料极有用，不知可与文澜[3]先生一商及此否。

一九四九年冬季，弟到北京，同徐特老[4]、陈述同学共访陈垣老，并承垣老赠书，至今记得。述兄近作何事？垣老仍从事研究否？此间一切如常。史学分会亦常开会，希望北京同志多多赐教。专此祇颂
铎安。

弟周谷城上　十一月十五日

（二）1953年2月4日来函

德赓先生左右：

一月十九日手示收到，拜悉一切甚以为快。

中国历史分段，此间同仁亦以为是一问题，弟个人则仍然持旧说，以为奴

---

① 周谷城（1898—1996），湖南益阳人。著名历史学家、教育家、社会活动家。

② 编注：亚洲及太平洋区域和平会议。

③ 范文澜。

④ 徐特立。

制终于两汉末年，采算大账之方式。从古代世界各国着眼，颇觉秦汉帝国与埃及亚述、后巴比伦、海梯、波斯、印度等古代第一次出现之帝国实属同一系列。拙著《世界通史》原持此见，今日不拟改动。

寒假期内拟赴京一行，奉访老友，届时盼能某得良晤，先此布臆。祇颂

铎安！

弟周谷城谨上　一九五三年二月四日

（三）1953年6月17日来函

德赓同志：

兹有数事，敬乞代为托人查明，赐示。

（一）师大附中二部是否为团级干部以上干部子弟学校？

（二）本期高三是否招生，如有空额，需用何种手续始可入学？

（三）入学之后，学膳杂费及服装等是否全由学校供给？

（四）是否为普通中学？

不情之请，祈转托同事惠予帮忙代查。并祈于最近查明赐示。兹附邮票八百元，谨候回信。

前次阴历春节时弟曾赴京，并到师大拜访，任何朋友都未见到，以缘铿也。暑假内，不知有晤谈之机会否。余不多渎。专此祇颂

铎安。

弟周谷城上　六月十七日

（四）1953年8月8日来函

德赓同志：

七月廿一日手示拜悉。师大缺历史教师，诚为重大问题。惟目前教外国史之人太少，到处打听，竟寻不出适当的人。复旦日前死去一位专任外国史教授，

本人自己亦走不动，先此奉复，容有消息，当随时奉告。专此，祇颂
铎安！

弟周谷城谨上　八月八日

周国伟[1]

周国伟（左）与柴德赓（右）在苏州，1962 年

（一）1961 年 10 月 1 日往函

国伟同志：

惠书敬悉，你想来和我谈谈研究历史的问题，很欢迎！我即日因需至徐州专区了解我系毕业生教学情况，来回约在半月之后，俟返苏以后另书奉邀，如何？匆此不恭，即致

敬礼！

弟柴德赓顿首　十月一日晨

① 周国伟（1929—2015），湖南湘乡人。柴德赓入室弟子。与柴德赓一家世交。

（二）1962年12月22日往函

国伟同志：

北来后接来书，诸事多不遂，致稽裁复，至以为歉！日前又得手教，承询《日知录注释》一节，顾氏《日知录》有黄汝成集释本，向来认为善本，是书注释始于钱大昕至李兆洛乃分命几人辑录前人考订之文，以为集释。黄汝成不过出钱者具名而已。《京房易传》是汉人著作，“京房”是人名，传《易》诸家有费氏、梁丘氏，京氏亦一家也。目录书中均载之。中华近重印《书目答问补正》，即出版，他们要我写了一篇叙文。闻此书各地已预订，可至苏州新华书店一问。内子来此将一月，陈老病见好，她下月十号左右返苏。我年底或许返苏一行。草草布闻，不尽驰企，即颂

近祉！

德赓顿首　十二月廿二日

（三）1964年10月8日往函[①]

国伟同志：

寄来《渭南文集》一册、注稿[②]等早已收到，昨又收到第二书，久不作答，甚以为歉！近因事杂，有时血压高，信写得少了，然心中时时在念。注稿甚细致，有些基础，将来着笔时就容易了。《朔闰表》闻此间尚可找到，拟奉赠一册。俟有暇去琉璃厂时购到即寄上。《宋会要》部头大，学校大约只有一部，借出恐不可能。目前你先把《放翁集》注的工夫逐步做下去，《食货志》工作亦可作，只把《会要》部分放下，以后再补，

① 已载于柴念东编：《青峰草堂往来书札》，商务印书馆2015年版。

② 时周国伟协助柴德赓整理《渭南文集》，其注释文稿现仍存。

亦无不可。我终究要回苏州来的，那时再来研究。

今年国庆，外宾之多，为十五年来所未有，游行队伍，更整齐、更美丽，真是百花齐放，出奇制胜。我多年观礼，亦觉今年与往年大有不同。史诗舞剧《东方红》以三千人出场，真洋洋大观，我尚未看过，璧子却先看到了，这种大场面只能在人大礼堂演出，将来各地观众恐只能从电影中看了。

我工作仍忙，一星期三个半天去民进中央学习。小东① 考入北京第一实验小学，现住外婆家，他很念你呢！

这里，这两天突然冷了，今天只十三四度，闻南中桂花始放，翘首南望，云胡不念！匆此，即致

敬礼！

德赓顿首　十月八日

（四）1965年6月5日往函

国伟同志：

好几次接到来信，因你和陈先生有时见面，随时可以知道我这里的情况，因此把复信就耽误了，真对不起。上海中华对《陆放翁集》似又冷了起来，好在我们当作研究，还可进行。当然不要集中力量去搞了。你的文章关于李密叛徒的问题，如像有人论过，你把他分为两段是对的，不过引文嫌多了些。等我有时间用心看一看再说。关于王鸣盛《十七史商榷》的文章，你收到了吗？这是最近重写的，和以前写的不同了，限于篇幅，未能畅所欲言。你看怎样？我现准备暑中返苏小住，相见不远，诸俟面尽。匆此，即致

敬礼

德赓顿首　六月五日

---

① 柴念东。

（五）1965年10月18日往函

国伟同志惠鉴：

上月别后，忽逾二十日，以居处未定，未及作书为歉。自本月十日起移寓大翔凤胡同师大宿舍三十五号，生活稍觉安定，工作亦开始。新寓为一小单元，向南两间，向北一间，有卫生间、厨房，客居暂得安稳，于工作有利，于陈老师养病亦有利也。

临行之日，为吾弟书条幅，留袁医生处（或留邵一枫姑娘处亦未可知），不知收到否？近来工作、学习想两有进益。

吾仍每周两次参加民进中央学习，近政协有参观四川、河南、江西“四清”团组织，惜吾初到，须排日工作，未克参加。

张兆星兄晤面否？见时盼以此间新址转告，欢迎其赐书。吴中山川人物，时时萦怀，近闻多雨，未知如何？便中请来信。匆此不尽，即致

敬礼！

德赓顿首　十月十八日

周美悦[①]

周美悦（中）与白沙女师院同学，1948 年

（一）1947 年 11 月 29 日来函

青公夫子尊前：

在京时曾奉上一书，想因课务繁忙，不暇赐诲，敬维吾师福躬绥何，师母及诸弟妹均安顺，为颂为祷。生于上月廿七日离京，抵此正值皖中战争告急之期，然既来之，只好听天由命，泰然处之耳。学校准期开学，尚未因时事恶劣而三度展期，现行课已将一月矣。本期原聘定教授多位，因时局恶劣不宁，教授先生多姗姗来迟，或竟弃此适彼。中文系教授多已到校，其阵容略似旧观。詹先生[②]已离安大，据说尚在安庆。生未暇过访。本系所开课程甚多，有《毛

① 白沙国立女子师范学院学生。

② 詹瑛，别名振文。

诗》、《楚辞》、《文心雕龙》、《论孟》、《目录学》、《韩柳文》、《尚书》、《礼记》、“骈文研究”、“文学批评”诸课程，规定选读五种，必修有“词选”、“声韵学”、“小说戏剧选”。功课较往年略重。《尚书》、《礼记》系三代之作，为时久远，恐难研习。“骈文研究”与“文学批评”，则以兴趣问题未敢遽选。惟念大学生要在自发自励，教师只尽辅导之责，学问真旨，尚待静心探讨，期能自创新意，方可言学问二字。尚一味墨守前人之言，恐难免人云亦云之讥。生虽略知其意，然若无良师诱导，今尚不知何书可读，何书必读，如斯以往，前途真堪忧虑。回忆山庄[①]旦暮相聚之时，吾师谆谆训诲，经子文集，何事不谈，及论南明史事，慷慨激昂，义气凛然，忠义之士，宛然如生，生与静昌恒欣然而忘返也。如今山河阻隔，各处一方，不复有曩时之乐耳。吾师若不嫌生昏昧鲁钝，幸能常赐教言，俾得稍解愚惑。深恩宏德，生当永铭肺腑，吾师亦岂吝此区区者哉。

静昌有来信，学校情况如恒，女师院校友李仲木君曾在安庆遇见方[②]先生与陈沅芷，行色匆匆，盖正当桐城失陷之时，沅芷现谅已抵北平矣。北地消息如何？此间久旱，吾拟秋收不佳，又闻驻军纪律甚坏，百姓殆无宁日矣。吾师境况如何，敬请示知，肃此敬请

教安

受业周美悦谨上　十一月廿九日

师母前请安。

回谕请寄安大可也。

① 白沙国立女子师范学院旧址在江津白沙镇白苍山庄。

② 方管，字重禹。1947 年与陈沅芷结婚。

周祖谟[①]

左起周祖谟、余淑宜、陈璧子、柴德赓，1943 年

（一）1945 年 3 月 18 日来函

青峰九兄：

相别已经一年多了，至今无一字奉报，你一定会奇怪的。就我们两人相知之深而论，是绝对不应当的。可是愈不写信，愈是一件事，心中总是放不下。我常常萦念过去在一起吃饭、一起谈笑的乐趣，而今邈不可得，不禁有凄清索寞之感。尤其当我坐在子高[②]先生的椅子上的时候，格外想念故人了！翠森森的槐树，

① 周祖谟（1914—1995），字燕孙（燕荪），北京人。著名文字、音韵、训诂、文献学家，任教于辅仁大学、北京大学。与柴德赓一家世交。

② 张子高与柴德赓曾于尚勤胡同为邻八年。

笼罩着整个的院子，那是我最常逗留的地方；薰风徐徐的时候，也就是我们最常谈的时候。我喜爱你的天真；我敬慕你对人的那种热诚，那种亲切岂弟的颜色。我不太会形容，可是我所见的已经是最投合我的性情的了。所以我在你那儿也就极其放肆，如同在自己家里一样。当时是“忽然不自知乐”的，现在却无从享受了。然则何以这样久而不动笔写信呢？固然是懒惰，同时也是心情不好，写信短了又不够劲，长了也得空儿静下心来才行。天天为生活所迫，全本俗气，哪能小字细书呢？总之一切一切都要你原谅的，小弟的情形，你是明白的。

回想你走的时候，是我最凄楚的时候。家母病的最厉害，直到旧历二月十一，竟舍我长去。在我这样的一个环境，一个多愁善感的人，从来在母亲膝前，最受她的体贴爱护的人，心中之悲怆，是无以言喻了！至今当我举箸欲食的时候，当我到铺子里买东西的时候，都是含泪无言的时候，说到这里不免潸然泣下，千里之外的好友，已经可以想见我的心境了。我的日子是如何的艰辛呢！又加以日间的课堂，晚间的书案，都是劳形耗神的事情，所以疲惫不堪。虽则如此，可是我一定要自勉，我不一定有成就，可是我有□□不息的精神。一年来治学的方面比从前稍广，手边要作成的书已经时时着手，其中也许要有一二稍微精彩的，容我慢慢地再告诉你。沈先生[①]的专集已然出版，序例是我代写的，其中不见得全然合适，大体说来也许不致是燕书郢说而已。在去年暑假，我的名义也稍升一级，这是名不符实的事情，在我眼里是不甚重要的，可是可以多有一点钱花，也正是好事。眼前生活不太发愁，来日如何，只有系在空中了！请你不要忧念。

我的内人有一个小男孩，是非常乖的。自从有了他，我们整天都围着他转了。自先母故去以后，我们就住在内兄家里，一切都方便多多了。第一可以免去奔劳，第二看书也方便，可惜小孩子太闹，我内人由早到晚是不得闲的。现在没有用人，用一个人至少一月需费一千五百元以上，真是没办法的事。现在肉价百元一斤，韭菜在百元以上，生活之简陋，可以知道了。

---

① 沈兼士。

我听说你又到了学校去教书，依然吃粉笔面，肺里石膏饼之多恐怕没有算计了。如何，如何！你那边看书也许不要太难，还是忙一两件名山事业吧！毛弟［指柴君衡］一定什么都会说了，儿女都在眼前，的是一乐。我很想念他们，将来我们一定还有在一起游乐的机会。我一向喜欢自然的风景，你旅行途中篇什必多，见闻必富，也正可以发为奇文了——。书呆子气十足！年来我手边不过得诗数首，其荒废可知，稍闲，我写几首给你看，此后一定要常给你写信的。这次愈写愈小，在油灯下可以细读了。得、得、得，说起没完，索性再说吧！此祝

旅安！

小弟祖谟上　1945 年 3 月 18 日

大嫂、小侄都问他们好。

建功[1]先生面前代我致意。

（二）1945 年 10 月 23 日来函[2]

青峰九兄：

分别时间已经很久了，时常想望丰采，或不知何时可以相会，自得一月廿日手书后曾有两函寄上，不知都收到没有？在那两封信里写的非常繁冗，而且都是一些悲痛之语，你看了一定也为之不快吧！现在我又提笔给你写信，应当报告你一些光复后北平欢愉的情形了。

在过去一年里真是最痛苦的了，不但自己心情不好，而且穷困几无以自存，自从今年五月以后物价一日三涨，白米高到九百元一斤，肉八百元一斤，油一千二百元一斤，煤六万一吨，我一月才赚得二千五百元，教廿四小时课，改四班国文，在这种困苦艰难之中，居然活过来了，真是可以惊异的

① 魏建功，字天行。

② 已载于柴念东编：《青峰草堂往来书札》，商务印书馆 2015 年版。

一件事。星期五一天上七堂课，五门；星期一一天八堂课，这两天就同上断头台一样，舌敝唇干，声嘶气竭，其疲惫之状可知。回来以后，看见同我在“生命线”上共同奋斗的太太，从早到晚洗衣裳、作饭、看小孩、作针线，没有一个时候休息，有肠必断，有心必折矣。何况还要写书、作文、预备功课呢？所以不得不早兴夜寐，开车加油，“易衣而出，并日而学”，可以当之无愧了。

在俄国参战的那一天起，北平的食粮已经发生恐慌，防空的虐政暴行更不必说了。其间投机倒把，日进万金，贫夫贱士，欲死无由，可叹、可怜、可悲、可气。青峰，你能知道吗？正在八月十日晚上九点半钟的时候，好消息来到了，由梦中惊醒过来才知道自己还没有死，自此可以复苏了，这一夜是不曾睡觉的，你们自然是狂歌、载舞载欣，吃酒放爆竹的了。我们身体并不能自由，话不敢说出口外的，当时止有望月以思，临风而立，徘徊搔首而已。当晚我们从寝室里请出援庵[1]先生听我们的报告，他由黑暗里把灯开开，穿着短短的汗衫，脚下拖着一双睡鞋，赤裸裸的就出来了（可是并不曾裸体，一笑），他老人家从来没有这样见过客人的，当晚他这回可不睡觉了，虽然照例灯一夜而十灭，他索性摸黑儿了。他高兴的直缕他的须子，问道：“是吗？”“没听错？”“重庆的报告？”“噫，那可活了！”旁边的人高兴的说“日本小鬼子找死”等等一类话。他又接下去“所以啦，所以啦，……那真高兴啦！”青峰，我形容的怎么样？于是我们欢跃而出，他又就那样送我们到门口，“唱喏”而别。

随后又到子高先生那处，他住在你的故居，我每次到那里，总是仿佛你又在那里吟诗、写字、喝龙井茶似的。从里面出来的是斑白的子高先生，穿着长长睡衣，“噫，好消息来啦吧？请进，请进”！（太像了）其高兴之情景，就不用说了（你应当在这里加上一个批“文翁雅洁，不枝不蔓”，再画上两个圈）。

第二天早晨，天没有亮，陈先生又来叫门来了，“没听错？雷神父[2]怎么还不知道呢？不对吧？”“那还有错，重庆报告三遍呢！”天下之事是不能掩饰

---

① 陈垣，字援庵。

② 雷冕，时任辅仁大学教务长，德国人。

的，第二天早晨北平城内已传遍了。直到十五日正午以后小鬼子们有的就把大门儿关上了，大有“伏床痛哭”之势。从此街上的防空壕——阴如地沟，瓜皮炉灰充斥其中……也就废而不用了，行人已多了，汉奸也就准备摇身一变，奸商也不得不大甩其货了。单牌楼的商店本来在夜里是八点上门，随即熄灯的，现在也拿出霓虹灯大放光明，车水马龙，鼓噪喧天。——可是，口里头没有人敢说一句话，大家都敬候佳音了。当这个时候，物价一落千丈，可是我们还是没钱买，即以白糖而论，起初已久不知糖味了，价高至一千七百元一斤，居然现在街上已经顷筐倒筥低至五百、四百、三百六、二百四、一百三，毛巾由八百低至一百五，一切久已绝迹的东西都出来了。自行车带，四万几一对，还没处去买，现在三千元即可俯拾而得（都出摊来卖了），一半是日商甩出来了，一半是奸商所囤积的，街上太热闹了。

不久无线电的喇叭也“蒋委员长”、“何上将”、“市党部”、“告民众书”、“波斯坦”等等，随处可听得到了。而日本的大汽车由东而西，由南而北，五辆、十辆搬运不绝，黑黝黝的黄脸，矮矮的小个儿，垢脏的皮靴，从早到夜，还站在车马驰驱灰尘满天的要路上沙子口袋旁边，呆呆地站着。望着他们的影子，右手扶着一个害人害己的刺刀枪，眼睛几乎没有一丝的神采了。飞机整天在天空上飞了，事变八年中，从来没有见到一次的中央机也翱翔翼翼的宛如游龙了。人们鼓掌欢呼，耳朵都要震聋了，有国斯有家，无人不知矣。自是以后小鬼子的住宅也高悬我国的国旗了。美国兵来了以后，趣事更多了，有时日本兵见到美国兵就同老鼠见了猫一样，说不定会碰一个钉子，他们要向他们行礼，汽车要自动让路。同时美国兵和我们的平民非常亲热，洋车伕会坐在黄包车上，美国兵会拉着他们在大街上跑，那真可以说是“亲善”了。美国兵的秩序很好，身上的制服一丝皱纹都没有，真精神。最近我们的国军也来了很多，上身是灰布棉袄，下身是黄橙色的布单裤，面有饥困之色，实在不能同人家比了。由电影中曾经看到此次战争的大体情形，实在叫人不寒而栗，德日两个民族毁坏了光明的世界，殊舍人痛恨。这回小日本也该受一点儿罪了。

说起来北平固然没有炮火所殃及，真是幸运。无怪嫂夫人以为不如不走开此地了。但是如果停留在这里，受尽生活物质精神的压榨，恐怕也要同我们一样的当卖俱尽的。现在我只剩了几件旧衣裳同一篮子破袜子和几本没人要的破书了，其所遭之困窘已可想见。南中或许有人以为此地太舒服了，此地的人在光复以后应当洗心革面的，这种意思是完全大错的。我可以说除一二甘心为人走狗之徒以外（政客不必说，如文化界的周作人、钱稻孙、瞿兑之、赵落棠之流是也），妇人、孺子莫不欲早日重睹汉室之复兴也。近几日来，物价又高多了，白糖八百一斤了，一切一切又加一倍以上的价钱，自内地来的人法币都带的很多。复员的委员及其属员都挣的是法币，法币合联券五至七元，以此来购买物品，物品又如何不高涨，只苦了我们了！说到复员的大员，他们的用人是不论人才，只论党；不论黑白，只论人情的。其糟令人不忍一言。此事可以断言绝无例外，昔日不足一顾之士，皆气焰万丈，汽车往来，一似不凡之流，月入法币四五万，合联券二三十万。我们连人家的零头都没有，真是不值钱了。这里面很有你认识的，你可以想得到的！可叹，可泣。我辈中庸者流，只好甘拜下风了。今者皇天加祐，使祖国复兴，就眼前看来，不免多少有令人失望处。不必烦叙了。

小弟而今只知道自勉，所幸治学的范围就前稍广，要写成的书有下面几种：《说文校笺》、《方言校笺》、《释名笺疏》、《等韵学》、《中国文字学史》、《比较训诂学》，而最有意思的是《洛阳伽蓝记校注》（因为带有玩票儿的性质），此书之作自洛阳陷落以后才动念，其工作约分五类：一、校勘；二、历史；三、地理；四、佛典；五、文藻。今年之内就可以全部完成。此数年复写成短文数篇，《学志》上每期多少总有一篇，真可以说不知自量了。《伽蓝记注》自以为大有意思，其次是《方言校笺》，俟有暇抄略一段呈老兄指点、批评。可惜你不在这里，不能随时求教。我很想念从前论文之乐，不免常常慨叹。

我又有时想到你们的小宝宝毛弟[①]，他现在一定更好玩了，他念会多少字了？会唱“三民主义，吾党所宗……”了吧？我想他一定唱得极好的。我想念你，我

---

① 柴君衡。

想同你们阖府上下老幼在一起吃饭、说笑、玩。耀平、小弟、小妹，也都好吧？他们一定长得很高了。我希望有机会再到南方去旅行一次，我喜爱江南，甚于我的家乡[①]。我喜爱那清朗的日光照在那遥遥的远山上，衬起浅浅的清溪，划起那轻轻的画鹢，看那无边明媚的春景。我喜爱看那长江的浩荡，听那咿呀的摇橹，赏雪后的杏花，春初的杨柳。你同嫂夫人一定还要去杭州的，那时你们是不是还牵念着千里之外的我，使我同你们一起往游呢？现在小儿也什么都会说了，就是闹得厉害，他不让我去上课，叫我跟他一块玩儿，他镇日同我要好吃的，一天平均总要花到一百元之数，多少也总是一种负担了。你们什么时候回来？

青峰，你又有什么著述？都请你们说的像我这样详细，无论生活、风物、人情、趣事，都愿意听。你们要写的像我这么小的字，看迷了眼。说的话也要多得不可收拾才好。这封信是昨夜三点钟以前写的，没写完，现在又续写成功，话还有很多，虽然乱糟糟的，倒也痛快，想什么说什么，不文不白，就此停一下。下面再说，谨颂

旅中百福　嫂夫人万福　诸侄康胜

弟祖谟　十月廿三日晚

另有致建功师一纸及文稿一篇附呈，祈费神一转为幸。

内子谨敛手敬问嫂夫人福安。

（三）1945年11月19日来函

青峰九兄：

你的回信我已收到了，写的如此的细腻周详，使我十分感动。你为答复我的长信而费出至少三斤菜油吧？这真使我抱愧了！

由信中我知道了许多宝贵的消息和你近来生活的状况。万里之故人，得到了无限的安慰。尤其我钦佩你那拼命读书的精神，羡慕你那悠闲、恬静的生活。

---

① 周祖谟出生在北京，祖籍为杭州。

我不住的幻想，江边的红橘是如何的万颗压枝，舍前的翠竹是如何的意趣横生。在晓露濛濛的早晨和夕春已下的夜晚，自然的景物当有美不可言之处。龙井茶畔，一卷在握，万籁萧然，你是如何快活呢！

我在这里也读书，也写文，不过那都是由杂乱纷忙之中，坐在椅子上聊且求得一会儿的安息罢了。说不定也许睡眼迷濛，格格不入，其委惫有如非一睡十日不能解倦的样子。心是浮的，气是躁的，还要从那枯干无泽的脑筋里挤出脑汁来（学生最喜欢说绞脑汁），叫它来作深湛之思，岂非活活受罪！因此，所有的作品都是一些糟粕粗粗的东西，实在无足称述。至于《洛阳伽蓝记注》，那是一种游戏，所以为此书作注者，完全是由于洛阳之陷落而引起的，平生只恨未曾亲履其地，多少不免有痴人说梦之感。听说你要作一篇“金墉城考”，那再好没有了。一则以老兄之思茗盈泉，复为文章，必大有可观。一则足迹所至，与史乘相发，亦必较空谈扪烛之说为可信。小弟诚无能为役也。我希望你早一点写成才好，这是不可少的一篇大文。

南中友人来言，听说彭季贤先生已有《洛阳伽蓝记注》一类的专书，你见到了没有？我很想知道一二。他的做法是否与我相重？弟书虽已成其大半，覆瓿之诮，固所难免。设若彭先生已有成书，小弟自可搁笔了。闻彭先生在西南联大，兄能为我一探讯否？不探讯也可以，即未谋面又未见书，可以两不相妨，兄可斟酌也（又及）。

来信问及孙先生[①]之佳话，那是应当报告你的，因为让之是大媒，我以为他一定说了，所以不曾言及。事情是这样的：自从孙太太去世以后，谋其位者不下十数起，牟小姐独膺冠军，那是有一些缘故的。我猜想一定因为牟小姐到孙家走动的很勤，而且熟悉其家务，孙小姐也同她很好，所以她能成功。其中如何成功，成功的步骤如何，都不是外人所能知悉的，说来也许有些微妙吧。这位孙太太不日产子，孙先生嘴都合不拢了，陈老夫子见到他总呼之“新郎”，他自然要烧盘了。“哈，没什么……”是他常说的一句话。

① 孙人和，字蜀臣。

国庆日孙亮贞也同高熙曾订了婚，小弟被拉为临时介绍人，说来不免有忝厥听了。他们自己早就熟得不堪了，又何用小弟介绍呢！从这打一岔儿，就是近年的年轻人没出息的太多了，高熙曾总算较好的，然而因为他在联银赚了个臭钱，也就常常不回家。而朱泽吉、刘乃中之辈更是昏头昏脑，不自爱。自老兄走了以后都曾在辅中教过书，不正经干，结果花天酒地，作买卖。不走正路，现在刘乃中入"中华制影厂"一新机关，朱某则还想出来，招英公[①]作秘书，英公不要。我很早就明白这个学生的一切，我知道他是终要自误的（这信是不能叫王大安看见的）。收回来再说牟润孙，他许久无音信，近仍在商丘。元伯[②]的画在此地非常吃香，他还那样儿。"我、我、我……"，你所要求他的，我都告诉他了。他这家伙，不像从前那样好求了，三年中的三个扇面他就没给我画一个，原件都上展览会上去了。今年我真没有用的了，从新买了一个交他，见面就催，他只说"该打屁股……"宁挨打，也不画。最后他都怕见我了。你说我厉害不厉害？有一天下午我看他，他太不好意思了，结果给抹了几笔，粗得不堪。设若不是那面有陈老夫子的字，他也不那样有劲儿，哈哈，当然附骥尾了！这我倒不怪他，我怪那联票儿，因为他一把扇子，可以换几千元哩！我太耽误他的时候了。

北平的物价又高的比胜利以前几倍了，小弟只有苦命挣扎了。我的住处，也使我有说不出的不安。终究我要别寻几间小屋以安身的。可是现在房子依然贵得了不得；不，不得了（赵万里说的）——这是我当前最严重的问题了，辅仁的钱还是小气非凡，前在月中尚发一次（薪水之半数或三分之一），近亦取消。这一个月没有几天就用光了，现在只好借债了。小弟在一个悲苦的身世下，只剩了一颗纯正的心了。家中的情况很坏，自先母去世以后，我已经是最悲苦的一个人了。虽则如此，我不曾变老，变成蔫萎无用的人。"小草不妨怀远志"，我当前的希望，只要稍有容膝之地，生活稍稍安定，我还想读书，将来有机会到外国

---

① 英千里，名骥良。

② 启功，字元白（元伯）。

去走一下，这就是小弟至高的欲望了。

我看到你的信知道你是那么的“加油”，不禁惭愧。你写得非常整齐，不像我这样乱糟糟的无头无尾的瞎说。惟有蜀中风物未蒙见告，下次你还需写一个长信告诉我一点，那是我最喜欢知道的事情。陈先生听说你的一切都好，他格外高兴。他还希望你能够回来，说了不是一遍了。

我常常憧憬过去我们一起吃茶、谈笑的情形，彼此所说都是至情的流露，我的朋友之中，与我最投合的你是第一人了。让之的隐隐约约我不喜欢，他的年龄大一点，也已自成人，固不足怪。我希望我们（老兄虽年长而确是孩子，你也许不愿意受这样一个头衔吧，可是我愿意你忻然接受）永远作小孩子的头目，天真、活泼、纯净是我们彼此所应具有的。我感谢你的长信，而且我告诉你，我平日非最亲近的好友，我是不写这样的信的。因为那是另外一种情形，不值这样的细而密。写这样的信给不愿意亲近的人，是白白糟蹋了时间。我认为人之相知在其心，你应当可以原谅我这种草率俗俚的信吧？青峰，对吗？我常说文字是表达语言的，语言是表意的，可是陆机曾说“每苦文不逮言，言不逮意”。语言已非十足心中的意境了。我为何不写的像我心中所要表现的境界那样真切呢？我不是提倡白话，我是主张写我的心情的真受。大议论，哼哼，你要笑了？抿着嘴儿笑了？因为这个，所以我就将永远如此的给你写这样的信，你喜欢吗？青峰！你不必太费菜油的这样细，当然如此才过瘾，可是随你的手写你的心好了！

话说那个四员大将，老铁左转了，不知去向，别的尚守在这里；英雄之末路，不足可怜也！近来事情更糟了，我们华北的人士，为八路扰乱得无以为生了，今后国事孔棘，不悲也要落泪？如何如何！这封信是在学生考试的时候写的，现在补充一点儿。关于这边的许多事情，都不能使人满意，头脑不清的人太多了，混混的人也太多了，政事、民生、教育都如此，空暇再细谈，草草即颂

近安

小弟祖谟顿首　十一月十九日，雨夜

北平的天气今年稍暖，至今夜间屋中尚不必有火，我们二人为做饭生一个小火炉，晚上就熄灭了它。让之他们屋中均无火，所以白天晚间，父子常到南

屋来闲谈。今天忽散濛濛细雨，终日不停，此后或者要常期有火了。此时小雨已渐渐有声，十九号中只小弟一人兀坐未寝也。又及。

现在写信已成了我的日课了。你也是如此吗？辅仁今年文史两系无新人，西语系去而复返，及新来凑数的很多。唐先生[①]作市政府外事处长去了，主任暂兼。同人有随去做官者，是以缺人。此间美军招待宴上，往往有辅仁女生奉陪跳舞，令人浩叹。此类之事不可为外人道也，此信亦不宜给他人家看。复及。

[信中夹附一纸]

《鹤征后录》卷一：杭世骏，雍正壬子以孝廉充福建同考官，在史馆纂修三礼，奉命编录内府书籍，应诏奏陈四事下吏议落职，然高宗皇帝仍纳其言，天下督抚汉人参半于四条中已行其一。

《东华录》：乾隆八年癸亥二月初九日，高宗谕内阁曰："昨因考选御史，试以《时务策》，杭世骏策称：'意见不可先设，畛域不可太分，满洲才贤虽多，较之汉人，仅什之三四，天下巡抚尚满汉参半，总督则汉人无一焉，何内满而外汉也。三江两浙，天下人才渊薮，边隅之士间出者无几，今则果于用边省之人，不计其才，不计其操履，不计其资俸，而十年不调者，皆江浙之人，岂非有意见畛域？'等语。国家选举人才，量能器使，随时制宜，自古立贤无方，乃帝王用人之要道。满汉远迩，皆朕臣工，联为一体，朕从无歧视，若如杭世骏之论，必分别满洲汉人，又于汉人之中分别江浙边省，是乃设意见、分畛域之甚者，何所见之悖谬至此。况以现在而论，汉大学士三缺，江南居其一，浙江居其二；汉尚书六缺，江南居其三；侍郎内之江浙人则无。都无之，此又岂朕存畛域之见，偏用江浙之人乎？至于用人之际，南人多，而间用北人，北人多而又间用南人，督抚之中有时满多于汉，或有时汉又多于满，惟其才，不惟其他，亦因其地，复量其才，此中裁成进退权衡，皆出自朕心，即左右大臣亦不得参预。况微末无知之小臣乎。且国家教养百年，满洲人才辈出，何事不及汉人。杭世骏独非本朝臣子乎？而怀挟私心，敢于轻视若此，若稍知忠爱之义

① 唐悦良。

者，必不肯出此也。杭世骏着交部严察议奏。”

案：杭大宗事迹记载虽多，关于奏陈满汉用人之事，所见只此，其原文不可尽睹矣。今抄呈备检。和尚事，今日尚无结果。再阅一遍，必得其究竟也。为赶飞机，不细书。

祖谟又及

翌日，此信即发，陈先生遣人送一小札，告知此和尚乃释昙迁，范晔被诛门有十二丧，无敢进者，迁抽货衣物悉营葬送。孝武闻而叹赏，谓徐爰曰：“卿著宋书，勿遗此士！”迁姓支，本月支人，初止祇洹寺，后移乌衣寺。见《梁僧传》十三。

（四）1946年5月28日来函

青峰九兄左右：

久不得教，以为早已离川东下矣。今晨忽奉手稿，始知犹滞渝未发。天涯羁旅，其愁恨为何如耶？援庵先生自得兄五月五日一札后，未得来书，顷持大札呈阅，惊喜过望。惟盼早日来此，日内恐不再修书矣。兄之北来，无人不嘱望已久，且辅仁史学系自张亮尘[①]卧病以来，尤感教授不足，兄能不以危城为可畏，得与弟等共甘苦，乐何如之！惟嫂夫人及贤侄等是否亦同来？信中未曾道及，殊念念也。如能同机北上，则更可免去许多忧挂，不妨多方面进行。立庵[②]先生北归即携眷同来者，兄宜努力！

弟自迁居以后，反一无所成，日以种菜为事，补垣为课，殊可叹矣。此际愁闷更多，正待老兄来此共朝夕。所惠黄仲则《绮怀诗》，笔力清劲，风致一变，日内当妥觅裱工，装潢为立轴，以慰思念之殷，且可为他年佳话。可惜短了一颗印，大驾抵平后，再补可也。

自傅先生[③]抵此，挽弟入北大为专任，此刻尚未决定去就。□辅仁、北大

① 张星烺，字亮臣。
② 唐兰，字立庵。
③ 傅斯年，字孟真。

毫无分判，其为教书一也，八年以还，辅仁对我不薄，是以尤迟迟不决。惟一可顾虑之处，即在弟之于辅仁，或有人不以为然，亲戚之关系，终为口实（若子书[①]即其人也，较闻，此公即曾于援庵先生面前肆口大骂）。故弟恐不免暂时离去，兄意以为如何？

匆匆不备叙，惟祝风顺，早早归来为盼。谨复，并颂

旅祺！

弟祖谟敬启　五月廿八日

孙公［指孙楷第］北大已聘为“教授”，夙愿得逞。自是佳音。且有信嘱弟代呈。今即随函附寄。

（五）1948年初夏为《墨缘》册页录顾亭林诗[②]

尝闻庞德公，自甘守穷饿。
且率妻子耕，不知州牧过。
关中傕汜攻，河上袁吕破。
默默似无闻，但理芸锄课。
独识诸葛君，一言定王佐。

青峰九兄最喜亭林《古隐士》诗，即书以奉教。戊子初夏。燕孙周祖谟。

（六）1960年7月22日来函

青峰我兄：

得七月十七日手教，知已回苏州，且悉璧子嫂已大愈，无限欣慰。

景范[③]病，吾兄关注备至，又能承黄院长治愈，非徒一人感激而已。其病状

① 孙楷第，字子书。

② 已载于柴念东编：《青峰草堂师友墨缘》，商务印书馆2013年版。

③ 周士琦，周祖谟长子。

另纸开呈，请费神与黄院长一谈，看看有无办法。

吾兄走后，让之[1]胆囊炎复发，曾至人民医院治疗，刻已出院。关于余丈[2]文集一事，今晨中华书局有人来，当将我兄信中所及与彼商谈，并将手边所有论文原稿及其他印本拿出略作研究。书局愿意将论文集为一编，其他如《目录学发微》、《古书通例》、《校勘学》等书或单出或集为一书。关于学术介绍一文，老兄固义不容辞，即编排方法亦赖老兄定夺。现将手边所有论文开一目录奉上，日内当再问问让之，看有无遗漏。如兄认为论文可以合为一集，即请点定次第，以便与中华研究。至于点句一事，今晨亦与书局同志谈及，请彼处设法。结果如何，容再奉告。

璧子嫂宜多加珍摄。耀、邦、君衡[3]近在咫尺，见面机会甚多。君衡日前尚来此，政治、业务、身体都好，真快人意！如写信时，望告彼等有事无事常来为盼。亲朋多散在四方，能与小儿女辈相见，亦大慰饥渴也。匆此，即颂
暑安

弟祖谟敬上　七月廿二日

淑宜[4]附笔，敬候璧子嫂安好。

前谈及薏仁米，因见某一医学杂志（中医杂志？）载一位大夫曾以薏仁米、桑葚、葡萄干三种食品煨粥，治好两个患慢性肾炎病人，所以也想试试。既然黄院长[5]认为可以不用，购买亦不容易，即可作罢。又及。

我的住处是中关园 280，不是 288。

---

① 余逊，字让之。

② 余嘉锡，字季豫。

③ 柴祖衡、柴邦衡、柴君衡。

④ 余淑宜。

⑤ 黄一峰，时任苏州中医院院长。

朱士嘉[1]

（一）1956年7月15日来函

德赓兄：

日前在府上打扰几乎一星期，我很感激！握别后，就在常熟图书馆继续调查方志，约得孤本六种。第二天即赴上海。最近二星期在上海图书馆、历史文献图书馆、财政经济出版社图书馆（即前中华书局图书馆，尚未公开）、徐家天主堂藏书楼、复旦大学、上海历史与建设博物馆继续调查，收获更大。在上海仍需一星期，一星期后即回京。时间匆促，恐不能再赴苏请益。但承托征询有关辛亥革命的资料目录，去京前当奉还。上海市历史文献图书馆藏书目录二册油印本，可商请你校图书馆去函索取（长乐路富民路），如已有，可请参考。

我在上海历史与建设博物馆筹备处（虎丘路二十号靠近外滩，一问便知）访问几种此处极少见的志书，在访问过程中得知该处藏有《上海市通志稿》很不完全，但其中有关于“兴中会时代上海的革命运动”、“同盟会”等资料，虽你稿毕，可能仍有参考价值。尊驾如来上海，可请与该处吴静如、杨君元二同志接洽，索看《上海市通志稿》目录，然后商谈索阅原稿。行前备一公函致该处，然后见吴、杨二同志。

我在上海图书馆卡片目录内见到以下几种书，可能还有个别的系还没有见到，特开简目如下：

书号 229119　　《大同盟会总会之成立》　民2

① 朱士嘉，地方志专家。

243254　　《缅甸中国同盟会开国革命史》 徐市隐　1932
《辛亥革命始末记》 寿臣氏　直隶省书局　七册　民1
《辛丙（辛亥之丙辰）秘苑》 记袁世凯居新华宫时佚事
《废止内战大同盟会总会》 307页

以后如发现其他资料，当续报闻。

目疾已全复元否？请多珍摄！在不妨碍健康条件之下，希望你继续努力完成巨制，为全国历史研究工作创造更好的条件，这贡献是很大的。让我们共同在向科学进军的道路上努力奋斗吧！

暑热，恕不多写。顺致

敬礼！

弟朱士嘉敬上　1956.7.15

府上代致意！

云南《宣威县志稿》（民国二十三年铅印本）第九卷《革命烈士传》有关于徐濂参加辛亥革命的史迹。此数资料散见于方志中的一定不少，以后可请函信搜访。

（二）1956年9月9日来函

德赓兄：

兹寄上《辛亥革命文献目录》一册，《湖北省图书馆（武昌）采辑志料经过》一册。前书是从南京图书抄来的，是从前人编辑的目录，而不是该馆所藏书籍。后书是湖北省图书馆寄赠的，对兄编著关于辛亥革命资料或有多少参考价值，故寄奉乞查收。将来资料编辑完成后仍望寄下。大著何日可以付印，付印后对研究近代史的人极有参考价值。

我的外甥女杨庆升现在考进你校历史系，请多加指教，特此奉托。

匆上顺颂

著祺

弟士嘉敬启　1956.9.9

朱师辙[1]

（一）1955年12月28日来函[2]

青峰先生惠鉴：

别来十载，忆念良殷。曾于致援庵先生函询及，今秋以先祖《传经室诗存》赠陈校长并一册赠足下，承告已调苏州师院历史系主任。故乡清代以来，文学着然，史学家较少。今足下调任苏校，甚喜，师范得人，良以为慰。

兹有恳者，世交李雅甫（承祜）教授为兴化李审言（详）先生之子，现任广州华南师范历史系副主任，家学渊源，甚为杜国庠委员（广州文化委员会主任，中央委员）所赏识，在粤八年，以生活过不惯，时思回乡。教授近闻足下调苏，彼亦欲请中央调苏，未悉贵校情况，中国近代史教授需人否？托余询问，未知先生能为帮助否？专此奉恳，希示复为盼。

弟退休，承政府照顾，送余来杭休养已五年。文化部古籍出版社拟重印余《商君书解诂》定本，三联书店拟印余《清史述闻》，岭南大学前印乃一小部分，今年改编为十八卷，内包含《史例商榷》八卷，《清史评论》五卷，《清史稿》一案，可以得一总结，大约明年可以出版。专泐，顺颂

教安！

弟朱师辙谨启　一九五五年十二月廿八日

---

① 朱师辙（1878—1969），字少滨，号允隐，江苏苏州人。文字训诂学家，曾任教辅仁大学。

② 已载于柴念东编：《青峰草堂往来书札》，商务印书馆2015年版。

朱彤[1]

（一）1957年8月21日来函

青峰同志：

来信收到，周志《贵州民党痛史》手稿早已送还，上海人民出版社代寄至我处之精装书[2]一部收到了，并按你所嘱转交周志，附来收条一纸，请收。但因事未能亲自前去代为致谢，十分遗憾。

郑楠与朱彤（右）结婚纪念，1949年5月

此书出版，对现代史研究，提供了宝贵而丰富的资料，实出版界一大喜讯。你能在教学之余从事这一巨大著述工作，使我十分感动和高兴，祝贺你的成功，并预祝未来更大成就。

忙中草草作复，盼原谅。祝

健康

朱彤　八、廿一

并问璧子同志好！

① 朱彤，时任职贵州出版社社长。与柴德赓一家世交。

② 指《辛亥革命》资料八册。

朱正元[①]

（一）1960年8月20日来函

德赓吾兄惠鉴：

别近匝月，京中会议贤忙如何？

兹敬恳者，有一青年名金大雄，原尚富有之家，近则一贫如洗，其祖父有房产一座，每月收租五十元（房在甫桥西街儒基别墅，为我院租作教职员宿舍），养活十几口。大雄兄弟姊妹与其母共七人分得二十元，以为生活困苦之情，概可想见。近来其父劳改期满，因表现好而留下工作，每月亦只可寄回八元。尤可悯者，兄弟姐妹因缺乏营养，生病在家不能升学，一家七口陷于绝境。大雄自市一中毕业后，成绩虽好，亦因体格不能升学（但可工作）。曾在民青联所办补习学校教书，民青联有代请劳动局给予工作之说，但尚无确实下文。前月又到文化宫临时服务，有时写写钢板，最近文化宫调出一位同志，因而缺少一个管理图书等事的人员，大雄倘能补缺，大可解决家庭困苦。因思文化宫属文化处领导，范烟桥处长与吾兄在京开会，用特驰函奉恳，敬请吾兄就近与范处长商恳可否？由文化处向劳动局联系，指定金大雄补为文化宫正式工作人员，俾一家七口得解倒悬，实感大恩大德也。专此，奉恳，敬颂

旅祺

弟朱正元拜上　八、廿

① 朱正元（1900—1985），江苏南京人。著名物理学家，时任江苏师范学院物理系主任。

庄福铭①

（一）1960年12月31日来电

江苏师院柴德赓老师：

祝您和师妈新年好！福铭电（自喜桂图旗）

① 庄福铭，江苏师范学院历史系1960届毕业生。

左纪都

（一）1963年11月13日来函

敬爱的柴教授：

应该旧事重提一下，你也许没有忘记，我就是五七年暑期曾写信给你并把一篇《略论曹操》（未定稿）寄给你的那个左甦（当时我在木渎中学担任历史教师）。承蒙你热情地给我回了信，并把文章给刘桂东教授看了一下，也蒙他在百忙中给我那篇不成器的东西提出了许多宝贵的意见。但是你会感到奇怪，我为什么接到你的信和刘先生的意见后，又长时期（到现在已经有五年了）没有反应呢？尽管说来话长，但我也毋须隐瞒：

五七年鸣放期间，我曾无条件地支持过钱谷融《论文学即是人学》里面所散布的修正主义观点，同时对后来的“反右”有严重的抵触情绪，接着我受了斗争，挨了批判，也戴了帽子（只因情节较轻，在行政上是免于处分的，没有降薪，也没有降级。这当然是党对我的宽大），不久就下放农村去劳动了，因此我感到无颜见你。在劳动中，我深刻地对自己的文艺思想进行了检查和清算，表现很好，党又宽大了我。把我的帽子摘了，使我能重新回到革命的队伍里面来。

去年六月，组织上调我到吴县影管处工作，一年来，我又忙于工作，常出差外面。因此，把读书写作的事暂时搁下来了，也没有和你联系。

关于《略论曹操》，我完全同意刘教授的意见，尽管我为曹操翻了案，但今天看来，某些论点还是软弱的，没有足够的说服力。何况郭老在五八年也替孟德公写过翻案文章，毋须我这个无名小卒再来放马后炮了。所以，我不打算再整理它了。作为一个档案保存着吧。

我是一九五五年毕业于山东师范学院艺术系音乐专科的，虽然爱音乐，但更爱文学和历史。惟自己在这方面的基础很差，更没有系统地读过有关书集，孤陋寡闻，闭门造车。根本没有老师指点。在这种情况下，我是迫切需要先生的教诲。

昔白香山长揖顾况的故事，李青莲致书韩荆州的故事，都是使我感动不已的。故今再次不揣冒昧，再次写信给先生，很想能见到先生一面。（我跟先生有一面之缘，可是先生不认得我，那是一九五六年的事）尚钺教授来江苏师院作学术演讲，我参加听讲，那次是先生主持会场的。老实说，我对尚教授的演讲并不十分欣赏的，记得他曾竭费心力批评范文澜，可是所持理由并不怎样坚强，说服力不高，而我对先生一个简短的总结却非常欣赏。我还记得先生即席赋诗，其中有这样的句子：你说我教条，我说你教条，究竟谁是教条，事实知分晓。又：学者来观访，大伙坐半边。讲台虽然小，文章大如天。①

不知先生能满足我这个要求否？

另外，寄来近年所作古诗数章，盼先生斧正。

若先生要跟我联系的话，我的电话号码是740号。

余不一一，素〔肃〕此

问安

晚学左纪都谨上　六三年十一、十三

刘桂东教授前，请代为致意问好。②

① 编注：柴德赓讲话现场记录稿尚存，原话为："你说我教条，我说你教条；哪个说得对，事实见分晓。""那边大讲台，这边小讲台；讲台虽然小，文章大于天。"

② 编注：附诗四页尚存，此处略。

佚　名

（一）抗战后期来函

青峰先生：

目前由陈先生[1]处见到惠书，至远不遗，感谢之至。襄病侵身，未能即复，幸老友谅之。公自谓入蜀后无诗，然于夫子处读公五言长诗，殊有风格，何太谦也。

弟三年来仅免为饿殍，光复后生活趣味亦不见佳，文章已萎靡，诗更无之。因信古人所谓诗穷而后工者，恐尚未至甚穷地步。若穷至无一毫从容闲适之境，则诗且无有何□之云乎？况吾辈作诗不过弄玩意儿，咬文嚼字而已，实则不够作诗资格，好诗当于老百姓求［后阙］

（二）1950年代后期来函

青峰我兄：

阔别多年，思与时积。暑间曾向北师大函候起居并申下怀，久未奉复。正深企念，得舍弟凤翔（现任南京工学院电信系教师）来函转述蒋百幻同志（现任南大历史系教师）所告中，却藉悉故人主持苏师学院历史教学并荣任苏省人民代表，贡献甚大，曷胜佩慰！弟现任（已四年）上海光明中学历史教师（高中中国史及世界史）兼班主任，尚得领导信任，历史问题早获结论，本来安心工作，不求其他，惟

① 指陈援庵。

自念毕业于中大历史系，二十多年来从事教学或文书编辑工作，职务有变，而对史学则研习未懈。解放后改变观点方法，所获新知较多，研究兴趣益浓，国史方面，力攻更勤，略能明其梗概，偶有新的。徒以中学课多繁，常为专精深研之碍，因此颇有就业高校之意。知弟如兄，愿鉴其愚衷，予以援手否？倘蒙不弃，裁成俾能朝夕承教，则此感宁有既耶。月内颇拟来苏奉访，面叙一切，当否？请即示及。内子赓和现任上海向明中学文学教师，家岳周遵明先生现任山东大学汉语语法教师。〔后阙〕

年代索引

续表

年月日	姓名	来往	页码	信封	二维码	照片
1945.11.10	尹炎武	来	415		○	
1945.11.19	周祖谟	来	494			
1945.12.29	余嘉锡	来	418		○	
1946.01.22	余嘉锡	来	421			
1946.04.16	陈乐素	来	141			○
1946.04.18	俞汝霖	来	434	○		
1946.05.09	余　逊	来	426			
1946.05.28	周祖谟	来	499			
1946.06.14	罗　浚	来	278			
1946.06.15	方　管	来	189			
1946.06.16	台静农	来	334			○
1946.07.12	方　管	来	190		○	
1946.07.12	台静农	来	334			
1946.09.09	罗　浚	来	279			
1946.09.30	史树青	来	319		○	
1946.10.05	张遵俭	来	459			
1946.10.15	孙楷第	来	329			
1946.10.21	张遵俭	来	460			○
1946.10.22	孙功炎	来	322			○
1946.10.23	李季谷	来	221		○	
1946.11.28	孙功炎	来	323			
1946.12.07	孙功炎	来	323			
1946.12.12	李滨荪	来	215			
1946.12.30	裴溥言	来	287		○	
1946.12.31	尹炎武	来	415			
1947.01.04	史树青	来	319			
1947.01.18	罗　浚	来	279			
1947.01.25	张守礼	来	452			

续表

年月日	姓名	来往	页码	信封	二维码	照片
1947.02.23	方国瑜	来	192		○	
1947.03.05	何士骥	来	197			
1947.03.14	凝　露	来	286			
1947.04.16	戴君仁	来	177		○	
1947.04.17	台静农	来	335			○
1947.04.21	汪铭熔	来	343			
1947.04.28	孙功炎	来	324			
1947.05.01	俞启人	来	430			○
1947.05.06	孙功炎	来	324			
1947.05.19	孙功炎	来	325			
1947.05.25	黄现璠	来	202		○	
1947.06.09	金毓黻	来	206		○	
1947.06.19	陈乐素	来	142			
1947.06.29	台静农	来	336	○		
1947.06.30	陈　垣	来	154		○	
1947.06.30	陈　垣	往	155		○	
1947.06	俞启人	来	431			
1947.07.01	孙功炎	来	325			
1947.07.08	孙功炎	来	326			
1947.07.20	覃谷兰	来	339			
1947.07.23	张守礼	来	452			
1947.08.01	孙功炎	来	326			
1947.08.18	张遵俭	来	461			
1947.08.13	李崇光	来	216			
1947.09.09	陈乐素	来	142			
1947.11.29	周美悦	来	486			
1947.12.25	启　功	来	291		○	○
1948.01.30	孙功炎	来	327			

续表

年月日	姓名	来往	页码	信封	二维码	照片
1948.02.02	陈乐素	来	143			
1948.02.03	陈　垣	来	156			
1948.02.06	孙楷第	来	329			
1948.02.24	孙功炎	来	327			
1948.02.29	萧　璋	来	378		○	
1948.03.04	张景年	来	444			
1948.03.05	陈　垣	来	156		○	
1948.03.07	许世瑛	来	394			○
1948.03.10	张子高	来	464		○	○
1948.03.16	励乃骥	来	224		○	
1948.03.30	夏承焘	来	377		○	
1948.03.31	邓之诚	来	184		○	
1948.03	启　功	来	292			
1948.04.02	陈乐素	来	143			
1948.05.21	陈　垣	来	156			
1948.05.21	刘乃和	来	235			○
1948.05.22	张遵俭	来	462			
1948.05.30	余嘉锡	来	422			
1948.05.31	谢国桢	来	379		○	
1948.05.31	周祖谟	来	500		○	
1948	顾　随	来	193		○	
1948.06	启　功	来	292		○	○
1948.06.30	尹炎武	来	416			
1948.06.30	陈乐素	来	144		○	
1948.07.07	黎锦熙	来	213		○	
1948.07.11	台静农	来	337	○	○	
1948.08.23	张春华	来	440			
1948.08.27	张春华	来	441			

续表

年月日	姓名	来往	页码	信封	二维码	照片
1948.08.29	金毓黻	来	206			
1948.09.30	李　瑚	往	220			○
1948.10.26	杨　敞	来	396			
1948.11.03	张遵俭	来	462			
1948.11.27	张春华	来	441			
1948.12.03	敬　荷	来	208	○	○	○
1948	邓以蛰	来	185			
1948	贺培新	来	198		○	
1948 冬	刘翰屏	往	228			○
1948	刘乃和	来	236		○	
1948	陆懋德	来	277			
1948	溥　伒	来	290			
1948	史树青	来	320			
1948	唐　兰	来	340		○	
1948	萧　璋	来	378			
1948	陈邦华	来	13			
1948	薛桂生	往	395			○
1949.01.13	台静农	来	338			
1949.03.22	曾敏之	往	435			
1949.06.28	张春华	来	442			
1949.11.29	张子高	来	465	○		
1949	魏建功	来	359			○
1950.08.17	端木留	来	186	○	○	
1950	马叙伦	来	283			
1951.02.11	陈　垣	往	157			
1951.02.17	陈　垣	往	158			
1951.03.03	陈　垣	往	158			
1951.07.01	黄元起	来	204			

续表

年月日	姓名	来往	页码	信封	二维码	照片
1951.08.09	王傅恭	来	345			
1951.09.09	吴　泽	来	374			
1952.02.12	陈继珉	往	131			
1952.05.21	陆开钧	来	276			○
1952.11.15	周谷城	来	479			
1953.01.18	陈乐素	来	144			○
1953.02.04	周谷城	来	479			
1953.05.13	俞巴林	来	429			
1953.06.17	周谷城	来	480			
1953.08.08	周谷城	来	480	○		
1953.09.12	方　管	来	191	○		
1953.10.10	陈　垣	往	159			
1954.06.29	尹　达	来	414			
1955.06.28	卞孝萱	来	3	○		
1955.07.11	张守常	来	451	○		
1955.07.22	徐慧娟	来	381			
1955.10.27	陈璧子	来	15			○
1955.11.13	刘乃崇	来	233			○
1955.11.16	陈　垣	来	160			○
1955.11.26	毕腾青	来	2	○		
1955.11.29	刘乃和	来	236	○		
1955.12.01	卞孝萱	来	3			
1955.12.07	陈璧子	来	16			
1955.12.20	陈　垣	来	161			
1955.12.20	刘孟白	来	232			
1955.12.25	陈璧子	来	17			
1955.12.26	启　功	来	293			
1955.12.28	朱师辙	来	504	○	○	

续表

年月日	姓名	来往	页码	信封	二维码	照片
1956.01.08	刘乃和	来	238			
1956.01.14	刘乃和	来	240			
1956.01.20	刘乃和	来	241			
1956.02.07	历史研究所	来	225	○		
1956.02.21	金兆梓	来	207			
1956.02.29	吴宏中	来	363	○		○
1956.03.07	尚传道	来	314			
1956.03.16	刘乃和	来	243	○		
1956.03.30	启　功	来	296			
1956.03.31	陈　垣	来	162			
1956.04.17	荣孟源	来	308	○		
1956.05.03	刘乃和	来	244	○	○	
1956.05.11	张重一	来	457	○		
1956.05.13	荣孟源	来	308			
1956.05.20	刘乃和	来	246			
1956.06.01	陈　垣	来	162			
1956.06.08	刘乃和	来	247			
1956.06.14	刘兼林	来	229			
1956.06.19	沙千里	来	312		○	
1956.06.23	中国史学会	来	472			
1956.07.15	朱士嘉	来	502			
1956.07.31	刘乃和	来	248	○		
1956.08.04	荣孟源	来	309			
1956.08.18	杨　巩	来	397	○		○
1956.09.08	刘乃和	来	249	○		
1956.09.09	朱士嘉	来	503			
1956.09.15	人民日报社	来	306			
1956.09.09	朱士嘉	来	503			

续表

年月日	姓名	来往	页码	信封	二维码	照片
1956.10.17	刘乃和	来	250	○		
1956.11.04	尚传道	来	315	○		
1956.11.22	荣孟源	来	310			
1956	新知识出版社	往	380			
1957.01.07	黎　澍	来	214			
1957.01.07	三联书店	来	313			
1957.01.24	历史研究所	来		○		
1957.02.10	刘乃和	来	251	○	○	
1957.04.01	戴瑞琪	来	178			
1957.04.20	历史研究所	来	226	○		
1957.05.11	刘乃和	来	252	○		
1957.06.07	陈　垣	来	162			
1957.06.27	刘乃和	来	254	○		
1957.08.18	柴邦衡	来	6	○		○
1957.08.21	朱　彤	来	505			○
1957.08.28	陈桂英	来	129			
1957.09.09	刘乃和	来	256	○		
1957.09.21	张艺汀	来	455			
1957.10.03	中国史学会	来	473			
1957.10.31	黄汉纲	往	201			
1957.11.12	柴令文	来	10	○		○
1957.11.13	陈伯君	来	111	○		○
1957.11	汪　东	来	341			
1957.12.03	陈　垣	来	163			
1957.12.20	刘乃和	来	258	○		
1958.01.06	荣孟源	来	311			
1958.03.20	中国史学会	来	473	○		
1958.03.31	陈　垣	来	163			

续表

年月日	姓名	来往	页码	信封	二维码	照片
1958.06.07	俞启人	来	432	○		
1958.09.16	柴君衡	来	8	○		○
1958.10.28	陈　垣	来	164			
1958.11.25	赵光贤	来	467			
1959.03.26	陈　垣	来	164			
1959.06.08	刘乃和	来	259			
1959.08.18	中华书局	往	474			
1959.10.31	陈　垣	来	165			
1959.11.21	陈　垣	来	166			
1950	柳诒徵	来	227		○	
1960.02.24	刘乃和	来	259			
1960.03.31	罗　浚	来	280	○		
1960.07.22	周祖谟	来	500			
1960.08.01	陈　晶	来	132	○		○
1960.08.20	朱正元	来	506	○		
1960.10.08	刘乃和	来	261			○
1960.11.01	刘乃和	来	262	○		
1960.11.17	顾颉刚	来	195		○	
1960.12.28	刘乃和	来	262			
1960.12.28	刘英章	来	275			
1960.12.28	姚韶华	往	412			
1960.12.31	庄福铭	来	507			
1961.01.29	刘乃和	来	263			
1961.02.18	胡　华	往	199			
1961.03.17	刘乃和	来	264	○		
1961.03.19	中华书局	往	475			
1961.06.02	陈　垣	来	166			
1961.06.15	吴贻芳	来	373			

续表

年月日	姓名	来往	页码	信封	二维码	照片
1961.06.28	刘乃和	来	265	○		
1961.08.03	张次溪	来	443			
1961.08.15	刘乃和	来	266	○		
1961.09.15	陈　垣	来	166			
1961.10.01	周国伟	往	482			○
1961.12.15	李平心	来	222			
1962.01.26	陈　垣	来	167			
1962.01.29	刘乃和	来	267	○		
1962.02.25	陈　垣	来	167			
1962.04.28	陈　垣	来	168			
1962.06.06	赵亦民	来	469			
1962.06.12	陈　晶	来	133	○		
1962.06.16	曾昭熽	来	439			
1962.06.18	陈　晶	来	135	○		
1962.08.23	陈璧子	往	18			
1962.09.01	陈璧子	往	19	○		
1962.09.09	陈璧子	往	21	○		
1962.09.14	陈璧子	往	22			○
1962.09.18	陈璧子	往	23			
1962.09.19	陈璧子	往	25	○		
1962.09.19	吴宏中	来	364			
1962.09.24	吴　甦	来	365			
1962.09.25	陈璧子	往	26			
1962.09.26	陈璧子	往	27			
1962.09.29	徐嗣山	来	382	○		
1962.09.30	陈璧子	往	29			○
1962.10.01	杨　巩	来	398	○		
1962.10.03	刘烈人	来	230	○		

续表

年月日	姓名	来往	页码	信封	二维码	照片
1962.10.06	陈璧子	往	31	○		
1962.10.11	杨　巩	来	399	○	○	
1962.10.12	陈　凡	来	122			
1962.10.13	陈璧子	往	33			
1962.10.16	陈璧子	往	34	○		○
1962.10.21	刘烈人	来	231		○	
1962.10.26	杨　巩	来	400	○		
1962.10.27	陈璧子	往	35	○		
1962.10.29	吴　甦	来	366			
1962.10.30	陈璧子	往	37	○		
1962.10.30	王用理	来	356			
1962.10.31	张宗祥	来	458		○	
1962.11.04	陈璧子	往	38			
1962.11.13	陈璧子	往	39		○	
1962.11.17	陈璧子	往	41	○		
1962.11.19	陈璧子	往	42			
1962.11.20	董蔡时	来	179			
1962.11.24	徐嗣山	来	382			
1962.12.01	汪　东	来	341			
1962.12.13	吴　甦	来	366			
1962.12.13	徐嗣山	来	383	○		
1962.12.22	周国伟	往	483			○
1963.01.27	陈　凡	来	123			
1963.02.12	郑鹤声	往	471		○	
1963.02.20	陈璧子	往	43	○		
1963.02.20	陈　晶	往	136		○	
1963.02.22	徐嗣山	来	384	○		
1963.02.25	杨　巩	来	401	○		

续表

年月日	姓名	来往	页码	信封	二维码	照片
1963.03.01	吴　甦	来	367			
1963.03.02	陈璧子	往	44			
1963.03.06	陈璧子	往	45			
1963.03.14	杨　巩	来	401	○		
1963.03.25	崔曙庭	往	174			○
1963.04.01	王建群	来	346	○		○
1963.04.03	杨　巩	来	402	○		
1963.04.10	陈璧子	往	47			○
1963.04.15	陈　凡	来	126			
1963.04.17	陈璧子	往	48		○	
1963.04.23	陈璧子	往	50			○
1963.04.24	陈璧子	往	51			
1963.04.27	陈璧子	往	52			○
1963.04.27	杨　巩	往	402			
1963.04.29	陈璧子	往	53			
1963.04.30	张子高	来	466			
1963.05.03	陈璧子	往	54			
1963.05.03	杨　巩	来	403	○		
1963.05.09	陈璧子	往	56			○
1963.05.09	陈　凡	来	126			
1963.05.10	陈璧子	往	57			
1963.05.12	吴　甦	来	368			
1963.05.14	曾敏之	来	436		○	○
1963.05.15	杨　巩	来	403	○		
1963.05.19	陈璧子	往	58	○		
1963.05.20	徐嗣山	来	384	○		
1963.05.24	陈璧子	往	59			
1963.05.25	陈璧子	往	61			○

续表

年月日	姓名	来往	页码	信封	二维码	照片
1963.05.26	郭克煜	来	196			
1963.05.27	孙正刚	来	331			
1963.05.29	陈璧子	往	61	○		
1963.05.30	陈璧子	往	62			
1963.06.01	陈璧子	往	63			○
1963.06.10	陈璧子	来	64	○		○
1963.06.17	陈璧子	往	65			
1963.06.19	陈璧子	往	67	○		○
1963.06.23	陈璧子	往	68	○		○
1963.06.25	陈乃乾	往	146		○	○
1963.07.06	陈璧子	往	70			
1963.07.07	陈璧子	往	70			
1963.07.12	王　起	来	351		○	
1963.07.12	夏承焘	来	377			
1963.07.12	赵朴初	来	468		○	
1963.07.30	于　力	来	417			
1963.07.31	程小青	往	172			○
1963.08.22	乔传习	来	304			○
1963.09.17	刘乃和	来	268	○		
1963.09.29	刘乃和	来	269	○		
1963.10.02	陈　晶	来	137	○		
1963.10.03	李国宪	来	218	○		○
1963.10.07	启　功	来	297			
1963.10.21	启　功	往	299		○	
1963.10.26	启　功	来	299		○	
1963.10.27	陈绍闻	来	149	○		○
1963.10.28	张习孔	来	454	○		
1963.10.29	刘乃和	来	270	○		
1963.11.01	许春在	来	389			○

续表

年月日	姓名	来往	页码	信封	二维码	照片
1963.11.08	陈伯君	来	112			○
1963.11.13	左纪都	来	508			
1963.11.15	陈　晶	来	138	○		
1963.11.15	中华书局	来	476	○		
1963.11.23	中华书局	来	476	○		
1963.11.30	陈伯君	来	115			
1963.12.18	陈伯君	来	116			
1963.12.20	陈　凡	来	127	○	○	
1963.12.29	刘乃和	来	271	○		
1963.12.30	陈伯君	来	117			
1963	陈迩冬	来	121		○	
1963	启　功	来	297			
1964.01.16	曹鸿翥	来	5	○		
1964.01.17	陈伯君	来	118			
1964.01.25	吕作燮	来	282			
1964.02.03	陈　振	来	171			
1964.02.04	启　功	来	300	○		
1964.02.24	陈乃乾	来	147	○	○	
1964.02.25	王建群	来	347	○		
1964.03.18	吴　晗	来	361			○
1964.03.26	中华书局	来	477	○		
1964.04.16	陈　晶	来	140	○		
1964.04.18	刘乃和	来	272	○		
1964.04.20	许春在	来	390	○		
1964.04.24	华延芳	往	200			○
1964.05.02	陈璧子	往	72	○		
1964.05.19	陈璧子	往	73			
1964.05.20	陈璧子	来	74	○		
1964.05.22	陈璧子	往	75			

续表

年月日	姓名	来往	页码	信封	二维码	照片
1964.05.30	吴　泽	来	375		○	
1964.05.31	徐嗣山	来	385	○		
1964.06.03	陈璧子	往	76	○		
1964.06.03	杨　巩	来	404	○		
1964.06.05	徐嗣山	来	385	○		
1964.06.08	陈璧子	往	77	○		
1964.06.11	陈璧子	往	78	○		○
1964.06.14	崔曙庭	来	175		○	
1964.06.20	陈璧子	往	79			
1964.06.20	吴　甦	来	369			
1964.06.23	文物队	来	1	○		○
1964.06.29	陈璧子	往	80			
1964.07.02	陈璧子	往	81	○		
1964.07.04	杨　巩	来	405	○		
1964.07.07	陈璧子	往	83	○		
1964.07.07	孟心平	来	284	○		
1964.07.08	陈璧子	往	84	○		
1964.07.12	陈璧子	往	85	○		
1964.07.25	张梦白	来	446			
1964.07.29	崔曙庭	往	176			
1964.07.31	程小青	来	173			○
1964.08.31	启　功	来	301			
1964.08.31	吴白匋	来	360			
1964.09.07	陈　直	来	170	○		
1964.10.08	张梦白	来	448	○		
1964.10.08	周国伟	往	483		○	
1964.10.12	徐嗣山	来	386	○		
1964.10.16	杨　巩	来	406	○		
1964.10.29	董蔡时	来	180			

续表

年月日	姓名	来往	页码	信封	二维码	照片
1964.10.31	程小青	来	173		○	
1964.11.27	杨　巩	来	407	○		
1964.12.14	中华书局	来	477			
1964.12.16	陈璧子	往	86			
1964.12.26	陈璧子	往	86			
1964.12.31	陈　凡	来	128			
1964	吴研因	来	372			
1965.01.27	罗　浚	来	280	○		○
1965.02.04	陈璧子	往	87			
1965.02.09	陈璧子	往	88	○		
1965.02.09	杨　巩	来	407			
1965.02.24	杨　巩	来	408	○		
1965.02.27	陈璧子	往	89	○		
1965.03.09	陈璧子	往	91	○		
1965.03.10	陈璧子	往	92	○		
1965.04.03	陈璧子	往	92	○		
1965.04.09	陈璧子	往	94	○		
1965.04.13	陈璧子	往	95	○		
1965.04.16	陈璧子	往	95			
1965.04.17	陈璧子	往	96			
1965.04.27	陈璧子	往	97			
1965.05.04	陈璧子	往	98			○
1965.05.06	人民日报社	来	306			
1965.05.12	陈璧子	往	99	○		
1965.05.14	人民日报社	来	307	○		
1965.05.17	陈璧子	往	101	○		
1965.05.19	陈璧子	往	101			
1965.05.27	陈璧子	往	102			
1965.06.02	杨　巩	来	409	○		

续表

年月日	姓名	来往	页码	信封	二维码	照片
1965.06.03	陈璧子	往	103			
1965.06.05	周国伟	往	484			
1965.06.15	陈璧子	往	106			
1965.06.15	吴　甦	来	370			
1965.06.23	陈璧子	往	107			
1965.06.28	陈璧子	往	108		○	
1965.06.30	范烟桥	来	188	○		
1965.07.07	陈璧子	往	109			
1965.08.27	许春在	来	391	○	○	
1965.08.28	刘乃和	来	273			
1965.10.18	周国伟	往	485			
1965.10.23	杨　巩	来	409	○		
1965.10.31	陈　垣	来	169			○
1965.11.15	许国樑	来	392	○		○
1965.12.21	杨　巩	来	410	○		
1966.01.02	杨　巩	来	411	○		
1966.01.10	徐嗣生	来	387			
1966.01.16	徐嗣山	来	387			
1966.01.23	吴　甦	来	370			
1966.02.09	王世华	来	352			
1966.03.13	王世华	来	353			
1966.05.11	王世华	来	354	○		
1968.06.20	陈璧子	往	110	○		
1970.01.31	刘乃和	来	274			○
1970.07.21	罗　浚	来	281			
1979.05.23	启　功	来	302			
1987.09	启　功	来	302			○
1988.09	启　功	来	303			
	佚　名	来	510			